委內瑞拉發展模式——查維茲的政經實驗

黃富娟

（本書特感謝科技部專題研究計畫補助）[1]

---

[1] 本書特感謝科技部兩個兩年期專題計畫補助，才能完成這本著作：2016~2018 年拉美替代發展的經濟實驗：委內瑞拉與祕魯的比較（2/2），105-2410-H-032 -052 -MY2；2019~2021 年拉美替代發展的類型學：智利、祕魯、厄瓜多與委內瑞拉 1998~2017（2/2），108-2410-H-032 -050 -MY2。

國家圖書館出版品預行編目（CIP）資料

委內瑞拉發展模式：查維茲的政經實驗 / 黃富
娟 著. -- 初版. -- 高雄市：巨流圖書股份
有限公司, 2021.02
　　面；　公分
ISBN 978-957-732-603-4 (平裝)

1.政治經濟 2.政治發展 3.委內瑞拉

552.575　　　　　　　　　　　109019121

委內瑞拉發展模式：
查維茲的政經經驗

著　　　者	黃富娟
責 任 編 輯	林瑜璇
封 面 設 計	余旻禎

發　行　人　楊曉華
總　編　輯　蔡國彬

出　　　版　巨流圖書股份有限公司
　　　　　　802019高雄市苓雅區五福一路57號2樓之2
　　　　　　電話：07-2265267
　　　　　　傳真：07-2264697
　　　　　　e-mail：chuliu@liwen.com.tw
　　　　　　網址：http://www.liwen.com.tw

編　輯　部　100003臺北市中正區重慶南路一段57號10樓之12
　　　　　　電話：02-29222396
　　　　　　傳真：02-29220464

劃 撥 帳 號　01002323巨流圖書股份有限公司
購 書 專 線　07-2265267轉236

法 律 顧 問　林廷隆律師
　　　　　　電話：02-29658212

出版登記證　局版台業字第1045號

ISBN 978-957-732-603-4（平裝）
初版一刷・2021年2月

定價：480元

作者序

　　資本主義全球化造成全球性不平等的蔓延，也滋養了二十一世紀左派浪潮的復興。對於全球左派而言，二十一世紀引領全球風潮的左派領袖中，委內瑞拉查維茲（Hugo Chávez）總統絕對是重中之重。查維茲崛起於上個世紀九零年代末期，引發拉美區域向左轉的超級旋風，並迅速席捲全球左右派各大媒體版面，成為鎂光燈追逐焦點長達十餘年之久。為何如此？究竟，我們該如何理解查維茲的崛起，這對於拉丁美洲與全球社會又代表著何種意義？我們對於當前委內瑞拉模式的失敗，又如何給予一個公正的歷史評價？

　　誠然，拉丁美洲作為全球落實新自由主義最徹底區域，同時也是反思新自由主義意識最敏銳的區域。隨著上個世紀末蘇聯瓦解、柏林圍牆倒塌，新自由主義一枝獨秀，成為主流發展模式。但新自由主義政策典範卻無力解決拉美根深蒂固的貧窮與社會不均問題。重新鑲嵌回全球經濟體系的拉丁美洲，面臨了「有成長、無發展」的多重困境，並再次深陷尋求發展模式的焦慮中。此一時代背景催生了九零年代南美一批以「聖保羅論壇」（São Paulo Forum）為首的「新左派」（La nueva izquierda）。他們批判新自由主義發展模式在拉美應用的失敗，並積極尋求新自由主義的修正主義、甚至是替代新自由主義的發展模式。1999 年查維茲引領的「粉紅色浪潮」在拉美政治舞台的崛起，則標示著二十一世紀南美轉向尋求替代新自由主義發展模式的時代序曲。

　　查維茲如同所有左派強人，是位極具爭議性的人物。在全球右派眼中，查維茲代表著威權專制政體、且是一位不則不扣的民粹主義者。然而，他的崛起對於全球左派而言，卻代表另一個更深層的意義：公平正義與平等主義。誠然，查維茲打著反新自由主義和資本主義經濟全球化的旗幟崛起，打造了一套窮人為主的世界觀，成為捍衛金字塔社會底層的強人總統。他在任十四年期

間，挑戰了新自由主義模式獨尊「自由民主」與「市場經濟」這套主流政經治理體制的合法性，並轉向推動廣納參與的由下而上「賦權」途徑，試圖引導委內瑞拉脫離新自由主義模式，並轉向後自由主義與後資本主義社會的發展議程。

本書作者主張，委內瑞拉案例對於二十一世紀開發中國家的重要性在於，查維茲倡導的《玻利瓦替代方案》與《二十一世紀社會主義》，融合了所有對於新自由主義的批判和倡議，並試圖回應開發中國家在發展道路上遭遇的多重困境，包括：失業與就業創造、貧窮與社會不均、社會福利與重分配的訴求、所有權與發展，以及缺乏實質民主等。查維茲在國際左派與本土思潮的推波助瀾下，雖創造了一個獨特的混合市場體制，但若深究其政策內涵，委內瑞拉模式實際上是擺盪在「自由主義」和「社會主義」之間形成的論述框架，且在政策典範上它不僅試圖參照並回應發展理論的觀點，更在經驗層次接引多方制度並形成混合性實踐，因此成為廣受全球矚目的政經實驗區。尤其是他先後援引了社會民主、參與式民主、經濟民主，以及社區社會主義和二十一世紀社會主義等多重發展思潮，試圖催生一套有別於新自由主義的世界觀與秩序觀，並制度化對於社會底層的「賦權」途徑，來協助後者取得改變現實處境的能力。因此，備受全球左派矚目。

然而，好景不常。查維茲逝世之後，馬杜洛接手的委內瑞拉因為國際石油價格暴跌，凸顯出這套方案存在嚴重的經濟依賴與財政永續性問題，這也將委內瑞拉推向前所未有的經濟危機，並讓查維茲倡導的發展模式抹上一層陰鬱。然而，本書作者主張，儘管結果不盡如人意，但查維茲的政經實驗仍揭示了他倡導的替代發展方案在中層組織與微觀個人層次的應用上，對於探索並建立一個更公平正義的社會制度與「賦權」途徑的潛在貢獻。除此之外，作者亦藉由探索委內瑞拉政經實驗，指出激進左派倡導的世界觀與秩序觀，實際上忽略幾個根本性問題，包括：無法催生一套兼顧總體經濟政策的實質理性方案、過於強調人道主義和規範性取向的發展視野，以及對於具有社會主義意識之「新人類」在當代社會應用上仍存在過於理想與不切實際的期待。

　　誠然，社會科學即是在不斷的「失敗與嘗試」中推進發展研究與制度創新，並為尋求一個更適合人類的社會制度尋求可能性。儘管委內瑞拉模式失敗告終，它對於回應左派發展模式如何縮短理論與實務之間落差、釐清政策典範在解決失業與就業創造、滿足基本需求與重分配，以及深化實質民主等面向，依舊提供開發中國家一個回應多重困境的參照與借鏡。基於此，委內瑞拉案例在探索更適合人類集體社會制度安排上，仍具不容抹滅的貢獻。

2020 年 11 月 12 日淡水

目次

圖表目次

第一章
緒論

　　過往拉丁美洲受到全球學界矚目的原因，莫過於這些擁有豐沛自然資源、且獨立又早的國家，為何難以獲得真正的「發展」（Development）？在依賴理論（Dependency Theories）受到東亞崛起之挑戰而備受質疑，且「聯合國拉丁美洲暨加勒比海經濟委員會」（Economic Commission for Latin America and the Caribbean, ECLAC）[1] 倡議的國家中心發展模式也因「外債危機」（debt crisis）[2] 而宣告失敗之下，1980 年代中期拉美國家被迫接受「華盛頓共識」（Washington Consensus, WC）[3]，啟動兩階段的新自由主義政策與結構調整（structural reform）方案，並走回新自由主義（Neoliberalism）與市場經濟的發展道路。然而，新自由主義並未替拉美創造發展的神話。

　　今日，拉丁美洲作為全球發展研究聚焦之研究對象的重要性，不減當年。咎其因，拉美國家作為開發中國家在 1980~1990 年代落實新自由主義政策最為徹底的區域，同時亦是批判新自由主義最具反思性的區域，拉美在依循新自由主義發展模式上遭逢的困境，賦予她們尋求替代新自由主義發展道路的強大動能，並在過去三十年間經由不斷摸索與嘗試社會制度的創新，在無數次的失敗與學習（trial and error）中累積經驗，成為舉世矚目的「實驗區」。

　　回顧拉美國家發展歷程，自 1982 年墨西哥率先宣告無力償還外債，並引發骨牌效應的「外債危機」以降，拉美國家接受「華盛頓共識」（以下簡

---

[1]　西文名稱是 Comisión Económica para América Latina y el Caribe，簡稱 CEPAL。

[2]　1982 年拉美國家外債規模達到 3,500 億美元，償債率 41%、負債率高達 331%（ECLAC, 2000；徐世澄，2014）。

[3]　1982 年墨西哥率先宣告無力償還外債，引導拉美外債危機的骨牌效益。拉美國家接受了美國與國際貨幣基金（International Monetary Fund, IMF）提出的「華盛頓共識」，啟動新自由主義與結構調整的兩階段措施（Weyland, 2002）。詳細說明請參閱第二章文獻回顧。

稱 WC），走回新自由主義與市場經濟的發展道路，以校正 1970 年代「舉債發展」（development on debt）[4] 與 1950 年代進口替代工業化（Import-substitution Industrialization, ISI）衍生的經濟弊病。歷經十年的結構調整，1990 年代拉美國家普遍重拾經濟成長，但經濟成長率仍低於 1950~1980 年的平均值（Ranis, 1998: 89）。主因是拉美國家普遍呈現出口貿易大幅成長、但進口成長更快，且就業創造亦面臨停滯的窘境。根據 2000 年「聯合國拉丁美洲暨加勒比海經濟委員會」（以下簡稱 ECLAC）報告指出，拉美國家在市場開放與新自由主義政策落實的二十年之後，吉尼係數（Gini Coefficient）更加惡化 [5]（Gilbert, 2004: 102）。多數拉美國家面臨經濟成長有限、所得分配不均加速擴大的問題。顯然，新自由主義改革對拉美社會重分配的影響是負面的，且在持續惡化當中（ECLAC, 2002；Korzeniewicz & Smith, 2000: 395）。拉美國家依舊陷入有「成長」（growth）、無「發展」的困境。Fernando Fajnzyber（1990）稱之是一種「空盒子症狀」（síndrome de caja vacía）（Korzeniewicz & Smith, 2000: 387）。

本書主張，今日拉美發展遭遇的「貧窮」（poverty）[6] 與「社會不均」（social inequality）問題，是鑲嵌在全球經濟體系與歷史特定過程形構之雙元結構（dual society）的內外部雙重鑲嵌中，可追溯自殖民時期的社經結構與制度遺產，且 1960~1980 年代進口替代工業化的政策錯誤，則錯失了矯正結構的機會（Emmerij, 1998）。1980 年代中期以後，拉美國家轉向市場經濟路線，更對根深蒂固的社會不均形成嚴峻的挑戰。

誠然，拉美社會底層的「貧窮」，最初源自殖民時期的產權與治理結構。當時社會階層化的效果是緊貼著種族階層分化而來，成為最早期的「社會排除」機制。但在 1980 年代以後，市場化與私有化更為拉美帶來新的貧窮與

4　「舉債發展」源起於 1970 年代石油輸出國組織（Organization of the Petroleum Exporting Countries, OPEC）成員將過剩石油美元回流國際資本市場，並鎖定放款給拉美國家。當時，拉美國家因為突如其來的大量、且低率的貸款，萌生藉由擴張公共支出來提高經濟成長的速度、加快產業結構調整的企圖。由於當時貸款多屬於短期借貸，採取浮動利率，因此在利率拉升之後，外債還本利息愈滾愈大，只能靠借新債還舊債。最終，拉美外債從 1975 年 784 億美元激增到 1982 年 3,083 億美元，衍生出外債危機（ECLAC, 2010）。

5　巴西在 1990 吉尼係數是 0.51、1999 年惡化為 0.54；墨西哥自 1989 年的 0.53 惡化為 2000 年的 0.542；委內瑞拉自 1990 年 0.47 惡化為 1999 年的 0.49。原文參閱 CEPAL（2003）。

6　世界銀行（World Bank）以每日最低生活費用 1.25 美元作為「貧窮線」（Poverty Line）基準。但由於貧窮涉及主觀認定與客觀認定，因此各國多半訂定各自的貧窮線，作為社會政策的依據。

社會排除的形式，並深化了「貧窮的惡性循環」（the vicious circle of poverty, VCP）。尤其是在過去三十年間，得力於新自由主義獨尊「市場邏輯」以及1990年代資通訊技術革命的催化，促成資本主義經濟全球化在廣度與深度上的擴張，已達史無前例的巔峰，並將國際市場日益整合成單一的世界市場。這不僅壓縮了全球-在地的時間與空間，促成資本、訊息、商品與人員在全球範疇內快速移動，更將社會生活徹底的商品化與市場化。經濟全球化對於「社會」的衝擊，在某種程度上回應了二十世紀初馬克思（Karl Marx 1986）預言「資本主義」（Capitalism）之週期性循環與運作邏輯的內在矛盾，必然在創造資本與所有產權日趨集中之際，亦無可避免地惡化了社會分配。結果是它不僅帶來了週期性的經濟危機、深化全球性的不平等，同時創造了新的貧窮與社會不穩定的形式。然而，「國家」相對於資本家的式微，強化了「市場」力量的專斷性，但此一自由主義理念卻無助於建立一個新的社會秩序與公平正義（Fourcade-Gourinchas & Babb, 2002: 535; Evans & Sewell, 2011; Robinson, 2009: 8-19；黃富娟，2018）。

拉美國家在轉向市場經濟，並納入全球經濟體系之後，重拾在「比較利益法則」（Law of Comparative Advantage）之下依賴單幾項原物料出口創匯的經濟模式。此一經濟結構致使資源國家極易受到國際原物料市場價格的波動與國際貿易條件惡化，而陷入「週期性危機」（cyclical crisis）。在原物料出口榮景（Export Boom）時，將因幣值較高、不利製造業出口，產生「去工業化」（de-industrialization）的隱憂；反之，貿易條件惡化之下，則將衝擊國家財政，造成收支失衡、通貨膨脹與社會福利的緊縮，並直接衝擊中下階層與社會底層的弱勢群體。特別是安地斯國家因坐擁豐富礦產與石油，此一結構更深化了「挖掘主義」（Extractivism）的脆弱性，並讓拉美國家在經濟全球化年代更容易陷入「週期性危機」。結果是新自由主義經濟全球化不僅強化了拉美國家經濟危機發生的頻率、更使得「社會不均」在分佈的廣度上、「貧窮」程度與貧窮發生率[7]上，皆明顯高於東亞等開發中國家。

---

[7]　Sen（1976: 219-220）主張，探討「貧窮」問題，應同時納入以下因素：貧窮發生率（H）、貧窮強度（I）與貧窮不均度（G）等現象，以補強傳統使用貧戶率作為依據的簡略。

新自由主義經濟全球化對於國家內部的衝擊，首要呈現在「就業創造」和「就業形式」兩個面向。拉美國家在落實貿易與投資的自由化、國有企業私有化以後，總體經濟雖恢復穩定，但國內生產毛額（Gross Domestic Production, GDP）的年均成長率趨緩、產業轉型面臨停滯，造成多數拉美國家出現就業創造低迷、正式部門工作受到侵蝕的現象（ECLAC, 2000）。在穩定工作劇減、勞工薪資被壓低之下，失業與非正式就業更形氾濫，結果是正式與非正式工作之間的區別逐漸被侵蝕，拉美社會階層兩極化更加擴大（Bryan & Wood, 2006: 16；黃富娟，2020b: 80-81）。

在「就業創造」緩不濟急之下，更加速了拉美大都會外圍「貧民窟」（Barrio/Favela）的擴張[8]（Marx, Stoker and Suri, 2013: 189-199; Wood & Roberts, 2006）；除此之外，社會政策萎縮亦衝擊了中下階層的教育機會與資源近取，緊縮了社會流動（Social Mobilization）的機會結構。因此，1970年代主張以「教育」與「鄉村 - 城市」流動作為擺脫失業與貧窮，促進階級向上流動之手段已不適用（Roberts & Wood, 2006）。結果是舊有貧窮、加上經濟全球化與市場開放帶來的「新貧」（New Poor），讓拉美社會貧窮與不均問題雪上加霜。

Gónzalez de la Rocha（2001）認為，目前「城市貧窮」（urban poverty）已經成為拉美國家發展的新課題。拉丁美洲社會在過去三十年中最重要改變在於，人民對於現代化收益之期待落空導致的「相對剝奪感」（Relative Deprivation）以及「貧窮處境」（situation of poverty）（Gónzalez de la Rocha, 2001; Marx, et al., 2013: 199）。因此，當前拉丁美洲的貧窮形式，已經從傳統的「貧窮的資源」（resources of poverty）過渡到「資源的貧窮」（poverty of resources）。亦即是，從前拉美窮人喪失的是物質基礎、現在喪失的是改善的機會（Gónzalez de la Rocha, 2001）。不平等儼然已經成為一種新的「社會排除」機制。此外，拉美傳統以「親屬連帶」（kinship）作為社會互助與救濟體系的基礎，也破壞殆盡（Wood & Bryan, 2006: 16）。由於面對持續擴大的貧窮人口，國家採取的「善意忽略」（benign neglect）已無法被合理化。因此，世

---

[8] 2006年統計顯示，委內瑞拉首都卡拉卡斯（Caracas）外圍貧民窟「解放者」（Liberatador）已達220萬人、墨西哥市外圍三大貧民窟（Neza/Chalco/Izta）合計達400萬人、祕魯利馬外圍貧民窟「南錐」（Cono Sur）約有150萬人、哥倫比亞波哥大外圍貧民窟「南方 / 玻利瓦市」（El Sur/Ciudad Bolívar）約200萬人，巴西里約熱內盧更高達千個貧民窟（Marx, Stoker and Suri, 2013: 189）。

界銀行（World Bank，以下簡稱 WB）主張，對於消除「貧窮」採取的策略，應轉為強調協助自我能力提升的「援助自助」（Aided Self-Help，以下簡稱 ASH）[9] 途徑（Marx et al., 2013: 203）。那麼，更關鍵的問題是，ASH 如何可能（黃富娟，2020b: 95-96）？

1990 年代中後期進入「後華盛頓共識」（Post-Washington Consensus，以下簡稱 PWC）時期，懸而未解的發展難題催促南美國家繼續尋求替代發展（Las alternativas）的道路，促成二十一世紀前十八年南美洲興起一波反新自由主義的左派政權，又稱「粉紅色浪潮」（Pink Tide/ Marea Rosa）。[10] 這波趨勢共同性在於：都試圖解決獨尊市場經濟遺留的社會不公與貧窮問題，並尋求一個兼顧經濟成長與更合理社會分配的替代發展方案。

事實上，二十一世紀前十八年，拉美國家得力於中國崛起對於原物料的強大需求，拉抬了原物料的國際市場價格，旺盛出口不僅促成南美國家擁抱高速經濟成長，也帶動部分國家中產階級崛起。這種「超級週期」（super cycle），成就了「拉美十年」（Latin America Decade）的經濟榮景（Burron, 2012: 138）。弔詭的是，同一時期拉美反新自由主義全球化的社會運動卻是持續升溫，特別是南美相繼由左派社運出身或打著左派旗幟的候選人取得政權，並為南美國家轉向反新自由主義的新紀元揭開序幕（Parodi Trece, 2017: 226）。直到 2005 年「美洲高峰會」（Summit of the Americas），南美左派政權結盟共同推翻美國小布希總統（George W. Bush）倡導的「美洲自由貿易區」（Free Trade Area of the Americas, FTAA），並確立 PWC 時期替代方案正在拉美形成（黃富娟，2020a: 2-3）。

誠然，週期性的經濟危機與社會不均經常衝擊拉美國家的政治穩定度，促使區域政府經常擺盪在民主與威權政體、左派與右派意識形態之間，形成

9　WB 政策概念源自於 Turner & Fichter（1972）。

10　1998 年委內瑞拉查維茲當選總統，宣稱南美已掀起反新自由主義的左派浪潮，又稱是「粉紅色浪潮」。這波尋求替代發展的左派浪潮在 1998~2018 年間席捲南美國家，讓區域內多數國家都轉向左派執政，包括：2002 年巴西魯拉總統（Lula da Silva）、智利社會黨拉格斯總統（Ricardo Lagos）執政、阿根廷基西納總統（Néstor Kirchner）執政，以及 2004 年厄瓜多葛雷亞總統（Rafael Correa）、2005 年玻利維亞莫拉雷斯總統（Evo Morales）執政。直到 2014 年南美鐘擺再起，南美國家又相繼轉回右派執政，例如：2015 年阿根廷重回右派馬克里總統（Mauricio Macri）執政、2017 年智利重回右派皮涅拉總統（Sebastian Piñera），直到 2018 年巴西重回波索納洛總統（Jair Bolsonaro）執政等，被視為是南美左派浪潮的終結。

「鐘擺效應」（Pendulum Effect）（Weyland, 2002）。為了解決經濟危機與社會不均，新任左派政府經常大膽提出抗衡主流經濟發展模式的替代發展方案。二十一世紀南美國家尋求替代新自由主義發展的潮流，則始於 1998 年委內瑞拉前總統查維茲（Hugo Chávez）當選的示範效應，並促成 2003 年以後南美國家相繼轉向左派執政。因此，他宣稱南美洲已掀起「粉紅色浪潮」。Robinson（2008: 286）視之為一種對於新自由主義的反撲。

誠然，拉美國家對於「發展」的思考已有了改變，但改變不必然朝向同一個方向。二十一世紀南美這波左派倡導的替代發展，都試圖以「制度創新」（institutional innovation）與「制度混搭」（institutional bricolage），來處理一個資本主義生產體系與新自由主義經濟全球化遺留的社會問題，尤其是尋求一個兼顧經濟成長、更合理社會分配與根除「貧窮」的發展途徑。這些替代發展方案可能是對「新自由主義」、「資本主義」或「社會主義」（Socialism）的再修正，或是對於「社會經濟」（Social Economy）、「社會市場」（Social Market）等概念的重新校準（黃富娟，2020a: 3）。

本書主張，二十一世紀拉美這波「粉紅色浪潮」與尋求替代發展模式的潮流，對於學術研究的重要性在於：第一，這些替代發展方案都催生於一個飽受全球經濟循環衝擊、結構性失業與貧窮問題嚴重的拉丁美洲，因此對於抵制新自由主義的意識較為敏銳。它們興起並孕育於一個存在高度社會不均、且經常陷入週期性經濟危機，而發展出抗衡危機的「調適能力」，並試圖回應結構性失業與新自由主義帶來的「新貧」問題。拉美國家在不斷嘗試新的制度安排之下，歷經無數次的失敗與學習，累積豐厚的社會能量與實驗經驗。

第二，拉丁美洲社會普遍存在之「雙元社會」的結構性問題，致使拉美國家總有一股聲音不斷地衝撞既有體制、嘗試在重新釐清「成長」與「發展」、重新界定「經濟」與「社會」之間的關係，並遊走在「資本主義」與「社會主義」兩個對立之發展意識形態與制度之間，試圖尋求社會制度創新，以建構一個更美好的世界。這些替代方案多是介於「國家」與「市場」之間的一種「混合市場經濟」（Mixed Market Economies, MMEs）。縱然多數經濟實驗最後都宣告淪為另一個「烏托邦」（Utopia），但在不斷的嘗試錯誤當中，確實豐厚了社會制度創新、並推進發展研究。

　　第三，拉美作為資源大國，財政收支不健全是典型特徵。倘若經濟全球化成為逆不可轉的趨勢，那麼在面對廣大貧窮卻難以給予無止盡的社會救助之下，設計一個兼顧「就業創造」與「社會保險」的機制，將成為協助脫貧並舒緩社會衝突的關鍵。因此，相對於單純的「社會救濟」，替代發展方案勢必更凸顯出解決問題導向與在地就業等取向，同時兼顧「人類發展」（Human Development）強調之協助底層創造「公平資源近取」（equal resource access）與「賦權」（Empowerment）的機制，以達到名符其實的「援助自助」（ASH）。

　　檢視拉美這波「粉紅色浪潮」左派政府倡導的替代發展方案，在過去十餘年中最受到全球矚目的當屬委內瑞拉查維茲總統倡導的《玻利瓦替代方案》（*Agenda Alternativa Bolivariana*, AAB）[11] 與《二十一世紀社會主義》（*Twentieth-First Century Socialism*）兩個替代新自由主義的發展方案。

　　查維茲試圖超越委內瑞拉在新自由主義發展模式之下，因為獨尊「市場經濟」與「比較利益法則」形成高度依賴石油出口創匯的「食利資本主義」（Rentier Capitalism）[12]，但礙於新自由主義的政經制度卻無力矯正貧窮與不均，因此查維茲自 2001 年開始走向反新自由主義的道路，並在「社會經濟」架構下啟動大規模的「重分配」（redistribution）。2005 年更標示委內瑞拉發展論述轉向的「關鍵轉折」（critical juncture）。此一階段，查維茲重新定義何謂「民主」與「所有產權」（property right），並試圖建立一套親社會主義的發展論述。2005~2006 年開始推動「參與式民主」，試圖提振人民的政治與經濟能力和權力，以打造一個更公平正義的「二十一世紀社會主義」。當時，查維茲對於「發展」的理念與意識形態，深受中下階層的歡迎。且惠貧政策（pro-poor policies）的奏效，更建立了他在中下階層的政治聲望與政權正當性。然而，他的威權與專制手腕，以及 2007 年啟動社會主義國家轉型之後採取的激進手段，亦讓他在資本家與右派眼中是惡名昭彰。

　　只是，好景不常，2014 年繼任的馬杜洛（Nicólas Maduro）總統雖延續他的左翼路線，但高度依賴石油出口作為「重分配」的財源，在 2014 年國際油

11　又稱《玻利瓦革命》（*The Bolivarian Revolution*）。兩個名詞經常相互挪用。

12　自 1920 年代在馬拉開波湖（Lake Maracaíbo）發現石油之後，委內瑞拉就自農業出口轉為石油出口。1940 年石油出口已占出口組成的 94%（Lavelle, 2016: 31）。直到查維茲執政第三任期，2007 年石油仍占 90% 出口創匯、占中央政府年度收入 50%，以及 GDP 的 30%（Bruce, 2008: xiii）。

價重挫之後，凸顯此一發展模式無法永續的弊病。誠然，國際原油價格暴跌，導致委內瑞拉深陷物資短缺與高度通膨的多重危機，並引發大規模難民潮向美洲大陸擴散。然而，這不意味長達十四年的替代發展經驗一無可取。

檢視西方學界在探討查維茲為首之南美激進左派的替代發展模式時，相關文獻主要可歸納為兩類：第一類，貶抑這波尋求替代發展的左派是一種「民粹主義」（Populism）[13]。這組學者使用「法治 - 人治」、「政黨 - 動員」等兩元變項來分析政治過程。例如：Levitsky & Robert（2011: 13）以「分散 - 集中的威權」（Dispersed Authority or Concentrated Authority）、「政黨組織 - 政治運動」（Eatablished Party Organization or New Political Movement）兩個變項，以及 De la Torre & Arnson（2013）依據「政黨制度化 - 個人特色領導」來區分「民粹主義」的類型。他們批評查維茲為首的激進左派倡導之反主流政治與經濟制度，試圖弱化中層政治組織，建立與群眾的直接聯繫，並操作兩元分化的語言，走向個人主義色彩的人治，因此是一種「民粹」，更存在「去制度化」傾向（Barr, 2003; Motta, 2011）。然而，本書主張，他們在試圖超越「代議民主」（representative democracy）之際，同時亦走向重新定義何謂「民主」與「公民身份」（Citizenship），凸顯出國家新制度主義的特徵，並試圖打造一個廣納群眾政治參與的制度，來深化實質民主，因此亦存在「再制度化」的傾向。只是，此一過程亦伴隨政治與經濟權力的激烈重組，並形成對於既有制度、權力與權威的顛覆，因此備受右派批評。

第二類，側重在探究替代發展的理念、政策與制度對於修正新自由主義模式與推進「發展」的貢獻。Hellinger（2008）與 Canache（2012: 99-101）主張，《玻利瓦替代方案》以「參與式社會」（participatory society）擴充了「民主」概念，補強了國家層次在「代議民主」的不足，並將「參與式民主」（participatory democracy）連結到內生發展計畫，形同重構了民主的「治理」（governance）；Motta（2011: 43）更指出這是經由連結「群眾民主」（Mass democracy）來超越「自由民主」（Liberal Democracy）與「市場經濟」（Market Economy）之政治過程存在的限制（黃富娟，2020a: 4）。

---

[13] 新民粹主義通常具備幾個主要特徵：使用兩元分化的語言、反對既有政經制度、治國具有個人主義色彩（通常使用行政命令治國）、試圖建立與群眾的直接聯繫而造成中層政治組織的弱化，因此被批評存在「去制度化」的傾向（Barr, 2003; Motta, 2011）。

　　由此可知，左右派學者對於查維茲替代發展模式的實質貢獻，仍存在爭議。對此，本書主張，激進左派對於「發展」的思考，一直以來受到意識形態的影響頗深。且他們對於替代發展的選擇，經常是先有「價值」選擇，才有對應而來的制度建構與政策方案。因此，替代發展方案經常是「價值理性」（Value-Rational）與規範性取向的。除此之外，由於這些政治領袖又深具「個人領袖魅力」（Charisma），且深按葛蘭西（Antonio Gramsci）之「文化霸權」（Cultural Hegemony）[14] 的重要性，善於建立一套撼動人心的「論述」（Discourse）作為治理的基礎。問題是，這些抽象的價值理念在轉換成具體政策落實的過程中，原已存在經驗現實的妥適性疑慮，加上他們為了回應政治現實與衝突衍生的不斷調適策略，再配合一個較弱的政府能力，因此造成政策成效不彰是司空見慣，因此容易遭到「民粹主義」的貶抑（黃富娟 2020a: 3-4）。

　　基於上述，武斷批判這波替代發展只是一種「民粹」的背後，假設了「自由民主」與「市場經濟」作為政治與經濟治理的理念型（ideal type），實際上亦排除了創造其他替代性政治制度與經濟制度的可能性。查維茲的替代方案雖然以失敗告終，但他在試圖形塑一個新的發展觀點，以及建構一個新的「社會契約」（Social Contract）上，仍深具啟發性，無法單純以「結果」來全盤否定其貢獻。事實上，替代發展方案正是在不斷的「嘗試與錯誤」的過程中，推進了發展研究（黃富娟，2020a: 4-5）。

　　在查維茲倡導的《玻利瓦替代方案》與《二十一世紀社會主義》替代方案宣告失敗的今日，通盤檢視長達十四年的替代方案成敗將有助開發中國家與全球南方國家（Global South）重新省思何謂「發展」？「發展」的本質與目的為何？可以訴諸的工具 - 手段有哪些？本研究希望藉由通盤檢視委內瑞拉案例，給予二十一世紀拉美最具爭議性的人物與其替代方案，一個適當的歷史定位與評價。在上述關懷之下，本研究的問題意識包括以下五個相互關聯的命題：

一、查維茲倡導的《玻利瓦革命》和《二十一世紀社會主義》替代發展方案，對於「發展」的理念與核心思考為何？又是如何處理「成長」與「發展」、「經濟」與「社會」之間的矛盾與衝突？

---

[14] 是指信念「內化」後產生的自我順從與認同。他主張要對抗主流意識形態，唯有透過意識覺醒，建立自為階級所屬的文化與制度，才能挑戰前者。

二、相較於新自由主義發展模式及其倡導的「自由民主」與「市場經濟」兩個政治與經濟「治理」的理念型，查維茲倡導的替代發展模式與方案的政治與經濟治理議程為何，相較於新自由主義模式又存在那些特殊性？這些替代性的政治與經濟制度，是去「補充」或「替代」前兩者的存在？

三、《二十一世紀社會主義》本質上強調的是一種由下而上的社會主義。從國家轉型角度來看，相對於 1990 年代後社會主義國家的轉型，委內瑞拉過去二十年的發展路徑如同是一種逆向的「軌跡調整」（trajectory adjustment）。且這必然涉及到重組國家權力，並衍生出幾個關鍵問題：「二十一世紀社會主義」下的「國家」與「公民」在參與國家治理中各自扮演的角色？又是如何重組「國家」與「社會」之間關係，並形構一套「新社會契約」？此一社會中的「政治力」、「經濟力」與「社會力」之間權力關係如何界定？

四、基於所有替代發展的理念與意識形態，在落實過程中都必然「再鑲嵌」（re-embed）到制度安排中，因此涉及到一組「制度」作為載體（Somers & Block, 2005: 260）。然而，這些替代性的政治與經濟制度，在現實運作上卻不可能「去脈絡」而存在。亦因此，必然衍生出制度安排在經驗現實運作上的妥適性問題。究竟，這套替代方案落實於委內瑞拉社會脈絡時遭遇那些問題與挑戰？以結果來看，查維茲替代發展模式的失敗已是不爭事實。然而，對於發展研究而言，更關鍵的問題是去釐清替代發展模式失敗的主因為何？是替代發展方案過於理想性，缺乏經驗現實的妥適性？還是制度設計的問題，亦或與政府監管不當有關？

五、本研究試圖探究查維茲的替代發展方案在回應「資源的貧窮」上，如何創造有利於「公平資源近取」的機制，以強化「援助自助」（ASH）途徑，最終達到「擴大人類選擇」（enlarge human's choice）、成就「人類進步」作為「發展」的終極目的。亦即，檢視「賦權」途徑的成效。

本研究主張，藉由分析查維茲倡導的替代發展方案，有助釐清替代發展的政治與經濟實驗對於推進「人類進步」與社會制度創新之貢獻。同時，亦省思並回應新自由主義發展模式對於開發中國家在推動「發展」上遭逢的困境。最終，本書希望藉由委內瑞拉個案研究，重新省思長久以來發展研究對於如何均衡「成長」與「發展」的衝突，尋求「市場」與「社會」之最適關係的爭議。

圖 1-1　　委內瑞拉地圖

資料來源： Central Intelligence Agency's World Factbook. Retrieved from https://upload.wikimedia.org/
　　　　　 wikipedia/commons/1/1e/Venezuela_rel93.jpg (2020/8/19)

表 1-1　委內瑞拉基本資料

總　　統	1999~2013		2014~
總　　統	查維茲 （1999~2006）	查維茲 （2007~2013）	馬杜洛 （2014~）
替代發展方案	玻利瓦革命	二十一世紀社會主義	二十一世紀社會主義 與公社國家
主要政黨	第五共和運動 （MVR）	委內瑞拉統一社會主 義黨（PSUV）	委內瑞拉統一社會主 義黨（PSUV）
人口規模	2,403 萬人（1999）	2,769 萬人（2007）	3,073 萬人（2014）
人均 GDP	4,129 美元（1999）	8,454 美元（2007）	16,054 美元（2014）
年均經濟成長率	-5.9%（1999）	8.7 %（2007）	-14.0 %（2017 est.）
產業結構	石油經濟為主。* 農畜牧產品、鋼鐵、鋁和鋁 土礦、建材、機械與運輸設 備、醫療設備、製藥等。	石油經濟為主	石油經濟為主
吉尼係數	0.49	0.39	ND.

資料來源：人口規模與經濟結構參考自 World FactBook Venezuela；吉尼係數、人均 GDP、經濟成長率
　　　　　與人口資料皆取自 World Bank Group-Venezuela。[15]

* 說明：委內瑞拉是全球石油蘊藏量最高國家，石油蘊藏地主要在馬拉開波湖（Lake Maracaíbo）與奧
　　　里諾科河流域（Orinoco Belt）為主，已知蘊藏量高達 3,000 億桶石油（Gallegos, 2016: 137）；此
　　　外，奧里諾科河流域蘊藏石油多是「重油」，約有 1,300~2,700 億桶，因此開採成本較高。根據
　　　2006 年 OECD 統計，委內瑞拉石油產量是每日 310 萬桶（Bruce, 2008: xiii）。

---

[15] GDP per capita, Venezuela, World Bank https://data.worldbank.org/indicator/NY.GDP.PCAP.
CD?locations=VE

GDP 年均成長率

圖 1-2　1992~2014 委內瑞拉經濟成長率（GDP growth rate, annual%）

資料來源：自製表格，數字主要取自 World Bank Group 對於委內瑞拉的 GDP 年成長率
統計。https://data.worldbank.org/indicator/NY.GDP.MKTP.KD.ZG?end=2014&loc
ations=VE&start=1992&view=chart (2020/4/2)

第二章
理論基礎與文獻回顧

自「華盛頓共識」（以下簡稱 WC）以降，拉美國家落實新自由主義政策與結構調整。多數拉美國家的經濟雖恢復穩定成長，卻無力解決根深蒂固的貧窮與社會不均問題。這種經濟模式造成的「社會排除」（Social Exclusion），致使經濟成長獲利無法雨露均霑。進入「後華盛頓共識」（以下簡稱 PWC），懸而未解的「發展」難題催促南美國家繼續尋求替代新自由主義的發展道路，並促成二十一世紀前十八年南美洲興起一波反新自由主義的左派政權，查維茲稱之是「粉紅色浪潮」。這波趨勢共同性在於：都試圖解決獨尊市場經濟遺留的社會不公與貧窮問題，並尋求一個兼顧經濟成長與更合理社會分配的替代發展方案。

誠然，南美國家對於發展的思考已有了改變，但改變不必然朝向同個方向。回顧拉美發展歷程，自殖民獨立以後經歷自由放任、進口替代工業化與新自由主義市場經濟模式，在不停的嘗試與失敗中顛簸前進。**拉美對於發展典範的思考，亦從鉅型理論走向中層理論，並朝向自由主義與社會主義的再修正，以及發展路徑整合與制度混搭等方向發展**。其中，對於「發展」的思考，更凸顯對於「人類進步」價值的重視（黃富娟，2020a）。

本章將從檢視拉美發展階段出發，並帶入探討與發展相關的理論與文獻回顧，作為本書立論的基礎。以下本章將依序說明：第一節：拉美發展階段回顧；第二節，替代發展與粉紅色浪潮；第三節，二十一世紀社會主義與查維茲；第四節，找回公民：社會賦權途徑的替代發展論。

第一節　拉美發展階段回顧

二十世紀拉美國家的發展模式，先後存在幾個重要歷史階段：1930 年代以前落實「自由放任」（Laissez-faire）的經濟政策；1930~1970 年代的「國家 - 發展主義」（National-Developmentalism）與「進口替代工業化」；1980 年代中期之後轉向「新自由主義」發展模式；1990 年代中末期到二十一世紀前十八年，拉美國家又走向尋求「替代（新自由主義）發展模式」。以下依序說明拉美新自由主義改革的弊病，作為接引到尋求替代發展模式的背景說明：

一、外債危機、華盛頓共識與新自由主義改革

「新自由主義」作為主流經濟發展理論、發展模式與政策典範，在人類當代發展中的角色可追溯至 19-20 世紀英國美好年代（Belle Époque）的古典自由主義思潮，旨在建構一個「自律市場」（self-regulated market）。而 1970 年代「新自由主義」的復興，則是為了回應國家干預帶來的經濟問題。特別是 1974 與 1976 年間，受到兩位倡導自由市場經濟的諾貝爾經濟學獎得主海耶克（Friedrich von Hayek）與傅利曼（Milton Friedman）對於英美經濟危機之診斷的示範性效果，而發揮全球影響力（Brenner, et al., 2010: 330-331; Henisz, Zelner and Guillén, 2005: 873）。

新自由主義成為主流經濟發展模式，可回溯到 1960 年末期資本主義系統面臨的考驗。在此之前，因為貿易與金融活動還受到全球與國家監管的影響，因此被稱之是「鑲嵌的自由主義」（Embedded Liberalism）。1960 年代末期當時西方國家的經濟成長停滯，且失業率創新高。開發中國家則出現計畫經濟與投資方案無法引導經濟成長，並創造企業競爭力的窘境（Centeno & Cohen, 2012）。與此同時，美國的黃金儲備流失與美元匯兌名存實亡，導致金融投機興盛。當時海耶克與傅利曼主張以解除管制，解救美國存在之長期停滯性通膨的問題（Harvey, 2008: 7-20）。。

為了拯救低迷經濟，在他們的建議之下，1970 年代中期英國首相柴契爾夫人（Margaret Hilda Thatcher）拋棄了凱因斯主義（Keynesianism）與貨幣學派的「供應面」處方；與此同時，美國雷根總統（Ronald Wilson Reagan）則

放棄了資本與勞動之社會契約的凱因斯主義折衷方案，並接受了自由市場經濟的改革建議（Harvy, 2008: 10-11）。英美依循新自由主義政策方針，成功地解決了國家干預與福利政策遺留的財政困境，同時協助國家恢復償還債務能力、穩定金融體系。這在當時形同向其他面臨同樣經濟治理窘境的國家，展現了「市場機制」優於「國家干預」的最佳示範（Centeno & Cohen, 2012: 323-328; Margheritis & Pereira, 2007）。

誠然，「新自由主義」作為一套經濟理論、意識形態或政策典範，本質上都強調將經濟權力從「國家」移轉給「市場」，並倡導市場機制對於資源有效配置與創造社會福祉的效應，必然高於國家干預。此一「市場基本教義派」（Market Fundamentalism）的基礎來自於「社會自然主義」（Social Naturalism）與「理性主義」（Realism）（Somer & Bloc, 2005: 281）。

然而，Fernandes（2013: 57）主張，「新自由主義」不應只被視為一套經濟政策。它更是一組現代權力形式。法國哲學家傅柯（Michael Foucault）稱之是「新自由主義式治理」（Neoliberal Governmentality）。它涉及將「市場理性」（market rationality）與「成本-效率」等工具理性的技術與知識體系，植入到社會生活所需的政治、經濟與社會各個面向。

新自由主義在第三世界國家擴散的研究中，拉丁美洲成為首要經濟示範區。究其因，1982 年墨西哥率先宣告無力償還外債，並引發拉美骨牌效應，史稱「外債危機」[1]。為獲取紓困貸款，拉美國家被迫接受 WC，並開啟轉向新自由主義市場經濟發展模式。

更確切地說，「外債危機」的歷史根源，可追溯自 1970 年代國際政經局勢的劇變。誠如前述，1960 年代末期美國的黃金儲備流失與美元匯兌名存實亡，導致金融投機興盛。1971 年美國先是放棄美元本位與固定匯率；緊接著 1973 年以阿戰爭爆發並引發「石油輸出國組織」（Organization of the Petroleum Exporting Countries，以下簡稱 OPEC）的禁運，這更重創二戰之後調節國際經濟關係的「布雷頓森林體系」（Bretton Woods System）（Harvey, 2008: 10）。

---

[1]　當時拉美國家外債規模從 1975 年 784 億美元，激增到 1982 年的 3,500 億美元。償債率高達 41%，負債率高達 331% 遠超過國民經濟所能承擔的償還能力（ECLAC, 2000；徐世澄，2014: 4）。

誠然，1970年代金融危機與兩次石油危機，造成國際油價飆漲，國際原物料價格攀升。此時，已開發國家普遍面臨通膨危機。當時採取以控制內需為主的對策，由於無法有效抑制通膨，因此引發一連串的失業、經濟衰退。且已開發國家的衰退，又直接重擊拉美國家的出口。當時，國際金融體系逐步解除管制，伴隨OPEC的大量石油美元回流到國際資本與投資市場，擴大了國際商業銀行的資金提供，並轉向具資金需求的拉美進行大量且低率的放貸。此時，石油美元以低於國際市場的「利率」，引誘拉美國家大量借貸；拉美國家則在建設國內需求若渴，且國際借貸成本又相對低廉之下，紛紛走向「舉債發展」的策略，試圖以擴大公共支出來提高經濟成長速度、加快產業結構調整，以追趕上東亞的崛起。相對於此，作為南美最大產油國的委內瑞拉，一時之間收入增加。但伴隨國際油價大漲帶來的經濟前景樂觀，委內瑞拉政府於是擴大政府支出，從而導致債務攀升（ECLAC, 2000；徐世澄，2014: 4）。

誠如上述，OPEC過剩資金回流國際資本市場，放款給拉美國家。當時拉美國家外債從1975年784億美元激增到1982年3,083億美元。然而，歐美為首的國際銀行提供的借貸多屬短期借貸，且為浮動利率。當1978~1979年國際金融機構將國際借貸的「利率」急速拉高之下，造成拉美國家的債務還本利息愈滾愈大，只能靠每年借新債來還舊債（Harvy, 2008: 41）。直到1982年墨西哥率先宣告無力償還外債，爆發骨牌效應的拉美「外債危機」，當時外債規模已達3,500億美元（ECLA, 2000）。償債率41%、負債率高達331%（江時學譯，2002）。為了獲得美國為首的「國際貨幣基金」（International Monetary Fund，以下簡稱IMF）的紓困貸款，拉美國家在接受「有條件的紓困」前提之下，強制落實了新自由主義政策與結構調整。馬克思主義地理學者大衛•哈維（David Harvey）批評此一操縱利率放貸的策略，配合IMF等多邊金融機構的脅迫，迫使拉美加入新自由主義政策的行列，這是帝國主義的策略（Harvey, 2008: 16-19）。

誠然，自1970年代英美兩國市場改革成功的「示範效果」，解決了國家財政重擔並恢復了國家償債能力，同時穩定金融體系，以此確立了新自由主義政策這套經濟政策的權威性與正當性（Centeno & Cohen, 2012: 324）。此外，1980年中期接受WC之後，世界銀行（World Bank，以下簡稱WB）顧問兼匈牙利經濟學者Béla Balassa更為拉美國家的經濟發展，提出了具體的政策建議。

他強烈反對 ISI 政策，主張推動新古典自由經濟方案，包括：單邊去除關稅障礙、取消補貼、國家退出市場，開放外資流入等政策（Balassa, 1996）。這些新古典經濟學思想與政策更在後續由 WB 和「美國國際開發總署」（US Agency for International Development, USAID）在拉美區域大力推動，形成「新自由主義宣示」（Neoliberal Manifest）（Portes, 1997）。

於是，1989 年拉美國家在「外債危機」的國際政經脈絡下，接受了 WC 政策指導，並啟動新自由主義政策與國家轉型。在 WC 之下，拉美歷經兩階段的新自由主義政策，逐漸從「市場調整」（market adjustment）走向「結構改革」（structural reform）。第一階段的「市場調整」方案，目的在導正宏觀經濟的失衡，需在短期內有效抑制通膨、財政赤字與會計失衡。宏觀經濟穩定措施，例如：財政、貨幣與外匯政策；第二階段，邁入「結構改革」，開始落實較為激進的自由市場政策，來調整發展模式與結構。「結構改革」通常又可區分兩個階段：第一，去除舊有國家介入與內需導向的發展模式；第二，建構符合市場經濟的新制度。政策包括：市場自由化與去管制化、私有化政策（Nunnenkamp,1991; Weyland, 2002）。

第一階段「市場調整」方案，最初是由 1989 年美國國際經濟研究所的 John Williamson 提出新自由主義改革方案，之後 IMF/WB 則在其基礎上修改並形成 WC 方案。十項政策包括：第一，加強財政紀律：緊縮財政赤字、降低通貨膨脹、穩定總觀經濟；第二，政府支出來帶動經濟成長，並消除貧窮；第三，稅制改革：降低邊際稅率、擴大稅基；第四，採取市場利率；第五，競爭性匯率：強調促進出口、減少進口的匯率政策；第六，貿易自由化：取消貿易配額、降低進口關稅、減少課稅項目等；第七，投資自由化：開放資本市場、消除對 FDI 及其他資本流動的限制；第八，國有企業私有化；第九，解除政府管制；第十，保護私人財產權。改革主要邏輯是重回到「市場經濟」作為經濟協調的機制，因此必須將國家主導工業化時期設立的干預措施、補貼，以及貿易與非貿易壁壘廢除，以讓投資與貿易恢復市場動能，創造有利私部門發展的環境；其次，對於政府支出和收入等財政政策，亦必須導入更為嚴謹的監管。

問題是，原先 Williamson 版本存在對於累進稅制、福利國家與制度改革之規範，但 IMF 與 WB 等國際金融機構在落實 WC 與強制拉美推動的新自由主

義政策版本中，卻刪除所有原先與「發展型國家」有關的元素。這導致過渡單方側重市場面的改革，忽略國家角色和社會優先原則。比較兩者，IMF 與 WB 版本的問題在於，將「發展」簡化為「經濟成長」，同時對於「市場」是否存在完全競爭，抱持過於樂觀甚至不切實際的假設。這同時亦隱含方法論的個人主義和效用極大化導致的問題（Sumner, 2006: 1403-1404）。

誠然，第一階段的改革，成效不如預期理想。1996~1997 年 WB 經濟學者 Shahid Javed Burki 與 Guillermo E. Perry 在《長征：拉丁美洲和加勒比海：下一個十年的改革議程》（*Long March: Latin America and Caribbean, the Reform Agenda of the Next Decade*）報告中為拉美的經濟發展，提出了「第二代經改計畫」，該計畫包括四個部分：第一，鞏固並穩定財稅政策、金融部門與對外貿易；第二，結構改革與經濟進程：開放貿易、財稅發展、勞動市場自由化、有效運用公共資源、政府治理；第三，加速成長的策略優先選項：人類發展、發展金融市場、促進法規架構、公共行政與治理；第四，降低貧窮，兼顧成長與貧窮、成長品質與模式、人力資源發展（HRD）、惠貧方案等。相較於第一代政策只注重「成長」、忽略「發展」的面向（例如：社會發展、國家能力）；第二代改革方案加入了強化國家角色、教育改革、制度法規整備、能力建構、儲蓄與銀行監理等治理項目，形成在關注「經濟成長」目的之下，同時兼顧「人類發展」、「消除貧窮」與「人力資源」等社會目標的二代議程，形成 PWC（Burki & Perry, 1997）。

然而，拉美國家在依循兩階段政策處方之下，成效並不如預期的好。根據 2000 年 ECLAC 檢視拉美政策成效的《經濟增長、就業與公正：拉美國家改革開放的影響及其經驗教訓》（*Growth, Employment and Equity: The Impact of the Economic Reforms in Latin America and Caribbean*）報告指出，改革本身只產生了微小的影響，結果不如改革支持者預計樂觀，但亦不似反對者擔心的消極。該報告將拉美改革結果，歸納為下列面向：第一，1990 年代拉美國家普遍重拾經濟成長，但經濟成長率仍低於 1950~1980 年間平均成長率；第二，出口大幅度成長，但進口成長更快，導致貿易失衡與赤字擴大；第三，就業機會創造出現嚴重停滯；第四，改革對收入分配的影響是負面的，且在持續惡化當中（江時學譯，2002）。

　　事實上，拉美國家在落實新自由主義政策之後，經濟雖恢復成長、總體經濟穩定性亦增加，且政府財政赤字亦獲得改善。但是，經濟成長的速度仍低於 1980 年代以前平均值。且不足以彌補「技術落後」和「社會落後」為拉美帶來的負面衝擊。誠然，拉美在依循 WC 的教條之下，國家開始減少干預「市場」。但結果並未帶來稅收的成長。究其因，私有化政策造成企業逃漏稅嚴重。小政府與市場經濟造成多數拉美國家處於收支拮据的局面，難有充裕經費挹注社會政策。況且新自由主義政府被認為不應介入私部門可提供的社福服務（江時學譯，2002）。

　　拉美國家經歷兩階段新自由主義政策與結構調整之下，普遍落實了貿易與投資的自由化、國有企業私有化。理論上，結構調整可為拉美國家帶來更具效率與競爭力的經濟，亦可增加勞動市場的流動性，讓失業或被解僱勞工可如預期一般被市場吸納。但事實上，結構調整卻未替拉美國家帶來足夠的「就業創造」。兩階段改革對於拉美社會造成的負面影響，主要表現在「就業創造不足」與「所得分配惡化」兩個面向。

　　誠然，1990 年以後拉美國家普遍出現「就業創造」不足的現象。究其因，除了經濟成長趨緩，私有化導致失業攀升等因素之外，市場面因素更來自於拉美企業在面對市場開放而來的全球競爭，傾向以降低成本與解雇工人來因應，因此造成「正式就業」創造不足、「非正式就業」（informal employment）更加氾濫（Stallings & Peres, 2000; Schneider 2009, 2013）。除此之外，Ben Ross Schneider（2009, 2013）研究更指出，拉美大型企業集團多以原物料出口為主。但礙於原物料的國際市場價格波動性較大，拉美企業故而走向「防禦式多元化經營」（defensive diversification）。這意味著企業集團偏好跨行到不相關部門，更致力於維持勞動市場彈性，以為經濟景氣不佳時縮小企業規模預先做好準備（Schneider, 2013: 569-570）。由此可知，結構調整並未替拉美國家帶來足夠的「就業創造」。拉美在外部市場競爭激化，但內部產業轉型停滯之下，普遍落入新創就業不足的窘境，最終形成「無工作創造的成長」（Jobless Growth）（Sabatini, 2008: 243）。

　　新自由主義政策在過度傾向經濟面向的改革之下，忽略分配不均的問題。在「重成長、輕發展」之下，惡化原先已嚴重的社會不均。因此，整個結構

改革又被 ECLAC 稱之「另一個失落十年」或「社會排除的十年」（ECLAC, 2000；江時學譯，2002: 164-165）。

當兩階段新自由主義政策與結構改革未能如預期般為拉美國家帶來經濟成長與發展。此時，拉美國家內部興起探討為何兩階段經濟改革，卻無法如預期一般重獲「發展」的辯論？

在正反聲浪中，多數拉美國家的經濟學者普遍對於 WC 的內容，抱持肯定的態度。他們主張，倘若 WC 的內容並無重大缺失，那麼拉美國家在發展上遭遇的困境，就極可能來自於執行層面的問題，因此是拉美國家未能遵循必要的執行措施與程序所致。例如，國家落實政策的能力、政策之間的協調性、政策未能關注的社會發展面向等（Emmeij, 1998; Portes, 1997）。

反之，反對 WC 的學者中，以美國經濟學者史迪格里茲（Joseph Stiglitz）（2007）和阿根廷經濟學者普雷维什（Raúl Prébisch）為首的「拉丁美洲結構主義學派」（La escuela estructuralista latinoamericana）對於 WC 的批判最為強烈。史迪格里茲主張，WC 是一個不完整且誤導的方案。它缺乏對於經濟結構的有效理解，例如：對於經濟與市場的本體論假設缺乏現實基礎、過於狹隘的一系列經濟目標與政策工具（Sumner, 2006: 1404）；除此之外，史迪格里茲批評 WC 形成一個普遍性的經濟政策架構，在「一體適用」（One Size Fits All）原則下，忽略了個別國家內部的差異性，並導致自由化與私有化對社會發展釀成災難性後果（江時學譯，2002: 40）。

歸納反 WC 學者的論點，他們都批評 WC 政策忽略了極其關鍵的改革面向，包括：所得分配、就業問題、儲蓄、競爭政策、改革速度與程序問題。這些反對 WC 的學者主張，國家應策略性地介入「市場」，校正「市場失靈」（Market Failure）並引導「重分配」。誠如經濟學者 Bishnodat Persaud（1998）主張，多數已開發國家和東亞國家經驗顯示，實際上她們都是採用「混合市場經濟」（以下簡稱，MMEs）。他主張在政策工具之外，更須考量「國家」在推動與落實經濟政策上的關鍵性角色。此外，市場機制即便重要，但諸如金融法規、農業政策等政策不應被視為是國家對於市場的干預，而應理解成是市場成功的基礎建設，因此有維持干預的必要性（Persaud, 1998: 76-79）。

除此之外，社會學者 Alejandro Portes（1997, 2006）則批評，新自由主義方案假設人是理性且自利的、又具有不受拘束去獲取利益的自由。但它忽略了任何方案的全面落實，都需要考量國家內部特徵，以及政策實施的歷史脈絡。他主張國家和公民社會之間的關係，對於政策落實的影響。若國家權力相對於公民社會愈強，則國家與私部門之間的利益輸送關係就較弱。此時，經濟調整政策的應用與連貫性將愈高，新自由主義方案與其它方案的成功率亦將提高；反之，若公民社會相較於國家的組織資源能力愈強，則調整方案的落實，將愈加困難。這顯示出，任何的經濟政策都無法在一個「去社會鑲嵌」（de-social embeddedness）的情境下落實，並以此反駁「一體適用」原則。

二、後華盛頓共識與發展路徑整合 [2]

進入 PWC 時期，拉美國家開始尋求其他發展模式，以兼顧「成長」與「發展」的兩難。

1990 年代末以 IMF 與 WB 為首經濟學者在修正 WC 基礎上，主張「消除貧窮」不只是道德義務，更不是經濟成長的副產品，而須使用政治與社會政策工具來直接面對。他們試圖將發展模式從原先獨尊市場經濟與結構調整，移轉到一個廣納社會參與的「全面發展架構」（Comprehensive Development Framework，以下簡稱 CDF），以達到「經濟成長」與「消除貧窮」的雙重目的。2000 年初 WB 更提出「惠貧式成長」（Pro-Poor Growth，以下簡稱 PPG）概念，形成「惠貧式政策架構」（Pro-Poor Policy Framework）（Saad-Filho, 2010: 6-8）。事實上，CDF 代表了一種基於經濟、社會和結構要素之間更大平衡的整體發展方法；而消貧策略（Poverty Reduction Strategy, PRS）則是將 CDF 轉換為具體行動中最明顯的政策工具（Ruckert, 2006: 34-38）。

在 1990 年代，消貧策略自 WB 和 PWC 分離出來，並意識到消貧不是經濟成長的副產品，而是需要通過一系列的經濟和社會政策工具來直接面對（Saad-Filho, 2010: 1-8）。

2　以下部分摘錄自作者另一篇著作，黃富娟（2020a: 6-8）。

緊接著 2006~2007 年間，WB 提出「包容性成長」（Inclusive Growth，以下簡稱 IG）。「包容性」（Inclusiveness）是指市場、資源與無偏見環境等機會均等（equality of opportunity）。IG 強調消除貧窮的關鍵性，同時承認使用一組廣泛的政策組合，以達目標。這應先經由「成長診斷」（Growth Diagnostic）去了解國家永續發展的限制，以選擇適當的政策（WB, 2009: 1-2）。誠如 Saad-Filho 主張，IG 與 PWC 和 PPG 存在許多政策相似。只是 IG 除了重視消除貧窮策略與社會安全網之外，更強調「生產性就業」更甚於「分配」。此外，IG 主張「成長」是帶動消除貧窮的最佳策略，同時倡導國家推動的成長模式，但國家角色不是回到凱因斯主義下由國家引導產業發展的模式，而是去關注一系列廣泛政策組合，釐清成長的速度、步驟與模式與它們之間的關聯性，並多管齊下落實「好的」政策（good policy）（Saad-Filho, 2010: 6-15）。

2008 年聯合國（United Nation，以下簡稱 UN）倡導「包容性商務」（Inclusive Business，以下簡稱 IB）。所謂的 IB，雖仍將投資和貿易視為是經濟成長的引擎，不同的是，更凸顯出「社區」對於「參與發展」的價值與貢獻。IB 強調超越新自由主義倡導的小政府與公私夥伴關係（Public-Private Partnership, PPP），走向「國家 - 企業 - 社區」的三方協力，來落實經濟與社會雙重目標。更確切地說，IB 將經濟金字塔（Base of the Pyramid）底層，定位為是一個潛在市場。IB 強調三方協力形成的夥伴關係將有助於在推動經濟成長之下，同時兼顧消貧的社會目標，又不致於拖垮財政。因此，IB 倡導由國家識別「社區」的投資機會，引導私部門挹注資金來建設「社區」為基礎的生產鏈、協助更新現代化設備，以讓「社區」直接參與到經濟方案，來創造企業利潤與附加價值（Prahalad & Hart, 2002）。問題是，IB 的落實，依舊需要識別出地方的經濟機會，並創造一個私部門有利可圖的「誘因」，才可吸引私人資本挹注社區發展。基於此，IB 被批評依舊是「市場中心」的發展邏輯。即便立意美好，但在企業無利可圖之處，不必然能夠創造機會。

同一時期，ECLAC 亦開始關注「社會不均」與「經濟成長」之間關聯性，並提出《不平等的低效率》（*Inefficiency of Inequality*）。ECLAC 主張，拉美總體經濟雖穩定，但發展仍受制於區域內普遍存在的技術落後、教育落差與性別歧視等多重社會落差，並對生產力、財政政策、環境永續性與知識傳播都產生負面影響，更導致不鼓勵投資多元化生產的負面效應。然而，消除貧窮不只是

一個道德義務，更有助於提高生產力、促進社會轉型並達到永續發展，實有必要關注「平等」（equality）、「生產力」（production efficiency）和「環境永續」（environmental sustainability）三者之間的互補效應。其中，「平等」應被視為是「發展」的中心（center of development）（ECLAC, 2018: 13-15）。2014 年 ECLAC 更將「平等三部曲」（trilogy of equality），亦即：經濟納入、社會納入與環境納入，納入《後 2015 發展議程》（*Post-2015 Development Agenda*），以校正雙元結構對拉美發展帶來的限制（ECLAC, 2014: 3-4）。

事實上，PWC 時期，拉美發展路徑也從獨尊「市場中心」的成長途徑，逐漸走向發展路徑的整合與制度混搭。此外，受到 1970 年代興起的「替代發展」、「參與發展」以及 1980 年代「人類發展」等多重發展途徑的影響（Pieterse, 2010: 85），拉美國家對於「發展」的理解，亦從原先的大論述，走向兼顧宏觀調控、中層理論與微觀政策等多軌並行的現象。其中凸顯的不僅是整合「國家主義」、「資本主義」、「社會主義」元素並形成不等比例的混合發展路徑，且發展目標亦從原先追求「成長」，轉向同時關注「消除貧窮」的微觀計畫，同時採取更務實的態度推動發展。

在發展途徑走向整合之下，更凸顯出多軌、多層次的發展途徑。這包括：

（一）多利害關係人途徑（Multi-stakeholders approaches）除了政府與私部門之外，公民社會組織成為參與發展議程的首要利害關係人（Pieterse, 2010: 10, 85）。此一趨勢經常也與「地方分權」與「參與式民主」等制度伴隨而生。

（二）世界銀行的「援助自助」（ASH）途徑：為了達到「消除貧窮」的目的，不應只是被動提供救助，更應培育他們的經濟能力、協助他們取得技能，並強化自力更生能力（Marx, et al., 2013; Turner & Fichter, 1972）。

（三）國際勞工組織（International Labor Organization, ILO）主張，提供邊陲群體一個「經濟機會」：強調協助取得工作機會、提高收入，才是永續消貧的關鍵（Prahalad & Hart, 2002）。

綜合上述，PWC 時期，儘管 IMF 與 WB 等國際金融機構先後已對拉丁美洲與第三世界國家在發展道路上遭遇的困境與挑戰，做出政策調整，但多屬於

小規模計畫導向的方案。除此之外，對於存在經常性收支失衡與財政拮据問題的南方國家而言，更存在向國際金融機構融資與借貸的需求，這亦形成合理化國際金融機構對於南方國家進行經濟政策干預的前提，形成「有條件的借貸」。例如：政府年度預算有多少比例必須用於償還債務、必須嚴格落實私有化政策、購買特定進口產品等。因此，成效並未如預期的好。

誠然，在新自由主義政策無力解決根深蒂固的社會不均與貧窮之下，相對於上述國際多邊組織倡導的發展模式，另一股反向潮流則在 1990 年代中末期的拉丁美洲醞釀出一波尋求替代發展的「粉紅色浪潮」。

表 2-1 　華盛頓共識到後華盛頓共識政策典範

	世界觀起點	範例	政策目的
WC：IMF/WB 版本	國家干預導致後殖民社會產生經濟混亂	IMF 與 WB 落實 WC：反國家中心。倡導穩定總體經濟、回歸市場機制、自由化、私有化與去管制化。	經濟成長、總體經濟穩定性
WC：Williamson 版本	市場經濟之外，亦存在發展型國家論點	在十點政策之外，還納入對於累進稅制、福利政策和制度改革等政策建議。	
PWC：Stiglitz 觀點	低所得社會是因為制度與治理不當所致	強調有品質的制度對於國家發展的關鍵性。監管結構、宏觀經濟穩定度、強金融體系、競爭的私有化、人力資本形成、財產權、社會安全網、技術政策等	經濟成長、多面向消貧、永續性、平等與民主
PWC：WB/IMF 修正版本	修正 WC 對於社會發展的衝擊	「消除貧窮」不是經濟成長的副產品，須使用政策工具直接面對。1. CDF：經濟、社會和結構要素之間平衡的整體發展方法。2. PRS 將 CDF 轉換為具體行動。	經濟成長與消除貧窮
PWC：ECLAC 結構學派	不平等已造成成長障礙	ECLAC 結構學派提出「不平等的低效率」，並倡導「平等」作為發展中心，應關注「社會不均」與「經濟成長」之間的關聯性。	經濟納入、社會納入與環境納入

資料來源：本研究。WC 與 PWC 部分參閱 Sumner, 2006: 1404-1405。

第二節　替代發展與粉紅色浪潮

　　1990 年代中末期拉美國家紛紛轉向尋求替代發展的道路。自 1998 年委內瑞拉查維茲當選總統開始，他宣稱南美國家已經掀起一波反新自由主義的革命浪潮，又稱是「粉紅色浪潮」。這波拉美左派政府打著「公平正義」與「消除貧窮」的理念旗幟，試圖尋求替代（新自由主義）發展道路（Las alternativas），以解決市場經濟下衍生的社會不均與貧窮。那麼，何謂替代發展？拉美脈絡下的「替代發展」又有何特殊性？

一、替代發展的興起

　　發展理論在 1970 年代興起一波所謂的「替代發展」（Alternative Development）或稱「另類發展」。其主要目的在反駁「現代化理論」（Theory of Modernization）與「依賴理論」等「發展主義」之大論述過度強調「發展」的鉅觀結構面，而不真正探討「發展」本身（Pieterse, 2010: 85）。

　　所謂「替代發展」，是指相較於「國家中心」和「市場中心」兩個對立的發展機制之外的另一個選擇。「替代發展」一詞，主要源自 1970~1980 年代在批判「『成長』為基礎的發展」（growth-based development）上，提出的替代性發展途徑。後續則衍生出「人類發展」（Human development）、「參與發展」（participatory development）和「永續發展」（sustainable development）等多元發展途徑（Villalba, 2013: 1427）。因此，實際上，「替代發展」是一個涵蓋多元論點與發展途徑的集合名詞。

　　相同的是，「替代發展」興起於挑戰「發展主義」將「經濟成長」看作「發展」的核心與終極目的。特別是新自由主義模式與資本主義市場經濟體系下，獨尊資本積累邏輯與股東權益極大化，導致的財富日益集中與社會貧窮。這種發展的雙面性，持續侵蝕社會底層，並危及人民對於基本需求的滿足。因此，「替代發展」試圖翻轉以「經濟成長」為中心的大論述，轉為倡導「人」才是發展的主體與目的。「發展」最終目的應是「人類繁榮」（Human Flourishing），而不是「經濟成長」與「資本積累」（Parramón, 2015: 17）。基於此，倡導替代

發展論的學者主張,「發展」應回歸到個人的行動,且「人」作為「行動者」是有能力去影響與改變社會(Villalba, 2013: 1427; Pieterse, 2010: 7-8)。

事實上,「替代發展」相較於「市場中心」或「國家中心」的「發展主義」還存在另一個關鍵差異:替代發展論強調「由下而上的發展觀」(development from below)。替代發展主張一種小規模、去中心化,以及由下而上「參與發展」途徑。因此,替代發展論強調「發展」應是「社會主導」與「去中心化」。其中,「社區」或「非政府組織」(Non Governmental Organizations, NGOs)等公民組織更應成為參與發展的行動主體(Pieterse, 2010: 5-8)。Nerfin(1977)更主張,「替代發展」是屬於「第三世界」或「公民政治」領域,強調由下而上公民參與的重要性,因此亦衍生出以「人」為主體的「參與發展」。

從方法論來看,「替代發展」強調「參與的、內生的、自我依賴的」(participatory, endogenous, self-reliant);若從客觀性來看,它仰賴「地方」自我定義「發展」的需求。然而,Pieterse 認為,替代發展與主流經濟發展模式,並非互斥。不論是教育、地方發展等各個領域,皆無法剔除「國家」扮演的角色。況且,一個強的公民社會引導的發展,亦將需要一個強的「國家」(Pieterse, 2010: 85-107)。

除此之外,對於如何達到「發展」的工具—手段思考上,替代發展論強調經由「重分配」以協助弱勢者取得「社會能力」(Pieterse, 2010: 101)。

1980 年代更衍生出「人類發展」,並將「能力建構」(capacitation)[3] 與「賦權」途徑,視為達到「人類發展」的首要策略。

所謂「能力建構」,其核心思考在於「人本至上」(primacy of people)的發展觀,將人類福祉視為是「發展」目的,並思考「發展」過程中遭遇的一系列挑戰與其因應能力(Fukuda-Parr, 2011: 123)。自 1980 年代印度諾貝爾經濟學得主—阿馬蒂亞·森(Amartya Sen)提出「能力建構途徑」(capability approach)[4] 開始,他主張人類生活應定義是一組「個人本質與行動」(beings

---

[3] 是指個人有能力去選擇與實踐在主觀道德意義上自己認為是較好生活的能力

[4] Amartya Sen 倡導「人類發展」與「能力建構」途徑作為替代發展的微觀途徑,強調個人「自由」與追求自我實現,需要一個自由開放的民主場域、且經濟成長更是達成個人自由發展的工具。因此,個人發展所需的制度基礎,依舊立基於自由民主與經濟成長(Merino, 2016: 11)。

and doings）的組合。每個人有一組能力所及之「功能範疇」，又稱「能力」（capabilities）。所謂「發展」則應去擴大個人對於自身視為重要價值之生活的「選擇能力」，讓個人有更多「選擇自由」，以達到繁榮生活。「人類發展」與「能力建構」途徑對於 WC 的批判，更協助在政策典範競逐過程中推進了 UN 對於建構「千禧年目標」（Millennium Development Goals, MDGs）的共識（Fukura-Parr, 2011: 122-123）。

另一個與「能力建構」相近的概念是「賦權」。「賦權」是指相較於被動領取社會救助，採取積極性的工具 - 手段，來協助增強個人回應生存危機的政治與經濟能力。誠然，自 Robert Axelrod（1984）重新定義對窮人的「救助」（aid）應致力於建構一個「自己活下去、別人活下去」體系（Live-and-let-live system）開始，後續 Ben Ramlingam（2013: 188）進一步指出，人類社會通常傾向發展「自發性自我組織系統」來規範合作方式，以將生命延續下去。後續對於「人類發展」的微觀取向研究，更發展出對於「賦權」途徑、模式與策略等探討。所謂「賦權」，強調提振能力，策略上經常訴諸於建構一個「資源近取」（resource access）機制，以讓貧窮人口經由參與生產與分配的過程，推動更合理資源分配、改善生活處境，重拾「經濟納入」與「社會納入」。亦因此，「賦權」途徑的關鍵，在創造一個「援助自助」（以下簡稱 ASH）機制。一旦機制建立，將有助於強化社會底層在回應現實困境上的「調適能力」（adaptive capacity）。因此，這亦是一種「社會韌性」（resilience-based）取向的發展途徑（Radcliffe, 2015: 855-860）。

由此可知，「人類發展」將「擴大人類選擇」看作「發展」終極目標。為了達成此一目標，存在多重途徑與策略，可以是採取社會救助或社會福利等「重分配」政策、「能力建構」或「賦權」途徑。後者有助於協助培植能力。但「人類發展」指向目的若是「擴大個人選擇」，則仍需要一個自由開放的社會作為環境與制度基礎。因此，Merino（2016）認為「人類發展」不必然是反新自由主義的。

與此同時，1970~1980 年代伴隨這波替代發展潮流試圖重新定義何謂「發展」，Streeten、Burkhi、Haq、Nicks 與 Stewart（1982）則提出「基本需求說」（Basic Needs）來回應以「人」為本的發展觀。後續 UN 則在上述基礎上發

展出「人類發展指標」（Human Development Index, HDI）以衡量一個國家社會中，人均基本需求被滿足與人力資本的發展程度。自此，「基本需求說」亦成為國際金融機構與 UN 在推動「人類發展」上的基本概念（Fukura-Parr, 2011: 125-126）。

誠然，替代發展興起於挑戰「發展主義」的邏輯，這些替代發展論和觀點對於「發展」的思考，都強調「發展」應回歸到以「人」為本的思考，同時強調滿足人類需求為優先，因此存在「人類進步」的思想（Pieterse, 2010, 7-8: 187）。

那麼，二十一世紀拉美這波「粉紅色浪潮」倡導的「替代發展」是否也承襲同樣的觀點？基於替代發展是一個「歧義／多義」的概念。這波左派為首的「粉紅色浪潮」雖打著反新自由主義的發展旗幟，但實際上卻走向多元分歧的實踐。

二、粉紅色浪潮與其政經訴求

拉美國家自殖民獨立以降，先後經歷了十九世紀的自由放任、二十世紀中葉啟動現代化與工業化進程，並於 1980 年代中期轉向新自由主義市場經濟模式，但這些發展模式卻無法兌現拉美對於「發展」的承諾。在新自由主義與市場經濟無力解決貧富不均與發展難題之下，社會主義左派思潮持續在拉丁美洲發酵，並催生了 1990 年代末期「粉紅色浪潮」的崛起。

誠然，「粉紅色浪潮」的崛起有其複雜背景與成因。Déniz（2013: 269）主張，這主要得力於幾個因素的影響：

首先，1990 年代拉美區域受到新自由主義經濟政策對於社會帶來的破壞性衝擊。在右派政策失靈之下，亦促成左派力量的復興。尤其是 1990 年代拉美左派先是受到 1989 年開始蘇聯與東歐等前共產主義國家相繼解體，並啟動後社會主義國家轉型的衝擊。在國際政經局勢劇變與新自由主義政策典範深陷危機但卻形成全球主流模式之際，1990 年巴西勞工黨集結拉美的左派政黨與組織，在巴西聖保羅（São Paulo）創建了「聖保羅論壇」（Foro de São Paulo）。該論壇設置目的在尋求新自由主義政策典範失效之後的替代發展，這必須是一

種立基於公平正義與平等主義的替代發展模式；其次，區域人民對於傳統政黨政治喪失信任，導致了政治危機，並遺留了一個政治空間。此一階段，拉美國家內部先後出現新的政治行為者與社會動員模式進入政治舞台，並取代原先在1980年代以前「工會」作為群眾動員的角色。上述這些因素，都促成拉美傳統左派在內外部因素衝擊之下，放棄了革命馬克思主義路線，走向更務實的改革道路，並成就了「粉紅色浪潮」在拉美的崛起。

誠然，「粉紅色浪潮」的興起，被視為是拉美對於新自由主義模式治理失敗的回應。Nancy Postero（2007）主張，這促成拉美在二十一世紀初轉向一種結合傅柯倡導的「治理性」（Governmentality）與葛蘭西的「文化霸權」兩個概念衍生的一種強調建構競爭性發展論述的替代發展觀，這亦是一種「陣地戰」（war of position）（Fernandes, 2013: 58）。由此可知，「粉紅色浪潮」崛起於新自由主義發展模式導致的社會危機，目的在尋求一種抵抗新自由主義式由上而下的治理策略，並尋求對於「發展」的重新定義與校準。

誠然，此一階段拉美左派對於「發展」的思考已經出現轉變，但轉變不必然朝向同個方向。智利馬克思主義學者 Marta Harnecker（2015: 47-48）主張，二十一世紀這波尋求替代發展的「粉紅色浪潮」涵蓋了自激進左派到中間偏左的政治光譜。這些左派政府彼此之間雖然存在內部差異，但都強調捍衛幾個基本理念：社會平等、政治民主、國家主權與區域整合。

Déniz（2013: 269-274）進一步歸納「粉紅色浪潮」具備的五個特徵：深化民主、多元的分權組織策略與連結形式、多元政治議程與社會基礎、公民社會的政治參與，以及制度內改革主義或制度外非暴力動員。他亦指出，「粉紅色浪潮」尤其強調「重分配」與「民主議程」。這亦衍生出倡導「社會民主」、「改革主義」（Reformismo）與「革命改革主義」（Reformas revolucionaristas）等多元模式；除此之外，這波左派主張的民主議程，普遍強調深化實質民主、擴大參與群眾，有些左派更訴諸「代議民主」和「參與式民主」的整合，並主張將「民主」擴及到經濟、社會與政治各個領域（Déniz, 2013: 272-273）。相對於前者，Arditti（2008）強調「粉紅色浪潮」存在兩個主要特徵：第一，試圖「改變現狀」（status quo）、同時捍衛「平等」理念；第二，倡導一系列的「對抗」政策，例如：走向反新自由主義、反美國帝國主義、反政治與經濟寡頭，並試圖尋求重新管制市場，以及推動「重分配」政策（Escobar 2010: 6）。

從類型學的角度來看，墨西哥前外交部長 Jorje Castañeda（2006）主張，將這波左派區分兩類：「錯的左派」（Wrong Left）多屬於「威權 - 民粹左派」（Authoritarian Populist Left），「對的左派」（Right Left）多屬於「社會民主左派」（Social Democratic Left）；其次，Kingstone（2011: 102）將「粉紅色浪潮」左派區分為「溫和左派」（Moderate Left）與「激進左派」（Radical Left）。「溫和左派」的代表，包括：巴西、智利與烏拉圭；「激進左派」則以委內瑞拉、玻利維亞、厄瓜多為主。不論何者，他們之間共同性在於都強調公平正義與平等主義，並強調「國家」角色對於達成上述目標的關鍵性（Kingstone, 2011: 102-103）。

除此之外，Weyland、Hunter 與 Madrid（2010）則將「粉紅色浪潮」區分為兩類：「溫和左派」（Moderate Left）與「抗爭左派」（Contestatory Left）。前者，在政治上主要依循既有自由民主路線，但採取更務實態度去擴張意識型態的政治光譜；在經濟上，則支持維持一個民主的市場經濟，並在體制內推動更公平與公正的發展。代表人物主要以巴西魯拉、智利芭契莉（Michelle Bachelet）總統為代表。這類「溫和左派」在某種程度上，仍依循新自由主義與 WC 的部分政策制度，例如：魯拉延續推動電力部門私有化等；反之，後者，「抗爭左派」主要目的在反抗全球資本主義和自由民主的制度，他們採取較具侵略性的策略，要求深度改革政治，但已放棄「革命左派」訴諸「暴力」達成目的的手段。左派代表人物包括，查維茲、葛雷亞與莫拉雷斯（Kingstone, 2011: 103-105）。

相較於前者，Harnecker（2015: 47-48）亦提出相似的分類。她依據核心議程的走向，將這波左派區分為兩類：第一類，延續新自由主義政策，但更強調社會議題。代表國家，包括：巴西、阿根廷、烏拉圭；第二類，利用群眾動員來推動與新自由主義政策之間的斷裂。這類左派經常被歸類是「激進左派」，他們打著反美國帝國主義、反資本主義的旗幟，經濟政策上偏好保護主義。代表國家，包括：委內瑞拉、厄瓜多、玻利維亞與尼加拉瓜（Harnecker, 2015: 47-48）。實際上，這亦相似於上述分類。

　　然而，Kingstone 認為「溫和左派」與「抗爭左派」之間的最大差異在於國家角色。「抗爭左派」主張恢復「國家」在經濟與社會政策上的角色，特別是推動重分配與社會正義（Kingstone, 2011: 116）；反之，「溫和左派」基本上是認同「市場」的配置效率及對於「生產力」的貢獻，因此主張以更務實方式看待市場與新自由主義政策。這類左派並非放棄國家角色，而是主張「國家」在推動產業政策與人力資本上應採取擴張社會政策的方式。然而，他們並不像「抗爭左派」主張採取「再國有化」與國有產權策略。取而代之，「溫和左派」強調「國家」在推動競爭力與競爭政策中的角色（Kingstone, 2011: 123）。因此，鄧中堅（2013: 17）指出，「溫和左派」將「國家」功能定位在彌補市場失靈，並試圖建立公共機關和民間機構的合作。本書傾向將「溫和左派」主張的「國家」角色定義是一種介於監管國家（Regulatory State）與福利國家（Welfare State）之間的定位。

　　除此之外，Walter Mignolo（2006）則主張，二十一世紀拉美國家的政治光譜，除了傳統的右派、左派之外，更興起「去殖民派」（decolonial turn）（Escobar, 2010: 6）。代表國家主要以安地斯原住民國家為主，例如：玻利維亞與厄瓜多。他們則被 Castañeda 歸納為是「威權 - 民粹左派」或「錯的左派」。

　　歸納上述，這波「粉紅色浪潮」都打著反對新自由主義的旗幟，走向尋求替代發展的道路。然而，他們對於「發展」的想像，並不必然走向相似道路。通常「溫和左派」在承認「市場」的重要性之下，傾向延續新自由主義的某些特徵。但轉為強調管制市場、推動生產性經濟政策，同時擴大挹注社會政策，因此被認為偏向「改革左派」；相對於前者，「激進左派」則大量使用反新自由主義與反資本主義的論述，尋求將「公民」納入政治、經濟和社會過程中，來重新理解「發展」，並經常訴諸「群眾動員」來表達改變社會。因此，形成與新自由主義政策的斷裂。本書主要針對後者，主因是後者對於嘗試推進人類發展，探索符合人類對於公平正義想像的社會制度創新上，更具開創性精神。

　　無論如何，本書歸納，儘管這波「左派」存在內部差異，但依舊可以歸納出幾點最大共通性：對於政治的態度上，已拋棄經由「革命」途徑取得政權的想法。他們同意在民主制度下，經由選舉取得政權並啟動改革。

　　首先，對於「民主」的態度上，傳統拉美國家對於「民主」的觀點，著重的是選舉結果，這通常是政治菁英之間的競爭與重新分配，獲選之後則經常將職位視為是個人資產在處理，形成「民主被俘虜」的困境。因此，又稱是一種「委任式民主」（Delegative Democracy）（Wampler, 2004: 74）。但「粉紅色浪潮」左派對於「民主」的辯論，指向催生一個更務實與民主的政治實踐，以建立新的社會契約（黃富娟，2020a）。這又將依據左派類型，區隔出差異性的政策，涵蓋自「審議民主」到「參與式民主」的多元途徑。

　　其次，對於「市場」的態度上，「粉紅色浪潮」傾向支持有限度的開放，並倡導「國家」應在經濟上扮演更大角色（Parodi Trece, 2017: 225）。為了校正新自由主義模式對於經濟與社會的衝擊、超越新自由主義與市場經濟模式之下拉美國家依據「比較利益法則」出口農礦產品的「挖掘-積累模式」（extractivist accumulation pattern），因此「粉紅色浪潮」倡導重新管制市場，並試圖移轉原物料出口創匯的部分「租金」（rent）挹注於社會政策政策，以推動社會重分配來降低社會不均與貧窮（Campodónico, et al., 2017: 5）。

　　由此可見，這波左派的對於「發展」的主張，亦存在雷同之處。他們都倡導「平等主義」，試圖以「國家」去平衡「市場」專斷性，同時推動「重分配」以及更廣泛的政治參與（Cameron, 2009: 332）。這同時顯示，「粉紅色浪潮」倡導的替代發展道路，已不再將正統馬克思主義視為「發展」的圭臬。此外，對於「私有產權」亦不如舊左派那般仇視。他們有些甚至倡導超越左、右藩籬，改採更「務實」態度去尋求更適當的「政治形式」。

　　其中，激進左派在政策議程上，經常凸顯與以下兩個核心議題之間的緊密相連（黃富娟，2020a）：

　　第一，政治上，鑑於拉美普遍存在「代議民主」制度運作不良的困境。因此，替代方案經常倡導以「分權」策略來強化公民政治參與，以將被政治排除的群眾重新納入決策過程。這經常與「參與式民主」存在「選擇性親近」（elective affinity）。

　　以此來看，不難理解替代發展極力重新定義「民主」概念的作為。他們偏好創造一個群眾納入的政治參與形式，以群眾動員取代政黨參與。後者，卻被批評是存在「去制度化」的傾向。除此之外，他們在賦予人民更多經濟與政治

權力的「賦權」時，被貶抑為是一種政治回饋機制，有利於侍從關係的建立（Motta, 2011: 29-30）。但這些批判都過於武斷，忽略人民作為民主主體之實踐，實際上存在不同制度創新的可能性。

第二，經濟上，不是反對「市場」，而是拒絕將「市場」置於發展的中心（Cameron, 2009: 337）。他們支持有限度的市場經濟，更主張國家應在經濟上扮演更大角色。這經常與「國家主義」、生產工具與產權改革等概念相關。

可見，相較於改革左派，受到「二十一世紀社會主義」意識形態影響較深的「激進左派」，對於「民主」與「市場」的觀點卻有其特殊性。Escobar（2010）主張，「二十一世紀社會主義」席捲的委內瑞拉、厄瓜多、玻利維亞、尼加拉瓜等國家倡導的替代發展方案，都存在兩點相似要素：第一，倡導「反新自由主義」的政治與經濟議程；第二，強調深化民主，並走向強調實質與參與式民主的方向轉型（Escobar, 2010: 6）。誠如黃富娟（2020a）主張，他們對於解決社會不均問題的觀點，逐漸走向倡導經濟領域的「賦權」途徑，這經常需要政治上的「賦權」作為手段，以強化「社會力」作為牽制「政治力」與「經濟力」獨斷的策略。

三、拉美替代發展模式與文獻回顧[5]

南美國家自「粉紅色浪潮」以來，轉向左派執政。這波「粉紅色浪潮」無不積極尋求一個替代新自由主義的發展方案。然而，南美脈絡下的「替代發展」卻是一個「多義／歧義」的概念。誠然，替代發展興起於 1960~1970 年代在批判「『成長』為基礎的發展」的現代化理論與市場中心前提之下興起，目的在翻轉「發展主義」和「經濟成長」中心的大論述，並走向倡導人類發展、參與發展、分權與永續發展等多元路徑（Villalba, 2013: 1427）。然而，「粉紅色浪潮」倡導的「替代發展」，雖延續並回應了替代發展趨勢潮流與其部分觀點，亦同時受到拉美歷史特定與脈絡特定的雙重影響，而衍生出多元迴異的面貌。

本書主張，二十一世紀南美這波「替代發展」存在兩層意義：表層意義是去尋求超越或替代新自由主義模式的方案；深層意義則是主張「發展」最終目

5　以下內文是出自作者刊登在另一篇期刊論文的內容，請參閱黃富娟（2020a: 11-19）。

的應回歸到對於「人類進步」價值的重視。以下將檢視既有文獻對於這波替代發展模式與方案的觀點，以作為本書立論的基礎。

（一）後新自由主義：「找回國家」與「找回公民」

Escobar（2010: 7-12）主張，南美替代發展源起於「新自由主義」和「歐洲現代性」之雙重危機中產生，並朝向「後資本主義經濟」（post-capitalist economy）、「現代性」的替代方案與「去殖民方案」[6]等多元方向轉型。Escobar 使用「後自由主義」（post-neoliberalism）、「後資本主義」或「後國家主義」（post-statist）等多元名詞來捕捉南美這波替代發展的多元性。在此，所謂的「後」（post）具有「超越」的意義。**他將「後自由主義」定義是去超越「歐洲現代性」作為社會生活建構的主導性原則，以讓社會生活不再全然由經濟至上、個人主義、私有產權與工具理性（instrumental rationality）等自由主義相關之現代性所定義與建構**。這在經濟領域上，亦可能走向「後資本主義」。此一概念是指超越「資本」作為經濟主宰形式的社會，讓經濟不再純然只是「資本中心」（capital-centric）的。此外，「後國家主義」則倡導應去超越「國家」作為唯一制度化社會權力的核心形式（Escobar, 2010: 7-12）。上述觀點，實際上與 Alejandro Grimson 與 Gabriel Kessler（2005: 191）主張相似，都認為「後新自由主義」是指企圖擺脫新自由主義霸權地位的新競爭性敘述和集體行動形式（Fernandes, 2013: 58）。

事實上，多數學者在檢視南美這波替代發展走向之後，傾向將它們定義是一種「後新自由主義」發展典範。然而，此一概念根據不同學者也存在不同的定義。

Aharonian（2009）認為，拉美「改革左派」的主要特徵是在推動發展主義政策、生產性的國內資本主義與社會政策。由於未與新自由主義市場經濟斷裂，因此稱之是一種「後新自由主義」；**相較於此，Arditti & Lineras 則將「後新自由主義」定義為西方「自由主義」的主導形式被部分取代，同時走向承認其他政治與社會形式混合與實踐的特徵。特別是南美這波「後新自由主義」**

6　根植於一組組合混合實踐，包括：社區的、團結的、原住民的、混合的，以及多元與跨文化，並朝向「後自由社會」（post-liberal society）與替代歐洲中心現代性的方案轉型。

的關鍵特徵是「找回國家」，強調國家改革的必要性，目的在克服 1980 年代以前「國家 - 發展主義國家」與 1980 年代以後「新自由主義國家」的雙重失敗（Escobar, 2010: 12）。

Norbert Lechner（1995: 160-161）**倡導一種「後新自由主義國家」**（Estado posneoliberal）。其特徵在於，經濟上，保留市場經濟，並在此框架內促進資本主義的積累；政治上，推動「公民」的政治參與，特別是平等行使「公民身份」（Citizenship）；社會上，促進社會整合的前提下，走向一種新福利國家（Uharte Pozas, 2009: 35）。

Grugel & Riggirozzi（2012: 3）則將「後新自由主義」定義是：「將『國家』重新概念化，認知『國家』存在一種道德責任，去回應和交付不可剝奪的公民權利（Radcliffe, 2015: 862）。」Keck & Neara（2006）認為這必須要「重建國家」，以「使國家公共化」（make the state public）來確保國家捍衛公眾利益（Grugel & Riggorozzi, 2012: 15）。

在此脈絡下，「後新自由主義」旨在尋求一種有別於礦業出口導向成長的新「治理」模式。此一「治理」，在經濟上強調更多的「國家」、較少「市場」，同時應兼顧社會福利與社會納入機制，並尋求一種更民主的政治與政策自主性，這必須是立基於傳統並回應社區需求的「新形式政治」。對應到經濟政策層次，「後新自由主義」試圖重新調整對於經濟的治理與其目的。強調應強化「國家」在課稅、貿易與社會支出等面向上的角色。此外，亦倡導應強化「公民身份」，推動「公民」對於公共政策的參與，同時完善社福提供，提高社區與原住民文化認同等基本人權（Grugel & Riggorozzi, 2012: 5-7）。**因此，**Grugel & Riggorozzi（2012: 15）**主張，「後新自由主義」側重於「成長」、「福利」與「公民身份」**。但他亦提到，經濟領域上「新自由主義」與「後新自由主義」差異並不顯著，關鍵不同反而在政府對於「貧窮」和「公民身份」的論述（Grugel & Riggirozzi, 2012: 5-6）。

Radcliffe（2015）亦將南美替代發展定義是「後新自由主義」。但他認為南美左派政府倡導的替代方案之間，存在自概念、認識論（epistemological）[7]

---

[7]　根據 Pieterse（2010）是指如何建立知識的法則。

與政治立場的差異。有些涉及到發展之本體論與認識論的轉向，有些不必然挑戰資本主義，許多甚至延續「新自由主義」的部分制度與觀點。此外，各國政府對於替代發展的主張，經常又與社運團體的訴求不同。**即便如此，他仍歸納出這波拉美替代發展的共同性在於：將「國家」找回來，同時強化社會支出**（Radcliffe, 2015: 863）。然而，他亦指出拉美左派政府的政策，經常無法回應替代發展的視野與觀點。這種落差呈現在決策、政策與執行各層面。對此，Grugel & Riggorozzi（2012: 8）建議「後新自由主義」在尋求新「治理」模式時，仍需回應結構性問題，思考如何管理自然資源，並有效連結「出口導向獲利」與「社福擴張」。

　　弔詭的是，拉美挑戰主流發展典範之下興起的「後新自由主義」替代方案，就發展理念與制度而言，有些甚至形成本體論與認識論上的轉向。但從現實面來看，左派政府政策卻又經常無法回應替代發展的視野（Radcliffe, 2015）。特別是許多拉美國家的「替代發展」，實際上無法完全抹除「新自由主義」的影響。例如：委內瑞拉與玻利維亞都倡導「後新自由主義」並走向「二十一世紀社會主義」，卻弔詭地延續了「新自由主義」的部分制度和觀點。例如：延續國際金融機構對於南方國家的援助、微型貸款與公私夥伴關係，以及持續推動 WB 主導的「有條件現金移轉」（conditional cash transfer, CCT）等方案（Radcliffe, 2015: 864-865）。

　　回到本書探討的委內瑞拉案例，Grugel & Riggirozzi（2012: 8-9）與Radcliffe（2015）**都將查維茲的替代發展模式定義是一種「後新自由主義」類型，主因是在保留市場經濟之下，同時存在以國家之力將自然資源收益導向福利方案的作法。然而，本書主張，實際上這在 2005~2006 年確實如此。但自2007 年啟動社會主義主義國家轉型之後，則產生重大變革。**

（二）經濟與社會的再校準：替代性資本主義到後資本主義

　　受到「二十一世紀社會主義」席捲的國家，多標榜反資本主義的企圖，並試圖解構「市場中心」與「資本中心」的資本主義市場經濟發展模式，走向倡導一個更多元組織形式的經濟。最終目的是希望修正資本積累模式形成「資本」對於「勞工」的剝削與支配關係，以翻轉強調成長、效率和積累的生產關

係為一個強調「人」作為經濟主體、「社會需求」優先於「資本積累」的更人性化生產的社會關係。基於此，受到「二十一世紀社會主義」席捲的南美國家，都先後主張超越資本主義的「後資本主義」或替代性資本主義方案。

問題是，在超越「資本中心與市場中心」之後，究竟應何去何從？「經濟」與「社會」之間的關係如何再校準？這通常衍生出幾個相互關連的概念，包括：後資本主義、社會市場、社會經濟、團結經濟等。

1. 社會經濟與團結經濟

既有文獻在探討「經濟」與「社會」的關係時，多回溯到 1944 年經濟人類學者波蘭尼（Karl Polanyi）在《鉅變》（*The Great Transformation*）一書中提出「市場社會」概念來取代「市場經濟」。波蘭尼（1944）主張，「經濟」在成為一個「自律市場」之前，是鑲嵌於社會系統。他將「社會」視為是構成「經濟」的一個不可或缺之必要條件。他批判「理性且自利個人」與「追求利益極大化」的經濟學人前提是一個過於狹窄的概念，不僅無法為社會提供穩固的基礎，且過度倡導個人利益，必然將導致整體社會的扭曲（Krippner & Anthony, 2007: 227-228）。

他借鏡 1929 年以前歐美國家落實自由放任時期的經驗，主張獨尊市場機制的經濟，勢必破壞社會秩序的穩定性，甚至帶來災難性後果。將市場機制運用在土地、工作、金錢與虛構商品（bienes ficticios）上已造成「社會」從屬於「經濟」，這為人類社會帶來「過於單一的社會錯置」（monolithic social dislocation），最終必然會誘發反市場的社會保護運動，他稱是一種「反向運動」（Countermovement），以回應社會被商品化，並避免「市場」專斷性，同時尋求以更民主方式控制「經濟」。因此，形成經濟與社會之間關係的「雙向運動」（Double movement）[8] 觀點（Solimano, 2015: 193）。

波蘭尼認為傳統人類社會存在「互惠」、「重分配」與「交換」等三種經濟形式。它們通常是混合出現在所有社會，但其中一種可能成為主導性原則。「互惠」是社會最初的經濟交換形式，目的在分享社會的義務與團結，通常發生在社群與宗親之間。「互惠」不是經由市場機制、而是「關係

---

[8]　企圖使經濟擺脫政府管控的自由放任運動，以及反制自由放任出現的保護運動。

鑲嵌」來決定，它同時強調合理的「重分配」；其次，經濟也會經由與市場貿易的「交換」形式而存在。除此之外，波蘭尼主張「供給 - 需求」的市場法則，仍需仰賴「國家」作為更高決策單位，以確保市場邏輯不會為社會帶來毀滅性災難。據此，後續對於「社會」與「經濟」之間關係的辯證，經常回溯到波蘭尼的傳統，並圍繞在「市場性」（Marketness）概念，倡導回歸兼顧「互惠」與「重分配」的經濟型態，以修正獨尊市場邏輯帶來的災難。

後續 Block（1990）對於市場經濟的探討，延續波蘭尼主張市場經濟是由兩種「雙向運動」所形塑，並指出經濟體系運作取決於三個層次的搭配：個體微觀選擇 [9]、組織起經濟結構的國家行動 [10] 與社會調節（social regulation）[11]（Block, 2004: 105-6）。Block 雖反對自律市場，卻同意「市場」對於經濟生活扮演積極的角色（Block, 2004: 104）。關鍵在於，市場、國家行動與社會管制之間如何取得平衡。

在「經濟」與「社會」的文獻中，另一個常見概念是「社會經濟」。「社會經濟」最初是以地方結社方式出現，目的在保護社區。「社會經濟」在歐洲脈絡的復興，源自 1980 年代新自由主義倡導國家最小化與權力下放之後，歐盟經濟社會委員會（European Economic and Social Committee）為抗衡產業外移、區域發展失衡與社會排除而推動的區域發展計畫。「社會經濟」理念，強調解決「市場失靈」（Market Failure）與「國家失靈」（State Failure）之下，地方衍生的無法被滿足的社會與經濟需求。亦即是以填補企業因為「市場」需求零散，導致缺乏投資誘因，同時補充「國家」因為地方需求過於零散，導致政策無法聚焦的困境（黃富娟，2005）。

然而，「社會經濟」在定義上，主要係奠基於「合作」、「團結」與「互惠」等規範性價值定義上，亦因為這種規範性定義，造成在對應具體組織實體上的模糊，並衍生出多元迥異的組織形式（Gutberlet, 2009: 738）。然而，「社會經濟」的組織形式，通常極具「在地性」，仰賴社區居民組成的社會組織，並強調兼顧就業與公共財提供的發展取向。因此，經常以「社

9　這些選擇可透過市場來組織，但在市場不存在的地方，個人仍有選擇能力。

10　交易需以契約和產權作為法律基礎，同時建立經濟規則引導經濟運作。

11　制約與形塑微觀經濟選擇的社會安排。

會企業」（Social Enterprise）、非政府組織（Non-Governmental Organization, NGO）或第三部門（The Third Sector）等多元名稱與組織形式出現。晚近「社會經濟」研究更側重於探究其對於「就業創造」與「社會納入」的貢獻。誠如經濟合作暨發展組織（The Organisation for Economic Cooperation and Development，以下簡稱 OECD）（OECD, 2013: 20）研究指出，「社會經濟」對於歐洲在就業創造上的重要性與日俱增，且對於解決「社會排除」的效果尤其顯著。

衍生自「社會經濟」而來的「團結經濟」（Solidarity Economy）被視為是第二代的「社會經濟」。「團結經濟」是一個規範性的概念，對應到實踐層次，亦存在多元形式。但主要目的都在強調去改變「資本積累」與「股東權益極大化」的資本主義經濟邏輯，改為推動一種更公平的經濟參與模式，這通常與「合作社」（Cooperatives）這種經濟組織形式產生「選擇性親近」。後者，主張讓每位經濟參與者都可以公平的、集體的，參與到與生產相關的經濟決策，包括：生產、銷售到分配的整個產品週期的決策過程。

在價值理念上，「團結經濟」主張，經濟是鑲嵌在社會關係，強調「社區」為基礎的社會安全網絡（social safety network），讓組織成員透過平等參與、互惠與公平分配，來處理與經濟活動有關的生產決策、商品訂價與盈餘分配的過程。同時，倡導回歸「社會團結」來翻轉市場中的階層與權威（Castelao Caruana & Srnec, 2013）。相較於「社會經濟」，「團結經濟」走向更多元形式，包括：合作社、社會企業、社區貨幣與時間銀行等（Gutberlet, 2009: 739）。

其中，「合作社」相較於私企業的特殊性在於，它雖依循「平等主義」和「民主決策」原則，並採取「集體產權」模式，但卻鮮少質疑私有產權與生產工具的合法性。因此，Azzellini 與 Ressler（2015）主張，「合作社」應被視為是一個「個人主義」的概念，目的在爭取以更公平方式參與生產決策，並獲取平等分配的機會。因此，不必然與資本主義市場經濟的精神互斥。它甚至被視為是資本主義經濟體系下，走向「民主化企業產權」（democratising ownership of enterprises）的概念。因此，不應被視為是一種替代發展模式；反之，應視為是避免資本家獲取「超額報酬」（excess rent）的概念（Azzellini & Ressler, 2015: 133-134）。

然而，不論何種組織形式，它們的共同性在於，對於產權、生產決策、預算與分配的觀點都強調以「利害關係人」（stakeholder）取代「股東權利」（shareholder），並依據「平等」、「互惠」與「參與式民主」原則來經營並分配獲利。問題是，不論是「社會經濟」或是「團結經濟」，它們在實踐上遭遇的最大困境在於：如何真正培育成員的「互惠」與「團結」價值，以避免理性個人的「詐欺」與自利動機（Castelao Caruana & Srnec, 2013）？這亦顯示，價值取向的規範並不必然就能夠克服自利個人的動機。

2. 替代性資本主義到後資本主義

替代性資本主義（Alternative to Capitalism）的理論中，西班牙學者Josep María Parramón（2015）在馬克斯主義基礎之上，整合並提出「團結、效率與理性的經濟」（Economía SER, basada en los conceptos de solidaridad, eficiencia y racionalidad）模式。他主張替代新自由主義與資本主義的經濟體系，應立基於「經濟團結」、「社會效率」（eficiencia social）、「經濟理性」（racionalidad económica）、「必要競爭」（competitividad necesaria）與「公平正義」等概念，來取代市場經濟下尋求資本積累與利益極大化的目的，以「人類福祉」的累積取代「資本積累」的目的；同時，亦應保有維持人類動機的「誘因結構」，以校正共產主義無法創造「誘因」與福利依賴的弊病。

首先，他倡導以「團結」原則作為人與人之間經濟關係的基礎原則。然而，許多替代性資本主義的缺失在於，制度設計上取消了資本主義體制中的「誘因」機制。他主張新經濟形式必須在保留市場經濟對於個人的「誘因」結構，又不損及團結精神之下進行。為此，他倡導一個「必要競爭」，並使用「經濟團結」、「經濟效率」、「經濟理性」等原則去建立對於資本主義體系的限制。為獲取最大的「人類發展」，不能棄置經濟成長，這應該被視為是發展的中層目標，最終目標仍是「人類發展」（Parramón, 2015: 132-136）。

首先，他主張所有「市場」都應該受到「必要競爭」與「經濟團結」兩個原則的統理。生產者只能獲取所謂的「合理獲利」（beneficio justo），且不能危及其他人生活。一個市場只能銷售並獲取公平利潤，且不損及其他市場，以及市場中的經濟關係為原則（Parramón, 2015: 128）。基於此，

他倡導「獲利」必須壓縮在一個「合理利潤」，讓「利潤」是在尊重「團結」原則上成立。此外，更應在市場中導入更多限制，強制區隔出「完全競爭」與「不損及集體福祉」的兩個市場（Parramón, 2015: 129）。他進一步以「基本物質需求」與「非基本物質需求」分類原則，來規劃市場與生產中的「誘因」機制，以及政府或治理介入的範疇（Parramón, 2015: 18-19）。以此，確立在追求「福祉極大化」時，不損及必要的財富創造；其次，他主張新經濟關係應同時關注「經濟效率」與「社會效率」，且「社會效率」應居上位原則，以讓經濟關係成為達到「人類發展」目的之工具媒介。此外，他亦主張「經濟理性」，並強調應克服資本主義體系存在的生產過剩，以消除強制性和非理性消費（Parramón, 2015: 131）。

除了替代性資本主義的概念之外，另一個相近的概念是「後資本主義」。本書探討的委內瑞拉個案中，查維茲總統自 2007 年啟動社會主義國家轉型，即是一種「後資本主義方案」。

所謂的「後資本主義」，Escobar（2010: 12）定義是「資本主義」不再是經濟霸權的事態。這是指「後資本主義」倡導的是讓「市場」成為協調經濟的次要機制、而非主要機制。Escobar（2010: 12-19）將委內瑞拉模式定義為一種「後資本主義政治」（post-capitalist politics），這涉及到「後資本主義」與「參與式民主」兩個概念。在此，「後」是指去超越「資本中心」框架，讓「經濟」不再單獨由「資本主義」邏輯主導，而是受到一組經濟排列原則所支配，包括：團結、合作社、社會的、社區的，並由多元經濟行為者共同參與。此外，Hollender（2015: 88）指出「後資本主義」在超越「資本中心」之後，走向倡導「社會經濟」或「團結經濟」等多種強調「團結」與「互惠」原則之組織形式，目的在建構一個更公平與永續的社會，因此構成「後資本主義」方案。

由此可知，「後資本主義」的概念，經常涉及到超越「自律市場」，並走向承認多元產權與生產組織形式，以推動經濟和產權結構調整，達到均衡「經濟」與「社會」之間發展目標衝突的目的。因此，在產權與生產組織形式的微觀層次上，經常倡導「勞工控制企業」。這又經常與唯一合法使用「集體產權」和「集體管理」的「合作社」模式產生「選擇性親近」（Azzellini & Ressler, 2015: 134）。

　　事實上，查維茲推動的《二十一世紀社會主義》替代方案，試圖在超越「資本中心」框架下，轉為推動「合作社」、「社會生產企業」與「聯合管理企業」與「社會主義企業」等多元組織形式來推動後資本主義方案（Escober, 2010; Hollender, 2015）。

　　本書歸納，標榜「二十一世紀社會主義」的拉美左派政府所倡導的替代發展方案中，委內瑞拉、厄瓜多與玻利維亞三國都出現援引「社會經濟與團結經濟」概念與制度安排作為推動替代性資本主義方案的現象。這些「激進左派」試圖以此牽制並校正「市場經濟」的專斷性，以及對於發展造成的雙面性。不同的是，委內瑞拉查維茲在 2001~2005 年之間是在「社會經濟」概念下啟動一系列的社會福利政策，因此實際上比較接近「社會民主」；直到 2007 年以後才出現「後資本主義」方案；除此之外，替代性資本主義理論中提及的「基本需求」、「合理獲利」等概念，都出現在查維茲的《二十一世紀社會主義》替代發展方案中。包括：查維茲推動「糧食主權」之際，將糧食部門納入「基本物資需求」，並導入「最高售價限制」，以限制生產者不能擷取「超額獲利」等。由此可知，這些經濟政策並非無中生有，而是存在特定理論基礎。然而，這不必然就意味著具有理論基礎的概念在現實運作操作上就必然可行，這仍需要有經驗現實的妥適性。

四、治理的爭議 [12]

　　綜合上述，既有文獻都指出了這波替代發展倡導反新自由主義的政經議程。不論是「後新自由主義」、「後發展」都指向獨尊經濟成長與「市場」邏輯的發展觀必須被修正。但這波替代發展，在解讀上都側重在探究這波替代發展目的，以及尋求更公平正義的新「治理」形式。

　　它們之間的差異在於，修正方向是走向反發展主義、後資本主義或新自由主義的修正主義。當前既有文獻即便存在觀點的差異，但最大公約數仍在於兩點：對於「國家」在經濟角色上的再定位，以及推動「重分配」政策。

---

[12]　以下內文摘自作者另一篇期刊論文，請參閱黃富娟（2020a: 11-19）。

　　然而，本文在歸納文獻的基礎上，進一步從行動主體的角度，歸納出兩個共通性：第一，「找回國家」：重新概念化「國家」角色並將其擴大到管理經濟[13]、回應社會需求。這又與「新發展主義」和「重分配政策」產生較強連結。

　　誠如 Grugel & Riggirozzi（2012）、Radcliffe（2015）都提及「國家」角色的再定位；Grugel & Riggirozzi（2012: 8）建議國家應思考如何管理資源，以連結出口和社福的擴張；Hollender（2015）主張推動「重分配」政策是邁向後資本主義社會的關鍵策略。這亦延伸出對於「重分配」在經濟無法持續成長之下，是否仍可行的辯論。誠然，既有研究指出了「國家」在經濟與社會角色的擴張，凸顯了推動「政治 - 經濟 - 社會」整合性議程的走向，但卻忽略了這波「粉紅色浪潮」倡導的替代發展對於「重分配」的思考與作法，實際上已經有了改變。這又與第二個方向產生較強連結（黃富娟，2020a: 16-17）。

　　第二，誰來「治理」？除了「國家」之外，強調更多「公民」的政治參與，這涉及重新定義「民主」與「公民身份」，找回公民在政治參與中的重要性。

　　由此可知，這波替代發展實際上存在兩個主體：「找回國家」與「找回公民」，涉及到不只是「國家」在經濟與社會上扮演更大角色，更強調「公民」的參與發展，因而挑戰了治理的權力結構（黃富娟，2020s: 16-17）。

　　誠然，這波替代發展在對抗新自由主義的框架下興起，並試圖在超越新自由主義的政經議程之下，尋求一個更公平正義的新「治理」形式。然而，既有文獻雖然指出反新自由主義之後走向承認更多元政經形式的混合實踐，但對此一治理的「形式 / 樣態」（Gestalt）與其跨國比較，仍待更深入研究不多。誠如 Grugel & Riggirozzi（2009）與 Radcliffe（2015）主張，既有研究欠缺對於替代發展倡導之政治與經濟治理的新計畫，進行更精細分析；Radcliffe（2015: 866-867）更建議，應深究替代發展中那些有助於創造與維繫「納入」和「排除」的論述及其對應的物質形式。本書在某種程度上填補了這樣的空缺。

　　在上述文獻基礎上，本書主張，這波左派政府倡導的替代發展，興起於挑戰「新自由主義」下衍生的社會不公與貧窮，存在較強的規範性取向。它們都主張「發展」的本質與目的應回到「人類進步」，並致力於尋求一種兼顧

13　重稅、管理自然資源、重分配。亦即由國家監管市場、強制移轉部分出口收益來推動重分配。

人類需求、經濟與社會納入的新治理形式。這涉及到的不僅是國家在經濟角色上的復興，實際上，對於激進左派而言，「國家」在回應社會需求的「重分配政策」上，已超越被動的社會救助，走向對人民在政經領域的「賦權」作為手段。這又經常與「公民」作為主體的「參與式民主」和「經濟民主」兩個治理議程產生較強連結。然而，對於「賦權」的形式及程度各有不同，但若「賦權」是發生在全國層次，將形同是重組國家權力幾何。

最終，2014~2018 年間南美左派相繼失去政權，並重回市場經濟的道路。本書主張「粉紅色浪潮」的終結，主要受到兩個因素影響：2014 年拉美國家受到中國內需成長趨緩影響，導致對於拉美原物料需求的下滑。這不僅衝擊了原物料國際市場價格與過度依賴原物料出口創匯的拉美經濟，更重擊了左派政府的福利政策；此外，2013 年巴西政局爆發「洗車行動」（Lava Jato）事件，建設公司 Odebrecht 承認長年賄賂 10 個拉美國家的總統、官員與議員，以取得基礎建設工程標案。在經濟榮景不在之下，政治貪污案更重創了左派執政的正當性，並促成鐘擺再起。

但若從發展模式角度反思「粉紅色浪潮」的替代發展方案為何失敗？誠如 Escobar（2010）主張，拉美國家欲超越「資本中心」與「自由主義現代性」對於社會生活的主導性，則必需推動國家、市場與社會三個領域的重建。這意味著既有政經權力結構與知識基礎的全面激進轉型（Escobar, 2010: 11）。這波激進左派確實欲朝向這個方向改革，但卻失敗告終。究其因，癥結在於：缺乏國家層次的經濟方案。誠如 Escobar（2010: 11）批評，拉美左派在推動替代發展方案的實驗階段，多數國家仍保有甚至強化了原物料出口經濟結構，作為重分配的基礎。委內瑞拉亦是如此。這顯示拉美國家雖側重在中層與微觀途徑的替代發展方案，卻忽略其與總體經濟政策的關鍵性，最終，依舊無法超越「資本」作為經濟的宰制形式。

第三節　二十一世紀社會主義與查維茲

一般發展理論在探討國家發展模式時，通常放置於「市場」與「國家」兩個對立的經濟協調機制中來探討，並對應出亞當・史密斯（Adam Smith）倡導

的「資本主義」與「市場經濟」，以及馬克思（Karl Marx）的「社會主義」與「計畫經濟」（Planned Economy）體制兩種「發展」的意識形態與制度安排。

誠然，拉美在啟動新自由主義改革，但市場力量卻無力解決根深蒂固的社會不均與發展難題之下，也醞釀著社會主義思想在拉美的復興。事實上，自1990年代開始，蘇聯與東歐共產主義國家相繼解體，後社會主義國家走向轉型，但拉美區域卻反其道而行，催生出「粉紅色浪潮」。其中激進左派更在部分拉美國家醞釀出「二十一世紀社會主義」的思潮，試圖修正新自由主義改革成效不彰的弊病。究竟，何謂「二十一世紀社會主義」？其政策議程特徵為何？

一、社會主義到新社會主義

沿著「社會主義」與「發展」之間關係的這條軸線中，古典馬克思主義倡導在資本主義走向發展極致之後，應轉型到「共產主義社會」，以建構更美好與平等的世界。事實上，不論是馬克思或是盧梭（Jean-Jacques Rousseau）對於人類不平等起源的看法，皆認同物質基礎是造成社會不均的主因。他們主張，資本主義社會採用的「私有產權制」是造成社會階層分化、不平等與貧窮的起源。唯有廢除私有產權，走向國家集體共有產權，並由無產階級專政，採行「中央計劃經濟」，廢除市場，才能免除剝削與貧窮。這實際上這是一種社會制度選擇的結果。誠然，馬克思對於資本主義生產體制的卓越洞悉力備受肯定，但他卻未曾明確說明一個社會主義國家應有的制度與機制運作如何可能。這亦導致二十世紀中葉採行社會主義改良主義與「計畫經濟」的共產國家衍生出災難性後果。

「社會主義」作為發展典範的一種「理念型」，事實上在 Janos Kornai（2000）對於中國的社會主義研究中，逐漸形成權威性觀點。Kornai 從馬克思政治經濟學出發，主張「資本主義」與「社會主義」之間的制度差異，可用「所有權」與「生產要素」兩個變項，在五個面向中釐清：

第一，「政治權力」（政黨集權 - 政治權力、私有財 - 市場友善）：馬克思主張資本主義創造了「市場」的無政府狀態，「所有產權」造成階級剝削。為校正此一缺失，他主張成立無黨階級專政的「國家」，並以「國家」之力組織經濟生產、消費與分配，進而建立一個共產主義國家。因此，「計畫經濟」屬

於一種由上而下政府介入經濟生產與配置的全面集權控制。相較於由下而上自發性加總形成的「市場經濟」，強調尊重私有產權與市場機制，對應的政治權力，則強調小政府主義與國家干預市場的最小化（Kornai, 2000；張曉光譯，1986）；第二，「所有權的分配」（產權公有 - 產權私有）：社會主義國家通過消除私有產權，將所有權歸屬於國家與人民共有，以消弭因物質基礎衍生的階級差異和剝削。在國家收歸私有產權之後，則經由設置「國有企業」與「合作社」等經濟生產單位，將經濟組織統籌分配給不同層級官僚組織掌管（Kornai, 2000；張曉光譯，1986）；第三，「體系運作的協調機制」（官僚協調 - 市場協調）：「計畫經濟」是一種由中央政府統籌管理的指令式經濟，由官僚統籌、規劃，控制並協調經濟生產規劃、分配與使用。然而，這種「官僚人為定價」取代「市場機制」的問題在於，在資訊不對稱之下只能透過不斷人為調整，來彌補市場機制的缺乏。這實際上仰賴一個功能強大的政府（Kornai, 2000；張曉光譯，1986）；第四，「經濟行為的類型」（軟預算 - 硬預算）：計畫經濟主要採取「軟預算約束」（soft budget constraint）與「消極貨幣」。市場機制被廢除、價格機制不復存在，改以統籌分配與票券的配給，來取代貨幣的功能。貨幣無法兌換與任意轉換，因此無法發揮協調經濟交易的功能（Kornai, 2000；張曉光譯，1986）；第五，「經濟現象」（短缺經濟 - 無慢性短缺）：「計畫經濟」經常是「短缺經濟」。中央指令式經濟對於生產消費財的壓抑，造成民生物資的嚴重短缺現象普遍出現在所有領域。

Kornai（2000）認為上述五個因素之間存在相互作用與連動關係，前者影響後者，且一旦前三者被決定，將同時規限第四與第五個選項，可從「路徑依賴」（Path Dependence）來理解。誠然，Kornai（2000）對於社會主義國家的制度描繪，清楚說明了中國式共產主義的經濟制度與運作特點，以及其對於經濟的「短缺」與財政收支均衡的衝擊。但這種理想性制度在現實生活的落實，造就了二十世紀社會主義在多數共產國家都呈現災難性後果。

隨著 1989 年蘇聯解體、東歐與中國等共產主義相繼啟動後社會主義國家轉型，共產主義與計畫經濟正式宣告失敗，新自由主義市場經濟一枝獨秀。然而，方興未艾的社會主義，也在不斷地在試驗與修正中緩步前進，並走向更務實的改革路線。後續發展中，社會主義論者對於經濟和市場的態度，雖延續批

判「市場」的專斷性，卻不主張廢除「市場」；反之，在承認「市場」有其必要性之下，讓「市場」成為經濟協調的次要（非唯一）機制。因此，反而形成一個「混合市場經濟」（以下簡稱 MMEs）。

Hancké、Rhodes 與 Thatcher（2009）的「超越資本主義多樣性」（Varieties of Capitalism, VoC）理論指出多數國家的經濟體制，實際上是一種介於「國家」與「市場」協調之間的 MMEs，並凸顯「國家」在其中的角色（Hancké, et al. 2009, 278-282）。此外，Barry Clark（2016）研究則使用「私有產權普及度」（Prevalence of private property）與「對市場依賴度」（Reliance on markets）兩個變項，來區分國家之間的經濟系統。根據他的定義，「社會主義」的經濟體制，是指一個社會較少依賴「市場」、且「私有產權」相較於資本主義呈現較不發達的現象，但卻比共產主義發達；反之，「資本主義」的經濟體制，則呈現「私有產權」和「市場依賴度」呈現雙高的現象（Clark, 2016: 73-74）。

由此可知，一個偏向社會主義的經濟體制，並非就不存在市場和私有產權。關鍵在於各要素占總體經濟比例形成的組合。除此之外，此一分類亦清楚指出，當前多數國家實際上呈現 MMEs 與「制度混搭」的特性。**本書主張，國家之間經濟體制的差異，關鍵區別在於：哪一種發展的意識形態和經濟協調機制占主導性地位？以及它對應出的經濟制度建構與制度混搭的「全貌」。因此，實際上更是制度組成比例與協力的問題。**

特殊的是，1990 年代拉美區域卻催生了「二十一世紀社會主義」。查維茲版的「二十一世紀社會主義」先後受到多方論點的啟蒙，並在查維茲的推波助瀾下迅速席捲拉美激進左派國家，成為他們之間的共同語言（retóricos）。以下說明：

（一）迪特里希的「二十一世紀社會主義」

「二十一世紀社會主義」的理論與概念源自 1996 年德裔墨西哥社會學者迪特里希（Heinz DieterichSteffan）在檢視二十世紀社會主義失敗的基礎上提出「二十一世紀社會主義」。他主張進入後資本主義的全球社會，應走向一個更分權與參與式計畫的社會，這奠基於四個支柱：公平經濟、直接民主、非階級

國家 [14]，以及人的自我實現（Dieterich, 1996: 39-51）。

迪特里希（1996: 41-47）主張，欲建立「二十一世紀社會主義」仰賴三個制度：

第一，公平參與經濟規劃（La economía planificada de equivalencias）：二十一世紀的社會主義經濟，應奠基於公平、民主與效率原則之下建立的新經濟模式，這是一種民主規劃的經濟。其中，欲獲取「公平」存在三種方式：第一：國家主導的「重分配」。這又存在社會民主主義、ECLAC 途徑以及凱因斯主義等不同作法；第二：社會主義的「產權公有制」；第三，新經濟模式，這是指產品與服務的公平交易（Dieterich, 1996）。

迪特里希倡導第三種新經濟模式，並主張這應奠基於「公平交易」的原則，同時避免所有產權與商業化造成不成比例之「附加價值」移轉給資方。更確切地說，他倡導一種「價值經濟」，並主張應以勞動參與和投入時間作為基準，來取代資本主義市場經濟體制下採取「價格」作為判準導致的剝削。基於「價格體系」是榨取勞工「剩餘價值」的主要手段，但由於經濟行動者之間是依據「所有權」持有多寡而挪有不對等權力，並據此定義誰有權制定「價格」並保留「剩餘」。為了實現一個更公平正義的社會主義經濟，落實經濟的民主自決，就必須關注「生產性財產」與「經濟民主」之間的關聯性。因此，他主張欲打破這種經濟支配結構，經濟交易應以「價值」取代「價格」來校正資本主義市場經濟下造成「剩餘價值」移轉給資本家。因此，他主張將生產工具「社會化」。除此之外，更應尋求一種更公平的貿易模式，賦予「勞工」自己決定「工作強度」（el grado de intensidad del trabajo），並採取「協商」方式確認勞動生產率。這同時需要建立一個「社會財產」制度作為配合（Dieterich, 1996: 41-47）。這種強調公平參與到經濟規劃的倡議，實際上相似於「經濟民主」的概念，又與「直接民主」的概念緊密相連。

第二，參與式民主／直接民主：是指國家權力必須在經濟、政治、文化和軍事等四個向度都「民主地」由「社會」來控制。基於人類社會都試圖解決經濟、文化、政治與軍隊等四個面向的需求。經濟上，是指生存所需的食物與服務，並據此衍生出經濟交易、經濟關係與經濟制度。他主張所有經濟生產與服務的本

---

[14] 消除階級差異，以及暴力鎮壓的國家，並將國家轉為具合法性與普遍行政的機構。

質，都該回歸到「滿足人類基本需求」；文化上，理解他人與社會共存，因此產生文化、語言、傳統與價值；政治上，存在集體決策的需求，並衍生出政治、國家與政治制度；軍事上，捍衛國家不受侵犯，因而產生軍隊需求。他主張「直接民主」應在上述四個社會關係面向中開展。因此，他倡導一種結合「形式民主」、「社會民主」與「參與式民主」的混合制度（Dieterich, 1996: 47-51）。

此外，「二十一世紀社會主義」亦強調應強化「國家」的民主權力，此一國家權力必須「民主地」並「由社會來控制」。採用多數民主原則，並經由「全民公投」（plebiscito）來決定重要政策。他特別強調「參與式民主」或「直接民主」的關鍵性。二十一世紀資通訊網路的發展，更有助於在關鍵議題上採用網路投票方式落實「直接民主」。除此之外，「參與式民主」對於二十一世紀的重要性在於確保人民獲取權力、科學知識與教育（Dieterich, 1996: 47-49）。

第三，人的自我實現：後資本主義社會將催生具有社會主義意識與價值理念的「新人類」（Nuevo Hombre）。這種新人類的誕生，可讓「公民」成為國家的主體、而非客體。一個國家在轉型到社會主義之後，人類將可落實三個面向的自我實現：理性 - 批判思考（pensamiento crítico-racional）、審美能力（capacidad estética）、道德潛能（potencial ético）。社會主義國家將創建一個「至高社會幸福」（Suprema felicidad social），這是指大眾擁有一個「最低必須體面生活」（mínimo necesario para una vida digna）、有機會發展自我實現，並防止任何人擁有過大全力去剝削他人（Dieterich, 1996: 49-51）。基於此，拉美國家左派論述中，創建一個「體面生活」已成為左派政府朗朗上口的政治語言。

簡言之，社會主義的修政方案對於「發展」的思考，都指向解決市場經濟遺留的社會不公與不均。他們雖延續批判資本主義、新自由主義與經濟全球化造成人在勞動上的「異化」（alienation）與國家發展的兩面性，但在回應手段上，已跳脫革命馬克思的極端主義，走向往中間修正或路徑整合。源自拉美本土的「二十一世紀社會主義」更指出全方位政治、經濟與社會制度的變革，走向由下而上的群眾參與，作為創建一個更公平正義與民主的體制。

然而，查維茲對於「二十一世紀社會主義」的願景與國家轉型路徑圖，更受到另一位學者的論點啟蒙。以下說明。

（二）梅札羅斯的「二十一世紀社會主義」與後資本主義社會

查維茲奉為「二十一世紀社會主義」開路先鋒的匈牙利籍革命馬克思主義學者梅札羅斯（István Mészáros）在他的《超越資本：邁向轉型理論》（*Beyond Capital: Toward a Theory of Transition*）一書中，批判「資本」與「資本主義」的制度與結構對勞工造成的「異化」，並在檢視蘇聯等前社會主義國家的制度缺失之後，提出超越資本主義的國家轉型理論。

相較於亞當·史斯密將「市場經濟」看作是由一隻「看不見的手」的自律市場配置，梅札羅斯從批判「資本」與「資本主義」切入，將資本循環體系視為是一種「無意識的意識」（unconscious consciousness）運作。他主張資本主義市場經濟下，自由民主體制強調的平等、民主和自我批評，都將淪為虛無。由於「資本」形成的壟斷與獨大結構，創造了一種資本主導的再生產形式，並衍生出最「異化」的控制形式，他稱之是「資本人格化」（personification of capital）。這讓「資本」控制了「勞工」、決定了生產關係並導致勞動「異化」，他稱是一種「市場的暴政」（tyranny of the market）。於是，「資本」建構了一種社會新陳代謝的秩序，並創造了剝削與惡性循環（Mészáros, 2008）。

梅札羅斯建議，為了超越資本主義社會的弊病、邁向社會主義國家轉型，實有必須改變「社會代謝再生產」（social metabolic reproduction），並重建一個「社會主義再生產」的秩序。為此，他認為有必要創造一個由下而上的系統來代替並超越資本體系（Foster, 2015: 6）。**首要之務是去建立一個在「實質平等」基礎上設置的「社區生產體系」，讓「生產關係」與「決策關係」得以相互強化。**這同時將創造一個「後資本主義的社會秩序」（Mészáros, 1995: 789）。

梅札羅斯主張的「社區系統與價值法則」（The Communal System and the Law of Value）強調去創造一個由下而上的社區自我管理體系。這須創造一個「社區生產與消費的循環體系」與「地方議會的政治結構」兩者相連的地方性政經結構，並將「社區」由原先作為政府機構延伸控制的「政治-行政空間」（political-administrative space），轉化成為一個由「社區」主導的「社會-文化-經濟空間」（socio-cultural-economic space）（Azzellini, 2017: 214）。

基於此，梅札羅斯進一步主張，此一社會主義式有機社區體系的建立，必須經由勞工啟動「自我批判」（the principle of self-critique）作為建構新社會的

原則。這仰賴個人積極參與到公共事務，從歷史中學習，並進行自我批評，以成就人民權力（Mészáros, 2008）。

除此之外，梅札羅斯亦提到，建構一個由下而上的有機社區生產體系，仰賴幾個組成要素：

首先，在決策體制上，為了超越資本主義體制的限制，他倡導建立一種由下而上的民主決策機制。梅札羅斯主張，為建立社會主義的決策機制，有必要將「社會代謝過程」之政治控制與「資本的物質形式」（capital's material）相連，以讓「生產關係」和「決策關係」相互強化，並在由下而上的民主決策過程中建立「制度化責任」（institutionalized responsibility）機制。這又涉及到機制建立的兩個原則：第一，勞工主權（sovereignty of labor）作為社會的普遍條件；第二，代議功能與角色必須加以明確定義、靈活分配，並予以適當監督（Mészáros, 1995: 836）。

此一過程必然會超越盧梭的「不可剝奪的人民主權原則」（principle of inalienable popular sovereignty）與其委任範圍。誠然，盧梭主張國家權力源自「被統治者」的認可，人民才是政治主體，並據此形成「主權在民」的近代國家觀。盧梭認為在自然狀態下，人民將選擇讓渡一部分權力來組成「國家」，形成「社會契約」（Social Contract）[15]。「社會契約」的本質是每個人對自己構成其中一部分的全體訂定契約，形成共同體和其成員的約定，並置於「公眾意志」（General Will）[16]的最高指導之下，成為共同體中不可分割的一部分，這亦是「主權在民」的真諦。

一個完美的社會是依循人民的「公眾意志」。誠如杜蒙（Louis Dumont）（2003）主張，依據社會契約論成立的國家政府，由三個部分組成：主權者代表「公眾意志」，這個意志必須有益於全社會；由主權者授權的「行政官員」來實現這一意志；最後，必須有形成這一意志的「公民群體」。

但是，梅札羅斯主張，二十一世紀社會主義的「民主」，必須超越盧梭的

---

[15] 人必須犧牲自己的慾望來成全國家。最重要的自由方式是遵循「公眾意志」而行。在社會契約中，每個人都放棄天然自由，而獲取契約自由。

[16] 杜蒙（2003）指出，一個完美的社會是依循人民的「公眾意志」。公眾意志是從個人意志裡面產生一種「全意志」。後者是根植於文化與風俗內的集體意識，而非多數決產生，以有別於個別欲求加總的「眾意志」（will of all），例如：派系。

主權委任範圍，讓人民可以直接參與並行使權力。因此，他主張必須將「決策過程」融入「生產過程」，讓自我決策與自我生產和協調的勞工得經由「水平分工」建立從地方到中央層次之由下而上的參與機制（Mészáros, 2007）。其次，對於此一由下而上系統的監督而言，他主張應強化「社會主義審計」（socialist accountant）作為監督與分配的機制（Mészáros, 1995: 805-806）。

本書主張，上述兩個要素凸顯出「人民權力」在「社區」為基礎之生產和決策體系中的應用，也帶出「二十一世紀社會主義」是一個結合「直接（政治）民主」與「經濟民主」的體系，在社區層次發展出由「人民」直接行使的制衡機制，並由下而上貫穿國家體系，這形同重組國家權力幾何。因此，形成高度爭議性的方案。這亦是為何查維茲的《二十一世紀社會主義》替代方案強調重組國家地緣政治與經濟版圖的意圖所在。

表 2-2　二十一世紀社會主義的比較

	政治		經濟		
	直接 / 參與式 / 主角式民主	新歷史主體	新形式的經濟 生產與交換	尊重自然	計畫 / 規劃
迪特里希	參與式民主與 直接民主。 全方位參與公 共事務。	人淪為新自由 主義式資本主 義的受難者 多元主體[17]	採取相等原則 來論斷勞動價 值[18]	社會主義意識 並控制對於自 然的剝削	民主的經濟規 劃作為一種公 民權
梅札羅斯	參與式民主與 實質平等。	-	實質平等、生 產工具集體產 權	重視地球資源	自我管理 自由聯繫的生 產者[19]

資料來源：Vidal-Molina, Ansaldo-Roloff y Cea-Madrid, 2018: 232.

　　比較梅札羅斯與迪特里希兩位學者對於「二十一世紀社會主義」的主張，兩者在政治制度的主張上比較接近，都倡導一種參與式民主與直接民主，且主張這必須奠基於平等的基礎上，在各領域推動由下而上的廣納參與，讓決策不與人民分離。除此之外，在經濟制度上則呈現部分分歧。迪特里希倡導新經濟

---

[17]　Plurales subjetos

[18]　Cambiar teoria del valor del trabajo con el principio de equivalencia.

[19]　Productores libremente asociado

模式應奠基於「公平交易」原則，並使用價值經濟與相等原則來改變市場強調「價格」優先於「價值」的弊病；反之，梅札羅斯則強調發展一種「社區經濟體系」，並強調這應由自由生產者參與到經濟的生產、消費與分配，且形成「生產決策」與「生產關係」整合的模式。查維茲的《二十一世紀社會主義》替代發展方案，先後受到迪特里希與梅札羅斯的啟蒙，這可從查維茲倡導政治與經濟領域的直接民主，以及執政後期轉向構建一個社區經濟體系等政策走向中得到印證。

查維茲曾公開表明受到《超越資本》書中論及「資本」造成的社會異化，以及「社區系統與價值法則」論點之啟蒙；同時，亦深受梅札羅斯主張「二十一世紀社會主義」的成功與否，將取決於多大程度上可鞏固憲政體制與實質民主（Chávez, 2011: 85-86）。基於此，查維茲認為實有必要創造一個由下而上的系統來代替資本主義體系（Foster, 2015: 6）。因此，查維茲援引梅札羅斯的主張，認為轉向「二十一社會主義」的最後階段，需先將社會權力移轉給社區人民。由此可知，梅札羅斯的觀點為 2007 年查維茲啟動二十一世紀社會主義國家轉型提供了路徑圖。這可從 2007 年查維茲啟動經濟結構重組，以及後續推動「公社國家」（Eatado Comunal）中得到證實。這亦不難理解，何以查維茲會高度推崇梅札羅斯，並視他為「二十一世紀社會主義」的開路者。

（三）馬里亞特吉的社區社會主義

伴隨「粉紅色浪潮」崛起，拉美區域對於祕魯馬克斯主義者馬里亞特吉（José Carlos Mariátegui）的研究，亦有復興趨勢。馬里亞特吉曾被譽為是印地安 - 美洲馬克思主義學者（Indo-American Marxism）。他之所以備受拉美左派推崇，主因是他從祕魯經驗出發並指出安地斯國家等礦業資源豐富的南方國家，在資本主義全球體系下將礙於資本主義與資本家形成的共謀結構，導致南方國家處於不利的邊陲位置，並造成內部更大的貧窮與壓迫（Mariátegui, 2011: 265-266）。為了擺脫貧窮與不利壓迫結構，他主張使用「社會主義」去抗衡「資本主義」（Webber, 2015: 587）。

然而，馬里亞特吉（1928）對於「社會主義」的理解，不同於歐洲經驗。他主張：「我們不希望拉美的社會主義是一種複製品」（"No queremo ciertamente que el socialismo sea en América Latina calco y copia"）（Déniz, 2013: 273）。社會

主義革命在拉美區域的推進，不應是機械式地複製歐洲經驗與模式。拉美在發展上遭遇的難題，應回歸到尋求紮根於本土的經驗，來尋求適當發展模式與制度（Webber, 2015: 586）。

事實上，馬里亞特吉對於何謂「社會主義」的想像中，融合了祕魯在前資本主義社會的過去以及烏托邦式社會主義之間的混合。他強調印加文明（Inca Civilization）中，原住民社區存在的文化習俗、社區價值與制度，可用來反思一個反資本主義社會轉型到社會主義社會的可能性（Webber, 2015: 589）。他特別強調安地斯原住民在「社區」的實踐中，展現的「社區社會主義」（Communitarian Socialism）制度，內涵豐厚的社會主義精神（Harnecker, 2015: 61）。以印加文明為例，印加帝國的經濟制度 [20]，強調「集體勞務」，同時，帝國與居民之間更存在一種對於「共同福祉」的共識，有助於提供人民保障，這是一種合作關係與團結習俗的結合（Webber, 2015: 590）。印加文明已充分向世人展現了「社會主義」與「集體主義」的雙重精神（Mariátegui, 1928）。

誠如 García Linerat 主張，拉美原住民社區制度中，存在一種所謂的「社區文明」（Communal Civilization）。它是一種：「立基於人民權力的技術程序，並協助管理家庭和社區，……是一個擁有其自身權威與政治制度的文明，它彰顯的規範性行為，更甚於經由民主選舉，並展現了個體主義作為集體主義的一部分與其實踐（Harnecker, 2015: 61）。」[21] Isabel Rauber（2006: 15-16）更認為馬克思主義的理論與實踐，都不及祕魯經驗實在與人民語言來得有說服力（Déniz, 2013: 274）。[22]

除此之外，自資本主義邁向社會主義革命的轉型過程中，將需一批無產階級作為革命主體。對此，馬里亞特吉主張，祕魯農民即可成為社會主義革命的主體。所謂「革命」是一個成為革命主體的過程，他稱之是一種「英雄式創造」（heroic creation）（Allen, 2018）。他主張秘魯的解決方案（Peru's solution）

---

[20] 印加帝國的經濟制度，主要是採取土地公有制。全國農耕使用集體勞務編制，並以輪替方式，為國家和社區提供服務。社區生產則一部分交由國家、另一部分留用社區，並將剩餘統籌規劃並公平分配給每個人。

[21] 原文參閱 Víctor Toledo Llancaqueo, 2006. *Pueblo mapuche: Derechos colectivos y territorio, Desafíos para la sustentabilidad democrática.* Santiago de Chile: LOM ediciones, pp. 104-105, y 107.

[22] 原文參閱 Rauber, Isabel, 2006. *América Latina. Poder y socialism en el siglo XXI.* Valencia, Caracas : Vadell Hermanos Editores.

必須經由群眾運動組織來解決。這導向了對於「原住民議會」的重視。然而，他認為「議會」確實代表一個運動組織，凸顯出原住民開始對自己處境形成了集體意識，這甚至超越「審議民主」與選舉的重要性（Webber, 2015: 591）。

本書主張，對應到這波「粉紅色浪潮」的替代發展方案，玻利維亞倡導的「社區社會主義」是典型範例。相對於委內瑞拉的「二十一世紀社會主義」，查維茲並不直接倡導推動一個「社區社會主義」，但他在組織社區自治的原則與思考上，卻與前者存在相似之處。

誠然，查維茲與馬里亞特吉的關聯性在於，馬里亞特吉主張「二十一世紀社會主義」理當是一種「英雄式創造」精神。這是指由人民作為革命主體，並轉向拉美內部經驗來尋求答案，而非一昧複製西方經驗。基於此，2005 年 1 月 30 日查維茲出席位在巴西愉悅港舉辦的《第五屆世界社會論壇》（El V Foro Social Mundial, FSM）時，首次公開使用「二十一世紀社會主義」的概念。會中他更指出：「我們必須去重新創造社會主義（reinvent Socialism）……這不是蘇聯模式的社會主義，也不是重回國家資本主義（State Capitalism），因為這會產生如蘇聯般的扭曲（Harnecker, 2015: 59-60）。」查維茲更主張，「二十一世紀社會主義」不是去模仿、複製他國經驗，而應紮根於自身歷史經驗中，奠基於社會主義的愛、團結與平等這些倫理與價值中被重新創造出來（Harnecker, 2015: 59-60）。

基於上述，查維茲在推動《玻利瓦革命》與《二十一世紀社會主義》替代發展方案時，經常訴諸拉美本土的民族英雄、左派革命英雄與左派學者的多重觀點，來凝聚中下階層的支持度與政治共識，並倡導一種新的集體存在（collective existence）、平等、自由和真實，完整民主的新社會契約（Harnecker, 2015: 61）。

舉例來說，查維茲在推動《玻利瓦革命》替代發展方案時，最初受到南美解放者──西蒙‧玻利瓦（Simon Bolívar）[23] 的理念影響。他主張拉美國家應擺脫殖民干預，消除殖民時期存在的階級社會，並建立一個主權獨立的國家，同時致力於推動「美洲一體化」，以抗衡帝國主義對於拉美國家的干預。玻利瓦的政治理念，形成了「玻利瓦主義」（Bolivarianism），又稱是一種「拉美主

---

[23] 源自南美獨立解放英雄西蒙‧玻利瓦的政治理念。他在 1819 年進入波哥大（Bogotá），成立大哥倫比亞共和國（Gran Colombia）。他懷抱美洲主義，主張對抗殖民主義、打破階級與奴隸制度（Skidmore & Smith, 2010: 242）。

義」（Latinoamericanismo）。其次，查維茲亦經常引用古巴革命英雄──切・格瓦拉（Che Guevarra）的思想，他倡導解放美洲人民的革命價值與人道主義精神。這些民族英雄與其革命論述，都成為建構《玻利瓦革命》的一部分。

除此之外，與查維茲《二十一世紀社會主義》較為相關的本土論述，則來自社區民主的思想。誠然，查維茲經常表達受到拉美政治哲學的啟蒙與影響。例如：阿根廷裔的左派哲學家杜賽爾（Enrique Dussel）在 1977 年《解放哲學》（Filosofía de Liberación）書中倡導一種「人民」（Pueblo）與「解放」的政治觀點。杜賽爾主張唯有被壓迫者的頓悟，才是解放的開始（Dussel, 1977: 26-29）。此外，西蒙・玻利瓦的導師──西蒙・羅德里格斯（Simón Rodríguez）主張：「西屬美洲（Hispanic America）是原創的，原創的必須是其政府與制度。[24]」誠如西蒙・羅德里格斯主張，拉美應當創造屬於自己的政治制度，而不是總是複製外來制度（López Maya & Panzarelli, 2013: 247）。他代表的「魯賓遜主義（Robinsonismo）則是指不需要複製其他社會的模式。基於此，他的政治思想，倡導一種「社區民主」。他認為貧民窟需要發展出擁有自己的政治意識與自治的政治主體：「每個社區（parroquía）都建立自己在地政府（又稱Toparquía），然後成立一個自治聯盟（Confederación de Toparquía），這是群眾力量（poder popular）的展現（Narvaja deArnoux, 2008: 71）。」

上述這些源自拉美本土的社區社會主義、社區政治意識等理念和論點，都成為後續查維茲創建「二十一世紀社會主義」的基礎。

第四節　找回公民：社會賦權途徑的替代發展論

替代發展因挑戰「發展主義」而興起。替代發展論強調由下而上的分權與參與發展途徑，同時更拋棄「成長中心」的發展視野，而將「人類發展」視為「發展」的終極目標。此一概念的內涵，不僅包括滿足人類基本需求，更在於「擴大人類選擇」。相對於前者，拉美替代發展浪潮的特殊性在於，「粉紅色

---

[24] 原文 "América española es original, originales han de ser sus instituciones y su gobierno, y originales sus medios de fundar uno y otro. O inventamos, o erramos." 原文引自 Rumazo González, A., 2005, *Simón Rodríguez, Maestro de América*. Caracas: Biblioteca Ayacucho, p. 237.

浪潮」的替代發展議程中，凸顯出「找回國家」與「找回公民」兩個概念。前者，強調「國家」在經濟與社會中的角色，特別是治理經濟（擷取自然資源的「租金」），並進行「重分配」；後者，更涉及到重新定義「民主」與「公民身份」，強調將「公民」納入政治與經濟決策過程的參與。

　　本書主張，所謂「重分配」不僅在於訴諸累進稅制與被動社會救助政策；在積極意義上，拉美激進左派更偏好「找回公民」在參與發展中的角色，尤其是在回應缺乏實質民主與消除貧窮議題上，凸顯出強調「賦權」與「能力建構」途徑來強化人民政治與經濟能力，作為促進「重分配」的模式。最終目的在建立一套由下而上的參與機制，來超越「代議民主」與「市場經濟」的弊病。

　　問題是，「賦權」究竟如何被定義、工具－手段有那些？哪一種制度設計更有助創建一個「援助自助」機制，來協助貧窮人口近取資源、提振生存技能，並促進更合理分配？誠如黃富娟（2020a）主張，拉美替代發展在具體政策上，經常與強調平等主義、公平參與決策過程的「參與式民主」和「經濟民主化」兩個制度產生「選擇性親近」。以下說明：

一、參與式民主

　　既有文獻指出，拉美激進左派試圖以「直接民主」來動員群眾參與政治、校正「代議制度」的失靈（López Maya & Panzarelli, 2013: 240）。誠然，「民主」可區分為代議民主、直接民主、審議民主等不同形式。在拉美脈絡下，由於「代議民主」運作不佳，因而直接或間接地促成了「直接民主」與「審議民主」作為重新定義「民主」概念的正當性。

　　誠如 Canache（2012）指出，自希臘開始，「民主」的概念和相對應的政治制度，就與「人民」（people）與「人民治理」（rule by people）等概念相連。然而，「民主」並不是單向度的概念。許多規範性的民主理論與實證研究都試圖提供說明何謂「人民治理」（Canache, 2012: 97）。Wood（2007）對於雅典民主的權威研究指出，「民主」真諦不僅在於「主權在民」，還意味著他們的直接統治，由「公民」通過直接參與到主權統治而對經濟行使權力。但隨著資本主義的發展，「民主」獲得了一種新形式。在此一形式中，直接參與、普選權和

個人權利，逐漸被「代議制度」所代替，並阻止了勞工階級在經濟領域中直接參與的民主化進程（Larrabure, 2019: 229）。此外，Canache（2010）亦主張，當代「民主」的論述是個多義的概念。包括許多內涵，例如：平等、參與、自由、競爭、代議、保護公民權力與法治精神（rule of law）等。然而，「自由民主」卻成為主流的「民主」概念，並經常以「代議民主」的方式出現。「自由民主」要求那些擁有權力者，必須受到「制衡」（checked and balanced），並受到一套保護自由與人群的「憲法」所調節。問題是，拉美國家的「代議民主」經常淪為寡頭權力控制，無法有效回應人民需求（Canache, 2010）。

誠然，早在十八世紀盧梭已指出，「代議民主」制度下，國會議員充其量只能成為「民主」的「管家」（stewards），無法真正代表「人民」。任何未經「人民」親自批准的法律，都是無效的。他強調，「民主主義」若缺乏「平等」就不可能存在「自由」。他更主張，基本決策的力量永遠不應與「人民」分離。因此，即便是經由國會代議亦不能將「立法權」與「人民」分離，並據此形成「不可剝奪的人民主權原則」。然而，盧梭認為，行政職權在履行上依舊可以委任給「社區」，但前提是這必須立基於生產者在自主與自願原則下，配合一個適當控制的決策過程與法律規範來加以監管（Mészáros, 2007）。

誠然，在選舉以外，「自由民主」更需要一個「有意義的政治」、公民權力與自由的存在（Canache, 2012: 97-98）。後續，亦衍生出許多對於如何重新概念化「民主」的辯論，其中凸顯出「公民參與」的關鍵性。即便「自由民主」的概念與制度設計，早已授予「人民」某種程度的「參與」，但「參與式民主」理論更強調「公民」被「納入決策過程」的一種民主程序。誠如 Pateman（1970: 42）主張，國家層次的「代議民主」依舊不足，所謂「民主」應存在一個非政治領域的社會生活群體都被納入的「參與式社會」。因此，倡導建立一個由廣泛公民群體參與決策過程的「參與式社會」（participatory society）在拉美是方興未艾，其中「審議性」（deliberative）是關鍵。

拉美國家自政治民主化到民主鞏固，仍存在民主體制與實質運作的落差的困境，導致「民主」徒具形式。在實際運作上，市鎮首長都將市政行政視為是個人資產在處理，並經常存在行政官僚被資本家「俘虜」現象。直到1970~1990 年代，拉美公民社會與社會運動呈現爆炸性成長，公民始要求更多的政治參與，特別是對於決策過程的參與。因此，當前拉美對於「民主」的想

像，已進入到「檢視參與過程與機制」的階段（Wampler, 2004: 73-74）。

基於拉美國家普遍存在「代議民主」制度運作不良的困境。因此，部分「粉紅色浪潮」政權倡導的替代方案，經常訴諸「分權」策略來強化公民政治參與，以將被政治排除的群眾重新納入決策過程。這經常與「參與式民主」存在「選擇性親近」。以此來看，不難理解這波尋求替代發展的「粉紅色浪潮」極力重新定義「民主」。他們偏好創造一個群眾納入的政治參與形式，以群眾動員取代政黨參與。但此一「賦權」途徑被貶抑是一種有利於「侍從主義」建立的回饋機制，且存在「去制度化」的傾向（Motta, 2011: 29-30）。然而，這些批判都過於武斷，忽略「人民」作為民主主體之實踐，實際上存在不同制度創新的可能性。

基於「參與式民主」作為替代性民主策略，在拉美左派間廣受推崇（Wampler 2004: 75）。**那麼，究竟「民主」要如何做到「廣納參與」**（inclusive participation）**？**

Wright（2016: 955）主張，「民主」的理念型要求人民可以參與決策，此一「參與程度」必須反映「受決策的衝擊程度」。「參與式民主」作為替代發展模式的一環，強調以擴大實質參與達到政治能力上的「賦權」。這有助於建立一個由下而上的「社會納入」與「問責」機制。

誠然，民主的基石，強調透明、參與和「問責」（accountability）。在此「問責」，是指一個政治行動者（選民）如何「限制」或「回應」另一個政治行動者（官僚體系與議員等），因此目的是去「限制」或「約束」官僚的裁量權，亦是回應民眾需求的檢核機制與「責任政治」的具體展現（Wampler, 2004: 75）。事實上，「問責」可區分出三種類型：第一，「垂直問責」（vertical accountability）；探討公民如何經由選舉來行使對於公務員的控制、制衡市長的行政特權與行動；第二，「水平問責」（horizontal accountability）：是指由於政治權威分佈於不同部會，應從制度設計去強化「民主」的實踐與權力。這也帶出三權分立與制衡機制；第三，「社會問責」（social accountability）：動員公民組織進入政治過程，以對國家機關施壓，促使政府遵循法律與社會需求行事（Wampler, 2004: 76）。

　　基於「參與式民主」之目的在於強化「問責」。Smulovitz 與 Peruzzotti（2000）主張以「社會問責」來補充「垂直問責」，以讓公民有效監督行政官僚的施政。然而，此一途徑的限制在於，公民組織並沒有權威與能力去生產具約束性的決策，只能成為一個「壓力團體」（Wampler, 2004: 77）。除非存在公民政治參與的法律授權，例如：委內瑞拉查維茲總統試圖制度化「社區理事會」（Consejos Comunales）。

　　然而，「參與式民主」雖有助於「賦權」，卻未必能夠推進實質民主。Wampler（2004）指出，「參與式民主」的優點在於：第一，公民參與到政策制定和資源分配過程中，可削弱社會不平等，讓行政機構成為一個更負責任的單位。第二，有助於促使預算過程透明化，將資源更合理地重分配給短缺區域。前兩個因素，實際上都可能改變政府與社會之間的關係；反之，「參與式民主」的危機在於，參與政策制定過程亦可能開啟「地方」與「市府」之間更密切政治關係，進而形成新「侍從主義」，或是成為顛覆「水平問責」的制衡力量（Wampler, 2004: 74）。

　　檢視拉美「參與式民主」的實踐中，舉世聞名的當屬巴西勞工黨在愉悅港（Puerto Alegre）推動的「參與式預算」（Participatory Budgeting ，以下簡稱PB）。它成功地將公民導入預算分配決策中，從而提高了公民對於市府的「問責」，成功推動了地方公共預算的再分配，並形成制衡行政首長特權的手段。

　　Avritzer（2010）研究指出，PB 成功地擴大了社會底層的參政管道，成為培育政治新血的機制；此外，它同時具有重組政治版圖的效用。也由於存在一套制度化的政治參與機制，因此促成新政治領袖通常較不存在「侍從主義」的邏輯。然而，PB 在巴西的實踐經驗亦指出，「公民代表」在選取過程中亦出現偏好高學歷與社經地位公民的菁英傾斜現象。這說明了此一制度亦可能讓「直接民主」轉回「代議民主」，而徒勞無功（Avritzer, 2010: 172-178）。

　　由此可見，「參與式民主」是一個雙面刃。它能夠改變政治幾何與生態，但結果不必然是更民主，亦可能只是政治勢力重組。

二、經濟民主化

　　左派主張，市場經濟是造成社會不均與貧窮的主因。因此，替代發展理論

逐漸走向倡導經濟領域對於人民的「賦權」。這通常涉及到建構一種「市場的民主調節機制」（democratic regulation of markets），並推動以「民主」方式來規劃資源的配置。然而，這並不代表去放棄「市場」，而是讓「經濟民主化」（Wright, 2016: 94）。

事實上，「經濟民主」的概念，可回溯到 Robert Dahl（1985）對於政治權力的闡述中，提及：「為何政治上人民可以選擇自己治理者，經濟上卻無視於不存在「產業民主」（industrial democracy）？他批判托克維爾（Alexis de Tocqueville）對於政治平等、政治自由和經濟自由之間關係的闡述時，強調多數人統治可能導致「多數人的暴政」（Tiranía de la mayoría）；反之，Dahl（1985）認為少數人擁有過多經濟權力可能導致的暴政，更甚於「多數人的暴政」。他主張，為了取得政治平等，第一步仍需確保存在「經濟平等」（Solimano, 2015: 185-186）。

Dahl（1985）提出「產業民主」的概念。他主張，企業的「勞工」，在道德意義上形同是一個民主國家中的「公民」（Solimano, 2015: 185-186）。他提倡一種「產業民主」，主張應創設一個集體產權的公司，並交由勞工共同管理。此一「自我管理公司」（empresas autogestionadas）的決策模式，應符合一人一票的「民主」原則（Dahl, 1985: 91-2）。

後續對於「經濟民主」的辯論中，Solimano（2015）提到市場經濟下「勞工」擁有選擇雇主與離職等「自由」。這種「經濟自由」主要是滿足「免於限制」（absence of restrictions）此一「自由」的概念內涵，卻無助於滿足「自由」的第二個概念內涵，亦即「工具 - 手段可用性」（availability of means）。後者是指人與人之間在收入、教育、財富與社會契約上的不均衡分配（Solimano, 2015: 19-192）。

此外，Erik Olin Wright（2016）的社會賦權途徑之替代發展論中指出，在資本主義體系中，「經濟力」（economic power）的主導性來自於「市場」作為組織私有產權之間交易的原則。但「市場」問題在於，它允許個人去組織特定類型的「權力」以獲取更大的利潤。由於「市場」是一個系統性持續生產不平等的體系，本質上它使得個人可以在不顧及社會成本之下，去進行交換利益，並獲取「超額報酬」，因而違反了民主原則。倘若「市場」沒有被合理

地監管與調節，勢必損及社會利益（Wright, 2016: 95）。因此，Wright 主張建立一種「市場的民主調節機制」，以打造一個「民主平等的市場」（Democratic egalitarian market）來超越獨尊市場機制的資本主義。「市場的民主調節機制」倡導「『民主地』規劃資源的配置」，亦即倡導「經濟民主」的精神。因此，實需尋求一種將「經濟力」從屬於「社會力」（social power）之下的替代策略。只是，經濟領域的「賦權」，經常需要政治上的「賦權」作為手段。最終目的，在強化「社會力」作為「經濟力」獨大的策略（Wright, 2016: 94-95）。

但這不代表去放棄「市場」，實際上 Wright（2016）承認資本主義市場因為它的簡單有效，因此在多數領域依舊是最佳制度，並不需要另外組織一個民主參與程序來達到公平配置。他主張，經濟制度修正的關鍵，並不在於選擇「計劃經濟」或「市場經濟」之間的爭議，而在於「計畫機制」與「市場機制」之間的特定連結，對於形構不同商品與服務的生產與分配之配置。因此，「民主平等的市場」通常介於「市場交易」或「似市場過程」（like-market process）範疇之間（Wright, 2016: 98）。

事實上，Hahnel（2016）與 Wright（2016）兩人皆主張，「民主平等的市場」涉及到兩個價值判斷：「民主」與「平等」來維持一個好的市場運作。所謂「民主」，要求人民可以參與決策，此一「參與程度」必須反映「受決策的衝擊程度」；所謂「平等」，是要求經濟體系可以滿足人的基本需求，並回饋人民。這種「回饋」（reward）必需與他在工作上所承擔的重量相當（Wright, 2016: 95）。

儘管 Hahnel（2016）亦同意「平等」的原則在於「回饋」應與負擔或犧牲呈等比，但他認為這並不是一種「齊頭式平等」或「平分」的概念。他倡導的理想經濟，是一種在理解「民主」與「平等」價值之上的「參與式經濟」（Participatory Economy）。這種「參與式經濟」倡導以「參與規劃程序」（participatory planning procedure）來取代「市場經濟」和「計畫經濟」的兩分法。因此，Hahnel 主張在上述兩原則上，建立一種成熟的合作體系，來集體協商規劃公共財和需求。Hahnel（2016）同時批評那些偏好「市場」可提供的「方便性」者，最終只會強化損害他人利益的經濟體制，並破壞平等合作與深化參與的機制（Hahnel, 2016: 49-60）。他主張一旦「參與式經濟」被落實，「市場」將會消失（Hahnel, 2016: 49-71）。然而，這種倡導「市場」消失的觀

點，也引發批評。Wright 認為 Hahnel 的觀點相近於社會賦權途徑的「團結經濟」，這在現實運作上不必然與「市場」不相容（Wright, 2016: 95-96）。相對於此，Wright 倡導的替代發展方案是去建立一個「混合市場經濟」，亦即：混合了「市場」、「國家調節」與「參與式規劃」的制度。

事實上，上述這些社會賦權途徑的替代方案，都高度仰賴一個由「直接民主」與「人民治理」、而非「市場獨斷」的權力結構。這必然需以在經濟領域對人民「賦權」作為手段，始能促成「市場的民主調節機制」的建立與運作。

除此之外，Solimano（2015: 182）則指出，「經濟民主」概念存在五個內涵，包括：第一，強化勞工在薪資、獲利與工作條件上的參與，開放勞工在管理事業與認購股票上的參與；第二，平等近用：包括接受教育、健保、居住、信貸與社會服務等權力與機會上的平等；第三，平等地獲得經濟中的生產性資本：亦即在企業組織型態上，形成勞工參與的共同產權與管理的機制，例如：合作社、社區集體產權等；第四，自然資源產權的公有或集體產權：亦即收入和利潤的社會公平分配；第五，普世的經濟、社會與政治力。Solimano 強調「經濟民主」的第三與第五個概念，又涉及到「誰」控制所有權。因此，除了參與決策的面向之外，更指向推動「生產工具社會化」，亦即生產工具與所有權的「社會控制」。此外，「經濟民主」在實際運作上，存在幾個運作範疇，包括：第一，工作場域上參與企業管理；第二，生產性資產的產權民主化與財政參與的民主化；第三，國家資源獲益的重分配（Solimano, 2015: 191-192）。實際上，上述面向都出現在查維茲倡導的「二十一世紀社會主義」。

由此可知，「經濟民主」概念落實到工作場域中，將因為勞工介入經濟生產到分配的過程中涉入的範疇與程度之差異，區別出更多元模式，包括：自勞工單獨參與薪資協商、成為諮詢對象、參與到生產與分配的決策，到產權重新配置或參與企業全面管理。無論何者，都強調民主決策的原則，並凸顯出「工會」角色相較於資方的關鍵性。

三、替代發展的社會轉型策略

Wright（2016）倡導一種社會賦權途徑之替代發展論。他主張一個自「資

本主義社會」轉型到「社會主義社會」，可經由「民主化經濟」創造一個超越資本主義市場經濟的替代經濟。然而，在推動「民主化經濟」以促成國家轉型時，經常催生出一種結合「資本主義」、「國家主義」與「社會主義」的「混合經濟」；但此一社會相較於全然的「市場經濟」，「社會主義」的層面取得較高比重，甚至成為經濟結構的核心。他亦指出，在所有關係形構中，都將加重「社會權」的比重，這種累積效應更將促成經濟結構與經濟關係上，產生「質」的轉型，促成「社會主義」成為在混合經濟中的主導性關係形式（Wright, 2016: 99）。因此，Wright 提出三類轉向社會主義國家的轉型策略：

第一：斷裂轉型（ruptural transformation）：創造一個新的解放制度，已與既有制度和社會結構斷裂。為了打破既有制度、再造制度，實需奪取國家權力、快速推動結構轉型，並使用新國家權力去破除經濟中占主導勢力的階級。這通常與革命社會主義或共產主義接近。在運作上，經常走向創建一個「威權-國家主義」（authoritarian statism）；第二：間歇轉型（interstitial transformation）：在資本主義社會的基礎與其邊緣中，建立新的「社會賦權」形式。這不會立即威脅到經濟階級利益。許多「社會經濟」的示範計畫，都是此一模式的範例。間歇轉型可促成更美好生活與民主平等的實踐，但並無法改變資本主義權力關係（Wright, 2016: 102）；第三：共生轉型（symbiotic transformations）：使用「國家」去擴大或強化「社會賦權」制度，同時解決資本階級與菁英面臨的問題。此派論點主張，在資本主義內部存在多種制度均衡的可能性，且在運作上亦可與資本主義相容。此派強調在擴大「社會賦權」同時亦將促成一個適當運作的資本主義，亦即是「解決資本主義生產問題導向」與「促進民主取向」的整合，「社會民主」即是主要範例。它通常會促成一個「人道資本主義」，降低社會貧窮與不安。然而，它亦會穩定資本主義權力結構，並使其不受挑戰（Wright, 2016: 100-103）。

Wright 主張，對於已開發的資本主義國家，最好模式是策略性地結合「間歇轉型」與「共生轉型」這兩種策略。前者，有助於社區與激進份子可在民主平等原則上去強化烏托邦的經濟制度；後者，有助於創造一個在「混合市場經濟」下去深化社會主義要素。但這種混合策略不意味轉型就必然平順。轉型最後始終會涉及到資本主義的核心權力問題，這就會損及資本家利益（Wright, 2016: 103-104）。

除此之外，Wright 亦從分析一個國家在「社會力」、「經濟力」、「政治力」三種權力之間的從屬關係，提出七種社會賦權的替代發展方案（參閱表 2-3 所示）。

誠然，Wright 倡導的替代發展策略是根植於「社會賦權」概念而成立，這些「賦權」途徑都試圖破壞資本主義市場經濟下「經濟力」獨攬大權的結構與制度。他亦指出，替代發展的社會轉型最終經常形成一個「混合經濟」，並凸顯出「社會力」對於參與發展與治理的角色。然而，Wright 亦提到，欲強化「社會力」並帶動國家轉型，存在許多模式。除了「社會經濟」模式不涉及改變國家權力結構，其他多數社會轉型策略最終無可避免地都將涉及到奪取或參與國家權力，並可能衍生社會內部的衝突（Wright, 2016: 105）。

有趣的是，查維茲執政期間倡導的《玻利瓦革命》和《二十一世紀社會主義》，都分別對應到 Wright 七種賦權途徑的部分元素，例如：「威權國家主義」、「合作社式市場經濟」、「團結經濟」，以及「參與式社會主義」。這顯示委內瑞拉替代發展方案實際上內涵「社會賦權」的思考，亦凸顯出《二十一世紀社會主義》形成一個制度混搭模式所蘊含的共通性與獨特性。

表 2-3　Wright 七種社會賦權的替代發展策略

類型	主要特徵	說明
1. 國家社會主義[25]	古典社會主義，馬克思觀點	「社會力」經由「國家力」去控制經濟活動。 同時，「國家力」從屬於「社會力」
國家社會主義	二十世紀實際存在的威權 - 國家主義[26]	革命黨是經由一黨專政被鞏固，成為一個威權國家主義，此使「社會力」與「經濟力」都從屬於「國家力」。
2. 社會民主 I：社會民主國家調節[27]	關鍵是「社會力」經由「國家力」和「經濟力」來調節經濟。	「經濟力」直接控制經濟活動。但此一「經濟力」是被「國家力」所調節，而「國家力」又由「社會力」主導。經由權力關係的傳遞，促成「社會力」能行使調節控制「經濟力」的行使。

[25] Stalist Socialism

[26] Authoritarian Statism

[27] Social Democracy: Social Democratic Statist Regulation

表 2-3　Wright 七種社會賦權的替代發展策略（續）

類型	主要特徵	說明
資本主義 國家調節 28	「國家力」調節資本，但使用系統性回應資本權力的方式	國家存在結構性依賴資本主義經濟的現象。國家對於經濟的干預，是從屬於資本需求的前提下，而非人民集體意志。
3. 協會民主 29	三方新社團主義 30：經由廣泛制度將公民社會的集體結社導入治理勞動市場與就業上。	三方聯盟（組織性工會、資方協會與國家）涉及到內部民主與公民社會的代議機制，且決策過程是公開與審議，不是菁英或國家控制。
4. 社會資本 主義 31	在權力形構中，公民團體可經由多個機制來影響「經濟力」，進而影響經濟活動。小即「社會力」可影響經濟，但並不構成一種社會賦權。 利害關係人作為代表，形成一種社會資本主義的形式。	舉例來說，使用社會審計方式，介入公司治理，形成董事會的代表，即是一種社會資本主義的範例。 代表性案例，例如 1980 年代魁北克「團結基金」32：採取社會力控制資本，並使用團結原則來分配資本和剩餘。
5. 合作社式 市場經濟 33	資本主義經濟中一個完全由工人所有的合作社，奉行平均主義與一人一票原則。企業內部權力關係是立基於自願合作或說服，而非相對經濟力量，並通過民主手段來控制企業與經濟力量。	當合作社聚集形成一個大型合作社組織，並集體提供資金、培訓和支持，將超越資本主義，形成合作社式市場經濟。
6. 團結經濟 34	由集體組織性的生產，來滿足不受利潤極大化約束的人類需求。	國家可能參與資助這些集體經濟活動，但不直接組織它們。
7. 參與式社 會主義	結合「團結經濟」與「國家社會主義」。國家與公民社會一同組織與控制商品與服務的生產。	國家角色更無所不在。國家不僅提供資金、建立規範，還直接介入經濟的組織與生產中。 但不同於國家社會主義，「社會力」扮演角色不只是經由民主途徑來控制與介入國家政策，而是他們就直接在生產活動當中。

資料來源：本研究摘譯自 Wright（2016），頁 75-92。

28　Capitalist statist regulation.

29　Associational Democracy.

30　Tripartite neo-corporatist arrangements

31　Social Capitalism

32　Solidarity Funds in Quebec

33　Cooperative Market Economy

　34　The Solidarity Economy

第三章
方法論與研究方法

拉美國家自接受 WC 以後，轉向新自由主義發展模式。歷經兩階段的新自由主義政策，卻無力解決根深蒂固的社會不均與貧窮問題，拉美國家再次深陷發展的典範危機中。1990 年代中末期進入 PWC 時期，拉美國家無不前仆後繼，尋求替代新自由主義的發展模式。其中，1998 年委內瑞拉查維茲當選總統，揭示了南美國家掀起一波左派政府為首的「粉紅色浪潮」。他們打著反新自由主義與資本主義的旗幟，積極尋求一個兼顧成長、分配與平等的替代發展方案。這象徵著新自由主義意識形態與發展模式在區域內逐漸喪失知識與政策的正當性，並為南美洲進入反新自由主義的新世紀揭開序幕。

在此政經脈絡之下，本書聚焦在委內瑞拉查維茲總統執政時期推動的替代發展方案作為個案研究。研究目的在檢視查維茲的替代發展方案是如何挑戰新自由主義模式的發展理念、政治與經濟治理的組織性原則，並深究替代發展方案內含的發展觀與秩序觀如何回應「自由民主」與「市場經濟」在拉美脈絡下的治理危機，並提出一套新的「社會契約」與發展模式來回應發展需求。

以下本章將針對本書的方法論、研究架構與研究方法進行說明。章節安排依序是：第一節，方法論；第二節，研究分析架構；第三節，研究方法。

第一節　方法論

二十一世紀南美興起這波尋求「替代發展」的「粉紅色浪潮」，象徵著拉美對於發展階段與「發展典範」（Development Paradigm）的深刻省思。誠然，這波尋求替代發展模式的左派政府，雖都立基於反新自由主義的基礎上，卻不必然走向相同道路。實際上，拉美脈絡下的「替代發展」是一個「多義／歧義」概念。

本研究選擇委內瑞拉查維茲總統執政期間（1999~2013）作為個案研究對象與時間架構，試圖探討查維茲先後倡導的《玻利瓦革命》與《二十一世紀社會主義》兩個替代發展方案（後者是前者的最終目的）是如何挑戰新自由主義模式的發展觀與秩序觀，並提出一套替代性方案來回應發展難題。

究竟，相較於新自由主義發展模式，查維茲倡導的替代方案對於「發展」的理念與意識形態、「發展」的本質與目的、政經議程與制度安排，存在那些特殊性？本研究試圖釐清查維茲倡導的替代發展方案如何修正新自由主義模式對於政治制度（自由民主）和經濟制度（市場經濟）的治理理念型；同時檢視這套替代發展方案是否有助於建立一個更公平正義的社會，以為開發中國家與全球南方國家（Global South）在發展進程中面臨之困境提供參考與借鏡。

從典範變遷角度來看，查維茲長達十四年執政期間先後提出《玻利瓦革命》與《二十一世紀社會主義》兩個替代發展方案。就其發展理念與內涵而言，它們不單是批判了「市場經濟」強調「資本中心」與「成本 - 效率」的發展邏輯與進步觀，同時修正了「自由民主」強調的「代議制度」與多數決的民主觀，並逐漸轉向「反新自由主義」（2001）、「後新自由主義」（2005~）與「後資本主義」（2007~）的發展模式與治理觀。然而，儘管他意圖翻轉發展典範在認識論與知識論上的轉向，但並未真正促成「典範移轉」（Paradigm Shift）。因此，本書定義查維茲的替代發展仍是一種擺盪在「自由主義」與「社會主義」兩個發展典範理念型之間的混合形式。

誠然，查維茲的《玻利瓦革命》因採用南美社會脈絡下催生的「玻利瓦主義」作為識別旗幟，因此 Harnecker（2004）主張委內瑞拉模式是一種「特種模式」（Sui géneris Revolution）。然而，這亦衍生出一個問題：由於它深具脈絡特定的獨特性，因此恐削弱它提供開發中國家發展借鏡的普世性價值。**但本書主張，委內瑞拉替代發展方案實際上深具普世性意義，主因是它涉及到全球南方國家關注之發展議程的絕大多數議題與爭議，包括：重分配、就業、貧窮、民主與參與治理等需求。**因此，儘管這套替代發展方案最終失敗告終，但仍無法武斷歸因它全然只是不切實際的空泛理念或政治語言。**事實上，在檢視查維茲替代發展方案的理念與意識形態，以及這些價值理念在制度與經驗層次的應用時，凸顯它實際上存在著與豐厚理論對話、歷史意識與經驗現實的基礎，可追溯至亞當・史密斯和馬克思的思想。它不只挑戰了「新自由主義」作為主流**

發展模式與典範的合法性，並在批判資本主義及修正二十世紀中葉社會主義改良主義的基礎上，建構出混搭的替代發展方案。

細究委內瑞拉替代發展方案的理念與內涵，實際上存在多重發展理念、典範與制度之匯集的影子。委內瑞拉替代模式援引了多重發展理念與模式，並將它們導入社會制度創新的實驗與社會實踐中。這不僅重新定義了全球南方國家的發展觀，創造了發展路徑的混合，也形成多重制度的「拼貼」（bricolage）。基於此，查維茲的替代發展方案對於發展研究的意義而言，意味著將過去一世紀人類社會對於「發展」的批判與倡議，都濃縮在一個國家內部進行實驗，因此，產生了對話的可能性。基於此，通盤檢視查維茲替代發展方案對於開發中國家與全球南方國家形塑符合國家利益的發展議程、推進發展研究的意義上，仍深具反思性與啟發性。

在方法論上，由於拉美國家政治體制經常擺盪在民主與威權政體、右派與左派政府之間，形成了「鐘擺效應」（Pendulum Effect）（Weyland, 2002），本書主張將「鐘擺效應」概念運用在探究發展典範變遷的左右擺盪上，並定義查維茲倡導的替代發展方案因擺盪在「自由主義」與「社會主義」兩個發展典範理念型之間，從而形構出一個分析視野與論述框架。本書使用「鐘擺」概念，主要是考量查維茲替代發展方案企圖在「反新自由主義」的前提上，轉向「後新自由主義」與「後資本主義」，但礙於自「新自由主義」走向「新社會主義」之「典範移轉」的企圖未果，因此本書傾向使用「典範鐘擺」（Paradigm Pendulum）概念取代「典範移轉」。

除此之外，另一個考量來自於，誠如孔恩（Thomas Kuhn）（1994）主張，社會科學不似自然科學存在所謂的真理與不可撼動的單一「發展典範」。Kornai（1998, 2011, 2017）更強調社會科學不似自然科學，必然存在一個新典範完全取代舊典範的「典範移轉」；取而代之，社會科學經常形成新、舊典範的並存現象。且實際上多數國家的發展模式，都在「市場」與「階層」協調之間，形成一種 MMEs。Svetlana Kirdina（2012: 14-15）更主張，一個完全由「市場經濟模式」（西方模式）或「重分配模式」（東方模式）主導的社會必將崩解。這形同主張 MMEs 仍是一個相對較佳的體制。

弔詭的是，在經濟全球化的時代，「新自由主義」模式卻一枝獨秀。姑且不論這是西方霸權機構介入的結果，形成新自由主義「獨占」對於現實的解

釋權，或是經得起時間考驗遺留下來的制度都是較佳制度，都必須避免 Peter Winch（1995）指出的錯誤，亦即是：誤將歷史中穩定事物，看作是永恆不變真理與一體適用的範例。

基於上述，**本書主張使用「典範鐘擺」的概念，說明查維茲推動的替代發展方案在闡釋對於經濟理念與社會發展的「價值理性」（value rationality）上，經常遊走於兩個典範的極端；但在制度安排與實踐層次上，又呈現在兩個發展典範之間的選擇擺盪，並試圖尋求一個可回應經濟與社會發展需求、又符合執政利益的新平衡，因此形成新、舊典範的並存與制度混搭。因此，就方法論而言，凸顯了所謂尋求替代（新自由主義）發展模式，實際上是在兩個發展典範理念型之間尋求一種超越「絕對主義」與「相對主義」的視野。**

除此之外，**考量社會科學的本質是去觀察社會現實，並理解人類活動。社會現實又經常是歷史意識與實在的產物，受到內外多重理念、制度與結構、歷史脈絡與經驗所形構與引導。也因此社會現實並不必然如同理論一般呈現出內在邏輯上的一致性。因此，對於替代發展模式的理解，仍須回到脈絡與框架中來理解。但這不意味著本土主義，而應在理解地方局部細節和全球結構之上，同時對二者產生「視野」，以試圖超越「不可共量性」（incommensurability）。迦達默（Hans-Georg Gadamer）（1960: 13, 31-32）主張這是一種「視域融合」（fusion of horizon）。本書主張這種在互相激盪與互為觀點中取得的混搭與關聯性，可用來理解替代發展模式的歷史生成與發展，以及內含的特殊性脈絡與普世性元素。**

基於此，本書以「典範擺盪」作為方法論，並定義查維茲推動替代發展方案作為發展轉型的一個動態建構過程，本質上是一種擺盪在「（新）自由主義」和「（新）社會主義」兩種發展典範理念型之間形構的論述空間與分析框架。本書從替代發展模式催生的歷史與社會脈絡作為起點，試圖理解「新自由主義」在拉美區域何以逐漸喪失治理的合法性基礎？本書企圖探究查維茲的《玻利瓦替代方案》與《二十一世紀社會主義》替代發展模式（後者為前者的目的）對於「發展」的理念與意識形態、本質與目的、邏輯與組織性原則之思考，以及如何在上述基礎上形構一套發展觀（世界觀）與秩序觀（權力關係與制度安排），並提出新的「社會契約」。除此之外，本書亦試圖釐清，這套替代發展方案在政策與制度層次上，又是如何引導制度安排，並回應發展難題？

　　最終，本研究試圖經由委內瑞拉個案，探究查維茲長達十四年的替代發展方案在創建新的政治與經濟模式上的實驗成敗。與此同時，期望藉由委內瑞拉個案研究，思考人類社會對於「好」的發展模式，是否存在一種普世性建構原則與制度雛型可供參照？

　　誠然，社會學科之間，由於不同學科領域之間立論基礎與邏輯的南轅北轍，而存在「不可共量性」的可能性（Kuhn 著、程樹德譯，1994）。然而，本書主張，從「制度論」的途徑切入探究查維茲替代發展方案在政策制度與實踐層次的應用時顯示，這些看似兩律背反的理念邏輯之間，卻弔詭地經常相互「接引」並形成制度的「混搭」。顯然，在制度設計與實踐層次上並不必然是全然互斥。這顯示運用多個理論視野在經驗現實上的混搭或整合是可能發生的。查維茲的替代發展方案，即存在這此一現象。

　　誠然，社會科學的「典範移轉」經常形成新、舊典範的並存與制度混搭現象，且多數國家的發展模式都在「市場」與「階層」協調之間，形成一種 MMEs。這亦清楚指出，當前 MMEs 的「制度混搭」，關鍵在於各制度要素占總體比例之間形成的組合。這實際上帶出了「制度矩陣」（institutional matrices）（North, 1990; Kornai, 1998）的概念，作為理解 MMEs 發展模式整合與制度混搭的複雜性。

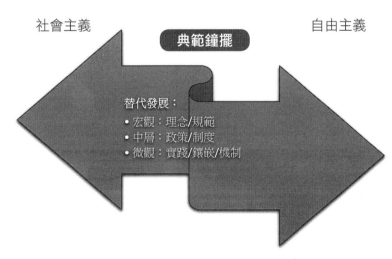

圖 3-1　典範擺盪研究方法論

資料來源：本研究繪製。

第二節　研究分析架構

　　發展理論的「大論述」在過渡強調發展的鉅觀結構面之下，無法突破既有理論對於解釋社會事實的有效性。進入二十一世紀，發展路徑走向日益整合與制度混搭的特徵，因此更需要一組分析觀點來有效捕捉經驗現實的複雜性。誠如 Pieterse（2010: 183）主張，「發展」是多面向的，不能僅將分析侷限在單一層次，而是需要「一組分析視野的組合」來解釋「發展」。

　　本書在「自由主義」和「社會主義」兩個發展典範理念型之間擺盪形構的分析視野與論述框架下，進一步採用「新制度主義」（New Institutionalism）作為分析途徑。這主要立基於兩點考量：第一，查維茲為首的「激進左派」對於替代發展的思考存在強烈的「價值理性」與規範性取向，並強調建立一個公平正義社會作為願景。這些價值理念在落實到政策制定與實踐的過程中，都必須轉換成具體可行的政策，因此需要一套「制度」作為載體。這同時意味著任何政策與制度的運作，實際上都存在一個先驗的價值選擇，它既形構了制度、亦引導行動意義。Scott（2008: 429）認為這種文化認知架構（cultural cognitive framework）將為制度形式提供基礎，並形構了「制度邏輯」（institutional logics）來引導對於複雜社會現象進行認知的分類、假設與決策。此外，Thornton & Ocasio（2008）則主張，制度分析應從分析「制度邏輯」開始，探討場域中主要行動者的價值與假設，以將行動者與行動意義帶回制度研究。因此，焦點在關注「制度創造」（institutional innovation）與「制度改變」（institutional change）。

　　第二，由於社會科學經常存在新、舊發展典範並存現象，因此多數國家都形成 MMEs。此外，社會科學次學科領域之間，亦不必然存在嚴格且不可滲透的邊界。因此，Kornai（1998: 5l; 2011: 19-24）主張採取「系統典範」（System Paradigm）取代「發展典範」的概念。「系統典範」運用在分析發展模式與典範變遷上，主要依據社會與政治制度之形構，來比較不同發展典範形成的「制度矩陣」。

　　「制度矩陣」概念最初源自 1990 年制度經濟學者道格拉斯‧諾斯（Douglass North）。他主張長期的經濟成就將取決於「制度」，並主張採取一組「制度組合」來解釋國家之間經濟發展的落差（Kirdina, 2012: 9-10）。Kirdina

（2012: 10）則定義「制度矩陣」是一組相互關聯的經濟、政治與意識型態制度的集合，並主張人類社會模型即是一個沿著經濟、政治與意識形態三個軸線構建的社會系統。後續，Kornai（2017）則延伸「制度矩陣」概念作為分析發展模式與社會變遷的架構與方法，並主張應結合主導性意識形態、政治權力、所有權關係與社會活動協調等制度要素，來思考不同發展典範之間存在的系統差異（Kornai, 2017: 243-247）。

由此可知，上述學者都主張欲探討發展模式與社會轉型時，應特別關注發展的理念與意識形態對於政治與經濟制度的建構效果，同時釐清制度之間形成的組合，以定義發展模式的走向。

相較於前述觀點，經濟社會學者 Neil Fligstein（2001）在場域理論（Theory of Field）基礎上，提出了市場制度途徑。他將「市場」看作是一套權力關係，市場制度的形成仰賴政治鬥爭。且「國家」對於市場制度的形成與穩定，扮演關鍵角色。Fligstein 認為在國家面臨政治與經濟轉型時，通常會由「國家」介入並打造新市場制度。市場制度的走向，可從「國家」在政策領域（policy domain）的「結盟」關係，來理解市場制度的形成。他進一步提出「場域」中的四個制度要素作為分析框架：所有產權（property right）、統領結構（governance structure）、交易規則（rules of exchange）與控制思維（concept of control）（Fligstein 著、鄭力軒譯，2007: 45-62）。「所有產權」將確立組織交易邊界與統領關係，並決定市場中誰控制資本、占有盈餘與如何分配；「統理結構」是控制市場競爭與合作的規則，又區分為正式法律制度與非正式制度；「交易規則」是「統理結構」延續之更細緻交易條件；「控制思維」是指一套因應與符合競爭場域的集體文化思維，目的在創造由內而外的規訓與價值認同，以打造符合制度建構者利益的價值體系與世界觀（Fligstein 著、鄭力軒譯，2007: 37-40）。**誠然，在經驗層次的現實運作上，理念引導的發展變遷與制度形構，不必然排除對於政治權力與物質基礎的思考。現實生活中，兩者之間絕非必然互斥。本書主張，正恰恰是這套以「平等主義」和「窮人世界觀」為主的替代發展思維與價值體系，得以緊密與查維茲訴諸之選民（人民）形成「結盟」，並創造了「查維茲黨」（Chavistas）[1] 的群眾支持，來強化替代發展理念與意識形態作為「場域」的主導性控制思維。**

1　請參閱第四章第二節說明。

在上述基礎上，本研究主要以查維茲推動的替代發展方案作為個案研究對象，並定義查維茲執政期間倡導的替代方案發展，實際上是一個自資本主義社會轉向社會主義社會的國家轉型與典範變遷過程。因此，相對於 1990 年代那波後社會主義國家轉型，如同是二十一世紀的一股逆向的「軌跡調整」。

本書從兩個發展典範理念型之間擺盪形構的論述空間出發，採用「制度論」作為分析架構，並將「國家」視為「制度建構者」（institutional builder）。在分析架構上，本研究在參照發展理論、檢視歷史過程的基礎上，提出一組「制度矩陣」作為本研究的分析框架，包括四個制度面向：重分配政策、所有產權制度、經濟制度（生產體制與協調機制）、政治制度（政治參與和權力關係）。在此基礎上，本書將從「理念/規範、制度/政策、鑲嵌/實踐」三個分析層次，切入探究替代發展理念與意識形態在上述四個面向形成的制度矩陣中，如何修改新自由主義的邏輯、政策與治理機制，建構起與理念相輔的政策/制度，並檢視這套發展觀與秩序觀在社會實踐過程中面臨的困難與挑戰。本書主張，制度分析途徑的優點在於，制度有助於整合宏觀國家制度、中層組織和微觀個人層次的互動，並將理念、場域、組織與個人整合在一個中層分析架構。

更確切地說，本研究將《玻利瓦替代方案》與《二十一世紀社會主義》替代發展方案內含的發展理念，亦即「玻利瓦主義」與「新社會主義」強調的平等主義、公平正義、民主、自由、參與，以及團結連帶等價值原則引導的世界觀與秩序觀，看作是一套建構政治與經濟各領域制度形構的認知框架，並為替代發展方案提供了制度形式。這套價值理念將經由「國家」之力在四個制度場域中成為主導性的「控制思維」。一方面，發展理念引導了政治與經濟治理議程的走向；另一方面，亦重組政治與經濟的治理權力結構、制度安排與運作機制，並在兌現對於支持者的承諾之際，亦成就他的社會支持。

誠然，這波「粉紅色浪潮」存在較強的規範性取向，他們都主張「發展」的本質與目的應回到「人類進步」的思考，並致力於尋求一種兼顧人類需求、經濟與社會納入的新治理形式。因此，在發展典範與轉型策略上，涉及到不僅是「找回國家」在經濟治理與社會重分配上的角色，實際上「激進左派」對於「重分配」的思考，亦超越被動社會救助，走向「賦權」途徑，因此凸顯出「找回公民」在參與治理中的關鍵性（黃富娟，2020a）。這顯示查維茲的替代發展方案試圖超越「國家」與「市場」作為經濟協調機制的限制，並試圖「找

回公民」以形成「國家 - 市場 - 社會」三方協力的混合制度。亦因此，除了修正新自由主義的政治制度、經濟制度（經濟協調機制）之外，轉向社會主義更涉及到對於貧富不均根源之「所有產權」的重新處置，這又與「重分配」政策產生更強連結。以下依序說明四個制度面向形構的分析架構：

第一，**重分配政策**：在「重分配」議題上，新自由主義意識形態強調「自律市場」的有效配置將提高「社會福祉」，但卻對於「市場失靈」造成的分配惡化「善意忽略」。拉美新左派在批判新自由主義發展模式衍生之不均與不公的前提下興起，強調「平等」優先於「成長」的價值序列，並將「重分配」視為核心議程之一。然而，這波「粉紅色浪潮」的左派政府對於「重分配」的模式與程度亦存在差異。大致而言，可以區分出幾種模式，包括：補殘式社會政策、社會福利、生產性社會政策、社會經濟與「賦權」途徑等。查維茲長達十四年的替代發展過程，則涵蓋上述所有面向。

第二，**所有產權制度**：「自由主義」主張「私有產權」是自由契約與市場經濟運作的基石；反之，「社會主義」強調「私有產權」是導致貧富不均與階層分化的物質基礎。誠然，「所有產權」的歸屬，攸關經濟的生產、分配與獲利。但這波左派已放棄對於「公有產權」的倡導，轉為接受「私有產權」，並衍生出「有條件產權」或「多元產權」等不同產權制度。

第三，**政治制度（政治參與和權力關係）**：相對於新自由主義倡導的「代議民主」，替代發展的「民主」觀，普遍支持深化實質民主，因此倡導一種廣納參與的政治模式，並凸顯出對於政治過程的重視，因此與「審議民主」、「參與式民主」或「直接民主」等制度選項產生「選擇性親近」。特別是廣納「公民」的參與途徑，必然涉及到重新概念化「公民身份」，找回「公民」在參與國家治理中的角色，並形構一套「新社會契約」。這需經由政治領域的「賦權」作為途徑，最終目的在回應新自由主義無法交付的社會需求。

第四，**經濟制度（生產體系與協調機制）**：自資本主義生產體系轉向親社會主義生產體系的過程中，必然涉及到對於經濟結構與產權結構的調整，以讓「市場」成為次要的經濟協調機制。此一過程，涉及到對於經濟生產體制、分配到消費過程之政策、制度與機制的調整，目的在修改生產的社會關係、分配與積累模式，以打造一個更公平正義的經濟體系。

　　查維茲在 1999~2013 年間推動的替代發展方案，主要經由上述四個制度面向逐漸形成一個「制度矩陣」與發展的典範系統。上述四個制度面向，在委內瑞拉脈絡下，則依序對應出下列幾項核心的政策議程：社會福利政策與重分配政策、土地產權重劃與重分配、參與式和主角式民主，以及經濟民主化與社會化（對應到本書第五章到第八章）。

　　本研究試圖釐清查維茲倡導的《玻利瓦革命》到《二十一世紀社會主義》替代方案如何框架出一套不同於「自由主義」和「社會主義」的發展論述與邏輯、政治與經濟治理的組織性原則與制度安排。同時，檢視替代性制度在委內瑞拉社會落實的困境與挑戰。最終，本研究目的在試圖回應第一章指出的幾個相互關聯的問題意識：

第一，查維茲倡導的《玻利瓦革命》與《二十一世紀社會主義》替代發展方案，對於「發展」的理念與核心思考為何？又是如何處理「成長」與「發展」、「經濟」與「社會」之間的衝突與矛盾？

第二，相較於新自由主義倡導的「市場經濟」與「自由民主」兩個政治與經濟治理的理念型，查維茲替代發展模式及其倡導的替代性政治與經濟議程為何？它們又是如何「補充／修正／替代」原先「市場經濟」與「自由民主」的不足？

第三，查維茲倡導的《二十一世紀社會主義》，本質上強調的是一種「由下而上的社會主義」。這必然涉及到國家權力重組，並衍生出幾個關鍵問題：「二十一世紀社會主義」下的「國家」與「公民」各自扮演的角色為何？又是如何重組「國家」與「社會」之間關係？此一社會中的「政治力」、「經濟力」與「社會力」之間的權力關係與從屬？亦即是「新社會契約」的圖像為何？

第四，以結果來看，查維茲替代發展模式的失敗已是不爭事實。然而，對於發展研究而言，更關鍵的是釐清替代發展模式失敗的主因為何？是替代發展方案過於理想性，缺乏經驗現實的妥適性？還是制度設計與制度互補形構效果的問題？亦或與政府監管不當有關？

第五，查維茲的替代發展方案，作為一套「賦權」途徑，是否有助提振公民的政治與經濟能力，建構一個「公平資源近取」與「援助自助」（ASH）機制，來落實「重分配」，進而解決社會需求與不均分配的問題？

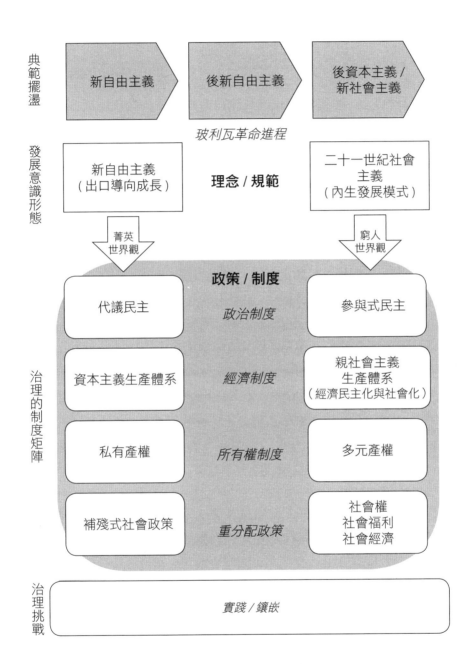

圖 3-2　研究分析架構

資料來源：本研究繪製。

　　然而，由於四個制度在委內瑞拉脈絡下執行過程所遭遇的挑戰和困境恐不盡相同，因此本書針對「實踐／鑲嵌」成效此一分析層次的探討，傾向採取相對較寬鬆方式，不試圖將四個制度面向都統一在同個切面或邏輯中來探討。

　　在章節安排上，本書依據查維茲執政時期倡導的替代發展方案，以及治理的核心議程之時間序列，安排如下：第一章，緒論：前言與問題意識；第二章，理論基礎與文獻回顧；第三章，方法論與研究方法。

第四章，發展的意識形態與玻利瓦替代方案：本章主要在進行歷史回顧，以奠定本書立論基礎。本章將從回顧委內瑞拉自 1989 年導入新自由主義政策後引發的經濟動盪與社會騷動出發，檢視經濟與社會危機如何創造出一個有利於查維茲崛起的機會結構；其次，探討查維茲的發展理念與意識形態的緣起與形構，受到那些理念與觀點的啟蒙，以及如何形構一套「窮人世界觀」，並催生《玻利瓦替代方案》；除此之外，同時檢視查維茲的發展理念、意識形態與社會支持基礎，如何引導國家政策與制度走向，並奠定玻利瓦政府的正當性。

第五章，社會經濟、社會權與重分配：本章主要分析查維茲推動的社會福利與重分配政策。本章將從檢視 1999 年頒布的《玻利瓦共和國憲法》立法精神出發，探究新憲法對於「社會權」作為基本人權的保障，以及對於「經濟」與「社會」之間關係的再思考。基於此，本章從檢視 2001 年查維茲轉向反新自由主義政策以降，如何重新框架「經濟」與「社會」之間關係，並建立一套有別於「市場經濟」的「社會經濟」論述。特別是自 2003 年開始，查維茲啟動一系列《玻利瓦任務》（Bolivarian Missions）政策，內含對於社會福利政策、惠貧政策與重分配政策的多重思考，亦兼顧社會福利之普世性與社會政策補殘性原則。此一階段政策顯示，查維茲試圖挑戰新自由主義模式對於人類需求抱持的「善意忽略」，並形成偏向社會民主思想的模式。

第六章，土地產權、糧食主權與內生發展模式：本章主要探討「所有產權」、「重分配」與「內生發展模式」之間的關係。查維茲對於「所有產權」的思考，主要與終結貧窮、土地正義、糧食安全與農村發展等多重發展困境緊密相連。它源自殖民過程形成的土地產權集中與無地農

民問題，並在現代化過程形成都會區外圍龐大的「貧民窟」；同時，結合石油經濟模式及 1990 年代新自由主義市場經濟，形成土地閒置、糧食進口激增與無地農民等多重發展困境。基於此，自 2001 年查維茲提出反新自由主義的《土地與農業發展法》並推動「貧民窟」產權重劃與贈予，同時在「土地正義」和「糧食主權」框架下，推動農地徵收與重分配、耕者有其田，以及重返農村發展等計畫，致力籌組社會經濟體系，並轉向小農合作社為主的「內生發展模式」。本章目的在試圖釐清查維茲如何經由重新定義「所有產權」、推動與產權相關的社會經濟體系與內生發展模式，以試圖超越石油經濟和多重結構性發展問題導致的社會不均與排除問題。

第七章，參與式民主與群眾權力：本章主要論述替代性政治制度，特別是政治參與、政治權力與民主之間的關係。2005 年查維茲試圖重新定義「民主」並概念化「國家」與「社會」關係。誠如憲法指出，玻利瓦共和國是立基於組織性群眾基礎上建立的「參與式政府」，因此查維茲積極推動「社區」為基礎、「群眾」為主體的「參與式民主」。究竟，相較於新自由主義模式倡導的「自由民主」，查維茲對於「民主」的定義與理解有何不同？又是如何重構「公民身份」來回應他對於「主權在民」的理解，並重新框架國家與社會之間關係，進而形構出「新社會契約」？本章試圖深究查維茲的替代性民主觀，特別是在地方層次創建的政治參與制度與社區自治的方案，例如：公民議會、社區理事會（Consejos Comunales），它在重組公民身份、擴大實質民主、提振公民政治能力與權力的影響，以及在實踐上面臨的困難與挑戰。

第八章，二十一世紀社會主義與經濟民主：本章主要在探討「經濟民主」與「二十一世紀社會主義」之間關係，並探究相較於市場經濟，建立一套親社會主義的替代性經濟制度之可能性。誠然，2007 年查維茲宣告帶領國家邁向「二十一世紀社會主義」，並將發展核心議程轉向經濟領域。本章將從檢視《二十一世紀社會主義》作為「後資本主義」方案出發，釐清它如何引導國家經濟與產權結構的重組，改變生產的社會關係，並建構一套有別於市場經濟的「內生發展模式」。基於此，本章將在社會主義國家轉型的框架下，深究親社會主義的理念如何重

組市場制度、產權結構並影響生產組織的轉型與運作，以推動一套更公平正義的生產社會關係與分配機制。然而，伴隨經濟權力的下放與社會主義轉型過程，也同時激化了利益衝突，並引導查維茲在回應政治衝突之下走向「再集權」，並對經濟治理形成重大衝擊。上述這些因素，配合委內瑞拉經濟在 2014 年國際油價崩跌之後衍生的通膨與物資短缺危機，重創這套新經濟模式的正當性。究竟，這套後資本主義模式的問題何在？

第九章，發展模式與制度分析：本章在總結研究發現的基礎上，試圖回應本研究目的：第一，相較於新自由主義模式，查維茲倡導的替代發展模式試圖建構的發展觀、秩序觀，以及政治與經濟治理制度，如何處理「成長」與「發展」的難題、「經濟」與「社會」之間的衝突？委內瑞拉政經實驗對於開發中國家尋求替代發展模式的意義與貢獻為何？第二，探究這套替代發展方案如何重組國家權力幾何，並形構一套新的社會契約。究竟，新社會契約中，「國家」和「公民」在參與治理中的角色為何？又「經濟力」、「政治力」與「社會力」之間關係如何重新定義？最終，本研究更試圖檢視這套替代發展的成效，以及訴諸「賦權」途徑的替代發展方案對於改善人民能力、創建一個平等主義與資源近取機制的成效。

誠然，委內瑞拉自 2014 年陷入嚴重物資短缺與高度通膨的經濟危機，已宣判長達十餘年替代發展模式的失敗。但本書主張，委內瑞拉模式的學術價值在於，它內含對於新自由主義模式在第三世界運作不佳的所有問題與其批判。以此來看，委內瑞拉個案作為開發中國家尋求替代性政治與經濟模式的實驗場域，有著高度的代表性意義。除此之外，委內瑞拉案例亦呈現了開發中國國家與全球南方國家在尋求發展道路上遭遇的共通問題，包括：失業、貧窮、分配不均、缺乏實質民主，以及永續發展等多重發展困境與挑戰。因此，本書主張委內瑞拉案例對於推進全球發展研究與政策典範的借鏡上，深具反思性意義。

除此之外，委內瑞拉查維茲時期倡導的替代發展方案，尚存在一些盲點有待釐清：為何查維茲總統執政前兩任期的滿意度，始終高於第三任期？主流論述普遍簡化這是因為查維茲慷慨挹注社會福利政策所致。此一歸因是否失之簡

略？從發展模式的角度來看，是否存在另一種解釋？例如，此一階段發展模式因融合國家主義和社會民主的思考，在保留市場經濟之下，由國家控制石油租金並大量挹注社會福利。由於此一模式並未涉及大規模且全面推翻既有菁英勢力，因此仍較符合各方利益，故滿意度較高？

　　基於社會科學領域研究都在緩慢「嘗試與失敗」中推進研究，本研究主張，查維茲的替代發展方案儘管已經宣告失敗，但這亦衍生出幾個相互關連問題，可從「反事實推論」中釐清：第一，查維茲倡導的替代發展方式，在改善財政依賴之下（與委內瑞拉石油公司去連結），這套地方性制度是否可能運作？第二，排除查維茲第三任期走向由上而下的「再集權」，這套替代發展的政治與經濟制度在地方與組織層次建立的參與制度，是否可能運作得當？

第三節　研究方法

　　在研究方法上，本研究主要採用質性研究，以次級資料分析與內容分析為主，深度訪談為輔。本研究試圖結合「文獻分析」與「半結構式訪談」（Semi-structured interview）等研究方法，在把梳理論與實證資料之下，從資料的均衡性與完整性中，對委內瑞拉個案進行分析性的歸納。同時，亦參照多方理論觀點，來挖掘資料的深層意義與關係型態，以對委內瑞拉替代發展實驗進行詮釋性理解。

　　在研究的時間架構上，本研究將 1999~2014 年作為分析的時間架構，主因是自 1999 年查維茲繼任委內瑞拉總統，歷經三次任期並於 2013 年因為癌症過世，2014 年轉由繼任者馬杜洛總統接替玻利瓦共和國總統，並引發經濟危機。然而，查維茲任內已為後續馬杜洛時期打下替代發展模式的制度雛形。誠然，長達十四年執政過程，查維茲的替代發展方案亦經歷轉折，自 2001 年反新自由主義，2005~2006 年走向後新自由主義，並於 2007 年轉向後資本主義方案。因此，本書以查維茲執政的十四年作為本研究的時間架構。

　　在文獻資料的蒐集上，主要以英文和西班牙文的學術期刊與學術專書為主、輔以政府報告、國際組織報告和學位論文等次級資料，進行內容分析。上述文獻資料取得的途徑，主要經由學術期刊資料庫取得文獻，包括：Jstor、

Proquest、Oxford 期刊資料庫。除此之外,作者亦利用出席美國拉丁美洲年會(Latin American Studies Association, LASA)祕魯年會期間參與拉美國際書展,購買拉美與西班牙多家出版社學術專書,例如:Fondo de Cultura Económica de España、Instituto de Estudios Peruanos、Universidad de Pacífico 等;其次,本研究同時參考委內瑞拉官方政府報告、拉美區域國際組織出版書籍與報告,例如:聯合國拉丁美洲暨加勒比海經濟委員會(ECLAC/CEPAL)、拉丁美洲社會科學理事會(Consejo Latinoamericano de Ciencias Sociales, CLACSO)、美洲開發銀行(Banco Interamericano de Desarrollo, BID),以及亞馬遜網路書局(Amazon)與學位論文系統等資料來源為主。除此之外,在研究方法上,亦配合 2017~2018 年期間作者在祕魯進行的深度訪談,以取得初級資料來補強次級資料的不足。

本研究資料取得的限制在於,自 2007 年開始委內瑞拉政府開始禁止核發簽證給持有本國護照者(除非雙重國籍),因此委內瑞拉的移地研究未能順利成行。在無法進入委內瑞拉之下,本研究轉赴祕魯首都利馬(Lima)訪問委內瑞拉的移民與難民。誠然,自查維茲執政到 2001 走向反新自由主義政策開始,已陸續有委內瑞拉的資本家階級與專業技職人士外移美洲大陸。2007~2008 年查維茲啟動大規模的「國有化/徵收」政策,再次誘發資本家與技職專業人士的逃亡潮。直到 2014 年委內瑞拉開始爆發嚴重的通貨膨脹與物資短缺,更誘發大規模的難民潮向南美洲國家迅速擴散。相較於距離委內瑞拉較近的哥倫比亞、巴拿馬,以及發展較佳的南美智利與阿根廷等國家,因為陸續採取較為嚴格的入境簽證措施來抑制難民湧入,祕魯前總統庫琴斯基(Pedro Pablo Kuczynski)因為對委內瑞拉難民採取相對開放與人道的態度、提供較低簽證費,並允許工作和居留,因此促成祕魯成為 2018 年以後接收委內瑞拉難民成長速度最快速的拉美國家(黃富娟,2020c)。

在深度訪談的取樣上,受訪者主要以滾雪球方式累積質性訪談案例,共計累積 12 位受訪者(參閱表 3-1 受訪者編碼)。訪談方式主要採取「半結構式訪談」。在受訪者選取的標準上,考量查維茲推動的《玻利瓦革命》與《二十一世紀社會主義》國家轉型方案之影響範圍,都屬於全國性政策,且國有化政策又廣泛地衝擊到私部門。除此之外,礙於研究者無法進入委內瑞拉進行移地研究的主要限制之下,訪談個案的選取上,主要採取幾個相對寬鬆的標準:曾參

與過玻利瓦政府相關計畫（中央與地方層次）、或受計畫衝擊的利害關係人，特別是私部門。

表 3-1　受訪者編碼

	編碼	在委內瑞拉職業 （在祕魯職業）	居留祕魯年限	受訪日期	次數
1	VB-1	心理諮詢師，父母查維茲黨 （現餐廳服務生）	約半年	2018/7/8	1
2	VG-1	公社成員，父母查維茲黨 （現餐廳服務生）	兩年	2018/7/9	1
3	VB-2	私部門員工 （現打零工維生）	半年	2018/7/9	1
4	VB-3	設計業者 （現咖啡廳服務生）	兩年	2018/7/9	1
5	VB-4	委國律師 （現祕魯律師）	2008 年至今	2018/7/10	1
6	VC-1	政治社會運動工作者 （現祕魯委國社會組織代表）	-	2018/7/10	1
7	VU-1	原委內瑞拉大學老師 （現社會組織工作者）	-	2018/7/10	1
8	VB-5	私部門員工 （現餐廳服務生）	一年半	2018/7/12 2019/3/13	2
9	VG-2	委內瑞拉經濟暨金融部（MEF）職員 （現餐廳服務生）	一年	2018/7/13	1
10	VU-2	大學畢業生（曾參與 MERCAL 計畫） （現洗衣店店員）	抵達三個月	2018/7/13	1
11	VG-3	委內瑞拉選舉委員會職員 （現飯店接待）	抵達五個月	2018/7/13	1
12	VG-4	前反對黨國會議員、現私部門員工 家族是軍職且是查維茲黨	居住在委內瑞拉	2018/10/2	1

說明 1：第一碼是國別、第二碼是職業代碼。B 是私部門、G 是政府相關部門、C 是公民社會、U 是教育部門。

說明 2：VG-4 現居委內瑞拉，受訪地點是台北。

　　深度訪談的問卷設計（訪談問卷請參閱表 3-2），主要圍繞在探究委內瑞拉國民對於查維茲總統推動的「替代發展模式」與「二十一世紀社會主義」的看法。本研究進一步針對本書架構涉及內容，進行半結構式訪談。受訪者主要需針對表 3-2 訪談提綱涉及的問題，進行自願性陳述與回應，這涉及到對於何謂替代發展？對於替代性的政治模式與制度、替代性經濟模式與制度、替代發展相關的社會政策與糧食補貼，以及經濟結果等問題進行深度訪談。

表 3-2　訪談問卷設計（原為西文版本）

委內瑞拉替代發展模式
1. 關於委內瑞拉的政治體制，除了三個權力之外，你認為「群眾權力」對於民主而言是重要的嗎？這是替代新自由主義方案中不可或缺的要素嗎？（¿Respecto al "poder popular" comó lo ve usted? es un componente indispensable para la alternativa y la democracia?）
2. 你覺得委內瑞拉社會主義統一黨是否曾經運作得當？（¿Usted cree que el Partido Socialista Unido de Venezuela funcionó en algun momento?）
3. 對你而言，何謂查維茲黨？（¿Qué quiere decir a ser un «chavista» para usted?）
4. 你是否曾參加過《玻利瓦方案》？哪個方案、成效如何？（¿Usted ha participado alguna vez en "los programas bolivarianos"? ¿De qué manera y cómo lo ha ayudado la participación en las programas bolivarianas?）
5. 查維茲推動的政策中，哪一項政策對你而言算是最成功的？（¿Qué política de la Administración de Hugo Chávez le parece más exitosa?）
6. 對你而言，何謂「二十一世紀社會主義」？這個轉型政策對你的工作與生活有哪些影響？（¿Qué significa el "Socialismo del XXI" para usted? ¿Cómo le está afectando por esta política de transición naiconal?）
7. 你認為委內瑞拉陷入經濟危機的主要原因是什麼？究竟是什麼導致了糧食短缺？（¿Cuáles son las causas principales que llevan a Venezuela a la crisis económico actual, o sea, la escasez alimentaria?）
8. 你有無去過國營銷售據點購買過糧食（如：MERCAL）？你覺得糧食主權和補貼制度如何，您是否支持食品補貼與國有化政策？（¿Has visitado alguna vez a MERCAL, Cómo es? Le está apoyando las políticas de nacionalización y las sustención alimentaria?）
9. 您認為替代方案最重要的是什麼元素？（A usted qué opina.. ¿La alternativa bolivariana pudiera ser una alternativa valiosa si hubiera....? ¿Qué elemento considera más importante para construir una alternativa?）

在受訪者的基本資料描述上，本研究受訪者皆為（曾是）委內瑞拉公民。受訪的當下，除了 VG-4 仍居住在委內瑞拉，其餘都移居到利馬，且多數人都在當地尋得工作機會並有穩定居所。他們多從事觀光服務業工作，但受訪者當中亦有執業律師與 NGO 團體。訪談日期與時間主要始自 2018 年 7 月 1 日到 7 月 15 日，為期兩週時間。同年 10 月則補充一個訪問；2019 年 3 月再補充 1 次網路訪談，共計訪談對象為 12 人，累計訪談的總次數是 13 次訪談。請參閱表 3-1 受訪者的編碼。

本研究受訪者的年齡層，主要是介於 25~45 歲之間的青、壯年人口為主，多數居留祕魯時間為半年到三年之間，亦有十年以上者。他們進入祕魯之後，多已取得工作機會，並穩定居留下來。這主要基於兩個原因：第一，查維茲總統任內大量投資基礎教育，因此委內瑞拉青壯年世代多具備大學文憑（根據受訪者陳述，具學士文憑的青年占八成）。相較於前者，由於祕魯高等教育人口相對短缺，因此在 2018 年下半年開始委內瑞拉難民大量湧入祕魯之前，早期抵達難民或移民因得力於母語同為西班牙文、且學歷偏高，因此在利馬都會區尋獲工作是相對容易；除此之外，委內瑞拉難民在入境祕魯之後，需通過祕魯專業學校學歷認證機制（El Consejo Nacional de Decanos de los Colegios Profesionales del Perú, CDCP），又稱 Colegiarse，始能取得合法工作權力。除了案例 11（編碼 VG-3）因為未持有效護照入境祕魯，以致於只能尋得低於法定最低薪資的工作，其他受訪者多數已有穩定工作，基本生活不成問題。

第二，2014 年開始委內瑞拉爆發嚴重的通貨膨脹與物資短缺的經濟危機，並引發大規模難民潮。這波外移人口已於 2018 年被「聯合國難民署」（Office of the UN High Commissioner for Refugees, UNHCR）正式定義具備「難民」（refugee）資格。由於難民外逃過程必須長途遷移與徒步，更肩負起「匯款」回家以維持家人基本生活所需美元的重責大任，因此，這波難民潮的成員，多來自每個家庭中最具工作能力（高學歷）或身體狀況較佳的青壯年人口。主因是他們相較於委國中高齡人口，將相對容易在周邊國家取得工作機會。

從本研究 12 位受訪者的職業背景來看，有 4 位來自廣義的政府單位（包括中央政府、地方政府與國會議員等）、5 位受訪者來自私部門、1 位是公民政治運動份子、1 位是大學教授與 1 位學生，共計 12 位。在受訪者編碼上，編碼原則如下：第一碼是國別碼，委內瑞拉國碼為 V；第二碼是職業代碼，又區分為

B 代表私部門、G 代表政府部門、C 代表公民社會團體、U 是教育部門；第三碼是次序（數量）。

本研究受訪者中，編號 VB-1、VG-2 與 VG-2 都曾表示，他們的父母與家人皆（曾）自我標榜是「查維茲黨」；除此之外，VG-4 家族成員與自己都曾經是查維茲黨，後來他個人轉為反對黨的議員。由此可知，受訪者中有 1/3 曾為廣義的「查維茲黨」、1/4 為反查維茲的私部門，1/4 為公民團體。基於此，儘管本研究受訪對象的數量看似有限，但就初級資料的來源以及各方論點形成的比重而言，實已達資料的均衡性。

第四章
發展的意識形態與
玻利瓦替代方案

　　1998 年查維茲打著反新自由主義的《玻利瓦替代方案》旗幟，當選委內瑞拉總統。查維茲躍上拉美政治舞台，象徵著南美洲鐘擺再起並相繼轉向左派執政，並為二十一世紀尋求替代新自由主義發展模式揭開了時代序曲。當時，查維茲與其替代發展方案，廣受中下階層的支持。誠然，拉美政治人物受到葛蘭西「文化霸權」的啟蒙，善於建立一套撼動人心的「論述」作為「治理」的基礎。深具個人領袖魅力的查維茲更善於形塑信念與文化價值，創建一個屬於「窮人」的世界觀，因此對中下階層形成不可抗拒的吸引力。

　　基於此，本章目的在探究查維茲在委內瑞拉政治舞台崛起的政經背景，以及其發展理念與意識形態如何形成《玻利瓦替代方案》，並囊括廣大社會群眾的支持。以下本章將依序說明：第一節，新自由主義危機與查維茲崛起；第二節，發展的意識形態與查維茲的群眾基礎；第三節，《玻利瓦革命》與國家發展計畫。

第一節　新自由主義危機與查維茲崛起

一、1950~1980 年代《定點協議》的政經遺緒

　　查維茲的崛起可追溯到 1990 年代的政經局勢和社會問題。委內瑞拉自 1989 年安德列斯・貝雷茲總統（Carlos Andrés Pérez）二次執政開始，他啟動新自由主義政策並引發嚴重的經濟危機與社會動盪。當時經濟陷入嚴重的失業

率、通貨膨脹與物價飆漲，但政治體制大體上仍延續 1950 年代末期《定點協議》(*El Pacto de Punto Fujo*) 以降確立的「雙政黨主義」(El Bipartidismo) 與石油經濟模式。此一體制被認為強化了寡頭壟斷的政經結構，導致較高的經濟與社會排除 (Emerson, 2011: 90-91)。

《定點協議》催生於 1958 年 1 月 23 日委內瑞拉獨裁總統貝雷斯•希門內斯 (Marcos Pérez Jiménez) 垮台之後。同年 10 月 31 日委內瑞拉兩個主要政黨，亦即是：由傳統委內瑞拉寡頭控制的「基督民主黨」(El Partido Democristiano)，又稱「獨立選舉政治組織委員會」(El Comité de Organización Política Electoral Independiente，以下簡稱 COPEI)，以及由城鄉小資產階級為首的「民主行動黨」(El Partido Socialdemócrata Acción Dmocrática，以下簡稱 AD)，偕同「委內瑞拉企業家協會」(El organismo coordinador de los empresarios) 與「委內瑞拉中央總工會」(La Central de Trabajadores de Venezuela) 等社會團體達成共識，簽屬了《定點協議》，並於 1961 年頒布《委內瑞拉憲法》(*La Constitución de 1961*) (Mateo y Sánchez, 2013: 21)。自此以後，《定點協議》成為主導委內瑞拉戰後到 1990 年代政治與經濟發展的重要共識。

對於委內瑞拉國家發展的意義而言，《定點協議》在政治上賦予委內瑞拉「民主行動黨 - 基督民主黨」(AD-COPEI) 兩個政黨得依據選舉結果分配政治權力。Skidmore 與 Smith (2010) 主張，《定點協議》造成儘管委內瑞拉存在民主體制與選舉制度，但在兩大政黨輪流執政之下，反形成「政治休戰」。此外，該協議亦承諾大赦軍隊，換取軍人放棄干政的政治中立 (Skidmore & Smith, 2010: 253-256)。這種由兩黨主導政府內閣與政治權力的分配形式，形成了「政黨式民主」(Partidocracia)，並構成高度的政治排除 (Uharte Pozas, 2009: 45)。自此之後，「雙政黨主義」成為主導後續數十年委內瑞拉政經體制發展的權力核心 (Blanco, 2002: 34)。

除此之外，《定點協議》同時亦是一份經濟與社會協議。該協議明文支持市場經濟與私有產權、避免政府徵收與國有化，以換取企業對於兩黨輪流執政的政治支持 (Skidmore & Smith, 2010: 253)。在《定點協議》的框架下，一方面委內瑞拉政府強調保護市場經濟與私有財產權，同時承諾不進行激進改革 (Uharte Pozas, 2009)；**另一方面，則兼具「國家 - 發展主義」的部分特徵，特**

別是國家全力支持石油經濟與石油出口結構下，同時將石油部分獲利重分配於刺激非石油部門的經濟活動，形成「播種石油」（Sembrar el petróleo）**的概念，**並由國家為私部門提供公共信貸。**這意味著國家使用石油收益支持私部門主導的市場，並形成重分配的積累模式**（Skidmore & Smith, 2010: 251-256）。

1970 年代，在貝雷斯第一次擔任總統期間（1974-1979），委內瑞拉經濟邁入了委內瑞拉的黃金階段。當時，由於中東戰爭（La guerra árabe-israelí）一觸即發，石油減產與禁運導致國際石油價格水漲船高，並豐厚了委內瑞拉的國際創匯能力。一年之內，委國政府財政收入就從 600 億「玻利瓦幣」（Bolívar）增加到 990 億。換算為美元，約自 150 億美元攀升到 250 億美元（Caballero, 2000: 74）。在石油美元創匯能力走強之下，貝雷斯總統拋出建構一個《大委內瑞拉》（The Grant Venezuela）的政治方案，此一時期特徵是國家干預主義，並啟動國有化政策，將「委內瑞拉石油公司」（Petróleos de Venezuela, S.A）與鋼鐵部門收歸國有，並成就委內瑞拉走向干預型國家的高峰。當時，委國年均國內生產毛額（Gross Domestic Product, GDP）成長近 6%，但公共支出卻成長三倍，導致外債快速攀升（Hidalgo Trenado, 2002: 81; Uharte Pozas, 2009: 49-51）。

石油美元帶來的富裕，讓委內瑞拉擴大補貼基本糧食、建設公共服務，並尋求創造「充分就業」的經濟目標。事實上，1960~1980 年代之間委內瑞拉的社會政策就存在依據「普示性原則」（la política social universalista）推動社會政策支出，相關政策包括：糧食政策、教育政策與社會政策。當時，政府對於交通、糧食、教育、健康和其他民生必需項目，都實施補貼與價格控制政策。此外，委國勞動薪資亦是拉美區域中最高，且在石油大量創匯之下促成本幣升值，也造成中產階級的消費力大增，成就大量消費的榮景（Uharte Pozas, 2009: 47-51）。石油美元帶來的富裕與繁榮，促成人均社會支出成長了 130%（Bengoa, 1995）。**高度挹注於社會福利政策，打造了委內瑞拉的「社會民主」體制，並促成委內瑞拉成為 1970 年代吸引歐洲移民的國家**（Uharte Pozas, 2009: 312）。

因此，Parker（2007: 60-62）認為《定點協議》促成委內瑞拉免於 1960 年代拉美區域內部爆發的政治衝突，形成「例外主義」（Exceptionalism）。《定點協議》對於委內瑞拉國家發展的貢獻在於，一方面，委內瑞拉向區域展現了一個多階級組成的兩黨政治與民主機制如何建立並鞏固政治領導；另一方面，亦展現出一個資源大國如何將石油收益挹注工業化與現代化進程，並大量挹注

社會福利，以舒緩社會階級之間的衝突。特別是在社會領域，委內瑞拉政府自
1970年代黃金時期就開始大量投資基礎教育、改善健康、減少營養不良等社會
支出，致力於改善社會福利。因此，當時委內瑞拉社會相較於其他國家並不存
在激烈的社會抗爭，主因是存在廣泛的社會福利與補貼制度。

然而，其他學者則持相反意見，他們認為《定點協議》亦存在自身的問
題。首先，對於政治民主而言，兩政黨輪流執政形成了政黨分贓的封閉體系。
這種封閉性，更有利於建立一個「侍從主義」（Clientelismo）的政治社會；對
於經濟結構而言，獨尊石油部門的經濟型態，造成委內瑞拉的出口部門與內需
部門之間形成「飛地經濟」（Enclave Economy）。此一結構性問題，讓委內瑞拉
經濟深度鑲嵌在世界經濟體系，並為其帶來高度波動性與外部依賴性（Mateo
y Sánchez, 2013: 22）。其次，獨尊石油經濟亦造成委內瑞拉地理空間上形成發
展上的「城-鄉落差」與區域發展失衡。除此之外，對於勞工而言，石油出口
創匯雖促成了玻利瓦本幣升值，讓人民擁有較強的購買能力，但亦因此強化了
進口能力，並造成石油部門與非石油部門勞工之間的薪資差異持續擴大。非石
油部門勞工因被排除在獲利豐富的石油經濟之外，長期下來則強化了經濟結構
與社會結構的「雙元性」。因此，Uharte Pozas（2009: 312）認為當時普世性社
會政策並未帶來「重分配」。經濟與社會政策的主要受益者集中在城市中產階
級與正式部門勞工。他們亦形成《定點協議》的擁護者，又稱「定點黨」（las
puntofijistas）（Skidmore & Smith, 2010: 253-256）。相較於這些受益團體，廣大
農村地區與非正式部門就業的勞工，則被排除在資源以外，石油經濟收益無法
雨露均霑，反形成了更大的社會不均。

由此可知，委內瑞拉在《定點協議》基礎上形成廣泛的政治、經濟與社會
共識。政治上，逐漸發展出一個兩黨政治，由政黨控制與分配社會資源；經濟
上，國家承諾支持市場經濟與私有產權，僅對經濟維持適度干預與參與。最關
鍵干預呈現在移轉石油收益補貼私部門以推動經濟發展。這不僅強化了石油經
濟的生產體系，更深化了「食利資本主義」的結構。與此同時，政府亦致力於
維持一個低通脹、強勢貨幣與持續成長的經濟環境，來滿足私部門和消費者需
求。

　　最終，《定點協議》雖成就了委內瑞拉在政治、經濟和社會上的廣泛共識，並開啟了 1958~1998 年間長期穩定的「第四共和」（La IV República），讓委內瑞拉相對於 1960~1970 年代拉美區域動盪，成為穩定政治與經濟發展的磐石（Uharte Pozas, 2009: 45-48）。但事實上，《定點協議》創造兩黨分贓制度，將競爭對手排除在權力之外，導致了有限的多元政治。且兩黨壟斷的石油租金開採與分配，並從石油經濟收益中維持了龐大的政治侍從與商業利益網絡（Buxton, 2005: 334）。它亦強化了寡頭壟斷的政經結構，導致較高的政治、經濟與社會排除。

表 4-1　委內瑞拉歷屆總統表

總統	年度	政黨	發展模式／政策	
卡爾德拉 Rafael Caldera	1969-1974	COPEI	定點協議	第四共和
貝雷斯 Carlos Andrés Pérez	1974-1979	AD	定點協議 進入黃金時期	第四共和
艾雷拉 Luis Herrera Campíns	1979-1984	COPEI		第四共和
盧辛奇 Jaime Lusinchi	1984-1989	AD	新自由主義	第四共和
貝雷斯 Carlos Andrés Pérez	1989-1993	AD	新自由主義 大轉向	第四共和
巴雷托 Octavio Lepage Barreto	1993-1993	AD	新自由主義	第四共和
維拉斯奎斯 Ramón J.Velázquez	1993-1994	AD	新自由主義	第四共和
卡爾德拉 Rafael Caldera	1995-1999	Convergencia	新自由主義 委內瑞拉議程	第四共和
查維茲 Hugo Chávez Fríaz	1999-2000	MVR*	新自由主義 經濟轉型方案	第五共和
	2000-2006	MVR	反新自由主義 授權法	第五共和
	2007-2013	PSUV**	二十一世紀社會主義	

資料來源：本研究繪製。

說明 1：* 是指第五共和運動（El Movimiento V República, MVR）。

說明 2：** 委內瑞拉統一社會主義黨（Partido Socialista Unido de Venezuela, PSUV）。

二、1980~1990 年代新自由主義與「卡拉卡佐暴動」

1982 年拉美爆發「外債危機」。作為石油出口國的委內瑞拉亦受到牽連。究其因，由於 1981 年底國際石油價格開始下滑，且在此之前的 1970 年代黃金時期，委國政府大量扶植產業發展並挹注社會福利政策，導致國家財政收支逐漸失衡，外債開始攀升。當時，持續性的外匯流失，甚至達八十億美元（Caballero, 2000: 85-87）。直到 1983 年 2 月 18 日「玻利瓦」的大幅貶值，委國經濟結構性問題開始浮現。當時經濟成長率陷入負成長、失業率上升，通貨膨脹加劇，並導致中小企業相繼倒閉。委國社會對於 AD-COPEI 聯合政府的信任度開始下滑，原先穩定的兩黨政治與石油經濟結構面臨崩解（Skidmore & Smith, 2010: 255）。

倘若《定點協議》之下兩黨政治的正當性是立基於石油經濟的發展模式與「重分配」政策形成的社會民主制度，那麼 1980 年代的經濟危機不僅重創了經濟，也導致《定點協議》這套政治與經濟模式備受質疑與挑戰。石油榮景落幕後的 1980 年代，委內瑞拉出現嚴重的失業、低薪資，且貧窮與社會不均更是持續擴大（Uharte Pozas, 2009: 53）。

委內瑞拉在外債危機的脈絡下，1984~1989 年盧辛奇（Jaime Lusinchi）總統在接受 WC 之下啟動新自由主義政策。然而，當時並未完全落實新自由主義政策。直到 1989 年 2 月 27 日貝雷斯總統二次當選總統（1989-1993），他正式啟動了「正統」的結構調整，史稱是《大轉向》（El Gran Viraje），以滿足 IMF 的政策要求。當時經濟結構調整，主要是經由「休克療法」（Shock Therapy），進行激進轉型，相關政策包括：限制政府財政支出、限制工資、統一匯率、廢除價格控制與補貼、貿易去管制化、國有企業私有化、解除國際交易限制，以及開放外國投資。這些政策造成中小企業大量倒閉，勞工失業嚴重。除此之外，貝雷斯亦力促當時「委內瑞拉石油公司」和外資石油公司的聯盟。諷刺的是，貝雷斯總統在二次競選總統時候，卻承諾恢復 1970 年代「社會民主」制度（Uharte Pozas, 2009: 53-57）。

1992 年面對貝雷斯總統的失信人民，政府在廢除汽柴油補貼之下導致交通費用高漲，引發社會不滿情緒高漲，並在貝雷斯總統上任第 16 天爆發全國性的社會抗爭，史稱「卡拉卡佐暴動」（El Caracazo）（Parker, 2007: 61）。維持一

週的社會抗議造成道路封鎖、經濟活動中斷。2 月 27 日政府啟動鎮壓行動，這惡化了委內瑞拉公民原已累積的不滿情緒，形成更大政治衝突（López Maya & Panzarelli, 2013: 244）。

「卡拉卡佐暴動」的象徵意義在於，表現上它雖是人民對於取消交通與燃料補貼的社會抗爭，實際上它象徵著人民對於對貝雷斯總統與 IMF 達成新自由主義與結構調整政策的否定。除此之外，這同時意味著，中產階級與中下階層對於 1958 年以來《定點協議》形成之政治體制的信任已蕩然無存。Skidmore & Smith（2010: 256-257）主張，《定點協議》崩解的主因是當時獨尊石油出口的結構性問題開始浮現，且因為新自由主義改革導致慢性通膨、工資與實質購買力驟降、非正式部門大行其道。當時，經濟的挫敗，讓中產階級與勞工更難以容忍政治領袖的貪污，加上兩大黨長期以來拒絕接受政治新血，上述因素的加總，都重創了政府的權威與執政正當性。根據 1995 年「拉美晴雨表」（Latinobarómetro）公佈的民意調查指出，委內瑞拉人民有高達 78% 對國會沒有信心、84% 對政黨沒有信心（López Maya & Panzarelli, 2013: 245-246）。此一時代背景，為 1990 年代查維茲的政治崛起架設了舞台

1993 年 12 月總統大選，當時兩黨獲得選票僅剩下 11%。這意味著選民逐漸背離傳統《定點協議》下的兩黨政治（Skidmore & Smith, 2010: 256），並成就歷史上首次由非傳統兩大政黨出身的卡爾德拉總統（Rafael Caldera）贏得大選。當時，卡德德拉總統善用「社會正義」（social justice）的論述，配合推動憲法的改革，來落實地方分權與直接民主等言論，並打敗了當時 COPEI-AD 政黨候選人（López Maya & Panzarelli, 2013: 245-246）。問題是，1996 年卡爾德拉總統執政以後，亦跟進啟動第二階段新自由主義政策，又稱《委內瑞拉議程》（Agenda Venezuela）。當時新自由主義議程的首要政策在於：提高汽柴油和石油產品的價格、市場自由化、公共服務市場化、放開外匯管制等（Uharte Pozas, 2009: 58）。

López Maya 與 Lander（2000: 239）指出，卡爾德拉總統的《委內瑞拉議程》與貝雷斯的《大轉向》兩個改革議程都立基於新自由主義原則之下推動改革，並落實宏觀經濟結構調整，因此頗為相似。然而，《委內瑞拉議程》在石油和社會政策上，卻更為詳盡。《委內瑞拉議程》包裹的十點政策包括：自 1996 年 4 月開始：（一）放棄對於汽柴油與石油衍生產品的補貼；（二）去除

國家對於公共服務的補貼，回歸市場機制；（三）去除匯率控制，讓匯率回歸市場機制，以讓玻利瓦幣貶值；（四）提高貸款利率；（五）增加企業營業稅；（六）國有企業私有化；（七）廢除所有價格控制措施，只保留五項基本食品的價格控制；（八）創建保護銀行體系的基金；（九）社會救助制度的改革；（十）社會政策回歸到保護社會最脆弱人口的原則。

此一階段，卡爾德拉總統任內最大的政策爭議在推動了《開放石油》（*Apertura Petrolera*）政策，試圖推動石油部門與「委內瑞拉石油公司」（以下簡稱 PDVSA）私有化，並開放給國際投資。這在當時遭到社會廣泛批評，主因是它將降低石油收益對於政府稅收與社會重分配的貢獻。根據當時政府統計，比較 1989 與 2000 年國家自 PDVSA 取得的石油收益占總石油收益的比例，已從原先 80% 驟減為 20%。同時，伴隨委內瑞拉轉向市場機制而來的定價市場化，更背離了 OPEC 協調產量的原則。結果是，原先仰賴石油收益的中央財政開始出現赤字（López Maya &Panzarelli, 2013: 246）。

另一個差異是《委內瑞拉議程》對於社會政策的規範，更為詳盡。卡爾德拉總統翻轉了「社會民主」的傳統，轉為提出的「焦點式社會方案」（programas sociales focalizados）（López Maya & Lander, 2000: 239)。這意味著委內瑞拉的社會政策已從社會福利的「普世性」原則，轉向新自由主義式的「補殘式」社會政策。新自由主義作為政策綱領與主導性的意識形態，成為壟斷對於現實解釋權的主流論述。

三、1990 年代的經濟與社會概況

1980 年代委內瑞拉經歷了外債危機、1990 年代的新自由主義政策與「休克療法」又導致失業與福利緊縮的惡化。此一時期，中下階層的生活品質與處境都急速惡化，並導致「相對剝奪感」（Relative Deprivation）的攀升。

事實上，1970 年代委內瑞拉在「普世性原則」之下形成擴張性的社會政策和補貼政策，並成就了「社會民主」的制度。當時，委內瑞拉政府對於基本糧食的「價格」進行控制，並給予貧窮人口多元糧食救濟方案；同時，更透過間接補貼方式，補貼農產品和食品加工生產的中間原料。然而，轉向新自由主義之後，貝雷斯和卡爾德拉總統都先後放棄了普世性原則與全國性補貼政策。在 1980~1989 年期間，委內瑞拉基本食物的供應量，亦大幅下降。糧食不安全

（food insecurity）成為下階層的新現實處境（Uharte Pozas, 2009: 312-314）。

　　誠然，新自由主義政策下，委內瑞拉政府取消了長期對於生產者的補貼，以及進口食品的優惠待遇。除此之外，市場去管制化與私有化造成勞動薪資下滑。相對於此，持續攀升的通貨膨脹更造成人民實質購買力顯著下降。

　　從社會與經濟指標來看，委內瑞拉「拉美社會研究機構」（Instituto Latinoamericano de Investigacion Social, ILDIS）統計指出，1990~1999 年間全國約有 40% 企業倒閉，非正式就業勞工高達 55%。查維茲繼任總統的 1999 年，失業率仍高達 15%，薪資勞工更有 34% 薪資低於基本薪資，不足以滿足生活基本需求（Uharte Pozas, 2009: 58-61）。更嚴峻的挑戰在於，1990 年代委內瑞拉全國人口中僅有 10% 被納入社會保險。除此之外，1990~1991 年間委內瑞拉有高達 69% 家戶所得低於貧窮線（Cabeza & D'Elis, 2008: 4-6）。若以吉尼係數（Gini Coefficient）來看，WB 統計指出（表 4-2），1998 年委內瑞拉吉尼係數是 0.49。儘管相較於 1981 年的 0.55 已有改善，但仍居高不下。

表 4-2　1981~2006 委內瑞拉吉尼指數（GINI Index）

年度	吉尼指數
1981	55.60
1987	53.50
1989	45.30
1992	42.50
1995	47.80
1998	49.80
1999	48.30
2001	48.20
2002	50.60
2003	50.40
2004	49.80
2005	52.40
2006	46.90

資料來源：WB 推估值，參閱 https://data.worldbank.org/indicator/
SI.POV.GINI?locations=VE

　　除此之外，根據「經濟學人」（The Economist）對於委內瑞拉經濟社會現況的報告指出[1]，1998 年查維茲當選總統該年，委內瑞拉全國有三分之二人口生活在貧困線以下，約 750 萬人為貧窮人口；同年，失業率是 11%。且受雇於非正式部門的比例，更高達勞動人口的 49%，約占 430 萬；此外，全國 70% 農地集中在 3% 人口中，這亦衍生出糧食生產不足的問題（Buxton, 2005: 338）。因此，Salamanca（1997: 204）主張，1980~1990 年代新自由主義體制，導致了「不平等的蔓延」（La extensión de la desigualdad social）。

表 4-3　1980~1990 委內瑞拉總體經濟數據

年度	GDP（百萬 Bs）	GDP 成長率	年平均 通膨率	匯率（Bs/$）*	國際儲備（百萬美元）
1979	494,942	1.50	12.83	4.30	8,819
1980	474,205	-4.19	22.89	4.30	8,885
1981	467,395	-1.44	15.94	4.30	11,409
1982	451,781	-3.34	8.52	4.30	11,624
1983	420,099	1.29	8.52	9.90	12,181
1984	410,067	3.91	12.08	12.65	13,723
1985	415,349	6.49	11.40	14.40	15,489
1986	431,594	3.91	11.58	22.70	11,685
1987	459,613	-3.51	28.08	30.55	11,004
1988	477,564	6.80	29.46	39.30	7,082
1989	460,813	8.22	84.47	43.05	7,985
1990	492,170	5.10	40.66	50.58	11,759
1991	532,605	-0.18	34.20	61.65	14,105
1992	559,789	-2.56	31.43	79.55	13,001
1993	553,785	-0.18	38.12	106.00	12,656
1994	544,461	-2.56	60.82	170.00	11,507
1995	556,831	2.27	59.92	290.00	9,723
1996	560,184	0.60	99.87	476.50	15,229

1　原文參閱 Economist Intelligence Unit (1998). *Venezuela country report.* EIU: London.

表 4-3　1980~1990 委內瑞拉總體經濟數據（續）

年度	GDP（百萬 Bs）	GDP成長率	年平均通膨率	匯率（Bs/$）*	國際儲備（百萬美元）
1997	590,663	5.44	50.04	504.25	17,818
1998	585,819	-0.82	35.78	564.50	14,853

資料來源：López Maya & Lander, 2000: 242. 原文資料參閱 Baptista 1997; IESA, 1999; BCV, 1992 之後彙整與計算而來。

* 匯率主要以每年 12 月為準（para el cierre de diciembre）。

　　表 4-3 顯示，1989 年啟動新自由主義政策與《大轉向》開始，當年度的平均通貨膨脹率飆升至 84.47%。隔年雖然下降至 40.66%，但整個 1990 年代仍呈現高度波動與不穩定。除此之外，1991~1994 年間委內瑞拉經濟成長率都呈現負成長。相對於此，結構調整與樽節政策則促成國際儲備逐漸回升。然而，1990 年代總體經濟的動盪，嚴重衝擊了中下階層的生存權，他們的經濟處境是每況愈下，但政府卻對此無能為力。

　　Ellner（2003）主張，自導入新自由主義政策之後，委內瑞拉的「階級」對立持續升高，「階級」因素開始在委內瑞拉的政治中發酵。在 1990 年代經濟危機之下，委內瑞拉公民開始思索他們的經濟與社會處境。這些生存壓力、外部環境與歷史過程，並促成委內瑞拉公民政治意識的覺醒，並逐漸打破原先由政治菁英壟斷的權力結構，並促成「捍衛底層利益」的政黨崛起，進而打破了傳統「雙政黨主義」與菁英政治的傳統（Uharte Pozas, 2009: 58-60）。除此之外，1990 年代 AD-COPEI 的合法性與正當性更隨著「卡拉卡佐暴動」事件，以及貝雷茲與卡爾德拉兩任總統先後中止憲法保障不得在未取得逮捕令下逮捕並侵害人權，並導致法外處決事件頻傳，上述事件都持續重創政府的正當性（Buxton, 2005: 334）。由此可知，《定點協議》的衰落與新自由主義政策引發的經濟與政治雙重危機有關。此一時代背景為查維茲崛起奠定了物質基礎與論述空間。於是，查維茲於 1992 年 2 月參與了推翻貝雷茲總統的軍事政變，但失敗入獄（López Maya & Panzarelli, 2013: 245）。之後出獄，他則於 1996 年積極投入總統大選，1998 年確認當選，並於 1999 年繼任總統。不論如何，查維茲的繼任，為委內瑞拉發展模式與南美的轉向，揭開歷史序曲。

第二節　發展的意識形態與查維茲的群眾基礎

　　1996 年查維茲打著反新自由主義與《委內瑞拉議程》的《玻利瓦替代方案》旗幟，角逐委內瑞拉總統大位，並於 1998 年 12 月 6 日以 56.2% 得票率在經濟危機中贏得大選。

　　探討查維茲何以當選的文獻中，Weyland（1996, 2002）主張，在經濟危機時，委內瑞拉選民在認知既有損失之下，投票行為經常轉向風險較高但提供另一個願景的候選人。1990 年代經濟危機與政治動盪，讓選民選擇了高風險的改革策略，這被認為是促成查維茲崛起的政經背景。誠然，查維茲的崛起雖有其時代背景，但他之所以受到部分中產階級與廣大中下階級的愛戴與支持，不單是因為人民對於新自由主義的不滿，更關鍵的是，他試圖以社會底層認知世界的方式，打造一個更公平正義的願景與世界觀，再搭配他高度情緒渲染式的演說方式與「個人領袖魅力」（Charisma），為他贏得廣大社會支持，並創造了「查維茲黨」（Las Chavistas）的興起。

　　究竟，查維茲倡導的《玻利瓦革命》替代發展方案，如何撼動人心？它如何為人民創造一個替代新自由主義之發展願景與美好社會圖像？此一替代發展願景，對於「發展」的理念與意識形態、世界觀與秩序觀的思考，又與新自由主義存在那些差異性？以下說明：

一、《玻利瓦替代方案》的發展論述：解放、公平正義與窮人世界觀

　　欲檢視查維茲對於國家發展的意識形態、政治理念與論述，可從 1996 年查維茲提出反對新自由主義與《委內瑞拉議程》的《玻利瓦替代方案》得知（Prensa Bolivariana, 2016）。《玻利瓦替代方案》取名自南美洲獨立解放者——西蒙・玻利瓦的政治理念。1999 年查維茲繼任總統之後，隨即啟動了制憲會議，並通過 1999 年《委內瑞拉玻利瓦共和國憲法》（*Constitución de la República Bolivariana de Venezuela,* CRBV），正式將國名變更為「委內瑞拉波利瓦共和國」（República Bolivariana de Venezuela）（Gutiérrez, 2013: 16）。究竟《玻利瓦替代方案》內含的發展理念為何，如何創建一個更公平正義的世界觀與秩序觀？

　　《玻利瓦替代方案》的論述形成，源自於 1990 年代對於國家危機的定位。當時，查維茲將委內瑞拉遭逢的政治與經濟雙重危機，歸因是美國為首的新自由主義與 WC 試圖將資本主義與帝國主義的政策強加於開發中國家，造成南方國家的「貧窮」與「去國家化」（desnacionalización），並導致了委內瑞拉回歸到「殖民狀態」。查維茲批判「代議民主」與「市場經濟」已導致少數政治與經濟菁英壟斷權力，並造成社會不公與不均的擴大。他拋出《玻利瓦替代方案》，試圖引導人民走向自由、解放與民主，並尋求一個更公平正義的發展道路（Ellner, 2003: 139）。

　　查維茲倡導的《玻利瓦替代方案》理念，最初借鏡了西蒙・玻利瓦的「拉美主義」與革命理念。他主張西屬美洲應捍衛主權獨立、建立一體化國家，同時消弭社會階級差異（López Maya & Panzarelli, 2013: 247）。上述三點主張成為後續《玻利瓦替代方案》的核心原則，又稱「玻利瓦主義」（Bolivarianism）。

　　受到「玻利瓦主義」的啟蒙，查維茲將委內瑞拉的現況，描述成一個自殖民獨立以來仍處在「尋求自由、民主與解放之革命進程」的國家，並以《玻利瓦革命》（La Revolución Bolivariana）的概念，說明委內瑞拉捲入世界經濟體系之後衍生的社會不公與不均，以將國家重新置入尋求「解放」（Liberación）的歷史進程中。查維茲要求人民取法法國大革命的精神，來創造自身的歷史並成為歷史主體（historical subject）。基於此，《玻利瓦替代方案》的核心精神在於「自由、解放與革命」，又經常與《玻利瓦革命》一詞交替使用。

　　在上述思想的啟蒙之下，查維茲將委內瑞拉置入一個尋求「解放」的歷史進程中，同時要求人民去取法法國大革命的精神，由人民創造自身的歷史並成為歷史主體。他在公開演講中指出：「每個人都可以獲得革命領袖的地位。」（Narvaja de Arnoux, 2008: 71）。因此，Narvaja de Arnoux（2008: 103）主張使用《玻利瓦時空》（cronotopo bolivariano）概念，來定調查維茲倡導的替代發展是一場反新自由主義、反帝國主義與反資產階級民主的革命。這種「納入窮人」論述，形塑出一種窮人的世界觀。然而，弔詭的是，Fleischman（2013: 21）認為，「玻利瓦主義」這套思想內含一個根本矛盾：西蒙・玻利瓦深受西方啟蒙思想影響，因此反對「君主制」（Monarchy），並倡導個人主義與自由。

但他卻又恐懼群眾力量，更主張建立一個集權政府、而非民主政府。由此可知，「玻利瓦主義」內含的矛盾。Fleischman更主張查維茲的《玻利瓦革命》僅部分理解了西蒙·玻利瓦的思想，因此應被理解是一種工具性的使用，目的在抵制美國的「自由民主」。

除此之外，查維茲同時亦多方引用其他拉美本土英雄的論述與理念，來補充當時實質意義空洞的《玻利瓦革命》。Mateo & Sánchez（2013: 2）認為，查維茲的《玻利瓦革命》主要奠基於三個拉美本土論述：

第一，《玻利瓦革命》的概念，係源自西蒙·玻利瓦倡導的「拉美主義」。查維茲高度推崇西蒙·玻利瓦，並認為他為南美帶來了解放的精神，這包括自專制主義與剝削中解放出來，並將建立一個更公平正義社會視為最終目的。這即是玻利瓦的遺緒，又稱「玻利瓦模式」或「玻利瓦主義」。查維茲引用西蒙·玻利瓦的精神：「讓我們記住，我們的人民不是歐洲或北美，它們是非洲和美洲的混合體，而不是歐洲的發源地。……我們的法律是所有古代與現代專制主義混合的遺緒。……願這座怪獸大廈趕快傾倒、分崩成廢墟，並讓我們從廢墟中重建一個正義社會，在這些聖人的引導下，創制一部《委內瑞拉的法律》（Vidal-Molina, Ansaldo-Roloff y Cea-Madrid, 2018）。」

基於此，1999年新憲法的前言與第一條款中已開宗明義指出，玻利瓦共和國是個獨立、自主的國家，其立國原則係奠基於「玻利瓦主義」的自由、平等、正義與國際和平等價值理念與道德原則，並據此形成玻利瓦共和國不可剝奪的一系列權利，包括：獨立、自由、國家主權、豁免權、領土完整與民族自決（CRBV, 1999:1）。由於《玻利瓦革命》的核心概念取自西蒙·玻利瓦的理念，並使用「玻利瓦主義」作為識別旗幟與主導性的意識形態。因此，Harnecker（2004）稱查維茲替代方案是一種脈絡特定的「特種革命」（Sui géneris Revoulution）。

第二，《玻利瓦替代方案》對於政治制度的選擇，存在一種強調創造自身政治制度的傾向。此一論點主要源自於拉美本土政治家——西蒙·羅德里格斯。他倡導拉美應創造符合自身社會結構與脈絡的制度。西蒙·羅德里格斯作為拉美知識分子，深受啟蒙運動的啟發。1842年他曾在對「美國社會」（American Societies）演講中論及：所謂「政治」，存在「政府政治」

（governmental politics）與「群眾政治」（popular politics）兩種類型，並特別強調「群眾政治」對於拉美國家的重要性；其次，對於拉美尋求發展模式的看法，羅德里格斯建議拉美應當創造一個屬於自己的政治制度（Mateo y Sánchez, 2013: 24）。西蒙・羅德里格斯在同場演講中亦指出：「我們該去那裡尋找發展模型？因為西屬美洲是獨特的，獨特的必須是其制度與政府。我們是去創造一個獨特制度，或是繼續複製，然後錯誤[2]（*Chávez, 2013: 44-43*）。」西蒙・羅德里格斯對於尋求一個符合拉美脈絡的制度觀點，亦與馬里亞特吉（1928）相同。後者亦主張，拉美應從本土脈絡下尋求最適政治模式，這將是一種「英雄式創造」。對於查維茲的民主觀，將於下一個部分進行更詳細說明。

　　第三，查維茲的《玻利瓦替代方案》同時亦深受委內瑞拉農民運動領袖 -- 薩莫拉（Ezequiel Zamora）的影響。1850~1860 年代薩莫拉曾帶領無地農民反抗大地主壟斷的土地產權，為無地農民爭取自由與權力。在他的著作《土地與自由人》（*Tierras y Hombres Libres*）與《恐懼與寡頭》（*Horror a la Oligarquía*）中，他提問：「究竟誰應該擁有農地？誰應該為在農地辛苦工作的農民們來捍衛他們的土地產權？」他倡導解放佃農，並推動「耕者有其田」（la tierra para el que la trabaja），形成後續農民爭取土地與權力運動的精神領袖（López Maya & Panzarelli, 2013: 247）。查維茲主張，薩莫拉的話語，與西蒙・波利瓦和西蒙・羅德里格斯擁有相似性，都帶有因生存困境而來的深刻烙印。薩莫拉為委內瑞拉創造了 1846 年農民起義（La insurrección campesina de 1846）的範例，並間接促成 1858 年委內瑞拉革命（Revolución venezolana de 1858）（Vidal-Molina, et al., 2018）。因此，Mateo 與 Sánchez（2013: 24）主張，薩莫拉對於委內瑞拉的重要性，如同聖・馬丁（San Martín）之於古巴。查維茲對他的高度推崇，更促成了 2003 年土地與農業改革的《薩莫拉計畫》（*Plan Ezequiel Zamora*）。

　　由於查維茲的《玻利瓦革命》企圖帶領群眾脫離西方列強控制的政經局勢，走向「解放」與「自由」的革命過程。他更廣泛引用「玻利瓦主義」、「羅賓森主義」，以及宗教上普遍使用的「基督教義」（Christian）與其救贖觀，形成一個高度混搭的發展論述（Harnecker, 2015: 61）。這些論點看似多元並立，

---

[2]　"¿Dónde iremos a buscar modelos? La América española es original. Originales han de ser sus instituciones y su gobierno. Y originales, los medios de fundar uno y otro. O inventamos o erramo."

但共通性在於：都強調創造一個更公平、正義與平等的世界，因此形成一套「窮人」信仰的世界觀。

除此之外，查維茲更善用豐富的軍事與好戰的語言，挑起平民與菁英之間的對立。因此，被批評是操弄兩元對立與分化的政治語言。誠如上述，查維茲經常廣泛引用拉美民族英雄與宗教象徵，同時採取一種「兩元分化」的論述，配合英雄主義、國族主義與救贖主義的話語和符號，形塑出他作為國家領導、主導政治工程的救世主形象，以對抗內部寡頭壟斷結構形成的貪腐，以及外部因帝國主義入侵造成的低度發展（López Maya & Panzarelli, 2013: 249-250）。

其次，他將平民與菁英、窮人與富人之間的利益衝突，包裝成是他的追隨者被捲入一場對抗強大又邪惡敵人的「史詩戰爭」（Epic battle），如同拉美仍在經歷十九世紀獨立運動一般。查維茲藉由大量反美國帝國主義的修辭，結合高度推崇的拉美左派民族英雄，包括：古巴革命英雄——切・格瓦拉與卡斯楚、智利社會主義總統阿葉德（Salvador Allende）等，來補充反美國帝國主義的《玻利瓦革命》意識形態，同時強化「窮人」的自我認同與自信（López Maya & Panzarelli, 2013: 248）。舉例來說，查維茲稱呼那些願意追隨他的選民是「勇敢人民」（bravo pueblo）：「人民才是歷史的主角，以及推動轉型的主要行動者。……只有人民才能拯救人民，我將成為你的工具。……但如果因此需要流血，基督已經為我們做出榜樣。」由於他經常穿著軍服，跟隨查維茲者尊稱他是「指揮官」（Comandante Presidente）（López Maya & Panzarelli, 2013: 249-250）。

本書主張，查維茲的個人領袖魅力，結合建構一套窮人信仰的世界觀，引導社會底層萌生對於自身遭遇社會問題的反思，並走向奪取政治權力的意識覺醒。此一覺醒雖相似於馬克思主義主張的「自在階級」（class in itself），但政治論述卻以「人民」（pueblo）為主體、而非「階級」，存在脈絡特定下的意義。上述這些對於發展的思考，逐步形成查維茲的民主理論（黃富娟，2020a）。

誠然，這種脈絡特定催生的《玻利瓦革命》，Harnecker（2004）定義委內瑞拉模式是一種「特種革命」。究其因，她主張查維茲經由選舉崛起，並遵從制度路線，不直接採用馬克思主義，而以「玻利瓦主義」作為識別與主導性意識形態。因此，具有高度識別度與特殊性。**對此，本書傾向主張，Harnecker 觀點雖解釋了查維茲執政初期以《玻利瓦革命》為主的發展論述，以及該論**

述立基之「玻利瓦主義」內含的解放、自由與獨立等理念，但實際上較大的作用是框架了這套替代發展的主體、論述與時空架構，已將「群眾」帶入政治舞台。因此，本書將之定義為是一種「錨定」效果。事實上，《玻利瓦革命》的論述內涵與政治意識，受到本土思潮與國際左派論述多重影響，並形成論述與理念的「堆疊」與「混搭」。且「玻利瓦主義」更伴隨查維茲政治思想的啟蒙，以及國內政治衝突的動態發展，持續推進並豐厚查維茲建構替代發展論述的視野。尤其是他在結合「社區權力」和「制憲權」的多方政治觀點下，逐步形構一套他所謂更進步的民主觀。

二、《玻利瓦革命》與查維茲的民主觀

1999 年查維茲繼任之後，頒布了《委內瑞拉玻利瓦共和國憲法》，並成立「第五共和」（V República）。當時，他強調建立一個「人道資本主義」（capitalismo con rostro humano），並帶領國家走出「第三條路」（La tercera vía），以取代正當性不足的新自由主義發展模式。然而，當時由於查維茲對於《玻利瓦替代方案》所欲達成目標仍處於相對模糊階段，無法明確說明將帶領國家前往何處，因此引起反對黨的質疑（Robinson, 2008: 322-339）。事實上，最初《玻利瓦替代方案》倡導的發展理念，強調的是去推動「民主再生」（regeneración democrática）。究竟，《玻利瓦替代方案》的民主觀具體內涵為何？又是如何催生查維茲對於「民主」與「發展」的理解？

查維茲的民主觀，先後受到不同政治理念與意識形態的啟蒙和影響。他的政治理念，實際上受到拉美本土政治哲學與國際左派思潮的激盪與影響，進而催生出獨具特色的「參與式民主」，他稱之是「群眾力量」（poder popular）。誠然，查維茲倡導的《玻利瓦替代方案》的論述主體是「人民」（pueblo），敘事強調「找回人民尊嚴」（returning to dignity）（Emerson, 2011: 96-101）。查維茲所謂的「人民」，是指邊陲群眾（marginalized segment of people），並非廣義的委內瑞拉人。繼之延伸出《玻利瓦替代方案》與《二十一世紀社會主義國家》兩個替代方案，亦先後強調「參與式政府」與「經濟民主化」兩個政策議程，反映出對於「自由民主」與「市場經濟」的再修正。不論是政治領域或經濟領域，強調「平等主義」與擴大由下而上的實質參與，都成為主導查維茲替代發展方案的核心精神（黃富娟，2020a: 24-25）。

　　查維茲的《玻利瓦替代方案》的政治議程，主要以「人民」作為主體、論述與政策議程圍繞在重新定義何謂「公平正義」與「民主」。對於「民主」的理解，查維茲表明他在 1992 年推動政變失敗並入獄服監期間，曾閱讀盧梭的《社會契約論》，以及義大利馬克思主義政治學家安東尼・奈格里（Antonio Negri）的《叛亂、制憲權與現代國家》（*Insurgencies: Constituent Power and the Modern State*）等書，並深受他們的啟蒙。自此，查維茲開始萌生對於何謂「民主」，以及如何徹底落實「主權在民」的思考（Foster, 2015）。

　　首先，奈格里批評資本主義體系已造成「勞工」從屬於「資本」的邏輯，並在自由民主體制下形成「有限民主」。他從「制憲權」（constituent power）角度出發，主張「政治」不應是一個獨立於、且與人民疏離的上層建築，它必須植根於「主權在民」（Foster, 2015: 6-7）。因此，奈格里倡導以「制憲權」此一原始權力，來對抗資本主義國家的構成結構，亦即「憲定權」（constituted power）。所謂「憲定權」是指由憲法賦予中央政府機構的法定權力，是一種的給定權力；相對於前者，「制憲權」是一種基於人民主權的直接民主。它源自於不斷革命與實踐過程中，個體在不斷反制敵人壓迫之際，將積累與組織自身力量，以成就實質意義上的「自由」與「民主」（Southal, 2013: 3）。查維茲在 1999 年繼任總統時引用奈格里的民主觀點，倡導創造一種「制憲權」作為對抗既有憲政體制的轉型權力（Cameron, 2009: 340）。

　　誠如 González（2019: 33-36）指出，拉美二十一世紀這波「粉紅色浪潮」，將「制憲議會」（Constituent Assembly）放置於政治論述的核心。儘管「議會」（Assembly）與「國會」（Parliament）兩個概念看似相近，但兩者之間的差異，並不是形式或審議內容的差別，而是與其社會基礎之間關係的根本差異。究其因，「憲定權」的「國會」，反映的是布爾喬亞（資本階級）主導的「代議民主」制度。在此政治制度下，拉美多數人民被政治排除與邊緣化；反之，「制憲權」是指選舉產生的「代表團」（delegates）與「直接民主」之群眾組織之間，存在一個積極且動態的互動關係，並充分代表「公民」在每個政治過程中發聲與問責。因此，不同於在「憲定權」之下「公民」僅有「投票權」與「同意權」而淪為一種「委任式民主」的諷刺，在「制憲權」之下「公民」可以控制政策議程、介入決策過程中的「問責」，以反映行政與社會需求之優先性（González, 2019: 33-38）。

　　其次，查維茲民主觀的另一個重點是政治主體。誠然，《玻利瓦革命》的論述主體是「人民」。查維茲所謂的「人民」，概念上相近於社會主義強調的「無產階級」作為歷史與革命主體，卻存在不同的社會脈絡。事實上，他對於「人民」的觀點，受到墨西哥左派哲學家杜塞爾（Enrique Dussel）的《解放哲學》（1977）影響，主張拉美對於「發展」的思考應回歸到「人民」作為主體。「解放」是指人民崛起成為一個權力要素來解決自身遭遇的困境。因此，杜賽爾主張存在一種內在於人民的根本政治權力。這實際上與奈格里的「制憲權」有異曲同工之妙。

　　杜賽爾主張存在一種所謂的「人民權力」（poder del pueblo），**這是一種內在於個人、固有的與自我指涉**（autorreferente）**的根本權力，又稱 "Potentia"**（Dussel, 2008）。杜賽爾將「權力」看作是一種「人民」的生存意志和力量。而「權力」與「政治」的相連，就形成所謂的「政治權力」（poder político）。這是一種直接的、無差別性、非制度的，以及同意權（consensual power）。杜塞爾認為，所有試圖去反對與對抗這種權力的外在力量，都是一種暴力（Herández Solís, 2015; Foster, 2015）。這凸顯出政府對於人民根本權力之壓迫，實際上並不符合正當性。

　　然而，杜賽爾亦指出，由於 "Potentia" 作為「人民」的一種根本力量之行使，仍缺乏真實、客觀與經驗的存在，因此需要將此一「人民權力」予以「制度化」，以形成 "Potestas"。這種「制度化」的實踐，始於「社區」開始宣稱自己掌握權力，並創建制度開始（Herández Solís, 2015: 1-3）。這必然須經由「社區」的「人民」經由奪取行使此一權力的工具或制度，才能「制度化」這種「人民權力」，並成就 "Potestas" 的行使，這才是真正的「委任權」（Foster, 2015: 7; Herández Solís, 2015: 1-3）。因此，這亦解釋了為何「政治權力」是無法被奪取的，只能奪取調節它行使的工具或制度。杜賽爾更主張，「民主」和「權力」之間的問題，關鍵就在如何讓 "potestas" 與 "potential" 保持一致性（Foster, 2015）。查維茲對於杜賽爾論點的高度推崇，可從 2010 年頒給他「第五屆批判思想之解放者獎」（El Quinto Premio Libertador al Pensamiento Crítico）得到印證（PSUV, 2010；黃富娟，2020a）。

　　誠然，在拉美脈絡下，「社區」作為政治權力之行使與控制的基本行政單位的觀點，可追溯到十九世紀的西蒙‧羅德里格斯（1828）論及的兩種政治中

的「群眾政治」，以及馬里亞特吉（1928）的「社區社會主義」。西蒙・羅德里格斯的政治觀，倡導將政治權力應下放到「社區」，由「社區」承擔起「國家」的權力，並成為在行政上可以引導「國家」與社會轉型的要角。最終，由「社區權力」（poder comunal）來協助「國家」共同行使國家主權。這與馬里亞特吉倡導之「社區社會主義」設置精神雖不盡相同，但都強調社區自治的關鍵性。因此，委內瑞拉革命家 Kléber Ramírez 主張：「由社區承擔國家的權力，在行政上促使委內瑞拉國家進行全面轉型，並促使社會經由與國家的共同權力落實主權的行使。」查維茲高度讚揚西蒙・羅德里格斯的思想，並稱之是一種最純粹的「魯濱遜精神」（Foster, 2015）。

受到西蒙・羅德里格斯的影響，查維茲主張貧民窟需擁有自己的「政治意識」（sentido político）：「每個社區（委內瑞拉慣用語稱之是 parroquía）都建立自己的在地政府（又稱 Toparquía），然後成立一個自治聯盟（confederación de Toparquía），這是群眾力量（poder popular）的展現。」[3] 查維茲受到「社區政府」（"Toparquía"）觀點的啟蒙，興起創建貧民窟的「社區權力」的想法（Narvaja de Arnoux, 2008: 71）。這亦可從查維茲在 2005 年催生「社區理事會」（Consejos Comunales, CCs）以及 2011 年「公社」（Las Comunas）等「社區」直接民主制度中得到印證。

上述左派政治思想的共通性在於：它們都反對西方「自由民主」與「代議制度」造成的國家政治權力長期由菁英壟斷，並主張一種「制憲權」的政治論述，偏好創建一種以「社區」為基礎、「人民」為主體的小規模「直接民主」。在這些左派政治理念的啟蒙下，查維茲逐步形成他替代發展的獨特「民主觀」。

綜合上述，查維茲的個人領袖魅力，結合一套「窮人」信仰的世界觀與民主觀，引導社會中下階層萌生對於自身問題與權力的意識。此一意識覺醒雖相似於馬克思主張的「自在階級」，但政治論述卻以「人民」為主體、而非階級，存在脈絡特定下的意義。

本書主張，查維茲替代發展的論述，雖因朗朗上口的左派情懷與政治分化語言，而飽受右派批判這是一種情緒性煽動的負面評價。然而，若細究這套替

---

[3] Aruía 是指政府或權威、topo 是指地方區域，toparquía 是地方的政府（Narvaja de Arnoux, 2008: 71）。

代發展方案的發展觀與民主觀，實際上確實存在對於「民主」的一套思考與理論基礎。姑且不論這些論點在經驗層次之成效，但它對於推進人類社會制度創新與民主而言，實難以武斷地否定它的重要性。

三、查維茲的群眾基礎與「查維茲黨」

查維茲在 1990 年代政經環境動盪的年代崛起，他善用當時社會對於新自由主義政府與政策的強烈不滿，並打著改革旗幟，訴諸於創建一個更公平正義與美好社會之願景，從而囊括過半選票的政治支持。查維茲的社會群眾基礎，通常自我標榜是「查維茲黨」（Las Chavistas）。那麼，所謂「查維茲黨」是由那些社會群體組成？基於《玻利瓦替代方案》試圖在建立一個「窮人」看待的世界觀，這是否意味著「查維茲黨」之支持群眾都來自社會底層？

Ellner（2003: 139）主張，查維茲替代發展的論述，存在幾個特點：第一，訴諸委內瑞拉的邊緣群體，特別是在非正式經濟部門就業的無組織性勞工；第二，反菁英論述。查維茲的替代發展，係奠基於「窮人世界觀」的一套發展論述。他將自身比喻成是「局外人」（outsiders），並使用「社會納入」的話語與高度渲染性言論，撼動底層人民。他操縱「人民／窮人／無權者」與「菁英／富人／權力集團」的「兩元分化」修辭，倡導以「人民」作為主體的「直接民主」來動員群眾參與政治，進而建立與人民的直接聯繫。這些煽動式的政治語言，配合對抗權力菁英的兩元分化論述，擄獲了人民的心，也成就了查維茲的民意基礎（Ellner, 2003: 139）。這雖為他創造了社會支持度，卻也導致「民粹主義」的貶抑（De la Torre, 2000: 13）。

誠然，這些追隨查維茲者，他們自我標榜是「查維茲黨」，形成了查維茲執政的社會基礎與正當性來源（López Maya & Panzarelli, 2013: 248）。本書從廣義和狹義兩個角度定義「查維茲黨」。廣義上，「查維茲黨」是指追隨查維茲理念與政治意識形態的公民；狹義上，是指進入查維茲政府工作、或參與查維茲政府外圍社會組織與政治動員的群眾。

然而，「查維茲黨」的社會組成，不必然都源自社會底層。實際上，「查維茲黨」是一個涵蓋多元分歧利益群眾的跨階級組成概念。以下說明：

（一）何謂「查維茲黨」？

所謂「查維茲黨」，並非一個法定的政黨。但它仍與「第五共和運動」（Movimiento Quinta V República，以下簡稱 MVR）存在較強關聯性。事實上，「查維茲黨」泛指那些支持並追隨查維茲理念與政策的群眾基礎。學者 Sesto（2006: 21-22, 39）在《為何我是查維茲黨？》（*¿Por qué soy chavista?*）一書中指出，自我標示為「查維茲黨」的人，是指那些追隨查維茲總統的人民。他們來自廣大社會中「被剝削的人民」（desposeídos），並相信查維茲規劃的《玻利瓦革命》進程與國家轉型願景，將為他們創造一個有「尊嚴」（dignidad）生活，以及更公平正義的社會。Wilde（2016）亦認為，查維茲的「群眾」，又稱「查維茲黨」，他們多數是源自「貧民窟」，並在親查維茲的群眾組織中扮演關鍵性的角色。

然而，從「查維茲黨」對應的社會群體之組成與組織來看，Lupu（2010: 25-27）研究指出，投票支持查維茲的人，並非都全然是源自社會底層，還包括不成比例的中產階級和其他階級，因此「查維茲黨」應被視為是一個多社會階級組成的概念。對此，Ellner（2013: 65）研究則指出，「查維茲主義」（Chavismo）主要是由三個社會群體組成，包括：組織性勞工階級、中產階級，以及傳統非組織性或未被整合的部門。在此，所謂的非組織性或未被整合的部門，實際上是由非正式經濟、鄉村勞動力、微型企業工作者等自由業或個體戶者所組成。他們通常缺乏工會代表與集體談判的能力，在查維茲的領袖魅力號召之下，心悅誠服地跟隨查維茲腳步。

本研究受訪者 VG-3 曾任職於委內瑞拉的選舉委員會（Consejo Nacional Electoral, CNE），亦曾自我標榜是「查維茲黨」。他指出所謂的「查維茲黨」是指：「相信查維茲的政治意識形態，要追隨他的人」；另一位受訪者 VG-2，也指出「查維茲黨」是指：「將查維茲視為偶像崇拜的人（una persona que idolatra al presidente Hugo Chávez）」；另一位受訪者 VG-1 亦提到：「是指相信查維茲政策與理想將改善自己生活、創造一個更公平正義的社會，並願意追隨他的人。」由此可知，在委內瑞拉脈絡下，「查維茲黨」泛指那些跟隨查維茲政治理念與政策的人民，他們相信查維茲將打造一個更公平正義社會，並為他們的生活帶來實質改變（黃富娟，2020c）。

　　此外，Elena Martínez Barabona（2002）針對查維茲執政期間的 2,000 名「國民議會」成員的教育背景進行調查。調查結果顯示[4]，查維茲主導的 MVR 政黨中有高達 72.4% 國會議員具有大學或研究所學歷；相較於 AD 的 75%，MVR 和 AD 兩個政黨的比例相近。這說明了「查維茲黨」的議員和政治領袖，並不如反查維茲者批評那般都源自社會底層那些未曾受教育者。事實上，「查維茲黨」的多數政治領袖皆具有高教育背景（López Maya & Panzarelli, 2013: 260-261）；反之，那些標榜是「查維茲黨」的軍職人員中，則大多數都來自中產階級或下階層。但是，他們多數仍至少具備基本教育程度。例如：第一任國防部長 General García Carneiro 來自下階層，但從軍之後始接受並完成大學教育（Ramírez, 2005）。

　　由此可知，查維茲黨的社會組成，其實是分歧且多元的。所謂的「查維茲黨」是指一種推崇特定領袖的理念、意識形態與政策，並產生心悅誠服地願意追隨的意識與傾向。此一推崇與追隨特定個人魅力型領袖的行為，亦凸顯拉美地區特有的「考迪羅主義」（Caudillismo）政治文化。

　　本書發現，這些追隨者並不必然都源自於社會底層，因此是否為「查維茲黨」的主要判斷標準在於，追隨者是否心悅誠服的追隨領袖，這通常與領袖魅力與政治意識形態存在「選擇性親近」。然而，由於查維茲倡導的替代發展方案，主要訴求對象是「窮人優先」，且他強調的公平正義理念與左派情懷等情緒渲染式的論述，更容易在「貧民窟」等缺乏物質條件欠缺的群體中得到青睞。因此，「查維茲黨」的對應群體，會呈現不成比例地偏向中下階層的現象。實際上，若只看「查維茲黨」在議會與政府單位的政治領袖與其教育和階級屬性，不必然如此。這其中亦可能存在部門別之差異，並隨著查維茲長期執政產生實質轉變。

（二）「查維茲黨」與其群眾運動組織

　　「查維茲黨」對應的社會群體有哪些？1992 年查維茲試圖發動政變之際，籌組了「玻利瓦革命運動 200」（Movimiento Bolivariano Revolucionario

---

4　原文參閱 Barabona, Elena Martínez 2002. "Ante un nuevo parlamento en la V república bolivariana?" In Marisa Ramos Rollóed., *Venezuela: Rupturas y continuidades del sistema político 1999-2001*. Salamanca: Ediciones Universidad de Salamanca. Pp. 230-231.

200，以下簡稱 MBR 200）[5] 作為主導群眾運動的組織。這標示著他在委內瑞拉政治舞台的崛起。

在 1990 年代 MBR 200 設置初期，查維茲的社會基礎主要來自於群眾組織、左派政黨與社會同情者等，涵蓋社會主義陣營的馬克思主義左派份子、不滿落實新自由主義政策與 AD 的社會群體，以及支持查維茲的軍人。他們分享的共同價值就是追隨個人魅力型領袖查維茲的領導（López Maya & Panzarelli, 2013: 256）。由此可知，MBR 200 是一個涵蓋多元且分歧政治意識形態之團體組成的組織。

伴隨 1990 年代查維茲在委內瑞拉政治舞台嶄露頭角，MBR 200 成為組織群眾進行社會抗爭的要角。直到 1996~1997 年查維茲宣告角逐總統大選，他又將 MBR 200 正式更名為「第五共和運動」（以下簡稱 MVR）。MVR 設置目的在將分歧的社會支持群體，整合為單一的選舉陣營，以協助角逐 1998 年總統大選。MVR 雖保留社會運動與政治動員的功能，但亦開始出現政黨的功能。1999 年執政之後，查維茲更組織許多與 MVR 平行的外圍政治與社會組織，並逐漸匯聚成一個明確支持「查維茲黨」的群眾主體（López Maya & Panzarelli, 2013: 256）。

自 1999 年查維茲執政開始到 2005 年之間，查維茲試圖經由 MVR 建立與支持群眾之間的政治連結，來強化個人領導與聲望。這代表著查維茲試圖弱化政黨等中介政治組織，逐步強化個人主義式領導（López Maya & Panzarelli, 2013: 256）。MVR 經由政黨的外圍政治社會組織，直接連結到查維茲推動的分權、參與式民主等發展方案，以及他個人連任的選舉目的。

當時，與 MVR 外圍政治組織，包括：「玻利瓦小組」（Bolivarian Circles）、「選舉戰鬥單位」（Election Battle Units）[6]。上述組織強化了查維茲為首的垂直命令權力結構，成就了查維茲的政治個人主義（López Maya & Panzarelli, 2013: 248）。這些追隨查維茲者，亦自我標榜是「查維茲黨」。**由於他們具有實質參與並捍衛查維茲政權與《玻利瓦革命》之實，構成實質的政治支持與政治結盟關係，因此本文將他們視為是「核心查維茲黨」，以區隔出僅具**

---

[5] 使用 200 的數字用來表達自西班牙獨立解放至今已經兩百年。

[6] 成立於 2004 年，當時目的在於引導群眾否決八月撤銷總統公投。

抽象認同查維茲理念與意識形態的群體，或未有積極參與或捍衛查維茲政權與政策的廣義社會支持群眾。

誠如 Wilde（2017）主張，查維茲的「群眾」，又稱「查維茲黨」，他們多數是源自「貧民窟」，並在親查維茲的群眾組織中，扮演關鍵性的角色，例如：玻利瓦小圈、選舉戰鬥小組、城市土地委員會，以及各類特殊任務委員會等。然而，Ellner（2013: 65）卻指出，「查維茲黨」與其運動群眾中，實際上存在三個群體與各自利益與視野：第一，正統馬克思傳統：主張「組織性勞工」作為社會主義革命的主體。此一意識形態與思想被不成比例地運用在組織性勞工身上，以換取對查維茲的持續性支持；第二，古巴革命英雄切・格瓦拉：強調革命價值、社會團結原則。主要在訴求個人需求，並運用在非組織性勞工群眾；第三，蘇聯社會主義經濟與工業發展：針對中產階級與經濟發展至上的支持者。除此之外，訴諸「民族主義」（Nationalism）更是查維茲黨發展論述中最核心的要素。只是，三個社會群體的利益與政策偏好，不盡相同（Ellner, 2013: 65）。

事實上，伴隨查維茲三個任期的執政（1999~2014），查維茲訴諸的替代發展方案與政策亦出現轉變，並先後衝擊到上述支持社會群體的利益。因此，「查維茲黨」也在長達十四年期間出現持續性解組與重組的動態過程。甚至到馬杜洛執政時期，更分裂出「我是查維茲黨、但不是馬杜洛黨」（受訪者VG-1）的區隔。

舉例來說，2003 年查維茲在推動《任務》時，試圖以推動一個《任務》、設置一個「玻利瓦工會」（Sindicalismo bolivariano）的方式，創建「玻利瓦勞工陣線」（El Frente Bolivariano de Trabajadores）。此舉，卻引來 MVR 內部分裂，並造成馬派工會積極分子 Luis Miquilena[7] 因不滿政策而脫離 MVR，投向反對黨陣營，並促成 2002 年他主導的反查維茲政變。另一個案例是 2007 年查維茲啟動社會主義國家轉型時，因推動激進的「徵收與國有化」政策，造成「查維茲黨」中屬於溫和派的「全民家園」（Patria para Todos，以下簡稱PPT）對於經濟政策的不滿，並導致後續許多 PPT 領袖相繼離開查維茲陣營（Mateo y Sánchez, 2013: 26-27）。

---

[7] Luis Miquilena 原先與 MVR 結盟，曾在玻利瓦政府的第一任期中擔任內政與正義部（Ministro de Interior y Justicia），以及制憲會議主席（Mateo y Sánchez, 2013: 26-27）。

　　由此可知，所謂的「查維茲黨」，廣義上，泛指那些支持與跟隨查維茲政治理念與國家願景的人；狹義上，是指積極參與到查維茲推動的《玻利瓦革命》、相關替代方案或 MVR 與 PSUV 和其外圍組織的積極份子。其中，有些群眾甚至自願參與或加入成為「玻利瓦民兵」（Bolivarian Milicia）。

　　本研究受訪者 VU-2 亦指出，「查維茲黨」後來逐漸變成一個負面稱謂。究其因，許多公民認為，「查維茲黨」長期執政之下，只想圖利自己。弔詭的是，該受訪者同時亦指出，若有人因為自己是「查維茲黨」而獲得政府工作，大家又會羨慕這是一份好工作。由此可知，「查維茲黨」此一概念從原先支持理念與發展的意識型態，走向涉及到內部權力與資源分配的不均，這亦顯示「查維茲黨」此一概念的動態變遷，以及在委內瑞拉脈絡下的多義與矛盾。

第三節　玻利瓦革命與國家發展計畫

　　1999 年查維茲繼任總統之後，隨即召開制憲會議，並通過 1999 年《委內瑞拉玻利瓦共和國憲法》，將國名變更為「委內瑞拉波利瓦共和國」（Gutiérrez, 2013: 16）。此一憲法在 1999 年 12 月 5 日舉辦新憲法公投，經由公民投票以 71.78% 高票通過（Canache, 2012: 99）。

　　儘管 1999 年通過新憲法，但在 1999 到 2001 年期間查維茲的國家政策走向仍在相當程度上延續新自由主義式的政治與經濟制度。直到 2001 年 11 月查維茲政府提出了反新自由主義的《行政命令 - 授權法案》（*Las Leyes Habilitantes*），其中包括當時極具爭議性的幾個法案，例如：《土地與農業發展法》（*Ley de Tierras y Desarrollo Agrario*），它賦予「國家」有權去徵收大莊園（latifundio），並將土地產權移轉給無地農民；試圖將石油部門國有化的《石油法》（*La Ley Orgánica de Hidrocarburos*）；以及，嚴格限制大型漁業企業的捕撈拖網行為，從而造福小型漁民的《漁業法》（*Ley de Pesca*）等，在在衝擊到私有產權與菁英階級的實質利益。2002 年開始，查維茲更在《授權法案》基礎上，以行政命令方式在「社會經濟」（Economía social）框架下啟動一系列社會福利政策（Mateo y Sánchez, 2013: 45）。直到 2005~2006 年開始，查維茲對於「發展」的想像，再次出現「關鍵轉折」（critical conjucture）。他開始重新定義何謂「民主」、「所有產權」，思索一套有別於資本主義的新經濟模式，並逐漸

浮現親社會主義的發展道路。2007 年查維茲進入第三任期，更啟動激進的社會主義國家轉型。

Ellner（2013: 64）將查維茲的政策，區分為幾個階段：溫和經濟政策（1999~2000）、反新自由主義立法（2001~2004）、轉型期（2005~2006），以及二十一世紀社會主義國家轉型（2007~2013）。本書主張，Ellner 的分類因考量了發展模式，實有可取之處。但本書傾向將 2005~2006 年的轉型期，視為是「後自由主義」的階段，此一階段亦是發展模式轉向「二十一世紀社會主義」的「後資本主義」方案之前置階段。以下，本節將回顧查維茲執政時期的主要政策，作為本書立論的基礎（參閱表 4-4）。

表 4-4　查維茲任期、發展議程與主要政策

	時間	發展議程	政策說明	社會支持
第一任期	1999~2000	溫和經濟政策：延續新自由主義特徵	1999：頒布新憲法與《轉型經濟方案》：人道的資本主義，帶領國家走出「第三條路」。	中產階級與貧民支持
第二任期	2001~2004	反新自由主義立法：《授權法》	2001~2002：《授權法》包括爭議性的《土地法》、《石油法》等。	政策偏好下階層利益，導致中產階級的畏懼，間接促成 2002 年政變。
			2003：《玻利瓦任務》大規模挹注社會政策，推動扶貧計畫。	
			啟動公有農地重分配、協助成立農民合作社	深獲農民支持。但工會質疑合作社的生產力，批評這形同規避勞工立法和工會組織。
	2005~2006	轉型階段：《玻利瓦革命》最終目的在建立「二十一世紀社會主義」	2005：親社會主義的發展論述：重新定義民主、所有產權與新經濟模式。	中下階層支持。
			2006：新社區秩序法[8]與「社區理事會」（CCs）。	社區人民支持。分權導致政黨重要性被削弱。

8　Nuevo Orden Comunicacional

表 4-4　查維茲任期、發展議程與主要政策（續）

	時間	發展議程	政策說明	社會支持
第三任期	2007~2013	二十一世紀社會主義國家轉型	2007：推動經濟結構轉型：啟動「國有化」政策，推動多元產權與多元經濟組織形式。	提高勞工權利與就業保障。但中產階級擔心提高勞工福利將造成勞工擁有過多不切實際權力。
		國有化政策	2007：策略性產業國有化：鋼鐵、電信、電力、石油等。	資本家反彈，爆發資本逃亡潮。
		群眾權力與公社	2009.12~2010：國民議會通過社區理事會組織法[9]與公社組織法[10]。	強化由下而上地方自治。
		再集權政策	2009：逐步削弱地方分權，權力再集中在總統。	反對查維茲黨滲透到地方各層級。

參考資料：綜合彙整自 Ellner, 2013, pp. 63-70, pp. 264-265，並延伸修改而成。

一、1999 年新憲法：市場經濟、國家干預和社會經濟之混合體制

　　1999 年《玻利瓦共和國憲法》交付公投時候，以 71% 的高民意支持通過（Lissidini, 2012: 164）。它都標示著委內瑞拉的政治與經濟體制，逐漸脫離 1980 年代以降的「自由市場」憲法精神，走向偏向「社會民主」並兼顧國家干預主義的立法精神。

　　首先，新憲法對於市場經濟的陳述中，憲法第 112 條款明文：「所有人均可自由從事其偏好的經濟活動。國家將促進私人倡議、確保財富的創造與公平分配，以及滿足人類需求的商品和服務的生產和服務、工作自由、企業、貿易與產業的發展，以無偏見方式規劃、合理化並調節經濟，並促進國家整體發展（CRBV, 1999: 22）。」由此可知，新憲法的立法精神，保障了「自由競爭」與「私有產權」兩個資本主義市場經濟發展的基石，強調私部門成長之外，同時亦保障個體在經濟活動上的自由。國家則需規範經濟運作的秩序，以保障人民需求滿足。

---

[9]　2009 年 12 月通過 The Organic Law of the Communal Councils.

[10]　The Organic Law of the Communes.

其次，憲法第 113 條禁止「壟斷」條款：「國家應採取必要措施避免壟斷，濫用支配地位和集中的需求，以保護消費者大眾權利、保障生產以及確保經濟競爭的目的（CRBV, 1999: 22）。」上述規範相近於「競爭政策」（competition policy），顯示國家在確保自由市場運作、避免市場壟斷與寡占等市場失靈或反市場競爭行為上，應擔負起監管的責任。由此可知，這部憲法實際上仍承載並延續新自由主義市場經濟中強調的自由、公平競爭、成長與效率等自由市場原則。

除此之外，這部憲法亦呈現國家干預主義的精神。新憲法對於自然資源與民生物資等策略性部門主張採取國家干預的原則。尤其是控制國家經濟命脈的石油部門。誠如新憲法第 302 到 304 條款相繼對於石油與水資源做出規範，並明文國家對於自然資源的控制與使用，應符合全民利益，以創造就業和成長為優先目標。誠然，第 302 條款指出：「國家基於『公共利益與國家便利』，可保留石油活動及其他具公共利益和戰略性質的產業、商品與服務。國家將促進不可再生之自然資源的原物開採與其製造生產，以傳播、創造就業與經濟成長、創造財富與全民福祉（CRBV, 1999: 64）。」；其次，第 303 條亦指出：「出於經濟主權、政治主權和國家戰略的考量，國家將保留委內瑞拉石油公司（Petróleos de Venezuela, S. A.）或其所創建實體的所有股份，並管理石油部門……」（CRBV, 1999: 64-65）；以及第 304 條限制了水資源的私有化與市場壟斷：「所有水資源，都是國家的公共財產，生活與發展的不可替代物。國家應制定法律保證水的使用與恢復，同時尊重水的循環與土地秩序（CRBV, 1999: 64-65）。」

上述條款顯示，「國家」應基於公共利益，監管國家資源與民生部門。這凸顯出新憲法內含的國家干預主義，特別是對於經濟策略性部門應採取國有化模式，以確保國家取得主導權，並依據「公共利益」來行事，以避免民生基本物資的私有化與商品化對於「社會」造成的衝擊。

在市場經濟與國家干預相關條款之外，新憲法的另一特徵在於第 299 到 321 條款中明文規範委內瑞拉應致力於建立一種「社會經濟體制」（El sistema socio-económico）（CRBV, 1999）。根據新憲法第 299 條明文：「國家應去建立經濟制度，並定義這是一個具有社會正義、民主、效率、自由競爭、保護環境、生產力和團結等原則的一個『社會經濟體系』，以確保全人類發展，為全民

創造一個有尊嚴與有利可圖的生活。同時，國家亦應與私人倡議一起促進國民經濟和諧發展、促進中央銀行體制以及玻利瓦貨幣穩定（CRBV, 1999: 64）。」

玻利瓦憲法倡導的新經濟體系，是一種「社會經濟體制」。它在相當程度上尊重市場經濟、私有產權，自由競爭，以及總體經濟穩定度（特別是貨幣主義）等新自由主義與資本主義市場經濟的基石；不同的是，在市場原則之外，同時強調須兼顧民主、團結與公平正義原則，以創造人類共同福祉為最終目的。究竟一個兼顧自由競爭、效率、私部門倡議，以及社會正義和團結原則等兩組看似矛盾與衝突之組織性原則的「社會經濟體制」如何可能？又是如何落實在制度安排與政策執行面？

第306條款指出：「國家應促進農村整體發展的條件，目的是『創造就業』。該條款同時指出：「為保證農村人口享有『基本福利水準』，應將農村發展納入國家發展議程，經由鼓勵農村經濟活動、改善基礎建設、提供農業土地、人力培訓與技術援助等……（CRBV, 1999: 65）。」

其次，憲法第307條款更明確指出對於土地產權使用的問題，試圖修正幾世紀以來的大地主產權制度導致的無地農民和農業生產問題。根據307條款：「大莊園土地制度（El régimen latifundista）是違反社會利益。法律將針對閒置土地課稅，以將其轉變為生產性經濟單位，作為拯救農業用地的必要措施。……農民等農業生產者有權享有土地，在法律規定下國家將保護和促進所有權的結合和特殊形式，以保證農業生產，國家將確保農業用地的可持續管理（CRBV, 1999: 65）。」誠然，拉美多數國家都存在土地產權過於集中的問題，委內瑞拉亦不例外。究其因，可追溯至殖民時期引進的大地主制度，造成土地由少數寡頭壟斷。獨立之後，土地產權結構未有大幅改變。加上拉美國家多為原物料與礦業資源出口國，因此依附在土地的相關資源成為必爭之地。為了杜絕土地寡占與閒置導致的農業生產不振與無地農民問題，玻利瓦政府將土地產權的公益性與其生產性原則納入憲法。這亦成為2003年以後走向土地產權重分配的基礎。

除此之外，第308條提及國家應保護多元經濟組織形式，得參與到經濟活動之中：「政府應保障和促進中小企業、合作社、儲蓄銀行與家族企業、微型企業等其他企業組織形式的發展，以加強國家的經濟發展，支持民眾倡議，確保技術援助、培訓與及時融資」；其次，第309條款亦指出國家應保護手工藝產

業，以及其他形式的工作與就業型態（CRBV, 1999: 64-65）。

由此可知，這部憲法修正了新自由主義強調的小政府主義與國家干預最小化原則，試圖超越「成長中心」與「成本-效率」的發展思考，轉為兼顧保護弱勢產業與中小型企業，以促進就業創造與更合理社會分配。因此，新憲法在確保自由市場與私部門成長的前提上，更識別出特別需要政府介入與監管的策略性產業部門，以及需要保護的部門。

新憲法對於「經濟」的思考，傾向在保有市場經濟與私有產權運作上，同時凸顯「國家」在維持經濟秩序與公平競爭、介入策略性部門引導並滿足民生物資的生產與服務，以及就業與社會福利提供上的多重角色。新憲法更明文去打造一個「社會經濟體制」作為主要經濟制度。這顯示這部憲法在依循市場經濟原則之下，同時訴諸國家干預手段，推動「社會經濟體系」，作為均衡「經濟」與「社會」之間發展的一種手段。因此，實際上「國家」同時被賦予扮演市場經濟的監管者、策略性產業的主導者與社會重分配者的多重角色。

這同時凸顯出憲法精神中同時並存「自由主義」與「國家主義」兩種經濟協調原則。在新憲法架構下，委內瑞拉的經濟體制儼然超越「市場經濟」，走向一種「混合市場經濟」。

一方面，強調經濟自由、保護私人企業；另一方面，又經由國家介入經濟去干預並調節產權、保障弱勢產業，並兼顧社會福祉。由於新憲法對於國家角色的定位，更擴及到保障弱勢產業與勞工就業，凸顯出「國家」對於滿足社會經濟目的之制度建構、市場監管與福利提供者的多重角色。因此，新憲法倡導的「社會經濟體制」，不僅是一種經濟制度、更是一種社會制度。這需經由國家介入經濟，並制定一套市場制度與規範，以回應「經濟」與「社會」之間的衝突與矛盾。因此，實際上既保留了資本主義市場經濟與自由競爭原則，亦強調此一經濟體制中的「社會性」。後者，是經由「國家」的制度保障和「重分配」政策來達成，因此凸顯出「國家」在「經濟」與「社會」中的角色。

誠然，新憲法對於經濟體制的想像，凸顯出強調經濟中的公共利益（公益性）與保護弱勢（包容性）雙原則，同時亦將「創造就業」與符合「社會福祉」列為經濟目標。這顯示出這套憲法立法精神在「經濟」與「社會」之間的權衡，主要欲犧牲特定部門的「效率」與「成長」，以促進「重分配」換取更

公平與平等的經濟機會。

　　其次，新憲法亦特別強調「社會權」（derechos sociales），並規範玻利瓦公民將享有一系列的教育權、工作權、健康權、糧食權、居住權等。誠然，相較於多數拉美國家都已將教育權、健保權等列入憲法保障的基本權利，但區域內只有巴西和委內瑞拉的憲法進一步強調這是一種「公民」的基本人權。且「國家」作為社會福利提供者，具有責無旁貸的責任與義務。由此可知，這套憲法在發展模式定位上，是介於市場經濟原則、國家干預主義，以及社會民主精神之間。

二、1999~2001 年人道資本主義與《轉型經濟方案》

　　1996 年查維茲角逐總統大選時，提出《玻利瓦替代方案》。這份文件中，查維茲提出五大生產性部門應分別採取的生產協調原則，以創造一個「混合經濟模式」。包括：第一，軍事、礦產與能源等策略性產業，應屬於國有產權，由國家主導；第二，民生消費財物，應屬混合產權。這包括：建設、農漁業、中小型企業與觀光等產業；第三，基礎公共服務應屬於混合產權，這包括：教育與健保；第四，銀行與金融體系應屬於混合產權，且由國家調節與控制；第五，其他產業，則屬於私部門主導（Lander, 2007: 68-69）。

　　直到 1998 年查維茲成功當選總統，1999 年隨即召開制憲會議，並頒布《玻利瓦共和國憲法》，將國號更改為「玻利瓦共和國」。新憲法明文委內瑞拉是一個「民主、法治和公正社會」國家。誠如前述，這部新憲法的特殊性在於，它在尊重市場經濟與私有產權之下，同時倡導國家干預經濟原則，更承認一系列廣泛的「社會權」（Gónzales y Lacrus, 2007: 51-52）。《玻利瓦替代方案》的部分原則，亦被納入新憲法與後續推動的發展方案中。

　　然而，事實上，在 1999~2001 年期間，玻利瓦政府並未對經濟進行大刀闊斧的改革。此一階段只存在一個名為《轉型經濟方案》（*Programa Económico de Transición*，以下簡稱 PET）的議程。PET 目的，強調應超越委內瑞拉傳統的「食利資本主義」發展模式，轉為推動一種「人道資本主義」。核心議程在推動總體經濟穩定性、平衡預算、穩定通膨，以協助國家自經濟危機中恢復；

同時，亦強調支持國家生產體系的多元化、打破阻礙資本積累與內生經濟發展的限制等。但政府的實際經濟作為，仍以推動公 - 私合作倡議、爭取外國投資、提振技術能力與國家在貿易體系中的競爭力為主（Mateo y Sánchez, 2013: 24）。由此可知，此一階段經濟政策仍與先前「正統」經濟政策存在高度延續性。

　　除此之外，在社會政策上，此一階段查維茲推動整併社會政策的專責機構，將原先在貝雷斯政府時期負責社會政策的「家庭部」（El Ministerio de la Familia）與「衛生部」（Ministerio de Sanidad）整併成立「社會發展暨衛生部」（Ministerio de Salud y Desarrollo Social，以下簡稱 MSDS）；另一項改革重點在於加強「社會投資基金」，並在整併既有小額信貸基金之上，成立「社會單一基金」（Fondo Único Social），並推動小農等信貸，並促進社會經濟發展（Gónzales y Lacrus, 2007: 51-52）。

三、2001 年反新自由主義政策

　　2001 年 11 月查維茲政府提出《授權法》，因涉及到爭議性的《土地與農業發展法》、《石油法》與《漁業法》，引發資本家與中產階級的反彈。與此同時，同年查維茲更頒布《2001~2007 國家經濟與社會發展計畫》（*El Plan de Desarrollo Económico y Social de la Nación 2001-2007, PLADES*）（參閱表 4-5）。該計畫強調新國發計劃將是一個過渡到《玻利瓦革命》的經濟轉型過程，並意圖推動社會經濟體制、創造生產性就業，以超越石油經濟模式（Mateo y Sánchez, 2013: 26-27）。

　　然而，自《授權法》頒布以來，因觸及到資本家利益，因此爭議不斷，最後導致私部門罷工（Paro Nacional）企圖癱瘓國家經濟，更釀成 2002 年 4 月的石油顛覆，又稱「石油罷工 - 企業顛覆」（paro petrolero-sabotaje empresarial）。因此，儘管 2001 年已頒布《授權法》，但查維茲卻遲至 2003 年才經由「行政命令」啟動一系列的部門別政策。弔詭的是，此一階段查維茲的國家發展政策中，除了 2003 年為了抑制國內企業罷工導致的「短缺」（shortage）而對基本原料的價格與匯率進行控制之外，並不存在總體經濟政策；取而代之，查維茲集中在推動石油部門國有化與社會經濟體系等，並逐步對私部門產權與國家資

源進行追索（Mateo y Sánchez, 2013: 30）。

誠然，此一階段，查維茲的經濟政策已出現反資本主義的趨勢。他不僅重申「國家」對於經濟的干預主義，並朝向推動「社會經濟」體制的方向轉型。尤其是《2001~2007 國家經濟與社會發展計畫》揭示了「國家」對於重新管制經濟、壟斷自然資源的主導權與所有權，以及推動社會重分配等政策方向。當時，國發計畫更主張整合並設立合作社、發展中小型與微型企業、自我管理企業等多元經濟組織形式，並意圖推動「內生發展模式」；除此之外，在政治上，亦強調創建廣納公民參與決策的機制（Escobar, 2010: 14）。然而，由於此一階段，查維茲的經濟與社會政策主要是經由「行政命令」方式推動，因此又被稱作是一種「行政命令主義」（El Decretismo）（Vera, 2018: 90-91）。

表 4-5　2001~2007 國家經濟與社會發展計畫

目　標	說　明
普及與有品質教育	擴大全民教育、連結教育體制與生產體系、消除文盲。
推動有品質與健康生活	普及健康權、提高生活質量、對抗不平等作、加強衛生保健與健康醫療。
推動全民保險	創建國家社會保險體系（Sistema Público Nacional de Seguridad Social）、全民退休金制度、就業和勞動力發展、勞動風險管理、居住安全和環境健康。
鞏固社會經濟	促進社會經濟組織的發展、發展社會經濟網絡。
土地產權民主化	規範財產、提供土地、確保生產者的永續發展。
生產性就業	擴大就業需求、積極性就業政策、職業中介和職業培訓、調整薪酬體系。
參與式和主角式民主	發展社會網絡、推動基層組織發展、社會審計員。

參閱：Gónzales y Lacrus, 2007: 56。

（一）總體經濟政策：匯率控制

根據玻利瓦憲法第 311 與 318 條款成立「委內瑞拉中央銀行」（Banco Central de Venezuela，以下簡稱 BCV）。2003 年以前，貨幣政策目的都在維持玻利瓦幣（Bolívar）兌換美元的匯率穩定。當時，BCV 設定的利率基準，主要取決於國際儲備。從這個意義上而言，抑制通貨膨脹仍是優先考慮。

然而，2002~2003 年委內瑞拉爆發私部門策劃「囤積」以癱瘓全國經濟的行動。目的在施壓查維茲，以撤銷反資本家利益的《授權法》，並引發國內供貨的「短缺」。為了回應「短缺」，查維茲啟動對於基本物資的「價格控制」（price control）與「匯率控制」（exchange rate controls）（Ellner, 2013: 64-67）。

此時，匯率控制政策目的是在維持玻利瓦幣兌美元的固定匯率，以穩定匯率，同時將幣值維持到一個有利購買力的水準。自此之後，私部門必須出示繳稅證明、表明對於進口原料的需求，才能申請「美元」（Mateo y Sánchez, 2013: 45-46）。然而，此一回應「短缺」的暫時性政策卻延續了下來，並成為重創委內瑞拉經濟的致命關鍵。本書將於第八章詳細說明。

（二）石油部門國有化政策

此一階段，另一個關鍵政策是國家對於石油部門的重新管制。誠然，委內瑞拉作為全球原油蘊藏量最豐富的國家，同時是「石油輸出國組織」（以下簡稱 OPEC）的創始會員國，長久以來石油就是國家經濟命脈。自 1920 年代在馬拉開波湖發現石油以後，委內瑞拉自農業出口轉為石油出口的經濟結構。

1975 年頒布《石油國有化法》（*Oil Nationalization Law*）。這是歷史上委內瑞拉首次由國家控制石油部門與其所有權。然而，當時仍礙於「委內瑞拉石油公司」（以下簡稱 PDVSA）缺乏技術與資源來開採油田並增加產量，更無力處理「奧里諾科流域」（Faja del Orinoco/Orinoco Oil Belt，以下簡稱 OOB）的「重油」（Extra-Heavy Oil, EHCO）。因此，仍需與私部門簽訂合作開採契約（Monaldi, Hernández y La Rosa, 2020: 6-7）。

1975 年《石油國有化法》為吸引國際石油公司投資並參與開採，明文國家可採取三種契約模式，以尋求與私部門合作開發油田：營運服務協定（Operating Service Agreement，以下簡稱 OSAs）、夥伴協定（Association Agreements，以下簡稱 AAs）與風險分擔協定（Risk-Sharing Associations，以下 RSA）。第一種 OSA 模式，是由 PDVSA 子公司與國際石油公司簽訂的服務契約。由國際投資者取得分配油田的營運控制權、PDVSA 子公司取得 OSA 全部產出（output），並支付資本支出（CAPEX）、運營支出（OPEX）和利潤

等費用。[11] 該方案主要在吸引私人資本挹注於產量下降的成熟領域，亦即邊際領域；第二種 AAs 模式，PDVSA 子公司得與投資者建立夥伴關係，並經由國會批准，共同開發策略性項目。但國家仍擁有所有權與控制權。經此一模式 PDVSA 與跨國石油公司得建立合資企業（Joint Venture, JV）來共同開發石油資源[12]；第三種契約，主要針對 OOB 和外海重油等 PDVSA 因資源或技術短缺，但卻需要大量投資的領域（Monaldi, et al, 2020: 7-8）。

直到 1996 年卡爾德拉總統重啟《開放石油》政策，試圖私有化 PDVSA，以讓石油部門更為強大。然而，1999 年查維茲繼任總統之後卻擱置了《開放石油》政策，並於 2005 年再次將 PDVSA 收歸國有，但卻保留了原有契約形式與吸引外國投資的方案。由此可知，不論是 1975 年國有化或 1996 年私有化階段，PDVSA 都仰賴與私部門投資與合作開採油田。

事實上，查維茲執政初期早已意識到委內瑞拉必須強化石油生產，恢復石油的國際價格，但當時卻遭 PDVSA 經理人反對。Parker（2007: 65）指出，查維茲上任前幾年，PDVSA 的管理結構仍保留 1944~1998 年間由 Luis Giusti 總裁領導 PDVSA 的企業精神，由領導階層全權控制石油公司。直到 2001 年《石油法》，試圖收復國家對於石油工業的主權。

誠然，2001《石油法》的法源基礎來自《授權法》與玻利瓦憲法。根據憲法第 302 條款明文：「……國家得保留石油活動和其它具公共利益與戰略性產業的經營管理、服務和商品。……國家經由開發自然資源、促進國家使用原物料去生產與創新技術、創造就業和經濟成長，以創造財富和福利。」；其次，憲法第 303 條款亦指出：「出於經濟主權、政治與國家戰略的原因，國家應保留 PDVSA，管理並擁有石油工業管理與其相關公司股份（CRBV, 1999）。」[13] 基於

---

[11] OSA 投資者採用的財政制度與 PDVSA 財政制度不同。投資者無需繳納「特許金」（由 PDVSA 支付），並可用 34% 的非石油稅率繳納所得稅，這低於 PDVSA 繳納的 67% 稅率（Monaldi, et al., 2020: 7-8）。

[12] AA 主要在進行上游活動，合資企業必須遵守適用於 PDVSA 的財政制度。但礙於低價與高開發成本，因此 PDVSA 簽訂契約同意將特許金的費率自 16.67% 降低到 1%，並在一定年限或收入目標達標之後，始將使用費率恢復到 16.7%。此外，委內瑞拉國會更批准所得稅法改革，將 AA 支付所得稅率自 67% 調降至 34%（Monaldi, et al., 2020: 7-8）。

[13] 參閱 CONSTITUCION DE LA REPUBLICA BOLIVARIANA DE VENEZUELA https://www.oas.org/dil/esp/constitucion_venezuela.pdf

此，《石油法》第 3 條款，重申國家對於「碳水化合物」（Los Hidrocarburos）之所有權的控制。這實際上亦回應了憲法第 8 條款明文「礦業與能源部」（El Ministerio de Energia y Minas, MEM）有權管轄所有與碳水化合物相關事務。

基於此，Boué（2002）主張，2001 年《石油法》精神主要立基於兩個原則：第一，恢復國家對於石油工業的主權，亦即「再國有化」；第二，擱置《委內瑞拉議程》中對於《開放石油》的爭議性政策。《石油法》的落實，將終止原先 PDVSA 依據跨國石油公司的利益行事，而忽略國家利益的弊病。尤其是當時 PDVSA 可經由不透明「價格移轉」（los precios de transferencias）的會計制度，將石油收益移轉給外國子公司。這形成無法監管的「國中國」（Estado dentro del Estado）而飽受爭議（Boué, 2002; Mateo y Sánchez, 2013: 31）。

基於石油部門長久以來就是委內瑞拉經濟成長的火車頭，歷史上委內瑞拉政府更曾長期依據「普遍利益」原則，將石油出口獲利運用於促進「重分配」。因此，《石油法》第 18 條款明文，玻利瓦政府將「國內資本形成」訂為石油政策的優先目標，強化並刺激國內碳水化合物相關產業的生產、供應與服務，以藉此強化垂直整合、擴大內需市場的目的；《石油法》第 22 條款明文，PDVSA 若欲成立與初級經濟活動有關的「混合企業」（empresa mixta），至少必需有超過 50% 資本額來自於「社會資本」（capital social）[14]。初級經濟活動，是指與石油有關的探勘、開採、運輸與儲存等活動；而「社會資本」則是依據產權社會化的概念來定義。然而，在國家技術欠缺的領域，《石油法》第二部分明文可允許接受適度的私人投資或與私人合資倡議（Mateo y Sánchez, 2013: 31）。私人投資與合作倡議仍在某種程度上延續 1975 年與 1990 年代以來的契約形式。

此外，《石油法》第 44 條款更將開採石油的「特許金」（royalty rate/regalía）自原先 16.6% 提高為 30%（Bruce, 2008: 20）。同時，要求政府必須持股達 51%，以確保國家主導石油部門（Boué, 2002）。此一階段，玻利瓦政府更設立三個 PDVSA 的「信託」（fideicomisos）機構，以將石油收益移轉到發展能源基礎建設、農漁加工業、交通、住宅，以及《任務》和「內生發

---

[14] 參閱 Ley de Hidrocarburo, Disponible en http://www.pdvsa.com/images/pdf/marcolegal/LEY_ORGANICA_ DE_HIDROCARBUROS.pdf (2020/6/27)

展核心」（Núcleo del Desarrollo Endógeno, NUDE）[15] 等一系列經濟與社會建設（Mateo y Sánchez, 2013: 31）。

　　然而，查維茲試圖再管制石油部門的作為，卻引起傳統石油部門的菁英高度反彈，並促成 2002 年 4 月的「石油大罷工」（Paro petrolero），最終更演變為推翻查維茲的政變。此一事件源起自 2001 年 12 月 9 日由一群不滿《授權法》的私部門策劃癱瘓全國經濟的行動，以強迫查維茲撤回《授權法》並走回市場經濟路線，同時停止將軍事將領植入 PDVSA 管理層的做法（Ellner, 2013: 64-67）。當時，領導罷工的組織，包括：委內瑞拉商社聯合會（La Federación de Cámaras y Asociaciones de Comercio y Producción de Venezuela, Fedecámaras）、委內瑞拉勞工聯合會（Confederación de Trabajadores de Venezuela, CTV）、PDVSA 工會與反對黨等（Gonzalez, 2019: 39）。在查維茲不接受要求之下，2002 年 4 月 9 日上述聯盟又推動了第二次罷工行動，2002 年 4 月 17 日更將罷工移轉至總統府（Presidential Palace of Miraflores）。持續激化的政治衝突，最終演變為推翻查維茲的「政變」，因此又稱「石油顛覆」（sabotaje petrolero）。即便最終政變未果，但已形成嚴重社會與利益衝突（Ellner, 2013）。

　　查維茲與 PDVSA 之間的石油衝突，自 2002 年延燒至 2005 年時，查維茲更直接將 PDVSA 收歸國有（Gónzalez, 2019: 43）。當時，2005 年 PDVSA 產量是每日 200 萬桶（bpd），另有 50 萬桶是依據與 PDVSA 協定由外資企業生產，以及 60 萬桶是經策略聯盟生產的重油（Bruce, 2008: xiii-xiv）。當時經濟政策目的，主要經由國家主導石油部門，推動國有石化企業（Pequiven）建設自己煉油管線、形成垂直整合供應鏈，並將石油收益挹注內需市場的發展（Mateo & Sánchez, 2013: 25-27）。

　　然而，自 2005 年查維茲控制石油部門之後，他雖提高了「特許金」並終止了非法將石油收益經不透明會計制度移轉外國公司等弊病，但亦對 PDVSA 造成重大影響。誠如上述，在石油大罷工期間，查維茲不間斷地將高級將領置入 PDVSA 管理層、2005 年接手之後更開除 1 萬 8,000 名石油管理階層與專業技職人員（Bruce, 2008: 20）。自石油大罷工之後，查維茲被批評是偏好僱用具政治忠誠度者更甚於專業技職人員。因此，PDVSA 員工中有約 40% 年紀不及 35 歲。自 2005~2015 年初，PDVSA 更發展成為一個擁有近 15 萬名員工的

---

[15] 詳細說明請參閱第六章第三節。

龐大官僚機構。以雇員人數來看，這幾乎是美商石油埃克森美孚公司（Exxon Mobil）的兩倍（Gallego, 2016: 141-142）。

事實上，自 2005 年國有化石油部門之後，2006 年玻利瓦國家財政就呈現高度依賴 PDVSA 的現象。但國有化的 PDVSA，營運效率不如私有化時期高，且更存在人事成本負擔過重的問題。除此之外，PDVSA 更肩負起將石油收益移轉中央政府與重分配的政治角色。2007 年中央政府預算中有 50% 來自 PDVSA（Bruce, 2008: xiii）。然而，自 2007 年查維茲啟動激進的社會主義國家轉型開始，反市場經濟政策引發高度的經濟不確定性，並在某種程度上抑制了外國石油公司擴大投資 PDVSA 的意願與承諾。這亦導致 2008 年以後查維茲推動 PDVSA 引資計畫與擴大生產的失敗（Monaldi, et al., 2020: 44-45）。弔詭的是，此一階段亦伴隨查維茲持續「徵收／國有化」在委內瑞拉的外資石油公司。

簡言之，查維茲頒布的《石油法》最終讓石油工業的所有產權回歸到國家控制。該法亦揭露了查維茲預期奪取更大比例的石油租金，並找回 1980 年代以前石油作為引導工業化與社會重分配的要角，亦即「播種石油」的概念。這亦顯示查維茲對於市場干預的開端。儘管查維茲的石油政策著重在提高政府參與、加強政府對石油的控制，但 1990 年代新自由主義政策下採取的合作計畫項目、契約和條件多數仍延續下來。因此，此一階段的委內瑞拉，即便 PDVSA 產權國有化，但仍屬於一個高度資本主義市場經濟的國家。且從經濟結構來看，依舊是高度仰賴石油經濟的出口創匯模式。

如下表 4-6 顯示，自《石油法》頒布以後，國際石油價格亦呈現走升趨勢。根據 OPEC 石油價格指標，當時國際石油價格自 2000 年以前每桶不及 20 美元，到 2005 年升高至每桶 50 美元，並呈現擴張性的成長。2011 年更突破每桶 100 美元大關。誠然，2005~2013 年石油榮景促成外匯存底的增加，在石油經濟榮景看好之下，查維茲重申委內瑞拉社會存在許多未被滿足的需求，存在「重分配」的必要性（Escobar, 2010: 15）。因此，查維茲試圖移轉 PDVSA 石油收益挹注於一系列的社會福利與生產性社會經濟政策。根據 PDVSA 統計，PDVSA 每年平均花費在社會政策的支出，已從 1999~2003 年平均每年 4,800 萬美元、2004 年激增為 17 億美元、2005 年再次提高至 25 億美元（Parker, 2007: 66; Escobar, 2010: 15）。由此可知，石油榮景成就了查維茲打造福利國家的願景（González, 1999: 43, 113）。

表 4-6　1998~2017 國際原油價格年度平均值（每桶／美元）

年度	OPEC	委內瑞拉原油美國到岸價格 [16]
1998	12.28	9.31
1999	17.44	14.33
2000	27.60	24.45
2001	23.12	18.01
2002	24.36	20.13
2003	28.10	23.81
2004	36.05	31.78
2005	50.59	46.39
2006	61.00	55.81
2007	69.04	64.10
2008	94.10	88.06
2009	60.86	55.58
2010	77.38	70.03
2011	107.46	97.23
2012	109.45	100.15
2013	105.87	97.52
2014	96.29	84.51
2015	49.49	40.73
2016	40.68	34.71
2017	52.51	45.60

資料來源：OPEC oil prices 1960-2018 Statistics, "Average Annual OPEC Crude Oil Price from 1960 to 2019". Retrieved from https://www.statista.com/statistics/262858/change-in-opec-crude-oil-prices-since-1960/；US Energy Information Administration, "U.S. FOB Costs of Venezuela Crude Oil 1999~2017." Retrieved from https://www.eia.gov/dnav/pet/hist/LeafHandler.ashx?n=PET&s=IVE0000004&f=A (2020/08/22)

16　考量委內瑞拉石油出口的主要市場是美國，因此本書同時放置 U.S. FOB Costs of Venezuela Crude Oil 指數以供參考。

（三）社會經濟政策

　　新憲法的立法精神，強調經濟自由，以及社會公平分配。這些立法精神如何均衡「經濟」與「社會」之間關係，並形成具體政策？2003 年開始查維茲走向反新自由主義政策。當時，查維茲的經濟政策，除了石油部門之外，另一個重心則是在「社會經濟體制」框架下，推動一系列社會福利政策與生產性社會經濟政策。此一階段，在「社會經濟體制」的框架下，查維茲先以行政命令啟動一系列名為《玻利瓦任務》（*The Bolivarian Mission*）的社會福利政策，簡稱《任務》（*The Mission*），以推動石油收益的社會重分配（Gónzalez, 2019: 42）。與此同時，他更致力於推動「社會經濟體制」的發展，以修正獨尊石油經濟導致的區域發展失衡與失業問題，以建立一個兼具「社會包容」的「內生發展模式」（Desarrollo Endógeno）（Mateo y Sánchez, 2013: 32）。

　　一系列社會福利政策，包括：《社區門診任務》（*Misión Barrio Adentro*）、《糧食市場計畫》（*Misión Mercel*）與多個教育相關《任務》等，創造了他在中下階層之間的支持度。且在推動「社會經濟體制」上，2003 年查維茲更啟動公有土地重分配，並積極籌組農民合作社、推動農村發展，試圖改善失業與城鄉發展落差。當時矚目方案，包括：《改頭換面》（*Misión Vuelvan Caras*）與《內生發展核心》（*Núcleos de Desarrollo Endógeno*, NDE）等方案。本書將於第五章與第六章分別論述。當時，一系列社會福利政策主要是經由查維茲國有化委內瑞拉石油公司之後，強制將石油收益移轉挹注到福利政策與社會經濟體系。

　　總結上述，此一階段，查維茲的發展模式側重在取回石油部門主導權、推動「重分配」，同時打造「社會經濟體制」，以推動轉向「內生發展模式」。因此，Mateo & Sánchez（2013: 25-27）主張，此一階段查維茲的發展觀存在「發展主義」的邏輯，強調公部門干預經濟的新制度主義，不僅賦予國家監管國家能源部門，同時保護小農地主、農漁業和微型企業，避免創造內部市場壟斷。因此，接近 ECLAC 學派倡導的結構主義思想；反之，Leonardo Vera（2018: 86）則定義這是一種「分配主義模式」（modelo distribucionista）。且考量在重分配財源來自石油美元，因此又稱是「援助式分配主義模式」（distributionilist through assistentialist）。

四、2005~2006 年關鍵轉折期

2005 年標示著查維茲發展論述與意識形態的關鍵轉折。由於《玻利瓦革命》並未明確說明將帶領國家邁向何處,此一含混不清的革命進程,飽受批評。因此,2005 年查維茲正視拋出《玻利瓦革命》最終目的在建立二十一世紀的「社會主義」,據此形成《二十一世紀社會主義》替代方案。同年 1 月查維茲出席「第五屆世界社會論壇」(El V Foro Social Mundial, FSM),更首次引用「二十一世紀社會主義」的觀點。查維茲更邀請《二十一世紀社會主義》一書作者迪特里希擔任玻利瓦共和政府的國家顧問(終止於 2007 年終),希望他協助將委內瑞拉打造成一個「二十一世紀社會主義」的國家。

此一階段,查維茲試圖重新定義何謂「民主」、「所有產權」,同時逐漸轉向倡導親社會主義的發展論述,以及新的政治與經濟模式(Ellner, 2013:64)。然而,當時具體政策走向仍在起步階段,方向仍不甚明確。**不論如何,查維茲在此一階段已提出了兩個重新導向委內瑞拉替代發展方案的關鍵政策,分別是:**

第一,重新定義何謂「所有產權」與其使用規範,並於 2005 年啟動私人農地「徵收」與重分配。伴隨土地徵收,查維茲更將土地重新分配給無地農民,並協助成立農民合作社(Emerson, 2011: 104)。與此同時,更配合推動邊陲群眾的社會納入與農村發展計畫,試圖強化社會經濟體系,並轉向「內生發展模式」;**第二,重新定義何謂「民主」?查維茲於 2006 年提出「群眾權力」**(popder popular)**的概念。**同年,更以行政命令頒布《新社會秩序法》(*Nuevo Orden Comunicacional*),並在全國偏遠地區設置「社區理事會」(Consejos Comunales, CCs)作為兌現社區自治的政治承諾(Ellner, 2013: 263)。

當時,即便國家開始介入經濟領域,但除了石油部門之外,並不存在以國家之力積極扶植策略性產業發展、促進產業升級的國家發展主義具體政策作為。這實際上重申了查維茲對於替代發展的思考,指向目的並不是建構在「發展主義」和「成長中心」的框架中尋求解答。此外,查維茲的替代發展政策更轉向政治領域,試著經由權力下放與分權,來深化實質民主。

五、2007-2013 年社會主義國家轉型與《第一個社會主義計畫》

2005 年查維茲拋出《玻利瓦革命》最終目的在建立「二十一世紀社會主義」，並於 2007 年 1 月 10 日邁入第三任期開始，正式宣告將帶領國家邁向「二十一世紀社會主義」，並啟動激進的社會主義國家轉型。與此同時，他更將「第五共和運動」更名為「委內瑞拉統一社會主義黨」（Partido Socialista Unido de Venezuela，以下簡稱 PSUV），作為引導國家轉型的先鋒政黨。

2007 年查維茲頒布《第一個社會主義計畫》（*El Primer Plan Socialista*，以下簡稱 PPS），又稱《西蒙•玻利瓦國家計畫》（*Proyecto Nacional Simón Bolívar*），從屬於《2007-2013 國家經濟與社會發展計畫》。計劃欲將委內瑞拉打造成一個「二十一世紀社會主義」，以創造一個以「人」為本的發展模式（Chávez, 2011: 2, 25-27）。基於此，PPS 首重推動替代性政治與經濟制度變革。政治上，主要欲建立「人民」作為政治主體的「參與式民主」；經濟上，強調重組經濟結構，推動「資本主義生產體系」轉型為「社會主義生產體系」（El Modelo Productivo Socialista），以超越成長中心的經濟邏輯，並創建一個以「滿足社會需求」為優先、消除階級差異的親社會主義生產模式（Chávez, 2011: 26-27）。

此一階段，查維茲亦積極推動《2007 憲法改革法案》（*Proyecto de Reforma Constitucional de 2007 en Venezuela*），試圖修正 1999 年憲法中 68 條不符合「二十一世紀社會主義」精神的條款。當時增修條文存在許多爭議，特別是對於私有產權與徵收條款、強化國家控制與國際儲備等部分，都引發私部門與中產階級反彈，並質疑具有「國家」擴權的疑慮。因此，第一次修憲提案並未通過。直到 2008 年 12 月查維茲重提憲法修正案，並於 2009 年 2 月通過。2010 年他更頒布一系列重要法案，包括：《聯邦政府理事會組織法》（*The Organic Law of the Federal Council of Government*）、《社區理事會組織法》（*The Organic Law of the Communal Councils*）與《公社組織法》（*The Organic Law of the Communes*）等。這些法案象徵著委內瑞拉憲政體制的重大變革，並逐步接軌「二十一世紀社會主義」的國家藍圖。查維茲宣稱，這非關個人權力、而是憲政制度權力。[17] 本書將於接下來幾個章節中逐一詳細分析。

17　"Presidente Hugo Chávez: Reforma no es poder personal, es poder constitucional." 14/11/2007. Retrieved from https://www.aporrea.org/actualidad/n104686.html (2018/8/29).

表 4-7　委內瑞拉大事紀

年份	重要政策 / 事件	說明
1992	查維茲政變失敗	成立「玻利瓦革命運動 200」（MBR-200）。同年，查維茲政變未果，入獄服刑。
1996	宣布參選總統	查維茲提出《玻利瓦替代方案》，並宣告角逐總統大選。
1997	第五共和運動	「玻利瓦革命運動 200」更名為「第五共和運動」（MVR）。
1998	查維茲當選總統	12 月 6 日查維茲當選委內瑞拉總統。
1999	召開制憲會議頒布新憲法	查維茲繼任總統，隨即召開制憲會議，並於 4 月 25 日公投通過《委內瑞拉玻利瓦共和國憲法》。
2001	授權法案	國會通過《授權法》，賦予總統特別權力去批准一系列法案，包含：《石油法》、《土地法》和《漁業法》等。
	籌組群眾組織	籌組捍衛《玻利瓦革命》的基層政治組織，包括：玻利瓦圈子、武裝民兵等。
	糧食主權與土地正義	2001 年底~2002 年間提出「糧食主權」概念，目的捍衛推動土地正義與糧食安全。
2002	全國大罷工	2002 年私部門不滿《授權法》，籌組癱瘓全國經濟的大罷工，欲強迫查維茲走回市場經濟路線。
	推翻查維茲政變	2002 年 4 月 17 日大罷工演變成推翻查維茲政變，又稱「石油顛覆」。
2003	價格控制與匯率控制	大罷工引發「短缺」，政府啟動對於基本糧食的價格控制。同時，採取匯率控制，並限制美元兌換。
	玻利瓦任務	在「社會經濟體制」下啟動一系列《玻利瓦任務》的社會福利政策。
		依據《土地法》啟動公有土地重分配；設置「城市土地委員會」，推動貧民窟產權登錄與贈予。
2004	撤銷總統公投與地方選舉	8 月 15 日撤銷總統公投：以 40.64% 反對總統、59.06% 支持總統，未能撤銷查維茲總統職位。 10 月地方選舉：查維茲黨獲勝 22/24 個州、90% 市鎮。
	新策略路徑圖	11 月查維茲提出《玻利瓦革命》的《新策略路徑圖》。
2005	徵收私人土地	《土地法》行政命令，啟動私有土地徵收與重分配。 授予無地農民土地，協助籌組合作社、提振農業生產與農村發展，轉向內生發展模式。
	二十一世紀社會主義	《玻利瓦革命》最終目的在建立一個「二十一世紀社會主義」。
	聯合管理公司	5 月推動 ALCASA 作為第一個聯合管理公司的示範單位。

表 4-7　委內瑞拉大事紀（續）

年份	重要政策／事件	說明
2005~2006	社區理事會與群眾權力	2005~2006：新式民主是一種「群眾權力」。設置「社區理事會」，並推動社區自治。 2006 年 4 月頒布《社區理事會法》。
	第三次總統大選	12 月 3 日總統大選，查維茲以 62.84% 支持、36.90% 反對，再次當選總統。
2007	啟動社會主義國家轉型	1 月 10 日就職典禮，查維茲宣告帶領國家邁向「二十一世紀社會主義」，並啟動社會主義國家轉型。
	委內瑞拉統一社會主義黨	「第五共和運動」更名為「委內瑞拉統一社會主義黨」（PSUV）。
	憲法修正案未通過	8 月查維茲憲法修正案，試圖修正部分條款以使其符合社會主義精神。當時，選舉委員會投票以 1~2% 微幅之差，並未通過。
	國有化政策	策略性部門的國有化，包括：鋼鐵、電信、電力、石油與糧食等部門，特別是 OOB 流域的重油開採計畫。
2008~2009	憲法修正案通過	2008 年 12 月憲法修正案，修正共達 68 條款。2009 年 2 月交付公投通過。
	延長的國有化	持續國有化鋼鐵、糧食等多個部門。
2010	群眾權力相關立法	2010 年國民議會頒布一系列法案，包括：《聯邦政府委員會組織法》、《社區理事會組織法》與《公社組織法》。目的在強化「公社」作為第四級政府行政單位的角色。
2011	公社	宣告在「社區理事會」基礎上，擴大成立「公社」。
2012	公社國家	啟動「公社國家」（Estado Comunal）。
2013	查維茲逝世	查維茲指定接班人馬杜洛繼任總統。
2014	石油價格崩跌	委內瑞拉爆發嚴重的通貨膨脹與物資短缺的經濟危機。

資料來源：本研究綜合彙整自 Ellner, 2013; Bruce, 2008: XV-Xxi; López Maya & Panzarelli, 2013。

第五章
社會經濟、社會權與
重分配

　　查維茲打著反新自由主義的旗幟，倡導推動一個更公平正義的《玻利瓦替代方案》。查維茲主張，《玻利瓦替代方案》是立基於最佳的社會政策原則，並主張「最好的社會政策是一個好的經濟政策」（"the best social policy is a good economic policy"）（Parket, 2007: 67-68）。這揭示了《玻利瓦替代方案》中，「重分配」是核心議程。

　　誠然，粉紅色浪潮的左派政府都將「重分配」視為核心議程。政策上則經常訴諸國家控制自然資源或累進稅制方式，將經濟剩餘移轉並挹注到一系列社會福利與救助政策，例如：投資基礎教育、全民健保、補貼糧食與失業救濟等，這又經常與「人類發展指標」和廣義的「社會投資」（social investment）概念相連。基於推動「重分配」需要一個適當的體制與政策框架，在 1999 年新憲法中已明文玻利瓦共和國的「公民」得享有一系列「社會權」，且政府更應推動「社會經濟體系」作為均衡「經濟」與「社會」目標的策略。因此，2001 年查維茲啟動 49 項反新自由主義的《授權法》，並在「社會經濟」的框架下，啟動一系列涵蓋社會福利、惠貧政策與生產性社會政策的《玻利瓦任務》。

　　本章目的在探究查維茲《玻利瓦替代方案》對於「重分配」相關的理念、政策與成效。本章將依序探討：第一節，玻利瓦共和國憲法與社會權；第二節，玻利瓦任務與社會福利政策；第三節，社會福利政策與重分配成效。

第一節　玻利瓦共和國憲法與社會權

1996 年查維茲倡導《玻利瓦替代方案》作為替代發展模式。當時，查維茲對於替代發展模式的走向，並不存在一個清楚明確的方向與議程，只是概略地指出了社會政策與經濟政策之間實為一體兩面。且國家應積極發展一個「人道與自我管理的經濟」，並鼓勵家庭經濟、合作社與微型企業等團結經濟的發展（Parker, 2007: 67-68）。

查維茲長達十四年的執政期間，他倡導的替代發展方案，亦出現兩次重大轉變。1999~2001 年之間，查維茲仍在相當程度上尊重私有產權與市場經濟。即便 1999 年憲法已明文「公民」具有一系列「社會權」，並授權國家干預市場與經濟的權力，以創建一個「社會經濟體制」作為新經濟模式。但此一階段，查維茲並無明確干預經濟或社會的作為。由此可知，查維茲繼任前幾年並未走向大規模的「重分配」。當時，委內瑞拉的經濟體制，仍屬於一種資本主義市場經濟與消費社會。

直到 2001~2002 年查維茲提出 49 項反新自由主義的《授權法》，正式宣告與新自由主義邏輯產生斷裂。2003 年查維茲更在「社會經濟」概念框架下，經由行政命令啟動一系列《玻利瓦任務》的社會福利政策，簡稱《任務》（*Las Misiones*）。此一階段，查維茲替代發展的核心議程，主要集中在倡導「重分配」，並賦予「社會福利政策」在替代發展方案中一個核心地位。這標示著查維茲的反新自由主義路線，並走向擴張性的社會福利政策。自此以後，委內瑞拉社會政策的原則，產生「質」的改變。

此一階段《任務》在消除貧窮與鞏固「社會權」的價值優先前提下，社會政策之立法精神倡導的是積極落實「社會正義」與「有品質生活」。誠然，查維茲的社會政策，具有高度「平等主義」與「惠貧」精神。多項社會政策中，最傲人的成就來自於普及性教育、免費社區醫療體系，以及中下階級的住屋政策。

一、「社會權」作為一種基本人權

查維茲推動的一系列社會福利與惠貧政策，其法律基礎可追溯到 1999 年《玻利瓦共和國憲法》第四章第 75~97 條款明文，玻利瓦公民得享有一系列

「社會權」。自 2003 年開始，查維茲啟動一系列社會福利政策作為回應「社會權」作為「基本人權」的精神，同時作為達成「重分配」的一種工具 - 手段。

究竟，「社會權」作為一種「基本人權」，其內涵包括那些權利面向？誠然，近代民主國家對於「基本人權」的規範，受到法國《人權宣言》影響甚鉅。根據《人權宣言》第一條款指出「人生而自由與平等」並奠定了近代自由民主國家之下，個人擁有的「自然權利說」（natural rights）；且《人權宣言》第 2 條款亦揭示了個人的自由、財產安全具有神聖不可侵犯性。因此近代國家與公民身份的立法精神，將生存權、政治權、私有產權等都列入基本人權。然而，「自然權利說」卻未包括人類滿足基本生活所需的「經濟納入」與「社會納入」等權利面向的保障。相較於此，《玻利瓦共和國憲法》對於「社會權」的保障，成為當時拉美區域內左派國家的先例。

檢視《玻利瓦共和國憲法》第四部份對於「社會權」的描述，憲法明文玻利瓦共和國的「公民」享有一系列的「社會權」，這包括以下幾個面向：糧食權（right to food）、居住權、社會保險與退休金、健康保健權、工作權，以及教育權等。以下說明：

首先，針對「糧食權」部分，《玻利瓦共和國憲法》明確指出，將「糧食權」納入基本人權。相較於 1980 年以前委內瑞拉政府雖存在糧食補貼之實，但 1961 年《定點協議》時期起草的舊憲法，並不將它視為是基本人權。憲法第 305 條款指出：「國家為保障人民的糧食安全，應將永續農業視為整體農村發展的戰略基礎。這應理解為國家應保障穩定且充足的糧食供給（disponibilidad suficiente），協助糧食的近取（acceso oportuno）。……『糧食安全』將經由發展農漁、畜牧和水產養殖業，並給予國內農業生產特權來實現。基於糧食生產符合國家利益，且對國家的經濟和社會發展有益，為達目的，國家應發佈金融、商業、技術轉讓、土地使用、基礎設施與勞動培訓等措施，以達到自給自足的糧食戰略目的（CRBV, 1999: 65）。」在此一社會脈絡之下，2001 年查維茲提出「糧食主權」（Soberanía alimentaria）與「糧食權」的概念。這標示著糧食作為一種基本人權，而非商品概念的落實，並需經由國家確保滿足人民生活所需的基本糧食之均衡與充足來實踐。在此一脈絡下，查維茲重拾「普示性」（universalidad）原則作為「糧食權」的立法精神。自此以後，糧食政策亦轉

向「公共性」的邏輯。本書將於第六章詳細探討「糧食權」與「土地正義」和「重分配」之間關連性。

其次，在「居住權」的保護上，新憲法的第 82 條款指出，「公民」享有「居住權」作為一種基本人權：「人人有權享有適當、安全、舒適與衛生的住房，並獲得基本服務，其中包括人性化的棲息地、和諧家庭、鄰里和社區關係。這項權利之滿足，應由公民與國家共同承擔義務。國家應優先考慮家庭，並保證為他們提供經濟手段，特別是對缺乏資源者，經由社會政策或給予信貸來協助建造、購置或擴建房屋（CRBV 1999: 16）。」由此可知，新憲法主張一種普世性的「居住正義」，並認為「國家」應優先考慮「家庭」、而非房地產市場，並肩負起與「公民」的共同責任，由國家提供必要的信貸與經濟協助，以滿足公民落實「居住權」。**相較於德國萊茵模式採取的「社會市場經濟」（Social Market Economy）制度，亦將「居住權」視為是一種具社會公益性質的「非商品」，並主張應由「國家」介入管制市場，包括：興建社會住宅與住屋補貼等，以確保在「市場競爭秩序」與「經濟體系之公平正義」兩者之間獲取平衡（Albert, 1993）。查維茲版本則進一步承諾國家對於打造「居住正義」上應承擔的責任義務與提供協助的角色。**

針對「社會保險」的部分，根據新憲法第 80 條款：「國家應保障老年人充分行使其權利。國家有義務尊重他們的人格尊嚴、自主權，並確保其生活質量的社會保險福利。社會保險體系授予的退休金不得低於城市的最低工資。」除此之外，在第 86 條款明文所有「公民」都應被納入社會保險體制：「人人有權享受社會保險，作為一項非營利性公共服務，可保障遭遇生產、疾病、殘疾、職業危害、失業、老年、喪偶等帶來的負擔。國家有義務確保這項權利的效力，不應因為缺乏擔負能力而將人們排除在保護範圍之外。社會保險的財政資源不得用於其它目的。只能在國家管轄下出於社會目的進行管理……（CRBV, 1999: 17）。」

事實上，2002 年 12 月玻利瓦政府通過了《社會保險體系組織法》（*Ley Orgánica del Sistema de Seguridad Social*，以下簡稱 LOSSS）。新的社會保險體系適用對象，擴大納入原先在新自由主義市場經濟下排除的自由業與非正式部門，創造了全國性與普世性的覆蓋率。相較於 1998 年以前的舊社會保險制度，當時覆蓋率僅占總人口的 4.4%（焦震衡，2013: 239）。1999 年查維茲繼任

首年的統計指出，全國享有國家退休給付之「公民」只有 38 萬 7,000 人。此一數字自 2012 年成長為 250 萬人（Muntaner, et al., 2013: 541）。除此之外，在社會保險的範疇上，LOSSS 更涵蓋老年安養、健康保險、失業救濟與職業訓練、住房與緊急社會救助等面向（焦震衡，2013: 239）。

依據 LOSSS 法源 4 條，自 2003 年開始「國家」應擔負起「退休金」給付的責任，並將每月退休年金給付的標準，調高到等同於城市的最低薪資水準。這在當時委內瑞拉社會脈絡下，形同是將每月退休金調高了四倍之多，成為當時傲視南美的社會保險法案。根據 LOSSS 第 67~71 條款指出，社會保險、退休金與撫卹金等，應由資方、勞方和國家三方共同負擔。因此，就退休金的財務結構而言，財源主要來自企業、國家與個人提撥三個部分。當時國家提撥部分主要來自「委內瑞拉石油公司」出口收益中的一部分。除此之外，第 81~99 條款更指出，福利和就業制度，將由「勞工部」附屬的自治機構管理（Mateo y Sánchez, 2013: 36）。

誠然，就經濟可行性而言，LOSSS 將退休金給付基準與最低薪資掛勾，看似實有過高之嫌。然而，從數據來佐證，卻呈現另一種視野。根據社會保險與工作部（Miniterio del Trabajo y Seguridad Social）統計，2001 年委內瑞拉勞工最低薪資只有 15 萬 8,400 玻利瓦幣。此一薪資換算成當時的食品購買力，占一籃子食品價格的 97%（Uharte Pozas, 2009: 334）。這不僅顯示出原先勞工實質薪資有過低的疑慮，亦凸顯了勞動市場惡化或物價偏高的問題。

無論如何，當時查維茲一口氣將每月退休金給付標準拉高，這種慷慨之舉遭到反對黨批評已構成對於社會中下階層的買票。然而，除了慷慨給付引發的爭議之外，另一個爭議來自於行政流程的瑕疵。當時，查維茲在不顧反對之下，強行讓 LOSSS 法案在 2002 年 12 月 30 日經「國民議會」的「簡單多數決」通過。問題是，當時法案通過門檻多是採取「絕對多數決」。由此可知，LOSSS 的催生與其通過過程都飽受爭議（Clemente, Bellorín, Martínez, Palomo, Raydan, y Tinedo, 2004）。

委內瑞拉學者 Clemente、Bellorín、Martínez、Palomo、Rayda 與 Tinedo（2004）根據 2002 年委內瑞拉的人口成長率、薪資給付、經濟成長與其它金融指數作為基準進行 LOSSS 財政負擔推估，結果顯示社會保險制度的總支出

占 2002 年 GDP 的 1.38%；除此之外，當時退休金的繳款者與領取者之間的比值是 7.3：1；但到 2050 年，繳款者與領取者之間比值將擴大至 2.4：1。在兩位繳款者就必須負擔一位退休金領取者之下，凸顯出這套制度缺乏對於財政永續的整體思考。尤其是在經濟無法永續成長之下，社會保險體系將面臨財政窘境。由此可知，儘管查維茲推動的 LOSSS 極具社會民主與人道主義精神，但就政策可行性而言，實有過於理想之嫌，加上決策過程未能兼顧程序正義，而導致缺乏實質理性的批判。

除此之外，對於「健康保健權」（以下簡稱健保權）的保障上，在憲法第 83 條款明文：「健康是一項基本社會權，國家有義務保證個人健康作為生命權的一部分，……全民應享有健康保健權。」；其次，憲法第 84 條亦指出：「為了保障健保權，國家應建立並管理國家公共衛生系統。此一體系應具備權力下放與參與性等特色，並依據普遍性、完整性、平等性、社會團結與融合等原則，整合社會保險體系。國家公共衛生體系將優先促進健康、預防疾病，保證及時治療與康復。所有與公共衛生有關服務與商品都應歸國家所有（CRBV, 1999: 16）。」；除此之外，第 85 條更明文：「國家公衛體系的籌資，為國家的義務。國家應整合財政資源、確保衛生政策的預算，……並協調大學和研究中心促進與培訓專業技術人員……（CRBV, 1999: 17）。」

上述陳述指出，新憲法不僅將「健保」史無前例地列入基本人權，更強調提供一個普遍性、非排他性的全民健保體制，成為當時拉美區域內繼古巴之後第二位在實質上促成全民健保的國家。此一公共衛生體制強調「國家」作為服務提供者，排除了新自由主義主張依據消費者經濟能力和差異化需求，在自由市場中尋求符合自身能力與需求的醫療產品，亦即是一種「醫療商品化」的觀念。除此之外，委內瑞拉全民健保的核心目的，首重在「預防醫療」（preventative healthcare）的目的，並強調公共衛生體系應建立在「分權」與「群眾參與」基礎上。這顯示委內瑞拉的健保體系與醫療觀點，取法自區域內古巴經驗。

除此之外，在「工作權」的保障上，第 87 條款規範並保障基本工作權：「人人有工作權和工作義務。國家將採取必要措施，保障每個人都獲得生產性職業，提供『體面生活（vida digna）』，並保證充分行使這項權利。國家的目

的是促進就業。……國家將採取措施，並創造允許控制和促進這些條件的機構（CRBV, 1999: 18-19）。」其次，第 70 條中明文，勞工在經濟領域上有權去組織社區企業、設置以互助與互惠為原則之多元生產組織，包括：合作社、聯合管理公司和自我管理公司等。且國家應確保「公民」在「平等」的基礎上，採取不同工具和途徑參與到公共利益的場域，並行使對於組織的控制（CRBV, 1999: 14）。

除此之外，新憲法對於工作條件的規範可從第 90 條款得知：「每日工時不得超過 8 小時，每週不超過 44 小時。……雇主不可強迫勞工加班。它會趨向於在社會利益和工作時間的逐步遞減，以確定勞工有足夠時間安排有益身體、精神和文化發展的活動（CRBV, 1999: 18）」。另外，第 91 條款更明確規範工資給付標準：「每位勞工都有權獲得足夠薪水，使他能過有『體面生活』並享有足以支付與滿足個人與家人開支的基本物質、社交和智力需求。……強調同工同酬，並建立勞方參與公司運作的機制。……國家將保障公、私部門勞工最低薪資須每年調整，並以『一籃子基本物資』（costo de la canasta básica）作為參考指標（CRBV, 1999: 18-19）。[1]」此外，第 174 條款更禁止企業採取「委包制度」（subcontratación），以確保勞工就業權益不受侵蝕（Mateo y Sánchez, 2013: 43-44）。

上述條款顯示，歷史上委內瑞拉首次將「工作權」納入基本人權，以回應市場經濟體制之下委內瑞拉因為就業創造不足，導致低度正式就業與高度非正式就業的現象。然而此一現象並非委內瑞拉特有，而是普遍存在於拉美國家（黃富娟，2020b: 79-87）。特別是新憲法更同時保障勞工參與到生產組織之控制當中。誠然，相較於委內瑞拉 1997 年《舊勞動法》（*La Ley Orgánica del Trabajo,* LOT）第 610 與 613 條款，企業管理階層的代表中並不包括「勞工」代表。查維茲 2012 年始頒布的《新勞動法》（*Ley Orgánica del Trabajo, los Trabajadores y las Trabajadoras*，以下簡稱 LOTTT），不僅提高了基本工資、推動工會設置，同時規範了對於集體薪資協商制度，以及勞工參與聯合管理等實質權力（Mateo y Sánchez, 2013: 42-43）。

---

[1] 對於勞動工時的規範，新法第 173 條款取代舊法每週工作 44 小時，並改為每週至多 40 小時，每日至多 8 小時。此外，新法第 141 與 142 條款，對於社會福利之追溯是採累計的最後月薪為依據，因此有利於勞工（Mateo y Sánchez, 2013: 43-44）。

誠然，新憲法對於「工作權」的保障，反映出 1990 年代已降委內瑞拉持續惡化的勞動市場與勞動條件。根據國家統計局（Instituto Nacional de Estadística, INE）統計指出，委國失業率自 1990 年的 9.9%、飆升至 2002 年的 16%。除此之外，2001~2004 年間非正式部門就業人口更高達總勞動人口的 50%（Uharte Pozas, 2009: 148）。在不穩定就業、低薪資待遇和低品質勞動條件下，他們領著勉強湖口的低薪資，卻難以尋獲一個有保障的正式工作。在當時社會情境下，查維茲推動「工作權」，實有助縮小因為勞動市場解除管制導致的勞動條件惡化，及其衍生的社會不均與經濟排除。

由此可知，新憲法規範了國家對於「工作權」的保障，並將「充分就業」與「體面生活」所需的勞動條件與生活品質，視為須優先達到的「經濟」與「社會」目標。那麼，在「充分就業」目標之下，究竟工作應該如何被創造出來？本書將於下一章探討。

相較於新自由主義模式強調市場經濟具有靈活調配生產要素的能力，其中「勞動力」亦被視為是一種要素稟賦，且可在勞動市場中出售；其次，「貨幣主義」更主張，政府職責在確保經濟的「成長」與「低通膨」作為穩定總體經濟的首要目標，而非「充分就業」。政府職責應在維持一個自由競爭市場。除此之外，市場基本教義派更倡導鬆綁勞動法規並落實「彈性勞動市場」。勞動市場的鬆綁有助於降低企業雇用成本、提振生產效率，從而強化企業競爭力並提高企業聘僱勞工的意願。且勞工亦將因為就業創造的增加，以及縮短失業與再就業之間的時間，而蒙受其利（黃富娟，2020b: 84-85）。

然而，新自由主義對於「市場」的想像，被拉美左派批評是過於理想與樂觀，忽略了經驗現實上的「市場」，並不存在抽象世界中的完美自律市場與供需模型，且拉美國家在市場經濟之下亦因經濟結構的特殊性，造就了 1990 年代轉向新自由主義之後陷入「無工作創造成長」（Jobless Growth）的困境（黃富娟，2020b: 72-79）。更確切地說，委內瑞拉如同多數南美國家一般（除了工業化大國巴西與墨西哥之外），經濟結構主要依賴原物料的出口作為創匯來源。且市場亦存在高度的集中與寡占結構，並形成對外部市場的依賴。且除了現代化的出口部門之外，更存在一個相對較低技術發展的產業結構。此一經濟結構對於就業創造的困境在於，拉美農礦出口導向的大型企業集團為因應市場的不確定性與總體經濟的高度波動性（volatility），通常傾向維持部分的彈性

任用，以縮小潛在組織規模來因應市場的波動性（Schneider, 2009: 568-569）。這導致 1990 年代轉向新自由主義之後，拉美國家普遍存在正式就業創造不足的困境。「非正式經濟」的氾濫衝擊了勞工且亦不利國家的社會目標與經濟目標的實現。且大規模「非正式經濟」的存在，允許勞動市場的高度流通性與替代性，更形成大量的產業後備軍，從而強化了「就業焦慮」。不穩定工作與微薄薪資，亦將衝擊個人與家戶所得，影響個人與子女在教育、醫療與衛生等基本需求的資源近取，進一步擴大社會不均，並深化多重社會落差（黃富娟，2020b: 79-96）。因此，「工作權」的保障，凸顯出查維茲強調「分配」與「平等」的價值優先於「成長」與「效率」原則。對於「工作權」的規範中，亦論及將勞工納入企業管理的機制。此一部分隱含「經濟民主」的思考，本書將於第八章說明。

此外，對於「工作權」的規範，亦要求勞工薪資應滿足「個人基本需求」為原則，據此更將基本薪資與「一籃子食品價格」掛鉤，以將薪資給付條件提升到滿足「起碼生活水準」（adequate standards of living）。事實上，發展研究對於何謂「基本需求說」的定義與標準爭議已久。ILO 主張，所謂「發展」應是去「滿足基本需求」[2]，目的在對於陷入絕境者提供不間斷的援助，以消除貧窮。然而，「起碼生活水準」的認定標準，亦會隨著社會發展與變遷，從最初單純為了滿足基本溫飽，擴大解釋為滿足人們對於基本物質需求，以及實踐社會生活之必要參與的全面向定義（Hollender, 2015: 93）。

根據 WB，所謂「起碼生活水準」是指每個人享有生存所須的最低物資條件，包括：充足與營養的糧食、居住權。此外《世界人權宣言》（*Universal Declaration of Human Right,* UDHR）第 25 條第 1 款[3] 亦指出：「人人有權享有足以維持個人與家人健康與福祉的『起碼生活水準』。這包括：糧食與衣服溫飽、居住、醫療與必要的社交服務（UDHR, 1948）。」這是指個人薪資必須滿足支付基本生活所需物質與社交生活，且不致於因為物資短缺引發羞恥或社交障礙。這亦是「體面生活」的真諦。

---

[2]　1970 年代聯合國糧農組織（FAO）評估，1979 年全球將有 8 億鄉村貧窮人口需仰賴進口糧食。此一統計促成國際社群紛紛放棄高科技、由上而下的發展，走向倡導「基本需求觀」。

[3]　Universal Declaration of Human Right, 1948. United Nations. Retrieved from https://www.un.org/en/universal-declaration-human-rights/ (2020/6/28)

　　由此可知，委內瑞拉憲法對於「工作權」採取的定義，同時關注在獲取滿足基本需求與溫飽，並擴大到包含滿足食、衣、住、行與娛樂所需的基本物質和社交需求等面向。但僅對於薪資給付的基準以及最高工時限制做出必要規範。

　　查維茲對於上述這些「社會權」的保障，亦常出現在《玻利瓦革命》的修辭與話語當中。舉例來說，查維茲的政治論述經常強調必須創造一個「體面生活」作為滿足人類基本需求（溫飽與社會心理需求）的社會性概念。除此之外，憲法對於「工作權」描述中，第 90 條款明文指出應走向長期工時遞減的趨勢，以避免「勞工」在資本主義生產體系下因為過度勞動，衍生類本質的「異化」。由此可知，長期工時遞減的觀點，實際上帶有馬克思主義對於創建美好社會主義生活的想像，並隱含去解放資本主義體制下的勞動異化，以讓人類有更多時間追求精神文明與自我實現，以成就追求人的自由與解放，亦即「全人」（the whole man）的整體性。

　　另一個值得關注的是，「教育權」作為一種基本人權，亦受到高度重視。根據 1998 年巴黎舉辦的《高等教育世界宣言》（*La Declaración Mundial sobre la Educación Superior*），強調高等教育作為普世人權的觀點（Gumilla, 2006: 179）。基於此，《玻利瓦憲法》第 102 條指出：「教育是一項人權，是基本的社會義務，是民主、免費和義務的。教育是一項公共服務，它基於對所有思想的尊重，目的是在民主的社會中，發展並創造每個人的潛能並充分行使它（CRBV, 1999: 20）；此外，第 103 條：「人人有權在平等的條件和機會下接受全面、優質、永久的教育，這取決於他們的才智、職業和志向。……各級教育都是義務教育。為此，國家將根據聯合國組織的建議進行優先投資（CRBV, 1999: 21）。」

　　這顯示出，玻利瓦政府對於提供國民教育存在不可推卸的責任，並將普及教育拉高至大學文憑。**由此可知，玻利瓦政府對於何謂「教育」，採取一種普世性原則與平等主義的教育觀，並試圖扭轉長久以來拉美將高等教育視為是「菁英教育」，轉為強調一種非排他性的「普羅教育」（Uharte Pozas, 2009）。這亦回應了替代發展強調的「平等主義」。誠如憲法第 88 條款指出，「社會權」採取一種「平等主義」原則，不應受到性別、階級與種族等因素所影響與排除。**

　　由此可知，新憲法規範之「社會權」所對應的社會政策精神與原則，存在幾個重點：首先，社會政策原則強調應恢復 1980 年代以前「社會民主」時期

的「普世性」，而不是「補殘性」原則。對應的社會政策變革，包括：恢復社會服務之「公共性」的邏輯。這主要是去校正新自由主義化過程中導致的公共服務的「商品化」與「私人化」。同時，找回「國家」在提供社會公共服務中的角色（Uharte Pozas, 2009: 374-375）。新的社會政策強調應將公共服務的「普世性」原則，置於價值序列的優先，以抑制公共服務與商品的私有化。此一新的社會政策邏輯，是由「國家」擔負起公共福利的提供者角色與責任，並由公共財政預算來支應社福政策。為此，查維茲自 2002~2003 年開始，轉向管制 PDVSA 的石油收益，作為「重分配」的財源（Mateo y Sánchez, 2013: 37-38）。這亦釀成後續的石油大罷工，並促成查維茲在 2005 年將 PDVSA 收歸國有。

由此可知，《玻利瓦共和國憲法》對於基本「社會權」的陳述與保障，強調在普及性、平等與非排他性的原則上，提供整合性的服務，並將住宅權、工作權、教育權、健康保健與社會保險等面向納入基本人權，成為當時傲視南美的先進方案。此一憲法，強調「找回國家」在創造公共財、提供公共服務上應肩負起不可推卸的責任，因此具有「重分配」的強烈意涵。

然而，這看似完善的「社會權」的理念與原則，必須一套相配合的制度與政策作為載體。因此，新社會政策在強調在「社會優先」之下，從「社會納入」目標出發，以三個政策綱領作為軸線，全力推動社會結構的轉型（Rodriguez, 2006: 281-283; Mateo y Sánchez, 2013: 37）：

（一）公民建構（La construcción de ciudadanía）：強化低收入族群的社會能力，確保享有《玻利瓦任務》提供的教育與健保等方案的權力。

（二）生產納入（La inclusión productiva）：經由推動「內生發展模式」與「社會經濟」來達成。

（三）參與和社會控制（La participación y control social）：確認公民的參與性，這在憲法中已有規範。

為了有效落實並推動「社會權」，2005 年 6 月玻利瓦政府成立「社會保護與參與群眾權力部」（Ministerio del Poder Popular para la Participación y Protección Social）作為規劃整合型社會救助與社會政策、落實監管與執行的權責機構。該部門與新成立的「群眾經濟部」（Ministerio para la Economía Popular）共同合作並承擔部分原屬於「社會發展與衛生部」（以下簡稱

MSDS）的計劃（Gónzales y Lacrus, 2007: 51-52）。此外，此一階段查維茲更設置了「國家發展基金」（Fondo de Desarrollo Nacional），並規劃自 PDVSA 年度預算中，提撥 10% 投資於社會方案。在上述基金支持下，查維茲於 2003 年開始啟動高達 40 多個《玻利瓦任務》（焦震衡，2013: 240）。

總結上述，自 2003 年查維茲對於「發展」的思考，開始出現反新自由主義的傾向，並帶動國家政策的轉向。這可從查維茲大規模挹注社會福利政策中得到證實。此一階段，查維茲對於「發展」的想像，開始出現平衡「經濟」與「社會」、「成長」與「發展」之間矛盾與衝突的作為。誠然，查維茲對於社會政策的思考，具有「平等主義」與「惠貧政策」的精神，並倡導落實「社會正義」與「品質生活」，以修正新自由主義模式下委內瑞拉形成的食利經濟，以及獨尊市場邏輯之下導致社會需求無法滿足、且政府又無所作為的多重危機。因此，查維茲積極推動「社會權」，經由控制石油收益並引導資源挹注社會福利政策來落實「重分配」，並肩負起國家作為社會服務提供者的角色。此一階段替代發展理念因側重在找回「國家」在「重分配」中的角色，因此具有「社會民主」色彩。**以下，本章將針對新社會政策三個綱領中，指向強化社會能力的「公民建構」進行分析，並說明查維茲推動的一系列《玻利瓦任務》的政策方案、內容與執行成效。而將與另外兩項政策綱領相關的計畫方案，留到第六章與「所有產權」部分一併討論。**

第二節　玻利瓦任務與重分配政策

查維茲推動的社會政策，最具識別度的當屬在《玻利瓦任務》（以下簡稱《任務》）框架下啟動的一系列社會福利方案。《任務》主要集中在三個社會政策的範疇，包括：健保、教育和糧食。目的在保障居民的基本生活需求、降低社會排除與不平等。

2003 年查維茲首次拋出《任務》時，由於缺乏一個正式法源作為執行的依據，產生不符憲法的疑慮。當時，社會輿論的辯論，主要爭議圍繞在：為何國家需要將大量財政挹注於社會福利政策？[4] 查維茲為了回應反對黨杯葛的

---

[4] 查維茲在 2007 年 12 月推動憲法改革，試圖將其納入第 141 和 321 條，並於 2007 年 12 月進行公投表決，當時被否決。直到 2009 年二次修憲成功，始為這些社會政策爭取了合法性基礎。

政治困境，在訴諸「社會整合」的優先性之下，以《授權法》方式經由「行政命令」賦予社會政策一個特殊位階，並將其納入新政府掌管的事物範疇內（Mateo y Sánchez 2013: 37-28）。因此，表 5-1 的一系列《任務》社會方案，實際上是經由行政命令創造出來。

表 5-1　玻利瓦任務相關方案

	計畫名稱	年度	領域	目的	說明	參與人數
任務	羅賓森任務	2003.6	教育	消除文盲	針對未受教育者。協助提振識字能力。	150 萬學生
	蘇克雷任務	2003.9	教育	高等教育普及化	協助未取得學士文憑者，進入大學就讀。	25 萬學生
	里瓦斯任務	2003.10	教育	協助青年中輟生與成年取得學士教育	側重於技職大學教育的培訓計畫。	-
	健康委員會社區門診（MBA）	2003.12	健康保健	建立社區為單位的初級保健體系。	提供社區第一線預防醫療。	6,500 個委員會
	糧食市場計畫（MERCAL）*	2003.12	糧食補貼	補貼糧食消除貧窮	提供廉價、充裕、及時糧食。	2007 年使用者已達 870 萬人
	居住任務	2004.7	居住正義	提供低收入戶可負擔的住宅	提供住房津貼，落實居住正義。	200 萬套住宅
城市土地委員會 *		2003	社會經濟	消除貧窮土地正義	貧民窟土地產權登錄。	200-250 萬人
改頭換面 *		2004.3	社會經濟	鄉村發展與就業創造	創造在地發展與就業創造。	-

資料來源：本研究彙整自 Hawkins , 2010: 36-40; García-Guadilla, 2007; López Maya, 2008; Edgardo, 2008: 86-87; Gónzales y Lacruz, 2007: 57-67。
* 針對糧食補貼與社會經濟的方案，將一併於第六章討論。

　　本書主張，《任務》作為社會福利政策，本應是依據「普世性」原則而建立，但若細究一系列《任務》則顯示，部分方案實際上是聚焦在社會底層，而非全體國民一體適用。由此可知，查維茲啟動的一系列《任務》作為「重分

配」政策，實際上同時混合兩種社會政策原則與精神。以下本節將逐一說明：

一、健康保健領域 -《社區門診任務》
(*Misión Barrio Adentro*, MBA)

玻利瓦政府將「健保」視為一項基本人權。根據 1999 年新憲法，委內瑞拉必須建立國家級公共衛生系統。查維茲取法古巴經驗，致力於推動《社區門診》(*Misión Barrio Adentro*，以下簡稱 MBA) 作為打造全民健康保健體系的旗艦計畫。

查維茲對於打造全國健康保健體系的思考，取法自古巴經驗，並在古巴卡斯楚 (Fidel Castro) 援助之下催生而成。

委內瑞拉對於 MBA 的構想，最早可追溯自 2000 年 10 月卡斯楚與查維茲正式簽署的一份《古巴 - 委內瑞拉整合性合作協議》(*El Convenio de Cooperación Integral Cuba-Venezuela*)。該協議明文合作領域，涵蓋包括：社會、經濟、能源，以及醫療援助等項目。依據協定，最初由委內瑞拉加拉加斯解放市 (Municipio Libertador de Caracas) 參照古巴經驗提出一個與社區健康保健有關的初步倡議，又稱《卡拉卡斯深入貧民窟整合計畫》(*Plan Integral Barrio Adentro para Caracas*)，目的在建立一個以「社區」為基礎的醫療網絡，並推動保健知識、落實「預防醫療」(Gónzales y Lacrus, 2007: 58-59)。後續則由「社會發展與衛生部」(以下簡稱 MSDS) 進一步在整合資源，並在促進「社會健康」與「社會整合」等戰略目標之下，提出新的初級保健方案。

在此之前，委內瑞拉的健保體系受到新自由主義的影響，將健保視為一種商品，個人在自由市場中基於自願性投保原則，依據個人薪資水準進行篩選並取得符合其給付能力與投保意願的服務方案，亦即是「使用者付費」原則。這亦被市場基本教義派與新自由主義捍衛者視為是一個較為「公平」的原則。然而，在 2001 年委內瑞拉社會依舊有超過五成的勞動人口，缺乏一份穩定且正式工作，亦無私人保險或支付服務的資源 (Uharte Pozas, 2009: 148)。這造成多數人長期被排除在涵蓋國家健保體系的「委內瑞拉社會保險機構」(Instituto Venezolano de Seguros Sociales，以下簡稱 IVSS) 之外。因此，查維茲主張，

委內瑞拉的健保體系應去修正新自由主義那種醫療「商品化」與「使用者付費」的市場邏輯，重新將被排除的社會群體納入國有健保體系。

　　誠然，在 2001 年查維茲提出 MBA 構想之前，委內瑞拉公民並非所有人皆有機會被納入 IVSS。根據 2000 年 WB《世界發展報告》(*World Development Report*) 統計，1990~1998 年期間委內瑞拉政府對於健保的投資，平均占 GDP 的 7.5%（DiJohn, 2009: 26）[5]。除此之外，從覆蓋率來看，表 5-2 指出，1999 年查維茲繼任總統時，委內瑞拉全國僅 9.3% 人口被納入 IVSS，覆蓋率占總勞動人口的 21.5%。弔詭的是，1999 年數據亦顯示，委內瑞拉勞動人口中，有五成是任職於正式部門（PROVEA, 2004）。由此可知，委內瑞拉有五成勞動人口就職於正式部門，但卻只有 21.5% 納入 IVSS。這凸顯出醫療體系覆蓋率過低且資源短缺的嚴峻挑戰。

表 5-2　1992~2001 委內瑞拉社會保險體系（IVSS）覆蓋率（%）

年度	IVSS 覆蓋率占總勞動人口比	IVSS 覆蓋率占總人口比
1992	32.2	12.0
1993	35.8	13.1
1994	33.2	12.4
1995	27.3	10.8
1996	26.3	10.6
1997	25.1	10.5
1998	23.9	10.2
1999	21.5	9.3
2000	21.8	9.3
2001	20.6	9.3

資料來源：PROVEA, 2004. *Informe Annual*, pp. 76-77. 原資料取自 Ministerio de Planificación y Desarrollo, Sistema Integrado de IndicadoresSociales para Venezuela (SISOV)。

---

[5]　原文數據取自 World Bank. 2000. "World Development Report, 2000."

基於健康是全民關心事務，查維茲將之視為是一種基本人權，符合創立公共服務的邏輯，因此衛生管理機構必須是國營的，並要求「國家」承擔起作為全民健康保險的指導性機構（UhartePozas, 2009: 233-234）。因此，不難理解，何以查維茲大刀闊斧地推動國有醫療健保體系，更於 2007 年修憲提案中將「健保」納入基本人權。

查維茲主張推動一個全民健保制度。委內瑞拉對於 MBA 計畫的思考，是在整合「普世性」與「焦點性」兩大原則之下形成的方案。查維茲取法古巴經驗，試圖打造一個全國社區分權的 MBA 網絡，並將醫療資源的整合交由 MSDS 統籌管理（UhartePozas, 2009: 233-234）。**由此可知，查維茲推動的免費醫療與全民健保的 MBA 政策，實際上比較接近「社會福利」的概念，更甚於「社會保險」。**

2003 年 7 月查維茲總統正式通過《卡拉卡斯深入貧民窟整合計畫》並推動健保知識、落實「預防醫療」。當時，配合計畫通過，設置了「社區門診委員會」（Comisión Presidencial para el Plan Barrio Adentro），並啟動 MBA。在取法古巴經驗與技術之後，查維茲廣設「社區門診」，並提供每日八小時的免費醫療保健服務。運作上，「社區門診」主要經由草根組織性的社區團體，來協助維繫門診的運作。與此同時，查維茲亦逐步推動孩童免費打「疫苗」，並限制國有公立醫院向公民收取醫療費（Gónzales y Lacrus, 2007: 59）。

當時，古巴對於委內瑞拉醫療健保體系的援助，主要是建立在雙方簽屬的《古巴 - 委內瑞拉整合性合作協議》。由查維茲主導的《加勒比海石油計畫》（*Petro Caribe*）提供古巴廉價石油，以換取古巴輸出醫療專業人才與預防醫療體系。在此一合作框架下，2003 年古巴率先派遣 74 名醫療顧問和 5 萬名醫療志工進駐卡拉卡斯的「社區門診」，以換取委內瑞拉每日 9 萬桶石油（Mateo y Sánchez, 2013: 40）。因此，催生委內瑞拉版本的 MBA。

委內瑞拉版本的 MBA，主要打造三個層級的健保體制：「初級保健中心」（Los Núcleos de Atención Primaria en Salud）、「整合型初級保健中心」（Los Centros de Atención Primaria Integral）和「移動式專業門診中心」（Los Centros de Especialidades Ambulatorias）。MBA 主要以前兩種類型為主，又可區分出兩期計畫：第一期，興建「初級保健中心」；第二期，建立「綜合診斷中心」

（centros de diagnóstica integral）：由社區共同管理醫療保健體系（OPS, 2006: 36-34）。MBA 的兩期計畫，創造了遍佈全國的「社區診所」，並提高了「預防醫療」的覆蓋率至涵蓋 88.9% 委內瑞拉人口（Mateo y Sánchez, 2013: 39）。因此，MBA 被認為是社會政策中最成功的，並有助於落實「健保」作為一種基本人權的目標。

除此之外，MBA 的設置地點，主要以「貧民窟」等低所得與偏鄉邊陲地區為主，並提供初級保健門診，以落實「預防醫療」。根據 MSDS 打造全民健保體系的政策目標指出，玻利瓦政府企圖在邊陲地區建立每 250 個家庭一個 MBA 的目標，以創造「全天候」的醫療服務（Muntaner, Guerra Salazar, Benach and Armada, 2006: 807）。在 MBA 推動之下，原先被排除在 IVSS 之外的社會群體，得以享有免費基本醫療與藥品。同時，MBA 更創立「群眾藥劑師」（boticas populares），提供 85% 藥品優惠，這促成 90% 疾病用藥都涵蓋在內（OPS, 2006: 60-61; Mateo y Sánchez, 2013: 39）。以成效來看，自 2003 年查維茲推動 MBA 到 2006 年之間，委內瑞拉舉國共計設置了 8,000 個「初級保健中心」。自古巴引進的醫療專業人員更直接進駐並長期居住於社區。他們領有政府提供的每月 250 美元薪資（Muntaner, et al., 2006: 807）。

在 MBA 的成功之下，後續查維茲仿效運作模式，積極推動其它專業門診與醫療服務網絡，例如：光學與牙科。同時亦運用「社區」駐點策略，將 MBA 體系建構和功能分派直接應用於消除文盲與營養不良等其它《任務》方案。除此之外，由於 MBA 強調一種整合性保健途徑，這亦有助於將 MBA 與其它《任務》方案緊密相連。舉例來說，若一位社區居民因為缺乏乾淨飲用水而導致腸道感染，在開立抗生素之後，MBA 亦會鼓勵社區患者參與社區的「水資源委員會」與「健康委員會」，以確保改善社區與自身對於乾淨引用水的需求（Muntaner, et al., 2006: 808）。

誠然，新自由主義強調小政府與權力下放，並採取財政樽節政策，要求政府減少對於全民健保的投資，以重拾國家財政平衡。因此，新自由主義模式強調減少「國家」對於公共健康的責任，並將健保體系直接私有化，以讓市場和私部門提供更有品質與效率的服務；反之，查維茲推動的模式，則由「國家」擔負起全民健康保險服務提供者的角色，並配合健保權力的下放，建立起全國分權的保健體系。Uharte Pozas（2009: 235）**認為，這種「分權」，不是去減**

少國家的責任，而是將國家責任分配到各級地方政府、衛生中心與社區門診。這種醫療責任與權力下放地方，有助於發展更橫向且民主的管理模式，亦可保障一種更平等的資源分配，可視為是一種「均衡的分權模式」（un modelo de descentralización equilibrado）。

相較於新自由主義強調「個人主義」與「個人責任」，並將「健保」視為一種商品、而非基本權力，MBA 案例中清楚可見**查維茲對於社會政策的思考與原則，已出現「反」新自由主義倡導的醫療服務體系的「市場化與商品化」，以及國家公共服務提供「最小化」的原則；取而代之，委內瑞拉對於「健保」的觀點，從新自由主義模式強調的減少國家責任、實現醫療「商品化與私有化」，轉為強調「健保」作為公共服務和基本人權的邏輯，並將使用權力轉移到「社區」，形成「公民有權享受醫療保健」、「國家有義務提供並保證醫療保健」的權責關係**（Uharte Pozas, 2009: 235）。直到 2009 年憲法增修條文更將「健康保健」提高到基本人權。委內瑞拉憲法修正條款中，更明文：「健保」是一種基本人權，且是促成「參與式民主」的基本要件。

那麼，查維茲推動 MBA 的績效又是如何？本研究受訪者 VU-2 回憶她對於 MBA 的看法：「當時每個社區都有救護車（ambulancia），若有人發燒、燙傷需要急救，都可以在第一時間受到照顧，因此非常方便（VU-2）。」；除此之外，另一位受訪者 VB-1 則指出：「查維茲執政期間我們習慣很多東西都免費。例如：我家附近就有社區門診，有病就去看。有事情就可以去找社區理事會（Consejos Comunales）幫忙。……我爸爸曾經查維茲黨。剛開始查維茲的政策好像不錯，後來愈來愈多貪污（VB-1）。」

誠然，既有研究多半認同 MBA 深受好評、且堪稱成功。然而，MBA 最為人詬病之處在於：專業醫護人力都直接自古巴引進。這直接衝擊到委內瑞拉醫學院畢業生的就業機會（Gonzalez, 2019: 42）。對此，本研究受訪者 VB-4 表示：「查維茲的二十一世紀社會主義，有許多政策都仿效古巴，例如：社區門診與救護車。但很多醫療人員都不是自己委內瑞拉人，而是古巴交換過來的醫療人員。最初約有 4,000 多名古巴醫護人員過來，然後就一直增加。……除此之外，後續在醫院部分，查維茲為了壓制醫院和醫護人員的抗爭，甚至將軍方這些根本毫無醫學背景的人，也塞進醫院。…毀了原先建立的醫院制度（VB-4）。」

　　由此可知，查維茲的 MBA 政策雖深受社區好評，但它帶來的勞動替代效果，亦衍生出醫學院教職員與學生的抗議事件，最後演變成醫療抗爭。這意味著查維茲政策的兩面性，在創造普世性全民健保體制之下，亦損及到部分勞動權益。且查維茲在無法壓制抗爭之際，轉為採取軍事鎮壓手段來抑制抗爭。這在某種程度上，亦證實了查維茲政策傾向偏好社會底層利益，卻忽略國家角色應致力於均衡社會中各方階級利益之間的衝突。這亦帶出查維茲政策的意識形態與其手段 - 工具上缺乏實質理性，並導致發展的雙面性。亦因此，查維茲很難排除反對黨批評他利用大量福利政策向中下階層買票的指控。

　　無論如何，就 MBA 的成效而言，「衛生部」（Ministerio de Salud）統計指出，查維茲在前兩屆的任期中，委內瑞拉的「新生嬰兒死亡率」（mortalidad neonatal）自 1998 年的 12.4% 下降至 2005 年的 10.8%。「幼兒死亡率」（mortalidad infantil）則自 1998 年的 21.4% 下降為 15.5%。看似都具備成效，但實際上除了「幼兒死亡率」的成效較為顯著之外，「新生嬰兒死亡率」僅是微幅下滑；反之，相對於前兩者，「產婦死亡率」則自 1999 年每十萬分之 59.3 人，上升至 2000 年的 60.1 人，到 2005 年又降至 59.9，未見實質成效（Uharte Pozas, 2009: 266）。即便如此，這亦無法否定 MBA 將健保體系下放社區，並將全民不論階級地位，都納入國家健保體系的善政。

二、教育相關《任務》

　　根據 WB《世界發展報告》統計，1998 年委內瑞拉就學率中，初等教育高達 106%、中等教育是 54%、高等教育只占 27%（DiJohn, 2009: 27）。誠如前述，新自由主義與華盛頓共識對於「教育」的看法，傾向限制「國家」對於「教育」進行大量投資，並試圖推動教育的分權與私有化，以免除國家過重的財政負擔。然而，查維茲卻反其道而行。

　　Uharte Pozas（2009: 159）主張，查維茲時期，教育政策逐步自原先新自由主義強調的「效率」（eficiencia）轉向關注「平等」（igualitarista）原則。Cortazar（2000: 38）稱之是一種自「菁英教育」（una educación de élites）轉向「普羅教育」（educación de masas）的過程。這不僅創造了委內瑞拉的教育普及率，更在過去二十年內創造了南美最高教育水準的青年世代。

查維茲在「社會經濟」的架構下，啟動一系列教育相關的《任務》，包括：初級到高等教育、職業訓練等，並取得卓越成效。**本研究受訪者 VU-1 指出，委國青年世代在查維茲高度挹注教育之下，促成每十位青年中有八位具有大學文憑，堪稱南美區域內教育程度最高的青年世代。**2009 年委內瑞拉更通過《教育法》（*Ley Orgánica de Educación*），在符合憲法原則下設置免費教育、發展原住民語，同時推動區域獎學金。此一教育法改革促成原本因為貧窮而被教育體系排除的社會底層有機會接受免費教育（Mateo y Sánchez, 2013: 40-41）。以下說明：

（一）《羅賓森任務》（ *Misión Robinson* ）

查維茲任內大量投資挹注在教育體系，包括：基礎教育到高等教育的一系列教育投資。其中以「消除文盲」（Plan de Alfabetización）為目的之《羅賓森任務》（*Las Misiones Robinson*）計畫，成效最佳（Gónzales y Lacrus, 2007: 62）。

該計畫源自 2003 年 6 月查維茲啟動了《西蒙‧羅德里格斯國家特級掃盲計劃》（*Plan Nacional Extraordinario de Alfabetización Simón Rodríguez*），以西蒙‧羅德里格斯命名，又稱《羅賓森任務》。它是一個針對「消除文盲」為目的之教育方案。該計畫目標是通過促進文盲人口的閱讀理解，消除全國青年和成年中的文盲（Gónzales, 2019: 42）。

《羅賓森任務》倡議，始自古巴教授 Leonela Relys 推動的一個增進讀寫能力的去文盲計畫（método cubano de alfabetización）──《我可以》（*Yo sí puedo*）。計畫特點是使用視聽資源，例如：電視、影像錄製系統和視頻課程於教學，並協助從人們從所知文字開始，引導他們去了解未知文字部分。參與者使用小冊子，並在計畫監督協調人幫助之下進行。此一過程包括三個階段：第一階段，訓練與熟悉口頭表達的技巧與應用；第二個階段，強調閱讀和寫作教學；第三階段，強化已認識字母的學習。在第一期計畫之後，考量到閱讀理解能力不足，為了確保閱讀理解能力，2003 年 10 月又創建《羅賓森二號任務》（*Robinson II*）（Gónzales y Lacrus, 2007: 61-63）。

根據 UNESCO 統計，2005 年委內瑞拉已達到根除文盲的卓越成就。弔詭的是，本研究受訪者 VU-1（原委內瑞拉大學教授）與 VC-1（政治社會運動工

作者）皆先後指出，UNESCO 資料都來自委內瑞拉官方政府提供，這恐存在資料可信度的疑慮。姑且不論《羅賓森任務》的成效是否真已達到百分之百根除文盲的目的，它確實賦予社會底層那些未有機會接受教育者，一個潛在提高識字的機會。

（二）《里瓦斯任務》(*Misión Ribas*)

《里瓦斯任務》(*Misión Ribas*) 屬於一種高等技職教育方案，主要目的在協助青年與成年人等已取得中等教育文憑者，得經由此一培訓計畫，進一步進入大學就讀並取得學士學位。此一方案，可區分為幾個任務階段：第一，找回在市場經濟下被排除於教育體系之外的學齡孩童；第二，推動委內瑞拉年輕學生取得大學文憑；第三，民主化教育（democratizar la educación）（Gónzales y Lacrus, 2007: 62）。以下說明：

為了強化教育方案之間的協調，2004 年在「礦業與能源部」（Ministerio de Energía y Minas）督導之下，成立了「里瓦斯任務基金」（Fundación Misión Ribas）；另外，學士頭銜則是由「體育與教育部」（El Ministerio de Educación y Deportes ，以下簡稱 MED）授予（Gónzales y Lacrus, 2007: 62）。

根據《里瓦斯任務》官網[6]，教育政策目的在於：創造「群眾」為主體的個人主權、自覺意識和價值，此一公民教育計劃之最終目的，是在改善公民的生活品質，並建立一個納入、合作與團結的共存社會。《里瓦斯任務》的原則，是立基於承認「教育」和「工作」是每一個玻利瓦共和國「公民」在發展自我認同、社區認同，以及行使「民主」等基本能力的基礎。因此，教育方案在規劃上，特別側重在培訓、融入社會團結經濟的框架內，並根據社區需求制定經濟生產與社會活動。此一教育方案的走向，首重發展社區社會勞動，因此與資本主義體制下的教育邏輯不同。

為了滿足上述公民教育政策目的，申請《里瓦斯任務》教育方案者，每週需進行 15 個小時課程，每學期共計達 225 個小時課程。《里瓦斯任務》教育首重五個議題的養成，包括：認同和主權（Identidad y Soberanía）、公民身份和

6　Mision Ribas, ¿Qué es la Misión Ribas? Sitio Oficial de la Misión Ribas. Disponible en https://www.ecured.cu/Misi%C3%B3n_Ribas; https://www.misionesbolivarianas.com/mision-ribas/ (2020/6/28)

參與、人權、新國家（Nuevo Estado）和環境教育。同時，強化下列課程：以「人」為本的教育理念、「玻利瓦主義」與其意識形態、玻利瓦共和國憲法、國家主權、內生發展模式（原則包括：合作、團結、共存、互利、自決與整合）和永續性發展等（Gónzales y Lacrus, 2007: 62）。

此外，《里瓦斯任務》亦區分出《生產性里瓦斯任務》（*Misión Ribas Productiva*）和《技術性里瓦斯任務》（*Misión Ribas Técnica*）。[7] 前者，《生產性里瓦斯任務》，在 2006 年 PDVSA 贊助之下成立了以「合作社」為基礎的 136 個生產計畫，並設置「社會生產企業」（Empresa de producción social, EPS）作為組織生產的基本單位。計畫目的在深化《玻利瓦國家計畫》中與「社會納入」和「經濟納入」有關政策，並引導群眾參與社區工作與服務提供；後者《技術性里瓦斯任務》，目的在強化《玻利瓦國家計畫》中與產業相關的技術專業的培育，養成期約兩年。舉例來說，PDVSA 監管的《2007~2013 播種石油計畫》（*El Plan Siembra Petrolera 2007-2013*）在全國 8 個省，包括：Zulia、Falcon、Barinas、Apure、Carabobo、Monagas、Anzoategui 和 Sucre 提供六類專業課程，亦即：石油鑽探、石油和天然氣生產、機械維護、電子儀器、焊接和煉油等與石油工業發展有關的知識技能，以協助取得技術與學位。

由此可知，此一教育方案的邏輯，相似於技職教育體制。教育重心側重在培育技術能力，強調「做中學」以強化教育與勞動市場之間的連結，並協助學員取得市場與生產所需的技能。除此之外，此一方案同時強調培植成員對於團結經濟與國家認同的理念與精神。

（三）《蘇克雷任務》（*Misión Sucre*）

2002 年 1 月查維茲設置了「高等教育部」（Ministerio para la Educación Superior），並編撰《2002-2006 高等教育發展計劃》（*Plan para el Desarrollo de la Educación Superior 2002-2006*）。後續玻利瓦政府更設置了幾所新大學，包括：查維茲任內最具國際知名度的「委內瑞拉玻利瓦大學」（la Universidad

---

7 Política Educativa. Disponible en http://www.misionribas.gov.ve/index.php?option=com_content&view=article&id=16&Itemid=17; Misión Ribas. *EduRed*. Disponible en https://www.ecured.cu/Misi%C3%B3n_Ribas (2019/4/1)

Bolivariana de Venezuela, UBV）與一系列社區大學（Gumilla, 2006: 179）。

　　「玻利瓦大學」以「窮人的社區大學」作為教育理念，同時配合推動《蘇克雷任務》，賦予資源短缺家庭得以進入地方大學就讀。此一方案特殊性在於，目的在推動並建立有別於資本主義社會之主流價值體系的替代性價值。受益人口共計約 25 萬人次（Hawkins, 2010: 36-40）。這些大學成立之後，查維茲更推出以市鎮為單位的「大學村」（Aldeas Universitarias），以將大學養成教育融入在地生產與地方需求（Gónzales y Lacrus, 2007: 62-63）。

　　在此一框架下，玻利瓦政府又於 2003 年 9 月提出《蘇克雷特殊計畫》（*Plan Extraordinario Mariscal Antonio José de Sucre*）。該計畫由高等教育部主導，目的在普查並識別高中畢業但未進入大學的人口，以將他們重新納入高等教育體制。計畫規劃提供自願接受《蘇克雷任務》的高中生，每月將可領取 16 萬玻利瓦幣（Bs），約為基本薪資的五成。這在當時被視為是回應新自由主義造成高等教育學費飆漲，並導致更高教育排除的因應策略。同時，亦回應了 1998 年《世界高等教育宣言》強調高等教育作為普世人權的觀點。因此，《蘇克雷任務》可視為是一個高等教育的「社會納入」方案（Gumilla, 2006: 179）。

　　基於查維茲將「教育」視為是消除貧窮的一種途徑，因此大量投資在教育領域，並提供各種類型的免費教育方案。自 2003 年啟動教育相關的《任務》開始，委內瑞拉的「實質人均教育支出」相較於 1990 年，已呈現上升的趨勢。根據委內瑞拉規劃部（Ministerio de Planificación）的「委內瑞拉社會指標整合系統」（Sistema Integrado de Indicadores Sociales para Venezuela，以下簡稱 SISOV）統計（表 5-3），自 2000 年開始委內瑞拉「實質人均教育支出」，相較於 1990 年呈現上升趨勢；其次，自 2003 年啟動一系列與教育相關的《任務》開始，2004 與 2005 年的「實質人均教育支出」，相較於 1990 年的基期，則分別成長了 37% 與 42%。然而，若就「實質教育支出」而言，2004 年「實質教育支出」的總金額已快接近 1990 年的兩倍。除此之外，2013 年教育統計更指出，玻利瓦政府的教育支出占委內瑞拉年度 GDP 的 10%。大量挹注教育亦促成學齡兒童的就學率成長至 85%（Muntaner, et al., 2013: 541）。

表 5-3　1990~2006 委內瑞拉教育支出統計

年度	實質人均教育支出		實質教育支出（1990~2006）	
	玻利瓦幣 （2000）	基期 （1990=100）	百萬美元	基期 （1990=100）
1990	129,006	100	3,749	100
1991	136,759	106	4,067	108
1992	155,497	120	4,731	126
1993	133,035	103	4,138	110
1994	133,398	103	4,240	113
1995	118,839	92	3,858	103
1996	80,814	62	2,678	71
1997	127,791	99	4,320	115
1998	103,629	80	3,573	95
1999	118,003	91	4,147	111
2000	148,517	115	5,317	149
2001	154,777	120	5,645	151
2002	149,974	116	5,570	149
2003	134,580	104	5,088	136
2004	176,442	137	6,789	181
2005	183,715	142	7,190	192
2006	-	-	10,143	270

資料來源：UhartePozas, 2009: 247-248。原文數字引自 SISOV, Ministerio de Planificación。

　　誠然，此一階段查維茲推動的一系列《任務》，廣受全球矚目與好評，不論是醫療保健或教育方案都大抵顯示正面成效。但本研究受訪者卻指出，這一系列社會政策背後，仍存在許多爭議。尤其是與教育相關的三個方案，因為採取「有條件現金移轉」（Conditional Cash Transfer）策略，而飽受批評。為何如此？

　　首先，針對教育相關的任務，本研究受訪者 VB-1 指出：「我 10 歲開始就由查維茲執政。那時候我們有免費的教育、健保制度等，很多東西都免費。其

實委內瑞拉早在查維茲以前就有很好的國立教育體制。查維茲期間，又投資免費教育與大學，所以委內瑞拉青年多半都是高教育程度。……（VB-1）。」除此之外，受訪者 UB-4 則指出：「查維茲推動的很多社會政策，是存在問題的。……像是『里瓦斯任務』和『蘇個雷任務』就有比較大問題。在運作上，假如你登記要來念書，國家就給你薪資。這造成有時候你只要簽名就好，根本就沒去念，卻可以賺錢。」

另一位原是委內瑞拉某大學教授的受訪者 VU-1 表示：「委內瑞拉會走到今天的危機，有很大部分是因為我們教育不足。因為查維茲無法控制高教育的人，因為他們可以明辨對、錯，知道什麼是灰色地帶，但很多窮人無法分辨。查維茲在無法影響有教育者之下，就創立『玻利瓦大學』。這個大學只教你馬克思主義、二十一世紀社會主義這些左派思想。……而且通常一般大學要念四年，但『玻利瓦大學』有些科系只要三年就可以畢業。還有，通常醫學院要念六年，這個大學只要念四年畢業。……因此，社會普遍對於這所學校文憑的認同度都不高。」

本書主張，受訪者 UB-4 與 VU-1 為委內瑞拉的白領專業技職人士，同時是反對查維茲者。他們觀點揭露了「惠貧政策」在中產與白領階級眼中的看法，同時亦呈現社會政策理念原則和社會現實運作之間的矛盾與衝突。誠如《羅賓森任務》、《蘇克雷任務》與《里瓦斯任務》這些旨在協助低收入戶完成教育的方案，由於必須讓參與者或家人能夠在兼顧工作下維持教育機會，因此必須在不排擠就業時間與機會的前提之下始能成立。亦因此，協助重返學校必須配合類似「有條件現金移轉」的制度。問題是，此一類型的社會政策，因為涉及到現金移轉，因此在實踐上更需要建立一個強而有力的監管機制。然而，《任務》的監管主體，主要是由草根地方組織與查維茲黨來執行。在現實運作上，由於缺乏一套嚴謹的行政流程與有效的監管機制，因此被批評是變相地開啟了查維茲黨使用「假人頭」進行地方「圖利」的空間。這亦顯示，委內瑞拉推動社會政策的過程，如同多數拉美國家普遍面臨的挑戰般，都存在政策與實踐之間在「應然面」與「實然面」的落差。不是所有計畫方案的落實都能有效被執行與監督。

三、住宅相關《任務》(*Misión Hábitat*)

1999 年 12 月 14 日洪水侵襲委內瑞拉 Vargas 省，造成當地百分之十居民傷亡，基礎建設傾毀，人民無家可歸的悲劇。為回應危機，2000 年查維茲提出《玻利瓦計劃 2000》(*El Plan Bolívar 2000*)，並啟動大規模的住房計畫，以協助安置因自然災難流離失所的居民。當時，住房計畫目的不僅在回應天災帶來的危機，更在提供市民一個負擔得起的住房，因此兼顧「居住正義」的精神。與此同時，查維茲亦致力於推動人口內部遷移，將人口導向居住較不密集的區域，以解決大都市存在住房不足的壓力與「貧民窟」亂象。因此，2000 年查維茲推過《住宅系統和住房政策補貼法》(*Ley del Subsistema de Vivienda y Política Habitacional*)(Gónzales y Lacrus, 2007: 64)。2002 年 2 月為了落實居住正義，查維茲在行政命令 1666 號下推動「城市土地委員會」(Comités de Tierra Urbana，以下簡稱 CTUs)，目的在推動「貧民窟」土地所有產權的登錄與贈予 (Gumilla, 2006: 181)(參閱第六章討論)。

2004 年 7 月頒布《住房任務》(*Misión Vivienda*)，9 月更名為《居住任務》(*Misión Hábitat*)。《居住任務》除延續 CTUs 政策倡導的產權贈予和登錄之外，更積極協助興建平民住宅，最終目的在提升平民社會住宅的覆蓋率，同時推動地方發展、教育和健康等服務的有效交付，以滿足社會基本需求。當時，《居住任務》目標是在 2021 年消除委內瑞拉國內短缺的 200 萬住屋需求。2005 年 3 月住房計畫進入擴張階段。4 月查維茲更頒布《國家住房建設計畫》(*Plan Nacional de Construción de la Vivienda*)。自此之後，委內瑞拉的幾個重要省，包括：Caracas、Miranda、Aragua、Carabobo、Lara、Trujillo 等，都呈現大幅啟動住宅工程的現象 (Gumilla, 2006: 181-182)。

當時，查維茲更創建了「居住與住房部」(Ministerio para laVivienda y el Hábitat)，由該部會掌管住房政策相關計畫之規劃、執行與評估。政府同時為住房提供融資貸款，並由國家擔任貸款的擔保者。後續更衍生出《抵押債務人保護法》(*Ley de Protección al Deudor Hipotecario*)與《居住與住房提供法》(*Ley del Régimen Prestacional de Vivienda y Hábitat*)(Gónzales y Lacrus, 2007: 64)。2011 年查維茲在《住房任務》的基礎上，更推動《大住房任務》(*Gran Misión Vivienda*)，並計畫自 2011~2017 年間建立 200 萬套住宅，以提供無法負擔房貸

的公民優先承租與購買，目的在打造「美好生活」（Buen Vivir, BV）願景。此一計畫更針對薪資低於基本薪資的公民，提供 100% 住房補貼。除此之外，倘若國民的薪資是基本薪資四倍以內者，亦可向政府申請購屋的信貸與補貼。

本書主張，「居住正義」雖是基本人權，但除了貸款補貼社會底層的購屋需求之外，查維茲卻採取寬鬆的申貸門檻與補貼制度，因此被批評是導致「福利依賴」（Welfare Dependency）的罪魁禍首。

總結上述，查維茲推動的一系列社會福利政策，回應了社會未被滿足的需求，且一系列方案，不僅成就了查維茲對於「社會權」與「重分配」的政治承諾，更讓他躍升成為「救世主」。儘管此一階段查維茲推動的多元社會政策中，與保健、教育與糧食相關方案（第六章討論）的成效明確，但仍是褒貶不一。究其因，廣泛的社會福利政策容易導致「福利依賴」，不僅構成國家龐大負擔、降低人民為生活努力的意願，更造成國家資源的錯置。

本研究受訪者 VB-2 指出：「這些社會方案的問題是，很多人都已經習慣一直拿福利，所以不願去工作、也懶得念書。因為查維茲黨會給你錢、給你房子、給你東西。……得來容易，人就不想去努力。最後大家都變成必須更依賴『查維茲黨』（VB-2）。」

除此之外，一系列社會福利政策中，爭議最高當屬與住房相關的《任務》。本研究受訪者 UB-4 表示：「……後來又有什麼送妳漂亮家的計畫，只需要付五年就還清貸款，然後把房子送給你。……之後還有送你有附傢俱的房子。……這些社會政策有很多貪污在裡面（UB-4）。」當時，這些優厚的社會住宅計畫，引起反查維茲黨與中產階級的反感。主要批評集中在下面兩點：第一，「查維茲黨」企圖經由興建大量的基礎建設工程，變相地「貪污」並圖利自己；第二，經由社會福利方案，好向社會底層選民買票。誠然，任何的「重分配」政策都需要一套監管機制的配合，但這經常衍生出垂直與水平行政協調不足、資金濫用與貪污，以及財務分配上的爭議。伴隨這些社會福利方案的推動過程，亦衍生出此起彼落的貪污指控（Gumilla, 2006: 182-183）。

最後，檢視一系列《任務》的成效時發現，實際上各個領域的績效並不相同。查維茲推動的「社區門診」廣受各方愛戴，卻因未能顧及勞動替代效果，而引發本國醫學院體系的社會抗爭。但查維茲在回應衝突時，卻執意使用非醫

療專業的軍方體系進駐醫院作為鎮壓手段，因此減損了 MBA 的正當性。除此之外，教育方案確實有助於提高國民教育程度。但許多承攬《任務》的執行者都源自草根社會組織的積極份子，他們在取得較大權力之後卻將資源占為己有，因此衍生出資源排擠的效果。由此可知，《任務》遭遇的重要挑戰，實際上來自於監管問題，更在某種程度上抑制了社會政策的美意與績效。

第三節　社會福利政策與重分配成效

　　1990 年代委內瑞拉轉向新自由主義政策之後，教育、醫療保健等社會基本需求相繼因為市場化與商品化，導致公共服務相關的基礎設施與服務提供的惡化。在此一社經脈絡之下，查維茲打著《玻利瓦革命》旗幟勝選。

　　1999~2001 年查維茲執政期間，他的社會政策指導性原則，仍不脫新自由主義的路線，亦即：將個人的基本需求視為是個人問題，在「使用者付費」的邏輯下，由個人依據自身經濟能力在商品市場上選擇適合的服務。這是一種將「社會」附屬於「經濟」之下的概念，並造成因為無法取得正式就業的中下階層長期被排除在公共醫療體系與教育體系之外，形成了多重的社會與經濟排除。然而，自 2001 年查維茲提出反新自由主義的《授權法》開始，2003 年他依據憲法對於「社會經濟體系」與「社會權」的立法精神，以行政命令啟動一系列《玻利瓦方案》的社會福利政策，來引導「重分配」。這象徵查維茲對於社會政策的思考，產生了質的轉變，形成與先前新自由主義邏輯之間的斷裂。

　　事實上，查維茲的社會政策，倡導目標是「社會正義」和「生活品質」，強調回歸到「普世性」與「非排他性」原則，以提供全民一個包括：糧食權、居住權、教育權、工作權和健保權等全方面基本人權的服務與照顧，最終目的在創造一個更平等主義和滿足基本需求的「體面生活」。與此同時，查維茲為了推動社會福利政策與「社會權」，更將 PDVSA 的石油收益，部份移轉到挹注社會政策，以協助弱勢者滿足基本需求。

　　由此可知，查維茲在此一階段已出現試圖在「社會」和「經濟」之間取得平衡的作為。這些政策邏輯的思考與對應的制度變革，包括：恢復社會服務提供的公共性邏輯（非商品化與私人化）；找回「國家」在提供社會公共服務中

的角色，特別強調「國家」應肩負起公共服務提供者的角色，並存在不可推卸的責任與義務；強化社會投資，同時走向參與式管理與社區提案。這亦標示著查維茲對於「發展」的目的與手段上的重新導向。

　　誠然，查維茲的社會政策，具有高度「平等主義」與「惠貧」的色彩。查維茲在創建「社會權」作為一種「基本人權」之下，更將健康保健、工作、教育、住房與社會保險等人類基本需求，建構為一種普世、公共化與人民的基本人權。多項社會政策中，最傲人的成就來自於普及性教育、免費社區門診，以及中下階級的住屋政策等。顯而易見，自 2003 年以後查維茲的政策，已出現轉向「社會民主」方向傾斜的現象。

　　從社會政策挹注的領域來看，委內瑞拉央行（以下簡稱 BCV）統計指出，自 2001 年以後查維茲的社會政策支出中，依據部門別來看，有約四成集中在教育領域、一成挹注在健康保健（Gónzales y Lacrus, 2007: 23）。除此之外，若從社會政策的成效來看，1998~2006 年間委內瑞拉貧窮率已從 59.4% 下降到 30.2%、極度貧窮率亦從 21.7% 下降為 9.9%。單純就數字來評斷績效，這些政策的成效可謂相當卓越（Muntaner, et al., 2013: 540）。

　　問題是，這些社會政策的績效，實際上仍得力於政府豐沛的財政支持來作為「重分配」的資金。一系列《任務》社會福利所需財政都是經由 PDVSA 年度石油收益中直接移轉給政府成立的一系列《任務》方案。誠然，自 2003 年到 2013 年的十年間，玻利瓦政府對於社會福利的支出，成長了 60.6%（Muntaner, et al., 2013: 540）。更確切地說，根據 PDVSA 統計，在 2003 年以前查維茲仍未有效控制 PDVSA 時，PDVSA 將石油收益轉挹注社會支出的部分，在 1999~2003 年區間年度平均只有約 4,800 萬美元（Parket, 2007: 66）。但 2004 年 PDVSA 挹注社會政策的支出成長至 17 億美元、到 2012 年成長為 48.5 億美元（Fernandes, 2013: 57）。[8] 這在 2003 年以後國際石油價格持續攀升的出口榮景之下，確實建構了《玻利瓦革命》的美好願景與社會支持。

　　從「實質人均社會支出」（Gasto social real per cápita）來看，圖 5-1 顯示，相較於委內瑞拉在 1975~1985 年黃金時期落實的「社會民主」制度，當時政府

8　原文數字參閱 2012 年 PDVSA 出版報告 Informe de Gestión 2011 de PDVSA.

的「人均社會支出」是介於 25 萬~30 萬玻利瓦幣之間。自 1989 年轉向新自由主義之後,「人均社會支出」跌至 15 萬玻利瓦幣。直到 2003 年查維茲啟動大規模社會政策之後,「人均社會支出」才再次攀升,並達到「社會民主」時期的水準。2005 年以後則出現超越 1975~1985 的現象(Gónzales y Lacrus, 2007: 22)。

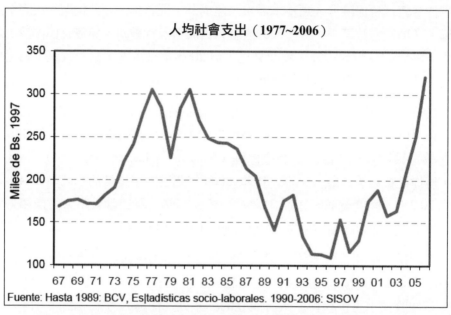

圖 5-1　1967~2006 委內瑞拉人均社會支出(單位:千玻利瓦幣)

資料來源: Gózales, Lissette y Titl Lacrus, 2007. "Política social de Venezuela", p. 22. 原資料引自 BCV, Estadísticas socio-laborales. 1990-2006:SISOV.

除此之外,2012 年 SISOV 統計亦指出,從「人均社會支出」占國內生產毛額(GDP)百分比來檢視查維茲執政的績效,在委內瑞拉的「人均教育支出」部分,1990~1998 年期間「人均教育支出」占 GDP 的 5.8% ,1999~2010 查維茲執政以後,此一比例升高至 8.6%;在健保部分,1990~1998 年間「人均健保支出」則占 GDP 的 2.7%、1999~2010 升高為 4.5%。然而,這仍是低於「世界衛生組織」(World Health Organization, WHO)建議的 10%(Mateo y Sánchez, 2013: 58)。

　　若從委內瑞拉政府總社會支出占 GDP 的比重來看，表 5-4 的 SISOV 統計顯示，1999 年委內瑞拉社會政策支出占 GDP 比重是 12.8%，2003 年攀升到 16.7%。對照 2002~2003 年間拉美國家的平均社會支出占 GDP 比重是 13.57%，委內瑞拉的 16.7% 明顯高於拉美區域平均值約 3%。2007 年委內瑞拉社會政策支出占 GDP 比重又攀升到 21.4%（王帥，2014: 55）。之後則維持在 15~22% 之間擺盪。此一比例已相近於 OECD 國家社會支出占 GDP 的比重。這亦說明了，事實上此一階段查維茲的社會政策支出雖偏向福利國家水準，但仍在一個合理支出範圍之內，並未出現如批評者指控那般，走向非理性的超額挹注社會福利的現象。

表 5-4　1999~2011 委內瑞拉政府社會支出占 GDP 比重（%）

年度	占 GDP 比重
1999	12.8
2000	14.9
2001	16.7
2002	16.3
2003	16.7
2004	18.1
2005	17.5
2006	22.0
2007	21.4
2008	19.2
2009	18.5
2010	15.8
2011	22.8

資料來源：王帥（2014: 55）。原文資料來自 SISOV，
http://sisov.mppp.gob.ve/indicadores

　　下圖 5-2 顯示，根據 2013 年委內瑞拉國家統計局（INE）統計，查維茲執政的 1999~2011 年期間，委內瑞拉的勞動薪資與社會投資兩個統計，皆呈現持續攀升的現象。比較 1986~1998 年與 1999~2011 年兩個區間，1999~2011 年間玻利瓦政府挹注在社會投資的金額，相較於新自由主義時期的 1986~1998 年區

間成長了 6.3 倍；同一時期相比之下，薪資亦成長了 3.8 倍（Aniyar, 2013）。除此之外，1986~1998 年新自由主義時期，社會投資佔薪資的比重是 36.2%，但至 1999~2011 年查維茲執政期間已上升至 60.7%。這顯示出此一階段委內瑞拉社會投資與薪資成長雙雙攀升，且社會投資佔薪資比例更大幅成長。因此，有助於推動「重分配」。

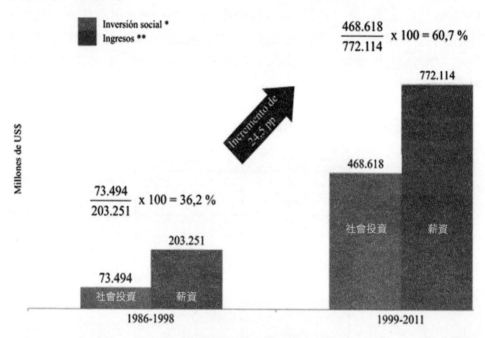

圖 5-2　1986~2011 年間委內瑞拉薪資與社會投資成長表（單位：百萬美元）

資料來源：Aniyar, Daniel Castro, 2013. "La seguridadalimentaria en Venezuela. Unaevaluación de los sub-objetivossuficiencia, acceso, disponibilidad y estabilidad. Período 1999-2012." *Revista Venezolana de Ciencia y Tecnología de Alimentos,* 4(1): 63-100.

　　誠然，2001~2006 年間查維茲執政期間，他倡導的《玻利瓦革命》與「社會權」，配合高度挹注「重分配」的社會福利政策，創造了查維茲在中下階層的政治聲望。根據 2012 年國家統計局（INE）統計，1997~2011 年間委內瑞拉的吉尼係數亦呈現持續改善的現象，特別是自 1997 年的 0.49、下降至 2005 年的 0.40，到 2010~2011 年間又再次下降至 0.38~0.39，可謂成效斐然（Mateo y Sánchez, 2013: 61）。這亦顯示，在國際石油價格尚未崩跌之前，查維茲的社會政策確實促成快速「脫貧」的神話。

　　然而，考量社會政策的財政來源，主要依靠 2003~2013 年國際石油價格走升的時代背景，儘管當時已浮現「福利依賴」與經濟效率不佳等多重社會與經濟問題，但在石油榮景之下，上述問題並未受到重視。除此之外，誠如本章指出，社會政策的執行過程，礙於欠缺透明度、且缺乏有效監管與問責，因此衍生出貪污與低效率。這些因素都在後期成為抑制替代發展成效的致命傷。

　　只是，好景不常，仰賴石油出口獲利挹注的社會福利政策在 2014 年因為國際石油價格暴跌，嚴重衝擊到委內瑞拉的社會福利政策與糧食補貼制度。2014 年委內瑞拉開始陷入嚴重的通膨與物資短缺的危機（Flores-Macías, 2012: 110-113）。可見，高度仰賴石油出口獲利與國家補貼作為「重分配」的發展模式，仍須兼顧財政的永續性。單方考量「分配」與「平等」的模式，實有修正的必要性。

第六章
土地產權、糧食主權與
內生發展模式

　　查維茲的《玻利瓦革命》對於「所有產權」制度的改革，主要呈現在「土地產權結構」與「企業產權結構」改革兩個部分。本章主要針對前者進行陳述，並將後者留到第八章探討「經濟民主」時一併說明。

　　查維茲對於「土地產權」的改革，又可拉出兩條分析軸線：第一，「貧民窟」產權的重劃與分配：主要經由權力下放方式，由居民重劃「貧民窟」產權地貌，並將長期非法佔領的產權合法化，以達到「消除貧窮」的目的；第二，推動「土地重劃與重分配」：經由土地重劃與重分配，將閒置土地移轉給無地農民。這是在「土地正義」（Land Justice）與「糧食主權」（Food Sovereignty）兩個概念下開展，又與「糧食安全」（Food Security）、「農民合作社」與農村發展，以及「內生發展模式」等概念緊密相連。

　　基於此，本章將依序探討：第一節，貧民窟所有產權重分配；第二節，土地產權、石油經濟與糧食主權；第三節，土地重分配、農民合作社與內生發展模式；第四節，糧食權力、價格補貼與小農產銷體系。

第一節　貧民窟所有產權重分配

　　查維茲對於「所有產權」的改革中，第一條軸線在於解決因為經濟與社會排除衍生的貧窮與「貧民窟」非法占地與居留的產權糾紛。事實上，拉美國家普遍存在土地產權集中的問題，主要可追溯至殖民時期的大地主產權制度，並衍生出高度產權集中與無地農民的雙元社經結構。隨著二十世紀中葉拉美啟動

現代化與工業化進程，他們遷移到大城市尋求就業機會，並形成大城市外圍一個個規模不等的「貧民窟」，儼然是拉美貧富不均與城鄉發展失衡的象徵。根據 Wilpert（2005）與 Madera（2010）研究指出，1990 年代委內瑞拉人口中仍有高達 60% 居住在「貧民窟」。基於此，查維茲的《玻利瓦替代方案》對於「所有產權」的改革，主要是圍繞在「所有產權」與「發展」之間的關連性。

誠然，新自由主義將「私有產權」看作是資本主義市場經濟的基礎。「私有產權」是一種絕對性與排他性的「所有產權」。它作為市場經濟體系的一種工具 - 理性，能有效定義市場交易關係與獲利分配。在「私有產權」基礎上發展出的「自由契約」成為促進自由市場經濟不可或缺的一環，具有神聖不可侵犯性。然而，對於「所有產權」與「發展」之間關連性的辯論中，革命馬克思主義等激進左派主張，「所有產權」是造成社會不均與階級分化的主因，他們主張唯有廢除「私有產權」，走向產權公有制才能創造一個更公平正義的社會。然而，二十一世紀拉美這波「粉紅色浪潮」的左派政府，絕大多數已經放棄經由社會主義革命創造一個產權公有制的願景，轉為採取更務實方式看待「私有產權」。

除此之外，拉美脈絡下對於「所有產權」與「發展」的辯論中，更受到秘魯籍諾貝爾經濟學得主——埃爾南多・德索托（Hernando de Soto）在《資本的秘密》（*El Misterio del Capital*）一書中對於「所有產權」、「非正式經濟」與「經濟發展」之間關連性的啟發。德索托主張，開發中國家積極仿效西方國家創建的市場經濟體系、落實宏觀經濟結構調整，同時鼓勵私人資本投資與創新，卻依舊落入「有成長、無發展」的困境。究其因，這是因為未能建立「所有產權」與其相關的一套法制系統使然，但這卻是資本主義得以發展的基石。他倡導「所有產權」對「經濟發展」的關鍵性，並主張秘魯這種擁有大量「非正式經濟」與「貧民窟」的開發中國家，若能推動「貧民窟」的「產權登錄與贈予」（Titulación de las Tierras），將可讓大規模長期由社會底層非法占領的土地產權就地「合法化」。基於此，他主張推動「貧民窟」的「產權登錄與贈予」，並經由建立與「私有產權」之「交易」相關的法制系統，包括：產權登錄與認證制度、金融交易與銀行體制等，來協助金字塔底層經由活化僵固的「資產」（activos），並將它轉化為具有潛在附加價值的「資本」（capital），以協助社會底層取得創業與改善生活的資源與融資管道，進而脫離「貧窮」的惡性循環

（De Soto, 2000）。德索托對於「所有產權」的重分配政策，受到拉美區域左、右兩派政府的歡迎。

在委內瑞拉歷史上，早在貝雷茲政府（1989~1993）時期，就曾導入德索托的「產權登錄與贈予」計畫（受訪者編號 UD-1）。更早倡議則可追溯至 1987 年委內瑞拉的《城市規劃法》（*Ley Orgánica de Ordenación Urbanística*）將「貧民窟」定義是一種「非控制性住區」（non-controlled settlements），又稱「棚戶區」，並規定將它納入加拉加斯市範圍的《地方城市發展計劃》（*Plan de Desarrollo Urbano Local,* PDUL）中。當時，加拉加斯市政府曾對管轄內的「貧民窟」進行調查，並提出《1999~2007 加拉加斯貧民窟的物理修復計畫》（*Physical Rehabilitation of Caracas' Slums*）。然而，該計劃最終因陷入一個根本爭議：在非正式性和非法性的土地上進行合法規劃，將陷入「合法性悖論」（"sad paradox" of legality）的困境，因此最終取消計畫（Falco, Zambrano-Verratti y Kleinhans, 2019: 3）。但到貝雷茲政府期間，則啟動了有限度方案。直到 2002 年查維茲始大刀闊斧地啟動「貧民窟」的土地產權重劃與重分配，並落實大規模的「產權登錄與贈予」。

然而，查維茲模式的特殊性在於，他在採納德索托的「產權登錄與贈予」政策之上，更結合「權力下放」的策略，將產權重劃與「參與式民主」的機制相連，由「貧民窟」成員協調並落實產權重劃與重分配（Bruce, 2008: 155）。以下說明：

一、貧民窟產權重分配與城市土地委員會

2002 年 2 月 4 日玻利瓦政府依據《授權法》第 1,666 行政命令（Presidential Decree 1,666）啟動土地所有權的規則化進程（regularización de la tenencia de la tierra）。該法成為設置「城市土地委員會」（Comité de las Tierras Urbanas，以下簡稱 CTUs）的法源依據，並擴大適用於鄉村地區的「鄉村土地委員會」（Comité de las Tierras Rurales，以下簡稱 CTRs）。依據 1,666 行政命令，「貧民窟」居民得以申請成立「社區」為基礎的 CTUs，並向政府申請將他們長期非法佔領的公有土地與房屋，經由申請產權登錄與贈予，取得長期非法實質占有的產權。當時，單是卡拉卡斯都會區（Capital District of Caracas）就存在 13

個大小不等的「貧民窟」。

依 據 第 1,666 行 政 命 令 與《 社 區 自 治 條 例 》（*Ley de la Comunidad Autónoma*），CTU 設置上是以「社區」為單位，並由 100~200 個不等的家庭，組成一個 CTU，來處理社區土地產權的問題。當時根據官方數據，平均每 147 個家庭設置一個 CTU，並經直接選舉選出七位代表委員（Harnecker, 2015: 73-74）。

依據《社區自治條例》原則，CTUs 的設置目的在記錄社區房屋數目、衡量社區土地、解決產權糾紛，協助繪製社區地圖，同時處理與「所有產權」相關的登錄與贈予等行政與協調事務。為了達到上述目的，CTUs 有義務將產權與住房相關資訊，提交到「國家城市土地租賃規則化技術辦公室」（National Technical Office for the Regularization of Urban Land Tenancy, OTNRTTU）（以下簡稱「國家技術局」）進行註冊與登錄（Wilpert, 2005）。「國家技術局」更鼓勵 CTUs 發展各自的《社區憲章》（*Barrio Charter*），內文主要涉及到記載社區的歷史、空間與社區規範。除此之外，CTUs 關心的議題，除了產權登錄之外，亦涉及到許多「技術導向」的社區公共事務，目的在解決與生活困境有關的議題，例如：飲用水是否乾淨、電力是否充足、房屋修繕是否給予補貼等（Holland, 2006）。誠如德索托主張，社區物資短缺的情況，不僅源自於他們缺乏經濟基礎，更來自於未持有正式合法產權，因此無法申請水電等基礎設施服務（De Soto, 2000）。因此，CTUs 的設置目的，不僅在推動社區產權重劃、落實產權登錄與贈予，更在改善並超越生活困境的多重發展目的。

舉例來說，位於首都卡拉卡斯的第二大貧民窟──南卡蒂亞（Catia Sur）住有約 15 萬居民。南卡蒂亞貧民窟位於城市外圍丘陵地區，由較低入口向上延伸。位於半山腰且地理幅員遼闊的貧民窟走廊，在生活條件和住房類型方面，都呈現高度到重度短缺。且愈往上走，物資條件愈差。但貧民窟社區服務，通常都集中在地勢較低處。經由設置 CTUs，社區居民得親自參與到社區產權的重劃與登錄，共同決定社區空間的重劃、公共服務使用與配置，並將社區空間配置繪製成「社區地圖」。如圖 6-1，南卡蒂亞貧民窟共計繪製了 298 張地圖，分別重劃了體育場、圖書館，醫療保健等公共服務，並將查維茲推動的一系列《任務》導入「貧民窟」，包括：社區門診與 MERCAL 等（Falco,

Zambrano-Verratti y Kleinhans, 2019）。然而，在社區協力重劃與繪製社區土地產權與空間配置過程中，亦因為部分空間存在產權爭議，而經常引發紛爭。

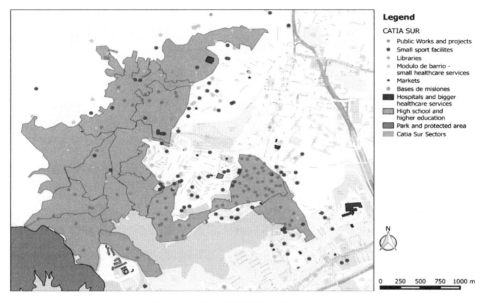

圖 6-1　南卡蒂亞圖（Catia Sur）

資料來源：Falco, Zambrano-Verratti y Kleinhans, 2019: 5.

「查維茲最高指揮官思想研究中心」（Instituto de Alto Estudio de Pensamiento del Comandante Supremo Hugo Rafael Chávez Fría）主張，CTUs 發起了一場全國性運動，目的在推動「貧民窟」非法占有產權的合法化與規則化。這不僅是土地產權的法制化，更可經由重劃社區土地產權、辦理住屋合法登錄、繪製社區地圖，並由社區居民自己定義生活空間的歷史、基礎建設、服務與文化。[1]

在運作上，CTUs 一經成立，將依據「集體共識決」來決定社區發展議程。因此，它亦是查維茲推動的第一個「參與式民主」示範計畫。CTUs 會議是每週定期召開，有時亦會整合 10~20 個 CTUs 並集結成市鎮層級的自治會議，又稱「全區會議」（borough-wide meetings），或稱「Parroquía」（Holland,

---

[1] Instituto de Alto Estudio de Pensamiento del Comandante Supremo Hugo Rafael Chávez Frías, 2005. "Encuetro Nacional de Comité de las Tierras Urbanas Construyendo el poder popular." Agosto 30. Disponible en http://www.todochavez.gob.ve/todochavez/3186-encuentro-nacional-de-comites-de-tierras-urbanas-construyendo-el-poder-popular (2020/8/28)

2006）。此一概念源自西蒙・羅德里格斯主張的「社區權力」，是指「具政治意識的社區」（Narvaja de Arnoux, 2008: 71）。由此可知，CTUs 本質上雖是一個「所有產權」的「重分配」機制，但實際上它內涵「城市規劃」、「參與式民主」與「惠貧政策」等多重發展的內涵與意義。這亦標示著委內瑞拉政治社會過程中開始浮現由下而上「社區」主導的發展議程。

自 2003 年查維茲啟動政策開始，CTUs 就如雨後春筍般地成立。根據「國家技術局」統計，2002~2006 年間委內瑞拉全國共計成立了 5,212 個 CTUs。CTUs 受益者更高達 200~250 萬人（Hawkins, 2010: 36-40）。除此之外，「國家技術局」統計亦指出，2002~2005 年間已發放 8 萬 4,000 個房地產權，授予 12 萬 6,000 個家庭土地產權（Wilpert, 2005）。直到 2010 年全國已成立約 7,000 個 CTUs（Madera, 2010），共計贈予了 50 萬筆土地產權（Holland, 2006）。

Parker（2007: 68）主張，查維茲推動「所有產權」重劃的初衷，是為了降低無地農民與社會底層貧窮人口非法佔領城市外圍坡地的紛爭，同時一併解決貧窮問題。

Holland（2006）將 CTUs 鼓勵社區自發性地籌組社區組織，並參與社區土地規劃與分配，解讀是一種「所有權民主化」（democratizing ownership）的企圖。CTUs 採取「共識決」的民主模式，由社區集體重劃土地與房屋產權，並製作《社區地圖》，進行產權認證與登錄，這形同將「貧民窟」納入正規的城市規劃當中，成為地方城市發展的一環（Rondón, 1017: 4）。除此之外，Madera（2010）主張這是一種「城市規則化」（regularización urbanística）過程。它經由重新規劃並法制化因貧窮而非法佔領土地與其衍生的利益衝突，形同是承認非法佔領與持有的「所有產權」，並據此建立社區共存與互動關係的共識與規範。貧窮人口亦將因被賦予產權，而有了正式戶籍地址，因而免除了被「驅逐」的可能性。除此之外，「貧民窟」居民一旦擁有合法戶籍地址，將得以申請政府服務，發展並建立與政府之間關係，並成為可以承擔法律責任之負責任「公民」（De Soto, 2000）。由此可知，「貧民窟」產權贈予和登錄政策，讓貧窮人口不僅是取得「所有產權」促成階級向上流動，更成就了實質意義上的「公民身份」。

Wilper（2006）更擴大解讀這是一種「城市民主化」的過程。CTUs 賦予長期被經濟排除與社會排除的底層，重新納入社區公共事務決策的過程。經由此一直接民主計畫，貧窮人口在委內瑞拉歷史上首次被賦予參與公共事務的權力（Wilpert, 2005; Wilpert, 2006）。

由此可知，CTUs 的催生，代表的是查維茲對於「土地產權」的重劃與重分配之重視，目的在解決城市無產階級（原先無地農民進駐城市）非法占地，以及社會底層的「經濟排除」等多重發展困境。在策略上，CTUs 訴諸「集體共識決」與「參與式民主」途徑，意味著將貧民窟的社會底層居民納入「社區」收關的產權事務之協調與決策過程當中。然而，此一階段查維茲對於「所有產權」的規劃，更超越了德索托的「產權登錄與贈予」策略，積極將合法化之後的「貧民窟」，納入成為市鎮層級下的一個正常行政區與《地方發展計畫》之下。因此，CTUs 本質上雖是一個土地產權重劃與分配的計畫，但在落實上卻同時伴隨著產權民主化、城市發展計畫與階級身份重組等多軌共進過程，而達到多重發展目的。基於此，本書主張，它代表著此一階段查維茲對於「所有產權」的思考上，仍是相信「私有產權」對於消除貧窮與推動「發展」的貢獻。

然而，CTUs 亦遭受批評。主要來自兩個層面：第一，Bruce（2008: 156）指出，CTUs 在運作上已出現與既有地方政府之間存在一種功能性衝突。事實上，它的設置與運作，並不如設置要點中主張將促成組織性社區團體肩負起與地方政府的「共同責任」；取而代之，CTUs 反而替代掉或規避了地方政府的權威與功能。例如：提供教育與醫療健保的功能。這亦是此一階段查維茲以行政命令啟動一系列方案的共通弊病。

第二，CTUs 另一個爭議在於，政府在法律上授予「貧民窟」土地產權與參與社區自治，但社會底層卻在「賦權」之後將注意力轉移到「貧民窟」以外土地（Holland, 2006）。尤其是同一時期，查維茲更積極推動「糧食主權」，並逐步轉向修改對於私人土地持有的合法性規範。尤其是最為人詬病的《土地法》第 89 條款賦予委內瑞拉人民得採取「先發制人」（ocupación previa）的手段，佔領閒置土地。這些都鼓勵了社會底層採取激進手段奪取富人土地（Wilpert, 2005）。本章將於下一節說明。

第二節　土地產權、石油經濟與糧食主權

查維茲對於「所有產權」改革的另一條關係軸線，主要在探討「土地產權」與「糧食安全」之間的關係。這必須從委內瑞拉歷史特定過程來理解。它的遠因可追溯至歷史殖民過程形成的大地主產權制度，造成委內瑞拉土地產權過於集中，並衍生出無地農民問題。伴隨 1920 年代石油經濟興起，農地逐漸被荒廢。且在 1990 年代轉向新自由主義市場經濟以後，糧食進口激增，更衍生出土地閒置、無地農民與糧食進口依賴等多重結構性發展困境。

基於「土地產權」的不確定性，是抑制委內瑞拉農業生產，造成百萬農民無地可耕，以及糧食不安全的主因。因此，2001 年查維茲依據《授權法》提出《土地與農業發展法》（*Ley de la Tierra y Desarrollo Agrario*）（以下簡稱《土地法》），這象徵查維茲推動產權改革的關鍵一步；與此同時，他更拋出「糧食主權」政策。查維茲的「糧食主權」包含「土地正義」與「糧食安全」兩個概念，且前者是達成後者的策略。這是指查維茲對於「土地產權」的思考是鑲嵌在振興「糧食安全」的主軸下。

查維茲主張，新自由主義政策優先考慮國際貿易、而不是「糧食權力」。它不僅摧毀了國內農業生產，更導致委內瑞拉對於糧食進口的依賴（Uharte Pozas, 2009: 312-314）。因此，查維茲提出「糧食主權」政策，並於 2003 年啟動一系列土地與農業改革政策：包括，農地重分配、籌組小農生產體系，並鼓勵農民重返農村、提振農業生產。除此之外，由於「糧食安全」又涉及到「糧食權力」，因此，查維茲試圖重組土地產權與糧食市場結構，並於 2003 年啟動糧食補貼的《糧食市場計畫》（*Misión de Mercados de Alimentos*，以下簡稱 MERCAL）。事實上，啟動農地重劃與重分配之目的，在確保「糧食安全」與「糧食權力」。然而，這不僅是《玻利瓦共和國憲法》明文的基本社會權，更象徵著查維茲對於源自殖民以來由經濟菁英壟斷且控制的土地產權與糧食部門之發難（Purell, 2014: 208-209）。以下說明：

一、土地產權、石油經濟與農業結構 [2]

　　長久以來，委內瑞拉一直存在土地產權過度集中的現象 [3]。究其因，可追溯自西班牙殖民時期引進「監護制」（Encomienda）來冊封征服者，形成大地主產權結構（Felicien, Schiavoni & Romero, 2018）。當時，上層階級控制土地與糧食生產，並讓土地與糧食成為委國權力與階級分化的核心（Lavelle, 2016: 31）。

　　1821~1839 年間委內瑞拉爆發獨立戰爭，農民揭竿而起，無不冀望打破高度集中的產權結構（Crist, 1942: 143-146）。獨立之後，委內瑞拉深陷軍事獨裁政權之苦，1908~1935 年間葛梅斯（Juan Vcente Gómez）獨裁政權將大批土地納入私人財產。在他下台之後土地直接併入新政府資產中，並造成宣稱擁有產權的地主和農民的抗議，並引發持續性的土地爭議（Wilpert, 2005）。

　　這種歷史特定過程形構之產權結構與爭議，一直延續下來，並造成多數可耕地集中在少數人手中，農民不是無地可耕，就是在較不肥沃土地上進行生計經濟。特別是奧里諾科河流域沖積的肥沃平原，其土地產權是由少數家族壟斷且代代相傳，並以畜牧業為主。在大地主產權制度之下，可耕地經常被用於畜牧業等非農業生產，並造成國內糧食必須依賴進口。農民在無地可耕之下，則淪為在不肥沃的閒置土地或公有土地上從事非法農作。農民通常種植可快速成長並變換現金的玉米，而非酪梨與橘子等經濟作物，因為土地若因種植變得肥沃，將有人宣稱擁有產權並收回土地，導致辛苦農作被掠奪。況且農民通常是土地產權糾紛中的弱勢一方（Crist, 1942: 150-152）。

　　1937 年在葛梅斯獨裁結束之後的全國土地統計指出，委國擁有 1,000 公頃以上土地的大地主占總人口的 4.8%，卻握有全國 88.8% 農地（Wilpert, 2005）。對照 1997 年數據，全國 5% 人口仍擁有 75% 土地，但底層 75% 只擁有 6% 土地（Howard-Hassmann, 2015: 1034）。可見，歷史上土地產權過度集中的狀況，未曾改變。且農地用於糧食生產的比例，僅占可耕地面積的一成、畜牧業則是五成 [4]，這亦凸顯閒置土地的問題（焦震衡，2015: 187）。因此，委內

2　以下內容，部分節錄自作者另一篇文章：黃富娟，2020，〈委內瑞拉糧食生產體系與短缺之研究：過程與機制〉，《問題與研究》，59(4): 95-142。

3　委內瑞拉是繼巴西之後，拉美土地產權集中度第二高的國家（Purell, 2014）。

4　1997 年可耕地面積約 3,007 萬公頃，農業種植占 300 萬公頃（10%），牧場為 1,713 萬公頃（56%）。以產值來看，1999 年糧食與蔬果占農業總產值 40%、畜牧 50%、漁林業 10%（焦震衡，2015: 187）。

瑞拉農經學者 Howard-Hassmann（2015: 1036）與 Crist（1942: 150-153）都主張，土地產權結構與產權的不確定性，是造成委內瑞拉國內農業生產不振的主因之一。這包括兩個部分：大地主產權結構及其畜牧經濟型態，以及無地農民對於持有土地產權的不確定性。倘若此一土地產權結構不改變，委國欲提高農業生產，將存在較高困難度。

另一個關鍵因素來自：獨尊石油經濟導致的結構性趨力，亦即石油經濟造成進口激增的隱憂，又稱是「荷蘭病」。此一結構性趨勢始於 1920 年代在委內瑞拉的馬拉開波湖發現石油。石油帶來的出口創匯與外資，帶動了本幣升值，促成購買力大增。在進口糧食成本變低之下大量進口，反而衝擊了地方農業生產，造成農業迅速沒落。因此，石油美元促使委內瑞拉自 1920 年代以前的「糧食出口國」變成「糧食進口國」[5]（Mielnik, 2008: 593；Felicien, Schiavoni and Romero, 2018）。

除此之外，自 1989 年委內瑞拉轉向新自由主義市場經濟開始，貝雷斯總統引結構調整措施，史稱《大轉向》。自此之後，委內瑞拉大型糧食公司被賦予更大經濟權力。單是自殖民以來壟斷土地與農業生產的菁英階級——曼多薩家族（Familia Mendoza）持有的土地與「波拉食品公司」（Empresa Polar）[6] 壟斷主食玉米餅（AREPA）所需基本原料玉米粉全國供應量的 50~60%，以及在多項產品的國內市場（黃富娟，2020c: 101）。且食品公司在進口較便宜之下，轉為從事糧食進口貿易來取代自己生產，形成大型企業集團壟斷的糧食貿易結構（Curcio, 2017: 87-93）。

由此可知，委內瑞拉糧食生產不振，存在內外部的結構性因素。內部因素來自殖民以來形成的大地主產權結構。此一結構造成農地無法農用，並衍生出閒置土地與無地農民等問題；外部因素源自獨尊石油出口的經濟型態。這對於委內瑞拉經濟與社會的衝擊是多面向的，包括：第一，在農業沒落之下，農村人口失業後湧入城市卻難以尋獲工作，並逐漸在大城市外圍非法佔領土地而形成龐大的「貧民窟」；第二，石油美元促成本幣升值，進口糧食變得相對便

---

[5] 1921 年委內瑞拉出口中，光是咖啡與可可就占總出口的 63.4%。到發現石油之後，1929 年出口組成中，原油出口已占 76.2%，1940 年更達 94%（Lavelle, 2016: 31）。

[6] 1941 年成立是委國最大食品加工製造與飲料商，擁有 40 個垂直整合相關企業、高知名度食品品牌 Harina Pan，亦是 CADA 連鎖超市股東，並與荷資成立 Makro 量販超市（BMI, 2010a: 53）。

宜。且在轉向市場經濟之後，國內企業不敵國際大農企業集團的競爭，而轉為進口糧食。這些結構性趨力，促使委內瑞拉農業生產下降，農地轉為經營畜牧與觀光業，並形成大型企業集團壟斷的糧食進口貿易結構。根據 Gott（2011: 164），委內瑞拉在 1998 年已有 64% 糧食仰賴進口。

由此可知，歷史殖民結構導致委內瑞拉產權過度集中。1920 年代石油經濟興起之後，農地逐漸荒廢，糧食走向依賴進口。此一現象更隨 1990 年代轉向市場經濟之後更形惡化。這些結構性問題，導致委內瑞拉的土地產權過於集中且閒置，且更存在百萬無地農民與失業問題。此外，糧食進口激增亦造成「糧食不安全」疑慮，並形成多重發展的困境。結果是，委內瑞拉的閒置土地比例偏高，擁有肥沃土地卻須進口玉米、豆類、糖與雞肉等基本糧食，且數百萬農民更是無地可耕（Márquez, 2005: 3）。基於此，2001 年查維茲在《土地與農業發展法》架構下試圖重新定義何謂土地產權（主要針對農地）。

二、土地產權之改革：目的與原則 [7]

查維茲推動土地改革與土地重分配的法律基礎，可追溯至 1999 年《玻利瓦共和國憲法》第 307 條款明文指出：「大莊園產權制（El Latifundio）與社會整體利益是背道而馳。應禁止大莊園，允許變更閒置土地產權，以轉讓給國家或可使恢復生產的實體（Quintero, García y Rosales, 2013: 17）。」第 307 條款亦明文指出農民生產者應擁有土地產權，並賦予「國家」權力與義務去推動永續農業發展的秩序，例如：社會與集體產權（Mielnik, 2008: 594; CRBV, 1999: 65）。

《土地法》核心宗旨在推動「耕者有其田」，授予無地農民可耕地，以鞏固國內農業生產。該法授予委內瑞拉家戶或年齡介於在 18~25 歲間公民可申請耕地。一旦在土地上有效耕種滿三年，將可獲得土地產權（Wilpert, 2005）。DeLong（2005）主張，此一策略是取法 1862 年美國《公地放領法》（*Homestead Act*）的原則。[8] 上述原則的實踐主要是經由 2003 年一系列《任務》框架下啟動《返回農村任務》（Misión Vuelta al Campo）與農地重分配的《薩摩拉任務》

7　摘錄自黃富娟，2020c，頁 109-111。
8　賦予 21 歲成年公民 160 畝耕地，以避免土地產權集中與炒作。

（*Misión Zamora*）[9] 來落實。上述政策目的在鼓勵無地農民與失業者返回農村，並經由政府贈予的農地，協助復興地方農業生產（Purell, 2014: 208-209）。

那麼，重分配的土地，從何而來？2001 年查維茲在《土地法》框架下，曾重新定義「所有產權」及其持有規模的合法性。根據該法，合法持有的農地面積應介於 100 到 5,000 公頃（hectares）之間，此一核定標準是依據持有農地的「生產力」（productivity）而來，並由「國家土地研究院」（The National Land Institution, INTI）[10] 評估。該法同時允許無地農民可向政府回報閒置或低使用率的土地（Mielnik, 2008: 595）。《土地法》在回應憲法第 307 條款原則時，更賦予政府有權「徵收」私人產權，並改用「閒置」或低品質土地補償之（Howard-Hassmann, 2015: 1034）。然而，這種看似侵犯「所有產權」的不合理規範，實際上在拉美脈絡下卻有其法理與經驗現實的依據。

基於拉美國家普遍存在土地產權界線不明的共通問題。Mielnik（2008: 597）主張，歷史上委內瑞拉大地主常將其土地擴張至超越產權範圍之外，這種投機行為是根植於脆弱的產權登記與司法體制[11]，特別是委國對於土地所有權的描述與劃定非常模糊，因而形成「投機」空間。除此之外，委內瑞拉如同多數拉美國家，都存在「所有產權」系統建立與監管機制缺乏的弊病，加上歷史上政府鮮少強制執行土地侵權問題，漠視「所有產權」與其登錄的結果，造成產權爭議衝突不斷（Wilpert, 2005）。

為了回應拉美國家普遍存在土地產權集中與法制體系不彰的弊病，區域左派普遍主張：土地使用應符合「社會功能」原則（the Social Function Doctrine）（Mielnik, 2008: 599）。此一原則源自於歐洲基督教義採用「王權產權」（Regalia Title）的定義，認定即便擁有合法的土地產權契約，但這並非一種絕對產權。基於所有土地都緣自於國家，土地使用必須滿足「社群需求」為前提（Mielnik, 2008: 601-602）；相較於《拿破崙法典》（*Code civil des*

9 　計畫取名自委國 19 世紀農民英雄埃塞基爾・薩莫拉（Ezequiel Zamora）。他在「自由土地與自由人，農民尊嚴」口號下成為領導農民運動的精神領袖（Wilpert, 2005）。查維茲的土地改革，主要受到他的啟蒙，致力於推動土地產權重分配，以解決數百萬無地農民問題。

10　主要負責規劃持有土地之規模與相關標準認定，並從事土地契約監管、負責補償地主。

11　產權糾紛還來自有些所有權者確實購買了土地，但售地者不擁有政府認可的合法產權證明，或原住民地主視政府推動的產權登錄是一種意圖課徵稅的企圖，而輕忽產權登記。

Français）強調私有產權的不可侵犯性，又稱「自由產權」（Allodial Title）或「絕對產權」。後者，是指所有權者不存在對任何人的任何義務。顯然，查維茲與新憲法採納的是前者定義，主張閒置的非生產性土地已構成違反社會公義的原則，因此國家得以介入重分配土地。在拉美脈絡上，「王權產權」定義最早被納入 1988 年巴西憲法，巴西「無地農民運動」（Movimento dos Trabalhadores Rurais Sem Terra, MST）抗爭的合法性基礎源自於此。這種對於「私有產權」採取強制性條件的定義，亦稱作「至高有條件產權」（Supreme Conditional Ownership）（Kirdina, 2012: 11-12）。

　　2002 年查維茲啟動的土地改革與再分配，是先從公有閒置土地著手，將政府持有的公有地移轉給農民或農民合作社，並於 2005 年擴大到徵收「私人」土地。然而，《土地法》相較於美國《公地放領法》之差異在於，後者並未授予政府權力去「徵收」私有產權；另一個關鍵差異在於，《土地法》第 89 條授予農民「先發制人」[12] 權力去佔用閒置土地（Wilpert, 2005）。

　　根據委內瑞拉畜牧產業公會（Venezuelan Cattle Rancher Association）統計，自 2001 年《土地法》頒布以來，2001 年度就有 139 個農場被入侵。但玻利瓦政府卻認為這是誇大數字（The Economist, 2011）。當時，委內瑞拉最高法院裁決指出，佔領私有土地行為不是犯罪，主因是：「**在私有產權之上，還有糧食生產與供應人類消費的公眾財**（Howard-Hassmann, 2015: 1035）。」[13]

　　由此可知，《土地法》促成國家在訴諸「糧食主權」和「社會公益」等價值原則優先之下，實際上亦強化了操作「私有產權」的違法性，並為後續打造國有糧食生產體系奠定基礎。

---

[12] 源自巴西無地農民運動的策略。由於侵占土地的訴訟曠日廢時，委國最高法院於 2002 年 11 月 20 日裁定《土地法》第 89 條「先發制人」占有土地是違憲的。此外，第 90 條規定若土地產權原為非法取得，政府則無須賠償。此一條款亦被宣告違憲。但 2005 年 4 月國民議會卻恢復第 90 條款，同時將第 89 條修正為可依據《農業憲章》來合法化農民先佔土地行為，以此解決「先發制人」佔領土地的爭議（Wilpert, 2005）。

[13] 參閱 Howard-Hassmann（2015: 1035）的第 100 個註釋，原文引自委內瑞拉最高法院的判決文字："In the ruling the Venezuelan Supreme Court states that "above private rights are those rights for the common good destined to the production of food or other products for human consumption which help satisfy the agro-food needs of whom work or produce in that environment.""

三、「糧食不安全」到「糧食主權」與「糧食權力」

誠如上述，土地產權結構與土地使用，是造成委內瑞拉「糧食不安全」與無地農民的歷史結構性因素。然而，在委內瑞拉脈絡下，「糧食不安全」的近期導火線，則源自 2002 年私部門因反對《授權法》而策劃「囤積」來癱瘓全國經濟，並導致國內糧食「短缺」，又稱「企業顛覆」。當時，查維茲為了修正大型糧食貿易公司寡占糧食市場的結構及其衍生的進口激增和「短缺」威脅，走向重整土地與糧食生產體系，並在 2001~2002 年「糧食主權」政策與《土地與農業發展法》架構下，以行政命令啟動一系列土地與農業改革政策：包括，農地重分配、重返農村計畫、籌組農民合作社等（Purell, 2014: 208-209）。

所謂「糧食主權」，根據 1996 年聯合國糧農組織（Food and Agriculture Organization of the United Nations，以下簡稱 FAO）定義：「一國依據自身社會、經濟、生態和文化去定義其農漁業、勞動、糧食和土地政策。這包括食品和糧食生產的權利，擁有健康、營養和文化的食品供應，以及糧食生產的資源與能力，以養活自己和社會。」基於上述定義，「糧食主權」對應的具體政策通常強調在地農業、小規模生產與公平價格。相較於 FAO 定義，查維茲則將「糧食主權」定義是：「人民定義其農業和糧食政策的權利」（Uharte Pozas, 2009: 346）。對照前者，不難發現查維茲「糧食主權」倡導的農地分配與小農生產，不論是定義或政策走向上，都受到國際組織的影響，

「糧食主權」的目的在鞏固「糧食安全」，後者又涉及到「糧食權力」。查維茲主張，欲提振委內瑞拉農業生產，達到「糧食安全」的目的，最根本挑戰在於打破土地產權集中的結構，並落實農地重分配，以達到「農地農用」之目的。一方面取代大型糧食貿易進口體系，另一方面籌組合作社生產與銷售體系，解決過度依賴進口與無地農民問題，以及石油經濟導致的糧食進口激增等弊病。除此之外，提供糧食補貼則可扭轉 1990 年代新自由主義市場經濟之下人民實質購買力驟降而衝擊的「糧食權力」。

誠然，「糧食主權」的法源基礎可追溯至 1999 年《玻利瓦共和國憲法》。根據新憲法第 305 條款，確立了「糧食主權」與「糧食權力」原則。憲法第 305 條款在立法精神的基礎上，強調玻利瓦政府應重振地方農業生產、推動小農生產者與公平價格，同時終結大型食品集團壟斷的糧食貿易體系（Gutiérrez,

2013: 16）。該條款亦指出「糧食權力」的重要性，國家應協助人民取得充足、及時與永續的糧食，並視為是一種基本人權（CRBV, 1999: 65）。這意味著優先考慮國內生產與消費者的「糧食權力」，以確保「糧食安全」。這亦揭示玻利瓦政府對於維持基本物價穩定的干預態度。除此之外，憲法第 307 條明文，「大地主產權制度與社會整體利益背道而馳。國家有權徵收閒置土地，並將其轉變為生產性單位，以搶救農業用地（CRBV, 1999: 65）」。該條款明文指出，國家應捍衛小農生產者的權利，並在符合公共利益下對「農業用地」進行必要干預。這揭示玻利瓦政府對於農業採取的保護主義，亦凸顯出反新自由主義的精神（Uharte Pozas, 2009: 327-328）。

　　基於此，2001 年 11 月以行政命令 1546 號啟動《土地與農業發展法》，並建立了農地改革與重分配的政策架構。為解決國內糧食生產不足、打破糧食進口壟斷的貿易結構，解決無地農民問題，並尋求抑制「荷蘭病」的策略，2003 年查維茲啟動土地改革與重分配，同時配合《薩摩拉任務》來推動「耕者有其田」（A quien la quiera trabajar），試圖振興國內農業生產（Mielnik, 2008, 593; Márquez, 2005: 3）。此外，查維茲為避免糧食價格飆漲而衝擊糧食近取，更啟動《糧食市場任務》（以下簡稱 MERCAL），並對全民進行糧食補貼。由此可知，當時的社會脈絡顯示「糧食安全」與「土地正義」的論述與目標之間是緊密相連。

第三節　土地重分配、農民合作社與內生發展模式

一、土地重分配、薩摩拉任務與農民合作社 [14]

　　2003 年查維茲啟動土地重分配的《薩摩拉任務》。《薩摩拉任務》的法源，可追溯至憲法第 307 條款明文，應依據「社會平等」（social equity）原則來落實土地重分配（Mielnik, 2008: 594）。《薩摩拉任務》的宗旨在協助無地農民取得耕地、處理土地產權相關的登錄與贈予業務；同時，協助農民籌組「農民合作社」、提供融資，以及農耕技術與經銷相關的培訓（Uharte Pozas, 2009: 327-328）。

---

[14] 摘錄自黃富娟，2020c，頁 109-111。

最初《薩摩拉任務》推動的土地重分配，主要以「公有農地」為主。分配對象以成年人為優先，且不必然要求必須是農民身份。《薩摩拉任務》政策目的在推動贈予閒置農地，解決無地農民問題，並藉此提振國內農業生產，以達到抑制糧食進口、鞏固「糧食主權」與確保「糧食安全」的多元發展目的。

當時，推動土地重分配的權責單位是「土地與農業部」（Ministerio de Agricultura y Tierras，以下簡稱 MAT）。MAT 除了推動土地重分配、協助籌設農民合作社之外，亦擔負起提供貸款與融資的角色。此一階段，查維茲替代發展的目標之一在於推動土地重分配，同時推動「農民合作社」作為社會經濟組織形式的發展。因此，玻利瓦政府亦積極提供合作社所需的農耕技術與經銷培訓（Uharte Pozas, 2009: 327-328）。除此之外，玻利瓦政府亦設置了「群眾經濟部」（Ministry of Popular Economy，以下簡稱 MINEP）作為協助農民取得信用貸款與技術合作的單位。[15] 伴隨上述目標，2003 年人民銀行（Banco del Pueblo）與微型信貸發展銀行（Fondo de Desarrollo Microfinanciero）亦開始承作微型信貸，以提供「農民合作社」所需發展資金（Gónzales y Lacrus, 2007: 51-52; Mateo y Sánchez, 2013: 32）。

根據 Wilpert（2005），自 2003 年啟動《薩摩拉任務》當年度就已向 13 萬個家庭發放超過 150 萬公頃土地，每戶平均分得 11.5 公頃。只是，當時查維茲仍未啟動私人農地徵收。多數被分配土地早已存在農民佔領或定居事實，只是未獲法律正式承認。因此，Mielnik（2008: 594-595）認為，這波改革實際上保障了無地農民法理上的土地產權與使用權。

直到 2005 年土地改革的對象，轉向了私人持有的閒置土地，特別是持有超過 5,000 公頃土地（DeLong, 2005）。查維茲藉由憲法第 307 條款，挑起大地主制產權的合法性爭議，要求地主必須交付自 1848 年以後完整的「產權證明移轉鏈」（chain of title），以確認持有土地合法性，同時操作「閒置土地」違憲性。當時，產權契約之所以追溯自 1848 年，主因是這是委內瑞拉歷史上首次落實土地產權重整與產權契約登錄的起點（Howard-Hassmann, 2015: 1034）。

2005 年查維茲計劃擴張「徵收」私人土地至 200 萬公頃土地，以分配給 100 萬人。當時，政策目標在提高農業生產至 2007 年 GDP 產值的 12% 為目

---

[15] 後續更名為社區經濟群眾權力部（Ministry of Popular Power for Comunal Economy, MINEC）。

標（Mielnik, 2008: 594-595）。伴隨土地改革與重分配，玻利瓦政府更設置了三個組織：第一，「國家土地研究院」（以下簡稱 INTI）作為負責徵收土地的權責單位，首要任務在規劃私人持有土地的規模與標準、監管土地產權契約，並負責補償地主；第二，「國家農業研究院」（Instituto Nacional de Investigaciones Agrícolas，以下簡稱 INIA）負責培訓「農民合作社」農業生產與管理相關知識，並提供農產品「市場」（Mielnik, 2008: 598）；第三，「國家農村發展研究院」（Instituto Nacional de Desarrollo Rural，以下簡稱 INDER），專責農業相關的信貸、技術與培訓，以及農業基礎建設（Wilpert, 2005）。

　　2005 年查維茲鎖定「徵收」的第一塊私人農地，是英國 Vestey 集團擁有的牛肉生產與加工公司 Agroflora（Márquez, 2005）。Vestey 集團主要從事畜牧、鳥類生態觀光園區、蔗糖生產與銷售，市場廣及巴西、阿根廷與委內瑞拉；另一個知名案例是 Pérez Branger 家族擁有的全國最大牛肉生產公司 El Charcote。[16] 這些看似爭議的「徵收」，衝擊商用農地與畜牧業。

　　簡言之，自 2003 年啟動公有農地再分配時，政府擁有 5,000 公頃這種低品質土地，到 2005 年已降為 3,000 公頃（Howard-Hassmann, 2015: 1034）。緊接著 2005 年啟動私人農地「徵收」，將約 220 萬公頃土地再分配給農民與農民合作社（Márquez, 2006: 1-2）。根據 2010 年「土地與農業群眾權力部」（El Ministerio del Poder Popular para la Agricultura y Tierras，以下簡稱 MPPAT）[17] 統計指出，2003~2007 年間查維茲共計徵收約 536 萬 3,788 公頃土地，其中 287 萬公頃來自大地主產權制度下的畜牧業。INTI 統計指出，截至 2008 年共計重分配了約 438 萬公頃土地給 10 萬 1,594 個家庭或農業合作社（Purcell 2014, 209）。2008~2013 年間查維茲再次徵收 98 萬 3,590 公頃土地（Lavelle, 2016: 81-82）。本研究將上述徵收土地的數據加總，換算之後徵收面積約占全國可耕地面積達 21%。然而，上述數字亦指出另一個事實，並非所有被徵收土地最終都重新分配給農民。對此，2008 年查維茲公開宣稱，土地重分配已促成全國耕地面積擴大 45%。[18]

---

[16] INTI 斷定其持有的 12,950 公頃構成「大地主制」，其中又有 5,000 公頃不具生產性，視同「閒置」，因而成為「徵收」對象。加上 INTI 要求提交「產權移轉鏈」，但該家族只能出示 1850 年以後證明。在不符合規範下被徵收，並將產權移轉給從 230 個農業家庭（Márquez, 2005: 1-2）。

[17] 2007 年「土地與農業部」（MAT）更名為「土地與農業群眾權力部」（MPPAT）。

[18] 參閱 "En Venezuela aumentan áreas de cultivo, pero disminuye producción." *Telemetro.com* (23 de mayo, 2009).

誠然，《薩摩拉任務》目的是協助無地農民取得土地，負責處理土地產權的贈予與登錄相關業務（Uharte Pozas, 2009: 327-328）。然而，上述這些重分配的農地，並不是以個人資產或集體資產方式授予農民；反之，玻利瓦政府依據《農業憲章》（Agrarian Charter）架構下籌組「農民合作社」，但僅賦予「農民合作社」在農地上耕作的權力和義務，並無法轉售農地（Márquez, 2006: 2）。

此一階段，伴隨土地重分配，確實帶動「農民合作社」迅速成長。根據 2010 年 MPPAT 統計，自 2003~2006 年推動《薩摩拉任務》期間共計成立 13 萬 1,000 多個國家贊助的「農民合作社」（Lavelle, 2016: 61）。弔詭的是，另 個政府機構的統計，卻呈現高度差異。根據「委內瑞拉合作社國家監管機構」（Superintendente Nacional de Cooperativas de Venezuela，以下簡稱 SUNACOOP）統計，1998 年委國僅有 800 個合法註冊的合作社，但到 2010 年中旬在 SUNACOOP 登錄在案的「農民合作社」有 7 萬 3,968 個，涵蓋約 200 萬名成員（Azzellini, 2017: 217）。這亦顯示，在多個部門多軌推動之下呈現的紊亂現象，亦暴露政府單位之間缺乏橫向整合的問題。

上述這些「農民合作社」，在 2003 年查維茲啟動糧食補貼計畫開始，成為《糧食市場任務》（以下簡稱 MERCAL）的供應商。除此之外，2007 年查維茲轉向《二十一世紀社會主義》並啟動國有化政策時，「農民合作社」再次被整合納入「委內瑞拉糧食公司」（Corporación Venezolana de Alimentos, CVAL）成為國有糧食生產體系的一環，並經由大批發方式將產地糧食直送國營銷售據點（Lavelle, 2016: 71）。

弔詭的是，土地重分配與「農民合作社」的大量崛起，並不必然促成國內糧食生產的提振。根據「委內瑞拉人權行動與教育計畫」（Programa Venezolana de Educación-Acción de Derechos Humanos，以下簡稱 PROVEA）統計，當時委內瑞拉糧食與食品進口比例依舊是居高不下，維持在 1990 年代進口約七成的水準（PROVEA, 1997-2004）。到 2005 年升高為 75%（Wilpert, 2006: 262）；2012 年進口糧食比率更達到 90%（Howard-Hassmann, 2015: 1035）。

二、社會經濟、農村發展與內生發展模式

　　伴隨《薩摩拉任務》的土地重分配，2003 年查維茲更啟動一系列與農業與鄉村發展相關計畫，包括：《返回農村任務》（*Misión Vuelta al Campo*）與《薩莫拉農場》（*Fundos Zamoranos*，以下簡稱 FZ）等計畫，試圖鼓勵無地農民與失業者重返農村，以復興地方農業生產，形成「再農民化」（repeasantization）（Purell, 2014: 208-209）。**此一階段，查維茲企圖在推動土地重分配的基礎上，進一步推動以「農村合作社」與「社會生產體系」**（empresa de producción social, EPS）**（請參閱第八章第二節說明）作為「社會經濟體制」之新經濟模式的示範，希望帶動委內瑞拉自「食利經濟」的經濟發展模式，轉向「內生發展模式」**（Desarrollo Endógeno）。且 2004 年 8 月反對黨籌劃「撤銷總統公投」的失敗，更強化了查維茲執政的正當性，亦促使他進一步推進替代發展方案。

　　此一階段，創造一個「社會經濟體制」作為新經濟模式，同時轉向「內生發展」成為查維茲推動替代發展模式的重心。誠然，發展模式的轉向，存在社會與經濟脈絡的考量。長久以來，委內瑞拉一直存在城 - 鄉發展失衡的弊病。一般而言，製造業、非石油部門、銀行與就業人口多集中在北部濱臨加勒比海的海岸區；反之，其它廣大且落後的內陸區域，則是重油與農漁業區。為了擺脫過度依賴石油出口的經濟結構，以及其導致的分配不均、城鄉發展失衡與就業創造不足等多重發展困境，查維茲倡導建立一個新的社會經濟模式，他定義這是一種推動在地就業與內需成長的「內生發展模式」。他希望藉由激化內需發展、創造在地就業，來擺脫石油經濟導致的城鄉區隔、發展不均與失業問題，並轉向推動經濟多元化，提振內需市場與非能源部門的發展。

表 6-1　1998~2011 委內瑞拉經濟成長率與勞動現況（單位：%）

年度	經濟成長率	失業率	非正式就業
1999	-5.9	16.5	47.0
2000	3.6	15.8	53.5
2001	3.3	15.8	50.0
2002	-8.8	16.4	50.6
2003	-7.7	大罷工	大罷工
2004	18.2	19.1	51.6
2005	10.3	15.5	48.1
2006	9.8	12.9	46.0
2007	8.7	11.1	43.5
2008	5.2	10.2	42.2
2009	-3.2	9.5	42.5
2010	-1.4	10.2	43.5
2011	4.1	10.4	43.0
2012	5.6	10.3	41.6
2013	1.3	9.4	40.3

資料來源："Encuesta por Hogar de Nuestro", INE。[19]

註解：失業率與非正式就業率資料取自 INE，以每年一月數字計算；經濟成長率取自 WB 委內瑞拉資料庫，取自小數點後第一位。[20]

　　所謂的「內生」（endogenous），查維茲在《哈囉，總統》（*Aló, Presidente*）節目中明文這是指：「由內部創造（created from within）。」此一概念在拉美脈絡下可追溯至 1950~1970 年代由阿根廷經濟學者勞爾・普利畢許（Raúl Prebisch）主導的 ECLAC 學派倡導的「內生發展模式」，並採取「進口替代

---

[19] 參閱委內瑞拉國家統計局網站（Instituto Nacional de Estadística, INE）：http://www.ine.gob.ve/index.php?option=com_content&view=article&id=507%3Ade-enero-de-1999-a-enero-2013-la-tasa-de-desocupacion-descendio-de-166-a-94&catid=120%3Afuerza-de-trabajo&Itemid=7

[20] 參閱 World Bank GDP Growth Rate Venezuela (BR)：https://data.worldbank.org/indicator/NY.GDP.MKTP.KD.ZG?end=2014&locations=VE&start=1999&view=chart

工業化」作為政策方針，目的在創造內部市場（Bruce, 2008: 42）。Gónzales y Lacrus（2007: 65）則將「內生發展模式」定義是：「*一個國家有能力去生產自身社會所需的一種能力，目的在降低對外依賴的形式。*」

2005 年委內瑞拉「群眾權力部」（Ministerio del Poder Popular）部長 Elías Jaua 定義「內生發展模式」之目的，是將所有生產環節與銷售都交由「合作社」主導（Azzellini, 2009: 186）；Valles Caraballo（2004: 23-24）定義，「內生發展」是指：「*……整合被排除人口，並發展一種自我管理的社會與生產組織。……經由教育和培訓……推動連結生產、消費與分配的生產鏈來促進自然資源轉型*（Azzellini, 2017: 225）。」；除此之外，委內瑞拉 SUNACOOP 主席 Carlos Luis Rivero 則主張，「內生發展模式」應超越單純強調「內生生產」（endogenous production）、走向「內生分配」（endogenous distribution）。其目的在推動一種新的社會生產關係，以讓經濟生產過程中的附加價值，能夠以更公平方式分配與移轉（Azzellini, 2009: 186）。

由於「內生發展模式」仰賴創造地方為基礎的成長中心，以推動內需市場的成長與發展。因此，「內生發展模式」強調經濟的自主與自治，並要求建立一個更平等的生產關係，以將社會邊陲的「人民」納入新的生產模式。基於此，「合作社」成為首要推動的經濟組織形式。由此可知，「內生發展模式」強調創造一種內需市場，來滿足在地生產、在地交換與在地分配。在交易原則上，試圖讓所有的生產都回歸到滿足「社區需求」的原則，這包括：依據地方需求而來的生產、創造在地就業，以及發展更公平分配的經濟模式，以平衡「經濟」與「社會」之間衝突。

「內生發展模式」的關鍵要素在於創造內生發展的「成長極」。根據 2004 年 11 月查維茲《新策略地圖》（*Nuevo Mapa Estratégico*）涉及的十項目標中，與經濟發展模式有關的第七項目標是加速建立新生產體系以推動新經濟體系，以及第八項目標建立新的地域結構（Estructura Territorial）。據此，查維茲啟動了「內生發展核心」（Núcleos de Desarrollo Endógeno，以下簡稱 NUDE）計畫（Bruce, 2008: 59, 197）。

NUDE 作為推動地方發展的主軸，設置目的在選擇大都會區域內部的貧困或邊陲地區，作為推動地方再生與就業創造的經濟復興區域（Mateo y Sánchez,

2013: 32）。基於 UNDE 目的在推動地方成長與發展，因此它不僅是一個地理空間範疇的界定，同時亦是一個成長軸心的概念。

更確切地說，NUDE 是指一個特定的區域空間內，地區發展將與在地社會團體、生產體系和就業相連結。因此，NUDE 強調識別出地方發展的產業機會，涵蓋舉凡是農業、觀光、紡織與烘培等多個社區產業構面，作為地方經濟成長軸心，目的在創造地方經濟的活絡、提振地方人力資本，進而創造在地就業，並建構一個可以兼顧「經濟納入」與「社會納入」之內生發展的新經濟模式，來落實社區發展與就業政策。最終目的在協助提供邊陲區域那些被經濟排除的失業者一個在地工作機會，來協助弱勢者重返勞動市場，同時提供他們改善自身經濟能力的教育培訓與資訊近用方案（Bruce, 2008: 40；Gónzales y Lacrus, 2007: 65）。

在轉向「內生發展模式」的前提上推動的 UNDE，主要以「社區」為基本單位。當時，第一個創立的 NUDE 是位在 Sucre 省的 Fabricio Ojeda。推動 UNDE 的社區，又被稱是「戰鬥陣線」（Frentes de Batalla）。「戰鬥陣線」存在五個類型：產業、觀光、農業、基礎建設與服務。那些參與「核心」（Los núcleos），又稱是 "Lanceros" 或 "Lanceras"，是由「戰鬥陣線」整合形成的地方發展中心，並建立地方為中心的「成長極」（Polos de Desarrollo）（Gónzales y Lacrus, 2007: 65-66）。

在運作上，UNDE 連結了地方發展導向的一系列社會經濟計畫和社會福利政策，包括：「地方再生計畫」（los programas de regeneracion urbanas）、社會經濟導向的《改頭換面》（*Misión Vuelvan Caras*）計畫、鄉村農業發展的《薩摩拉農場》（以下簡稱 FZ），以及 2003 年在《任務》名義下啟動一系列社會福利政策，試圖整合地方發展與區域再生、就業創造與活絡經濟等多重經濟與社會目的在一個地方發展的框架下。

首先，在 UNDE 的基礎上，玻利瓦政府連結了社會經濟導向的《改頭換面》計畫。《改頭換面》計畫源自於 2002~2003 年資本家囤積與籌劃罷工引發的「短缺」危機。當時查維茲啟動糧食補貼，隔年 2004 年 1 日啟動《改頭換面》計畫。計畫目的是將貧困區域的經濟模式，轉型為「社會經濟」模式。主要策略是推動農民合作社、社會生產企業（以下簡稱 EPS）等小型與微

型企業,以達到就業創造、更合理生產與分配,並提振集體社會福祉的目的
(Gumilla, 2006: 181)。

《改頭換面》計畫雛型,最早可追溯到《大家播種》(*Todas las Manos a la Siembra*)計劃。該計畫目的是:「確保人民勞動可參與到生產與服務,以超越社會排除和過去四十年來的貧困。」運作上,強調通過職業培訓,來抑制地方失業和社會排除。因此《改頭換面》政策重心在於:創造在地就業,推動「內生發展計畫」,特別是針對地方的觀光業、農業、基礎設施、服務業和工業等領域(Gónzales y Lacrus, 2007: 65; Gumilla, 2006: 181)。然而,《改頭換面》並非單純的在地創造就業方案。事實上,此一計畫連結了新社會經濟模式和發展模式轉向等企圖野心,試圖將「出口導向成長模式」轉為「內生發展模式」(Gumilla, 2006: 181)。

由於《改頭換面》計畫是鑲嵌到地方發展的 NUDE 之中,目的在發展社會經濟模式、協助就業創造,同時培育地方發展所需的專業人才養成。因此,《改頭換面》亦連結了《玻利瓦任務》中與教育相關的《羅賓森任務》、《里瓦斯任務》與《蘇克雷任務》等計畫方案,以及 MERCAL 計畫,目的在引導地方居民投入在地生產、培育地方人才,並經由設置「合作社」來推動地方生產、創造地方就業,並滿足在地需求(Mateo y Sánchez, 2013: 33)。上述社會經濟政策,目的在改善社會的生產關係、均衡城鄉村發展失衡,同時消除地方失業、舒緩經濟排除,並逐步引導社會轉型。當時,地方發展的經費來源,主要是仰賴 PDVSA 出口石油收益,並將部分收益轉移給 PDVSA 的子公司 Palmaven,並由 Palmaven 執行 NUDE 的計畫(Mateo y Sánchez, 2013: 33)。

「內生發展模式」在實際運作上,主要以振興鄉村地區經濟為主。舉例來說,UNDE 在農村地區經由「薩摩拉農場」(以下簡稱 FZ)計畫作為農業生產的軸心方案。「薩摩拉農場」的主體是「農民合作社」,通常由數個「合作社」組成,並集結成為更大的 FZ,並導入「社區」為單位的 UNDE,成為替代性的「社會經濟體系」(Lavelle, 2016: 59)。在運作上,FZ 由「合作社」進行自我管理,並由「合作社」與「社區」進行資源共享與農產品的交換(Lavelle, 2016: 59-60)。因此,「社會交換」成為 FZ 與「社區經濟」之間交易的指導性原則。這形同是翻轉了市場經濟的逐利邏輯,將「人類需求」放置於優先於「市場獲利」的價值序列位置,並形成較符合人道主義的社會經濟模式。當

時，這些鄉村區域的「合作社」，儼然成為查維茲推動社會經濟體制的軸心。由此可知，在 UNDE 架構之下，查維茲試圖建立一個整合生產性合作社、人才培訓、社會福利與惠貧政策的內生發展空間（Bruce, 2008: 44）。

此一階段查維茲以「土地重分配」與「重返農村」為號召，籌組「農民合作社」和 EPS 作為引導「地方發展」的火車頭，並據此建立 UNDE 作為成長極，致力於轉向「內生發展模式」。一方面，這成就了查維茲意圖推動「社會經濟體制」作為新經濟模式的策略；另一方面，亦藉此扭轉獨尊石油經濟的「出口導向成長」為「內生發展模式」（Bruce, 2008: 142-143; Lavelle, 2016: 59）。當時，查維茲更將石油收益經由一系列社會福利政策與內生發展基金途徑，挹注到地方發展、UNDE 與社會福利方案。最終，查維茲推動的「內生發展模式」，切割出了一個不與全球資本循環結構相連的「內生發展區域」，以區隔於獨尊石油經濟的「出口導向成長」，並創造出一個可緩衝全球市場需求與壓力的內生經濟空間，來保護中下階層的貧窮人口免於經濟排除（Fernandes, 2013: 57-58）。Ong（2006: 77）認為，查維茲的作為是試圖將國家內部的經濟空間，分割成幾個彼此不相連的區域，並進行差別式管理，因此形成不同的「等級主權區域」（zones of graduated sovereignty）。這有助將國家的經濟空間，依據「與全球資本主義經濟迴圈相關」以及「不與全球資本主義經濟迴圈相關」的兩分原則，切斷部分國家經濟空間與全球資本主義經濟體系之間的關連性，以切割出一個緩衝區。

本書主張，這種以重返農村、農業合作社與地方再生計畫作為推動「社會經濟體制」與「內生發展模式」的模式，形同是翻轉自「現代化理論」主張將農村視為是移轉「經濟剩餘」來支持工業現代化的發展模式，形成逆向潮流；除此之外，這亦修正了獨尊「石油經濟」與「出口導向成長」的新自由主義經濟模式。事實上，UNDE 作為「成長極」的概念，最初雖源自經濟現代化理論中後進國家（Late Comer）為了追趕發展，而啟動快速工業化的經濟策略。因此，強調「國家」作為推動工業化的主導者，應扮演起整合資源並推動產業發展的角色，首要之務在創建成長引擎，並將資源同時且大規模挹注在兩個或多個相互關連的策略性產業來帶動產業向前與向後整合，並經由「外溢效果」（spill over effect）創造快速成長的綜效。然而，相較於 1980 年代以前工業化理論強調的「進口替代工業化」與「發展主義」邏輯，查維茲版的「內生發展

模式」雖同樣主張創造「成長極」，但不同之處在於將「發展」的單位自「國家」下放到「社區」層次，並由「社會經濟組織」擔負起主導地方經濟的要角。「國家」角色限縮到資金提供與贊助者。這同時意味著「發展主義」的邏輯，將因為受到社會經濟體系與社會目標的牽制，而產生一定程度的壓抑，並成就了「經濟」與「社會」目的之間的再平衡。

然而，此一階段查維茲推動的「社會經濟體系」和「內生發展模式」，成效不盡如人意。究其因，存在幾個原因：大量缺乏培訓與低效率的「合作社」、低效率的國有規劃，以及 UNDE 的貪腐。除此之外，批評者更指出儘管查維茲推動了一系列的土地重分配與農民合作社，來刺激農村與農業發展，並創建地方性的社會經濟生產體制，作為轉向「內生發展模式」的火車頭。但在將「國家資源」移轉至「社區資源」的過程中，事實上受益更大的是查維茲政治網絡在社區層次的快速擴張（Uharte Pozas, 2009）。

誠然，後續研究亦陸續指出，查維茲推動的農地再分配、農民合作社和鄉村發展，並未如預期一般創造出一個新經濟形式與人道的生產社會關係。事實上，「農民合作社」在推動落實的過程中，由於成員多數仍缺乏社會主義的意識，不具備「社會經濟」強調的平等、協作、團結與連帶精神，亦不存在協作與集體決策的意識，形成「沒有合作社主義精神的合作社」（cooperativas sin cooperativismo）的諷刺，因此導致成效不佳。除此之外，農民對於「合作社」的態度亦曖昧，許多中高齡農民更傾向擁有自己農地與私人獲利，但又巧妙地善用「合作社」的身份與資源網絡，來取得政府資源（Levelle, 2016: 59-60；黃富娟，2020c: 120）。

此外，Azzellini（2013, 2017）研究指出，「合作社」創設目的在「滿足社會需求」的生產，並相信在集體產權與互惠原則上推動的「團結經濟」，可擴大應用於「社區」，形成一種社會經濟模式。然而，事實證明，多數「合作社」依舊是依循「資本邏輯」在運作，試圖在謀求獲利極大化（Azzellini, 2017: 217-218）。因此，「農民合作社」被譏笑是一種在資本主義市場體系下的「社會主義植入」（socialist implant），不僅脆弱且更容易質變（Bruce, 2008: 61）。最終，「合作社」作為主體的社會經濟體制，卻礙於成員缺乏信念、且政府亦未能有效監管，以致成效不如預期（Piñero Harnecker, 2010）。

事實上，委內瑞拉內部曾對「合作社」與 EPS 等生產組織形式作為「內生發展模式」之主體是否恰當，進行了激烈的辯論。批評者質疑「合作社」作為替代發展模式，究竟在多大程度上能夠提振「效率」和「生產力」，並在免於國家補貼之下進入市場經濟中與私企業競爭（Bruce, 2008: 59）？Purcell（2013: 162-163）認為合作社與 EPS 等「社會經濟部門」作為回應「石油經濟」衍生之不公與不均，雖有其必要性，但卻不足以支持企業的生產力。因此，不能只為改善生產的社會關係與達成「重分配」，而不去正視企業生存與市場面的因素，例如：生產規模、技術更新等。由此可知，查維茲對於「所有產權」的改革是鑲嵌在「土地重分配」、「糧食安全」與「內生發展模式」等多重發展目標與論述之內。儘管他意圖推動發展模式、生產體系與生產關係的改變，但成效顯然不如預期。不論如何，都確實促成了土地重分配與就業創造。**與此同時，查維茲雖走向反新自由主義的道路，但在國家總體經濟層次，依舊保有市場經濟與私有產權等新自由主義模式的特徵。**

伴隨查維茲第三任期啟動社會主義國家轉型，替代發展結盟對象與經濟議程重心，轉向組織性勞工與推動經濟民主與國有化政策，並一度忽略 UNDE 與 FZ 等示範計畫。直到 2010~2011 年「公社」（Las Comunas）概念的再起，FZ 再次成為農業改革的示範方案（Lavelle, 2016: 151）。2010 年以後，FZ 更定期舉辦農場與各級政府之間的交流會議。例如：每雙週舉辦「地方指揮會議」（Local Command Meeting），由地方政府代表與農場會面，直接協調社區農業發展的需求、援助項目與資金等事務；其次，在省層次也存在「社會主義農業區域指揮會議」（Comando Regional Agrario Socialista，以下簡稱 CRAS），目的在將農民與農民運動整合到農業發展架構與決策機制；在區域層次存在「社會主義農業成長極」（Polos Agrarios Socialistas，以下簡稱 PAS）。PAS 是在 CRAS 作為基礎單位之上整併成為更大區域性的每月農業發展協商會議，因此無法以農民個人名義參與；在 2012 年開始更出現全國層次的「薩摩拉農場社會主義國家指揮會議」（Comando Nacional Socialista de los Fundos Zamoranos），由 PAS 派一個代表出席。在這個以「合作社」為基礎的鄉村結構重組過程中，每一個地方農村倡議都經由基層自主提案產生，並由下而上遞送到全國層次（Lavelle, 2016: 151-152）。由此可知，「合作社」為主體的社會經濟體系在查維茲推動替代發展方案的前期與後期中，都扮演舉足輕重的角色。

第四節　糧食權力、價格補貼與小農產銷體系

　　查維茲推動「土地改革與重分配」的另一個目的在鞏固「糧食安全」。誠如查維茲主張，新自由主義政策優先考慮國際貿易、而不是「糧食權力」。它不僅摧毀了國內農業生產，更導致糧食進口依賴（Uharte Pozas, 2009: 312-314）。因此，他提出「糧食主權」政策，並走向糧食補貼與建立小農生產體系的方向轉型。

　　誠然，早在《定點協議》時期，委內瑞拉已存在糧食補貼相關政策。這包括：對於基本糧食的價格控制、補貼農產品與食品加工中間原料之進口等。但自1989年轉向新自由主義以後，政府廢除了對於糧食生產、消費與進口優惠等補貼，並導致國內糧食生產急速下降。與此同時，私有化政策造成勞工失業嚴重。且通貨膨脹與薪資貶值更衝擊人民購買力，造成中下階層基本糧食取得呈現匱乏狀態。這些未被滿足的需求，形成較高的「社會排除」。

　　為了解決糧食問題，查維茲自2001年開始推動土地與農業改革、復興農村與農業發展，並試圖恢復「糧食權力」。儘管1999年通過的新憲法中，已明確論及國家應保障「糧食權力」、確保「糧食安全」，並將這些目標與復興農村發展、建立小農產銷與社會經濟體制相連結。而土地重分配，則成為達到上述目標的手段。然而，查維茲對於鞏固「糧食主權」與「糧食權力」的實際行動卻遲至2002~2003年因《授權法》引發業者蓄意囤積，並癱瘓經濟衍生的「短缺」之後，才採取行動。為了回應「短缺」，2003年3月25日查維茲批准了《社會和經濟發展特殊計劃行政命令》（*Decreto Presidencial el Plan Excepcional de Desarrollo Económico y Social*）。上述行政命令目的在：「確保穩定、持續、供應的基本食品籃（la Cesta Básica）與其原料，以供應最貧窮人口的需求。倘若國內不生產，國家應向國際市場收購。」；其次，該文件的附件更明文：「國家應提供8種基本糧食的近取，以及合理與團結價格（precios solidarios）給貧窮人口」；同時更指出：「經濟與社會發展應通過促進農業生產、促進食品與農業生產鏈來達成（Uharte Pozas, 2009: 337）。」

　　基於此，2003年查維茲在土地重分配與籌組農民合作社的基礎上，啟動糧食補貼計畫，又稱《糧食市場任務》（以下簡稱MERCAL）。此一計畫主要以

「農民合作社」作為供應方，並由國家主導並建立國有糧食補貼體系，以讓全民享有廉價與豐富的糧食。這象徵著「國家」對於市場的干預，正式進入到傳統上由菁英與私部門壟斷的糧食領域。以下說明：

一、糧食權力、價格控制與人民購買力

2003 年查維茲依據憲法明文的「糧食權力」與《社會和經濟發展特殊計劃行政命令》，啟動對於包括糧食與藥物等基本物資的「價格控制」。當時，查維茲主張對一籃子基本糧食進行「價格控制」，以避免投機與炒作（Molina, 2013:14）。**基於此，2003 年查維茲頒布第 37626 號政府公報，將 45 項產品與 7 項服務列入「基本需求」（primera necesidad），並對這些產品實施「最高售價限制」（precio máximo）限制，查維茲稱之是一種「公道價格」（precio justo）。**當時，受到價格控制的基本糧食，包括：玉米、稻米、牛肉、雞肉、豬肉、雞蛋、鮪魚、沙丁魚、咖啡粉、奶粉、麵包，義大利麵、植物油、人造奶油、白乳酪、糖和多種豆類等（Gutiérrez, 2013: 23）。同年，玻利瓦政府更逐步擴大對於「基本糧食」的「價格控制」到 87 項（Abadi y Soto, 2018）。

與此同時，玻利瓦政府為了穩定物價，亦採取了一系列配套措施，包括：提高最低薪資、限制自由美元兌換，以及「匯率控制」。當時，查維茲企圖將「玻利瓦幣」兌「美元」的匯率，維持在一個較為強勁的貨幣。上述政策主要目的在抑制糧食價格上漲，提高人民實質購買力，並協助人民取得充沛與廉價的糧食（Molina, 2013: 14）。與此同時，查維茲更逐步打造小農生產體系、強化農業生產模式，並試圖轉向「內生發展模式」（Morales Espinoza, 2007）。這又與前兩節探討的農地重分配、農地合作社與農村發展等目標緊密相連。然而，為了因應「短缺」而啟動的暫時性「價格控制」與「匯率控制」卻被延續下來。

誠如本書第二章理論指出，革命馬克思主義左派主張，資本主義市場經濟造成「資方」得以在不顧慮「勞方」之下取得市場中的「超額報酬」（獲利極大化）之不合理現象。由於價格體系是資方獲取「勞動剩餘」的主要手段，決定了誰挪有「定價」與分配「剩餘價值」的權力。因此，為了實現一個公平正義的經濟體系，查維茲取法左派觀點，主張對於基本糧食設立「最高售價限

制」，以將生產者的獲利，壓縮到一個合理的範圍之內。當時，《公道價格法》（*Ley Orgánica de Precio Justo*）第 32 條款將合理利潤空間設定在至高 30% 的上限。根據該條款：「最高售價限制」的計算，應該以生產成本為基礎，向上追加到至高 30% 獲利率。

此一階段，查維茲對於糧食與食品等「基本需求」進行「最高售價限制」，並配合「國家」對於基本糧食的「價格控制」與「匯率控制」來補貼消費者。因此，委內瑞拉經濟形成一個由「國家」控制價格與貨幣供應的「經濟制高點」（Commanding High），並形成「官僚價格協調經濟」（Bureaucratic price coordination mechanism）（Mateo y Sánchez, 2013: 22；黃富娟，2020c: 121-122）。

誠然，委內瑞拉並不存在「計畫經濟」，雖存在「價格控制」，但不採取指令式生產，因此「價格扭曲」程度應不似共產主義計畫經濟體制那般嚴重。然而，誠如 Kornai（1986）對於「計畫經濟」衍生之經濟問題的討論中，已指出龐大官僚的縱向協商無法明確且即時反應市場資訊，加上土地與廠房由國家提供（或補貼），亦導致難以反映生產要素成本。因此，官僚定價勢必低於成本價格，並造成差額由國家彌補或放任企業虧損（Kornai, 1986；張曉光譯，1986）；除此之外，經濟學者 Chávez Ramírez 與 Correia De Celli（2014: 176-177）主張，玻利瓦政府經由「最高售價限制」對基本物資進行價格監管，並受到國家強加的「價格表」（precios tarifarios）所支配。此一策略，需高度仰賴有效掌握生產力要素的各個環節，以求精確反映價格。相較於市場經濟，定價策略的優點在於，可經由降低「投資回報率」（las tasas de de retorno a la inversión）來消除「過度資本化」（sobrecapitalización）[21]。但這亦將導致生產風險只能單方由生產者承擔，例如：通膨成本無法轉嫁給消費者。長期下來，將因生產者的獲利遞減，無法提供較佳服務（Chávez Ramírez y Correia de Celli, 2014）。

由此可知，「公道價格」的計算雖是奠基於「成本加層」之概念，並主張 30% 作為獲利上限。此一規劃看似合理，但任何試圖取代「市場配置」的「人為定價」機制，都存在一個根本問題：「人為定價」難以取代「看不見之手」

---

[21] 是指對於資產的估價或價格，實際上高於其實際價值，這將給獲得合理的投資回報帶來壓力。

的靈活配置與效率。在政府控制物價下，實際上必須仰賴生產者提報或官僚擷取資訊的能力，後者更涉及到「資訊對稱」問題，否則必然將存在價格反映的延滯。**除此之外，另一個問題在於，當時玻利瓦政府仍存在對於美元兌換與匯率控制，以致於通膨（長期下來還存在累積性通膨）無法有效與迅速反映在「類市場」的價格安排上，結果是生產者（農民合作社）必須自行吸收。**事實證明，此一現象亦是造成後續委內瑞拉農民合作社在供應 MERCAL 時，因為受到「匯率」與「價格」的雙重控制，而衝擊生產者利潤，最終引發投機與黑市交易（黃富娟，2020c）。本書將於第八章詳細討論。

二、糧食補貼政策、MERCAL 與農民合作社供應體系

伴隨對於基本糧食的「價格控制」政策，2003 年 4 月查維茲啟動補貼消費者糧食的 MERCAL 計畫，作為確保糧食權力並強化國內供應的手段。

MERCAL 設置目的在確保提供消費者穩定且團結的價格，並經由固定和移動商業據點，進行批發與零售營銷，以提供低收入者廉價且充足的糧食（Morales Espinoza, 2007）。

MERCAL 的創立和運作，雖源自行政命令，實際法源卻可追溯至 1999 年憲法第 305 條款對於「糧食安全」與「糧食權力」的權力保障，以及《土地法》第 155 條與《農業市場法》（*Ley de Mercado Agrícola*）第 1、11 和 14 條款而來（Morales Espinoza, 2007）。Morales Espinoza（2007）主張，當時查維茲政府宣稱，MERCAL 的設立，是依據當時總體經濟條件，綜合下面兩點考量之後的決策：第一，委內瑞拉的國際儲備維持偏高水準，且外匯管制一直有效。當時貨幣亦未出現大幅貶值的可能性；第二，相較於通貨膨脹率較低的利率。在上述條件下，政府得以大刀闊斧地干預農業與食品部門，推動糧食市場結構的重組，並將原先私部門獲利重新分配給農民與消費者。

除了上述考量之外，本書主張，查維茲重啟糧食補貼，是對於 1990 年代轉向新自由主義以後導致的糧食不安全之修正。從歷史過程來看，委內瑞拉曾於 1970 年代黃金時期普遍落實糧食補貼的事實。但自 1990 年代轉向新自由主義以後，市場經濟大幅衝擊了個人取得充足與近取的糧食權力。緊接著 2002 年反查維茲業者蓄意囤積導致的「短缺」，再次引發社會對於糧食不安全的歷

史記憶與危機心理。基於此，查維茲在歷史經驗與現實衝突的多方權衡之下，重啟了糧食補貼作為回應「短缺」的策略。這不僅回應了危機、保障了憲法允諾的基本糧食權，同時更推進了自 2003 年開始落實的一系列土地與農業改革。因此，強化了查維茲推動補貼政策的合法性與正當性。

（一）MERCAL 的成立、目的與補貼政策

MERCAL 之設置目的，在取法古巴社會主義經驗，成立一個食品販售實體，以提供低所得者取得廉價、充裕與可及的基本糧食，屬於《任務》子計畫之一。它因涉及到政府對於糧食的價格補貼，因此是一個「重分配」政策，同時亦因涉及到農民合作社（土地重分配而來）與生產性政策，因此亦是「社會經濟體制」的一環。

MERCAL 設置目的在提供高品質與廉價的基本糧食。MERCAL 強調糧食供應的來源，應取自在地生產、而非進口糧食，特別是「農民合作社」為主的供應網絡。因此，MERCAL 計畫既能成就「糧食主權」，又有利於建立新的社會經濟體制，並推動生產模式與生產關係的改變。因此，MERCAL 被視為是「市場」的補充政策（Lavelle, 2016: 71）。

MERCAL 設置之初，是由 MAT 掌管。2004 年 MAT 主張：「MERCAL 允許糧食生產與貿易的『去壟斷』，以保障糧食安全和主權。」它意味一個由小農合作社組成的生產體系與銷售服務系統，以達到「糧食主權」與國有化，降低對於進口糧食的依賴。除此之外，2004 年玻利瓦政府更設置「糧食群眾力量部」（Ministerio de Poder Popular para la Alimentación，以下簡稱 MINPPAL）作為整合並推動「糧食主權」與相關方案的權責機構（Uharte Pozas, 2009: 336；Morales Espinoza, 2007）。

MERCAL 作為推動糧食補貼而設置的實體銷售店面，其糧食的供應商，主要來自在地生產，尤其是農地重分配之後政府協助籌組的「農民合作社」。誠如前兩節所言，自 2003 年查維茲啟動土地重分配，農民則在政府介入與組織之下成立「農民合作社」，並引導「無地農民」返回農村，來提振國內農業生產。與此同時，玻利瓦政府更啟動補貼糧食的 MERCAL 計畫，以將農民合作社集結成為 MERCAL 供應商。這些社會經濟部門，肩負起國家主導之糧食體系的生產與供應，同時被要求以「公道價格」供應 MERCAL 網絡，同時將 10% 利潤

回饋給所在社區（Purcell, 2014: 210）。**當時，這一系列政策是在推動「土地正義」、「糧食主權」與「糧食權力」的前提下進行，同時兼顧經濟納入、社會納入，以及就業創造等多重發展目的。**

　　MERCAL 作為糧食補貼與銷售的實體店面，其設置主要由 MINPPAL 在全國低所得區成立銷售中心。最初，MERCAL 設置主要集中在以下省與行政區，亦即 Zulia、Carabobo、Miranda、Anzoátegui、Barinas、Monagas、Sucre、Aragua、Lara、Táchira、Bolívar 與 El Distrito Capital，涵蓋全國 77% 人口，其中 32% 人口生活在極端貧困之下（BMIb, 2010: 57）。之後，更逐步擴大到全國其他區域（Morales Espinoza, 2007）。2009 年 MINPPAL 統計指出，全國共設置 16,456 個 MERCAL[22]，占當時雜貨零售市場覆蓋率的 40%，成為拉美最大的國有糧食供應網絡（BMI, 2010b: 44-46）。

　　在糧食補貼上，由於 MERCAL 設置目的在提供低所得者取得廉價、充裕與可及的基本糧食。因此，在設置初期，MERCAL 主要針對委內瑞拉國內 69 種基本糧食，提供 35% 折扣。之後更逐年擴大補貼項目，並依據不同品項提供 27~39% 不等的折扣。根據 2006 年 MINPPAL 統計，稻米折扣是 45%、義大利麵是 38%、玉米 22%。且在低所得區域折扣至高可達 50%（BMI, 2010: 57）。由此可知，MERCAL 門市販售產品具有「價格補貼」的意義。

　　如表 6-2 所示，1999 年委內瑞拉勞工的最低薪資，占當時一籃子食品價格（Canasta Alimentaria Normativa）的 95%。這顯示當時社會中下階層的糧食支出占總薪資結構比有過高的問題。且當時仍有 45% 勞動人口在非正式部門就業，薪資條件差亦衝擊到糧食購買力。得力於查維茲於 2004 年啟動的糧食補貼政策，促成 2005 年最低工資首次超過「一籃子食品價格」達 105%，2007 年達到 118%。以成效來看，自 2004~2007 年間估計共有 930 萬人受惠於 MERCAL 計畫，占當時總人口的三分之一（Howard-Hassmann, 2015: 1028）。這顯示 MERCAL 對低收入戶糧食補貼價格與覆蓋率的貢獻卓越。這對於「糧食權力」與「消除貧窮」而言，成效顯著。

---

[22] 包括 263 個雜貨店及許多由人民自家經營的微型 MERCAL 店面（mini-Mercals）。

即便 MERCAL 設置目的是為了提供低收入戶廉價且充裕的糧食，它並不排斥任何社會階級購買（Schiavoni & Camacaro, 2009: 137）。由此可知，MERCAL 的政策對象雖優先考慮最脆弱群體，但在供應原則上卻採取「普世性」原則。**因此，本書主張「糧食權力」構成一種「社會福利」。且 MERCAL 因其供應方主要來自土地重分配之後成立的「農民合作社」，因此 MERCAL 計畫亦連結了解決土地過度集中與無地農民造成的結構性貧窮，不僅是「重分配」政策的一環，更有助於建立「社會經濟體制」，並轉向「內生發展模式」。**

表 6-2　1990~2007 最低薪資與一籃子食品價格之關係（單位：Bs）

年度	最低薪資	一籃子食品價格	覆蓋率（%）
1990	4,000	6,707	60
1991	6,000	8,306	72
1992	9,000	10,595	85
1993	9,000	15,070	60
1994	15,000	25,892	58
1995	15,000	35,593	42
1996	15,000	74,951	20
1997	75,000	95,938	78
1998	100,000	123,291	81
1999	120,000	126,022	95
2000	144,000	139,034	104
2001	158,400	162,705	97
2002	190,080	217,280	87
2003	247,104	284,582	87
2004	321,235	345,167	93
2005	405,000	386,006	105
2006	512,325	479,462	107
2007	614,790	519,064	118

資料來源： Uharte Pozas, 2009: 334。原文引自 Ministerio del Trabajo y Seguridad social. http://www.mintra.gov.ve

（二）糧食補貼與 MERCAL 小農產銷體系

MERCAL 作為糧食補貼的計畫，雖具有國家主導之實，但在運作上，更伴隨權力下放與開放公民參與，形成國家主導的公、私協力生產與銷售網絡。因此，從替代發展的角度而言，MERCAL 既滿足了對於消費者補貼的「糧食權力」，更強化了農地農用、創造內需生產和銷售，以及創建小農生產體系，最終目的在達到「糧食主權」的發展目的。

在 MERCAL 實體銷售門市網絡的建構上，主要透過連結「巨型市場」（Mega Mercados）與數萬家社區小型糧食商店，形成覆蓋全國的補貼網絡（Uharte Pozas, 2009: 326）。

MERCAL 銷售體系之建立，最初是依據實體門市的規模，區分出兩種零售店模組（módulos），亦即是：MERCAL 類型一（Mercal Tipo I）與 MERCAL 類型二（Mercal Tipo II）。類型一，是指固定規模與容量的零售門市，存在 274 與 154 平方公尺兩個門市空間標準；第二類型，公部門實體店面或被徵收的賣場，因此結構和容量是可變的，且被允許經營特定食品線，例如：香腸線等。上述兩種 MERCAL 模組都可以是國家經營或私人經營（López, 2005）。

後續 MERCAL 實體門市又衍生出三種規模：第一，「超級市場」（Super MERCAL）是指規模較大的銷售門市，有助於直接銷售給生產者，並提供更多樣性糧食／食品；第二，「小市場」（Mercalitos），又稱 "Bodegas MERCAL"，由傳統社區型雜貨店組成，允許將許多零散家庭銷售據點納入 MERCAL 網絡，以創造地方就業機會；第三，「移動市場」（Mercalitos Móviles），連結糧食供應方與偏鄉居民的類型（López, 2005）。另外，亦設有「庫存中心」（Cuenta con Centros de Acopios），負責儲存與分配銷售糧食給 MERCAL 門市。由它們負責控制國家的戰略糧食儲備（Uharte Pozas, 2009: 337-338）。

截至 2007 年 3 月，MERCAL 網絡共計有 15,741 據點成立。最終，依據類型來看，有 34 間門市屬於「巨型市場」、13,978 間屬於「小市場」、394 間是「移動市場」，以及 117 間「庫存中心」。

MERCAL 計畫成就了消費者的「糧食權力」與社會福利，同時維持了小農生產、內需消費市場，並創造了直接就業機會。根據 MINPPAL 統計，自

2003 年設置開始截至 2007 年初，共計創造了 7,794 個直接和 43,470 個間接工作崗位，共計 51,464 個（Uharte Pozas, 2009: 337）。

除此之外，2007~2008 年查維茲轉向國有化政策之後，更積極籌組另一個由政府主導的銷售網絡，又稱「委內瑞拉糧食生產與分銷體系」（La Productora y Distribuidora Venezolana de Alimentos，以下簡稱 PDVAL）。誠然，2007~2008 年時逢全球糧食危機（food crisis），委內瑞拉內部更因查維茲提出憲法修憲案引發的衝突，再次誘發企業囤積與投機行為，並導致第二次「短缺」。[23] 為了對抗「短缺」，2008 年查維茲以行政命令 6061 號頒布《糧食主權和糧食安全法》（Ley Orgánica de Seguridad y Soberanía agroalimentaria），以對基本糧食實施出口限制[24]，並監管糧食的供應、價格與庫存。該法更明文將糧食相關基礎建設定義是一種「社會財產」（Schiavoni & Camacaro, 2009: 139-140）。緊接著 2008 年推動的糧食與食品加工部門的國有化政策，查維茲設置了另一個以中產階級為銷售對象的 PDVAL，作為與私部門直接在市場上競爭的國有供應體系。PDVAL 作為 MERCAL 姊妹網絡，先由 PDVSA 主導，並於 2010 年併入 MINPPAL 之下（Schiavoni & Camacaro, 2009: 137）。

相較於 MERCAL 供應商主要來自農民合作社，PDVAL 則以 PDVSA 的石油美元購買進口糧食。在定價策略上，PDVAL 定價是低於市場價格，但不及控制價格。PDVAL 主要設置在都會區，以與私人量販超市進行直接競爭，來強迫私部門經由與 PDVAL 競爭而調降價格（Lavelle, 2016: 71）。伴隨 2009 年陸續啟動的食品零售部門的「徵收」，PDVAL 旗下更整合了 228 家超市（BMIa, 2010: 44-57）。根據 2009 年 MINPPAL 第二季統計指出，委國有高達 51% 人民在 MERCAL 消費、40% 在 PDVAL 消費（BMIa, 2010: 45；黃富娟，2020c: 112）。

令人費解的是，查維茲的糧食補貼政策目的在確保「糧食權力」，因此他在「糧食主權」概念下，籌組替代市場經濟下原先由大型農企業進口糧食的

23　這次短缺的成因複雜。內部原因不僅來自於價格控制與匯率控制造成的投機行為，更是對查維茲修憲企圖恐威脅私人產權的反撲（Howard-Hassmann, 2015: 1028）。外部因素，則來自於 2007~2008 年間全球糧食危機，推高國際糧食售價，又回過頭去惡化了投機和短缺。

24　食用油、稻米、雞蛋、糖、穀物、咖啡、鹽、鮪魚和沙丁魚罐頭、玉米粉、小麥粉、馬鈴薯、牛奶、義大利麵、番茄、玉米（Lavelle, 2016: 116）。

貿易結構，改以推動小農在地生產體系與農村發展來替代前者。弔詭的是，2008 年以後，查維茲創立的另一軌 PDVAL 雖然對人民的價格補貼程度低於 MERCAL，但卻是由石油出口收益直接購買進口糧食來補充國內生產。由此可知，查維茲前後期政策之間存在目標之間的矛盾。

　　總結上述，自 2003 年查維茲啟動「所有產權」的「重分配」以來，重劃了「貧民窟」的土地產權，並將產權贈予實質佔領的居民。此舉，解決了自農業沒落與工業化進程中，大量遷移城市外圍形成的「貧民窟」亂象。除此之外，查維茲亦推動農地重分配。此一階段國家經由重新定義土地產權持有的合法性、推動土地重分配，來重組土地產權結構。與此同時，查維茲亦積極籌組合作社為主體的小農產銷體系，鼓勵重返農村來發展農業與農村經濟，並建立可替代大型糧食貿易集團的國內農業生產、銷售與消費體系。當時「國家」的結盟對象是無地農民與消費者，「國家」介入傳統上由委內瑞拉菁英壟斷與主導的土地產權和糧食部門，並經由「土地徵收與重分配」的手段，移轉土地產權給無地農民，引導農民重返農村，籌組農業合作社，作為提振農業生產、抑制短缺以及石油經濟下「荷蘭病」帶來的進口激增。

　　與此同時，土地重分配之後籌組的「農民合作社」，更被整合成為 MERCAL 的供應商，作為推動「糧食主權」、落實「糧食補貼」的模式。亦即是，由國家壟斷收購合作社生產的初級糧食，並導入 MERCAL 糧食補貼體系；其次，由 MINPPAL 在全國境內，偕同小攤販與商家，建立起大小規模不等的 MERCAL 銷售門市；再者，由政府啟動 MERCAL 糧食補貼計畫，並以低於市場價格補貼全民，形成政府嘉惠消費者的廣泛補貼，目的在讓人民消費得起充裕與價美的糧食。當時，MERCAL 設置確實促成公民享有廉價、充裕與營養的糧食，亦成就了就業創造，籌組了小農供應體系，並達到消除貧困、提高「糧食權力」與「糧食主權」等多重發展目標，因此成為查維茲推動「所有產權」改革與「重分配」的重要一環。然而，過度的糧食補貼，以及為強化人民購買力實施的「價格控制」與「匯率控制」，亦為後續國家的經濟發展留下嚴峻問題，本書將於第八章一併說明。

　　歸納本章發現，2003~2005 年《玻利瓦替代方案》核心議程在國有化石油部門，並推動一系列「重分配」目的的社會福利政策、所有產權改革與農業政

策。從「發展」的角度而言，這確實重組了土地產權結構、農業生產與市場結構，創造小農生產體系、同時經由建立 MERCAL 整合了國內供需消費市場。因此，有助於促進更合理產權分配、達成消除貧窮、鞏固「糧食主權」與「糧食權力」，以及創造就業等多重發展目的。

除此之外，**就發展模式而言，查維茲在土地重劃與重分配之後，積極在農村地區推動「農民合作社」作為主體的社會經濟體系，力圖引導轉向「內生發展模式」，這形同將國家經濟地理空間切割成幾個不相連區域，以在與全球體系相連的石油出口經濟結構之外，切割出一個不與全球資本主義經濟體系相連的「內生發展區域」**（Fernandes, 2013: 57-58）。

由此可知，查維茲的內生發展模式，實際上亦是採取一種「空間再尺度」（re-scaling）**的策略，試圖在城鄉發展失衡、且資本積累不易的鄉村與邊陲地區，由國家介入推動一系列經濟治理空間之重組，包括：土地重劃與重分配、農村再造、打造地方成長極與社區經濟等方式，來活絡地方發展。策略上，主要採取「空間修補」**（spatial fix）**方式，經由國家干預並引導 PDVSA 石油收益（資本）、無地農民（勞動力）重返鄉村，以及土地重劃與重分配（土地）導入鄉村與邊陲等地方，並挹注在農村為基礎、社會經濟為主體的內生生產與內生消費，目的在創造出不同層級的經濟治理空間，以切割出一個「內生發展區域」作為緩衝全球資本主義市場之壓力的內生發展空間，這形同是創造一個緩衝區來保護中下階層貧窮人口免於遭受經濟與社會排除。但誠如上述，「內生發展模式」並未如預期創造出內循環的內生發展。社區的有限資本積累與移動，並無法真正創造成長中心，因此成效不如預期。**

第七章
參與式民主與群眾權力

2005 年查維茲公開說明《玻利瓦替代方案》最終目的在建立一個《二十一世紀社會主義》，並重新定義何謂民主、所有產權，以及一套親社會主義的發展論述。此一轉型階段，查維茲替代發展方案的核心議程，轉向推動「參與式民主」來補強「代議民主」運作不佳的缺憾。他企圖推動一種以「人民」作為主體、「社區」作為基礎的「社區理事會」（Consejos Comunales, CCs）作為落實「社區自治」與「賦權」的民主示範方案，並強調這是一種「民主再生」（regeneración de la democracia）理念。2006 年查維茲更重新命名為「群眾權力」（poder popular）（Emerson, 2011: 96）。

究竟，查維茲倡導的「參與式民主」具有哪些獨特性？在政策理念與制度設計上，如何展現並落實「主權在民」之更進步民主觀？「群眾權力」是否如其宣稱將建立一個更公平正義的治理機制，並協助改善生活處境，重拾「經濟納入」？又此一替代性政治制度下的「國家」與「社會」關係如何理解？

本章將依序探討：第一節，玻利瓦國家與參與式政府；第二節，群眾權力、公民議會與社區理事會；第三節，社區民主空間與權力不均。

第一節　玻利瓦國家與參與式政府

查維茲崛起於 1990 年代新自由主義政策衍生的政治與經濟動盪。當時，他主張委內瑞拉的民主制度，已喪失正當性。1999 年查維茲繼任委內瑞拉總統，他隨即解散國會與立法院等長期建立的自由民主政治制度，並召開「制憲會議」（Constitutional Assembly），起草了一部全新的憲法，又稱《委內瑞拉玻利瓦共和國憲法》（CRBV），並將國號更改為「委內瑞拉玻利瓦共和國」。1999

年 12 月 5 日舉辦的新憲法公投，以 71.78% 高票通過新憲法，宣告「玻利瓦共和國」正式成立（Canache, 2012: 99）。新憲法通過代表委內瑞拉自 1958 年建立《定點協議》下的雙政黨主義與 1961 年憲法已經失效（Robinson, 2008: 324）。究竟，新憲法試圖建立的民主體制，具有那些特徵？如何強化實質民主？又是如何重構國家與社會的關係？

一、玻利瓦國家的憲政體制

1999 年《委內瑞拉玻利瓦共和國憲法》前言明文成立一個「玻利瓦共和國」，並定義這是一個「民主、參與式和主角式社會」（democracy, participatory and protagonist society）（CRBV, 1999: 5）。[1] 新憲法第 1 條，將西蒙・玻利瓦教義視為是「玻利瓦共和國」的立國基礎，它主要建立在下面三個原則：推動拉美整合、國家主權獨立，以及建立公平正義社會；此外，憲法第 2 條更定義「玻利瓦共和國」是一個「法治暨正義的社會與民主國家」（un estado democrático y social de derecho y de justicia），採取一種「民主、參與式和主角式民主」的新政治模式。

究竟，此一新的政治體制與民主形式具備那些特徵？憲法第 6 條明文玻利瓦共和國將建立一個「**參與式政府**」（El Gobierno Participativo）。此一政府是「**紮根於組織性群眾**」（con protagonismo vinculante de las poblaciones organizadas），且「必須在群眾參與公共事務的基礎上被建立」；憲法第 6 條同時指出，玻利瓦政府與其政治機構永遠是「民主的、參與的、選舉的、分權的、替代的與多元的。所有政府職位都是經人民選舉產生，具『可撤銷性』，可經由全民公投來運作（Canache, 2012: 99-100）。」

憲法第 62 條款亦指出：「民主是根植於『參與』的機制，其目的是去『培力』群眾部門，使他們成為自我實現與完全發展的公民，最終這將為權力分配不均帶來轉型（Canache, 2012: 99）」；第 62 條款更明文：「人民的參與，對於創造、執行與控制公共政策上是必須的，以藉此確保個人與集體發展的主角主

---

[1] Constitución de la República Bolivariana de Venezuela (CRBV), 1999, 2009. "Venezuela (Bolivarian Republic of)'s Constitution of 1999 with Amendments through 2009." P. 5. *ConstituteProject.org*. https://www.constituteproject.org/constitution/Venezuela_2009.pdf?lang=en

義（protagonismo）（Harnecker, 2015: 70）」；此外，第 184 條款更明文：「權力下放市鎮與各省，並將公共服務移轉給組織性社區和鄰里組織，由它們參與地方與區域政府的投資決策，並肩負起共同責任（co-responsibility）（Bruce, 2008: 155）。」

由此可知，所謂「參與式政府」是立基在草根性群眾組織由下而上的政治參與，且政府有義務成立一個與公民社會組織相連的參與機制。因此，在新憲法中，「公民社會」是以不同形式得到承認：包括：組織性社區、社會經濟部門或非政府組織。這部憲法凸顯出「參與」此一政治概念。就「公民權」的意義上而言，已超越單純行使「投票權」，擴及包括「審議性」概念在內的政策諮詢、開放性市政議會、公民議會，以及「參與政治過程」等內涵（Gónzales y Lacrus, 2007: 51-52）。因此，Hawkins（2010: 33-35）主張，玻利瓦憲法第 62 條款將「參與式和主角式民主」列入憲政原則，揭示了一種新式民主國家的誕生。誠然，查維茲的「參與式政府」，強調政治主體除了「國家」之外，還包括「公民」，並因此重構了「公民身份」以及對於「主權在民」之民主體制的想像。此外，這部憲法的另一個特殊性在於，強調任何政府職位都應在直接選舉的基礎上建立，同時可經「公投」隨時「撤銷」，以展現「主權在民」之人民意志對於政府施政的監督。這在某種程度上，揭示了一種新的國家與社會關係正在形成，並據此重塑了一套「新社會契約」。以下將進一步說明何謂「參與式和主角式民主」，以及新憲法形成的「五權分立」和「參與式政府」的基本特徵。

（一）參與式和主角式民主：制憲權與公民議會

Canache（2012: 98-99）主張，查維茲倡導的民主觀，是一種「參與式和主角式民主」。相對於主流「代議民主」將「民主」的運作，侷限在去限制公民「接受」或「否決」政府或政黨的提案；「參與式和主角式民主」則強調「公民」應被充分納入「決策過程」的一種民主程序，而非僅是代議制度。

事實上，「參與式和主角式民主」的概念，並非全然獨創。在探討「民主」的文獻中已辯論多時。Pateman（1970: 42）主張，國家層次的「代議民主」仍不足以充分反映民意。Wood（2007）對於雅典民主的權威研究指出，所謂

「民主」是指「主權在民」，這更意味著「人民治理」，以讓「公民」經由直接參與到國家主權的統治中，來對「經濟」行使權力。Canache（2012: 98-99）主張，「民主」更應建立一個將社會各群體都納入過程的「參與式社會」。然而，隨著資本主義的發展，直接參與、普選權和個人權利都逐漸被「代議民主」取代，「民主」淪為一種「委任式民主」，並阻礙了「勞工」直接參與經濟領域的民主化（Larrabure, 2019: 229）。上述這些政治思辨實際上都指向一個論點：將「公民」納入決策過程的關鍵性。

誠如第四章指出，查維茲的民主觀，倡導的是一種「制憲權」意義上的「民主」，並主張「公民」具有一種與生俱來的原始人權，需從日常的政治參與和實踐中來「鞏固民主」。Azzellini（2017: 215）更指出，《玻利瓦革命》過程，實際上就是一種「制憲權」優先的概念。「制憲權」是一種集體存在於人類中的合法創造能力，這是所有民主、革命與國家的合法性基礎。因此，「制憲權」不應被理解是暫時性的委任權力，而是人民強加於「憲定權」之上的持久性力量創造（Azzellini, 2017: 215）。

「制憲權」意義上的「民主」仰賴「公民」成為政治主體，強調人民在日常生活各場域進行民主的「實踐」，以從「實踐」過程中去建構自身能力、形塑政策走向（Negri, 1992: 382）。因此，Harnecker（2015: 70-71）強調，「民主作為實踐」（democracy as practice）就是「主角式主義」。後者，是指在工作場域、在鄰里社區與公社，由「人民」讓自己成為「革命主體」（revolutionary subjects）以成就「主角式民主」。馬克思主義經濟學者 Michael Lebowitz（2009: 27）更主張，「只有革命性的民主，得以創造一個條件，讓人民去創造每日的自我，以發展全人」。對此，奈格里（1992: 382）主張，欲維持干預與形構未來之「能力」（capacity）將需要一個「革命」過程。但創建它所需的「革命」，不是去奪取政治權力，而是強調一種民主實踐，這是一個建構的過程。除此之外，Harnecker（2015: 70）更主張，《玻利瓦共和國憲法》是第一部將「主角」（公民主體）與馬克思「全人發展」（integral human development）概念相連的憲法。它內含對於「民主」的重新定義與其超越性。基於此，查維茲鼓勵每一個「公民」積極參與到「社區」公共事務決策過程，包括：「公民議會」與「社區理事會」等機制，並經由日常實作來強化政治能力，並鞏固政治權力。亦即是「參與式和主角式民主」的核心精神。

　　事實上，拉美倡導新馬克斯主義的左派知識份子鼓吹「參與式民主」作為替代或補充「代議民主」的倡議，未曾間斷。委內瑞拉知識份子 Alfredo Maneiro（2007）主張，二十世紀中葉共產主義國家創造的獨裁與國家父權主義（State Paternalism）必須被修正。他建議拉美的「社會主義」應去推動一種民主形式的轉型，創造一個得以讓「人民」作為「主角」的政治空間。其次，Harnecker（2015）認為，此一參與機制不能是由「國家」授予，因為這會造成國家父權主義，反而讓「人民」淪為需求的乞討者。她建議，新政治模式的重點應是去改變「人民」乞求「政府」以解決自身問題的文化，發展出讓「人民」可以自我決策、執行、控制與治理的文化和制度。對此，烏拉圭政治領袖 Pablo Anzalone 亦主張，實有必要創造一個「政治參與的民主過程」，以讓「人民」得以納入政治領域與政治實踐中，並在制度內去實踐與滿足需求（Harnecker, 2015: 69）。此外，Hardt & Negri（2000）更主張「二十一世紀社會主義」應建立一個具草根特色的革命性組織，並採取水平網絡來推動生產模式與資訊社會的改變。委內瑞拉卡拉波波大學（Universidad de Carabobo）的 Gustavo Fernández Colón 教授（2006）建議「二十一世紀社會主義」應建立一個「社區聯盟」（confederación de comunidades）（Hellinger, 2008: 154-155）。這亦回應了西蒙・羅德里格斯主張，應推動具政治意識的「社區」（Parroquía）發展出地方自治的「在地政府」（Toparquía），並形成「地方自治聯盟」（Confederación de Toparquía）的倡議（Narvaja de Arnoux, 2008: 71）」。

　　在上述的法治與論述框架下，委內瑞拉逐漸發展出一種立基於「草根性群眾參與的民主模式」。此一政治模式應建立在「公民」由下而上直接參與的基礎上，並與「國家」建立起「治理」的共同責任（Gónzales y Lacrus, 2007: 51）。這揭示「參與式和主角式民主」作為新的民主概念，對於打造「參與式政府」的關鍵性，且受到憲法的承認與保障。這亦再次證實了「參與式和主角式民主」的概念，實際上倡導的是一種基於「制憲權」意義上的民主觀。這不僅源自新馬克斯主義思潮的影響，更鑲嵌在拉美本土政治思想當中。

（二）五權分立與參與式政府

　　《玻利瓦共和國憲法》另一個獨創之處在於，它創造了一個五權分立的政治體制。憲法第 136 條款明文，國家公共權力應從三權擴大到五權。在保有傳

統的「行政權」、「立法權」與「司法權」三權分立與制衡之下，新憲法更承認「公民」存在一種基本的「公民權」（poder ciudadano）與「選舉權」（poder electoral），形成五權憲政體制，目的在建構一個「參與式政府」的國家治理架構（CRBV, 1999: 36）。

「公民權」又稱「道德權」（poder moral）。其設置目的是在最高法院中監管與制衡公務員的違反或貪瀆。新憲法第四章第 273~283 條款明文指出「公民權」的定義、規範、相關機構設置與運作。機構設置主要依據「制憲會議」之決議，將人民權力納入「制憲道德委員會」，並形成三個與人民權力相關職務：「人民監察員」（Defensoría del Pueblo）、「總審計長」（Contraloría General）與檢察官（La Fiscalía）（CRBV, 1999: 57-60）。由此可知，其功能性目的相似於孫中山倡導的監察院，但組成成員則是經由直接民主途徑產生；其次，「選舉權」則是指每個省與市鎮層次行政區，皆可選出獨立於政黨政治的「選舉理事會」（Electoral Council）來落實直接民主，並經由公民議會、公投、普選、人民倡議與撤銷權等政治途徑來行使人民權力。

相對於 1961 年舊憲法獨尊的「代議民主」，新憲法將「參與式民主」的精神與政治架構寫入憲法。新憲法強調新式民主制度是立基於「草根性群眾參與」的民主模式，因此是一種「參與式政府」。新的民主機制強調「公民」作為政治主體的概念，並推動由下而上的「參與」與直接民主，以回應西方民主制度強調之三權分立與制衡機制在拉美運作不佳的缺憾（Hellinger, 2008; Canache, 2012: 100）。為此，新憲法明文為了建立「參與式政府」，應擴大「直接民主」的機制，這包括四個類型的公投：協商、批准、撤銷與廢除（Lopez Maya, 2011: 190）。

即便新憲法強調建立「參與式政府」，但事實上新憲法並未將「自由民主」的原則取消，而是強調以「補充」方式來「互補」上述原則。舉例來說，憲法第 225~226 條款對於「行政權」的說明指出，共和國總統仍是國家元首與行政首長（CRBV, 1999: 47）。新憲法第 186 條款則解釋了「立法權」應建立一院制的「國民議會」，取消參議院與終身參議員。「司法權」的最高執法單位，仍舊是最高法院（CRBV, 1999: 39）。

誠然，1999 年憲法對於「參與式民主」與「公民」概念的定義，界定了國家機構、政治權力主體之間關係與其運作規範。然而，這套體制在現實運

作上仍需要一套「制度」作為載體。基於此，2006年查維茲第二任期的最後一年，他試圖重新概念化「民主」，並拋出「群眾權力」的概念，以推動「參與式民主」機制來逐步落實「制憲權」意義上的民主。查維茲的「群眾權力」是指以「群眾」作為政治主體，這仰賴具有政治意識的「社區」作為基本行政單位，並強化與「群眾」對於地方公共事務的「直接民主」，以奪取「群眾權力」可能行使的制度工具。因此，查維茲倡導的「參與式政府」不只是將政府體制中的部分機構開放給人民參與，更試圖將部分政治權力「下放社區」，並結合「公民議會」的社區民主機制，創造由下而上的公民參與機制（Robinson, 2008: 335）。

依據上述理念與原則，「公民權」在地方層次的運作上，則仰賴「社區理事會」與「公民議會」等地方直接民主機制，目的在強化「群眾權力」在民主實踐上的機制與運作。查維茲更於2009~2010年憲法修正案與國民議會一系列立法中企圖「制度化」所謂的「群眾群力」。

誠然，查維茲試圖經由啟動公共參與空間，重新概念化「公民身份」。根據憲法，群眾政治參與的制度性機制，可經由兩個政治管道來落實：

第一，公投、公民議會等機制。所有選舉出來的公職，皆可經由「公投」予以撤銷；第二，公共服務相關的行政職。又可區分國家與地方兩個層次。根據新憲法，玻利瓦政府必須開放政府體制中的部分機構給人民參與。誠如前述，在國家層次，存在「公民權」和「選舉權」對應的相關位置，例如：制憲道德委員會（López Maya & Panzarelli, 2013: 262-263）；在地方層次，則在「社區」設置直接民主機制，包括：「城市土地委員會」、「社區理事會」，以及在學校與企業推動的「學生理事會」（Consejo de Estudiantiles）與「勞工理事會」（Consejo de Trabajadores）作為推動「參與式和主角式民主」的政治工程（Robinson, 2008: 335）。

除此之外，玻利瓦政府時期的行政體系層級結構，依序是：中央政府（El poder nacional）、省政府（El poder estadal）、市政府（El poder municipal）的公權力結構。直到2009年查維茲修憲通過，更在「參與式政府」與「群眾權力」的框架下，將「社區理事會」整併成立「公社」（Las Comunas）作為第四層行政單位。

簡言之，玻利瓦政府在政府體制上，採取五權分立。在中央政府之外，有部分政府機構是開放給人民參與，建立起「參與式政府」（Robinson, 2008: 335）。除此之外，玻利瓦憲法強調政府機構是分權的、參與的。此一新政治模式，更可經由「公投」來「撤銷」不適任者的職位。由此可知，查維茲的「參與式和主角式民主」在回應「主權在民」的精神上，實際上是同時內涵了「制憲權」意義上的「民主」概念，以及「公投」展現的「公眾意志」兩個內涵。這亦促成後續查維茲大量運用「群眾組織」作為政治支持，以及「公投」（表7-1）來強化自身政權的合法性與正當性。

表 7-1　行使直接民主的公投

對人民的諮詢	倡議與支持	結果
1999 年 4 月 25 日： 草擬新憲法的公投：是否召開「制憲會議」，並草擬一部新憲法？	獲得支持查維茲的政治與社會組織的廣泛支持	通過 87.75%
1999 年 12 月 5 日： 新憲法公投：將直接民主與參與式民主機制納入基本人權，並賦予行政權更大權力。	獲得許多政治與社會組織的支持	通過 71%
2004 年 8 月 15 日： 撤銷查維茲總統職位公投。	AD-COPE 偕同 CTV 和其他政治社會組織，共同組成反查維茲的「民主協商」[2]。	未通過 通過 40.63% 否決 59.09%
2007 年 12 月 2 日： 第一次憲法修正案公投：撤銷總統任期限制、縮短工時到六小時、央行聽令行政部門、公民安全與國內秩序由武裝力量維持、強化總統權力等。	由制憲會議中的親查維茲群體提出	未通過 通過 49.29% 否決 51.04%
2009 年 2 月 15 日： 第二次憲法修正案公投：消除所有選舉職位的任期限制。	查維茲政府	通過 通過 54.85% 未通過 45.14%

資料來源：Lissidini（2012: 164）。

---

[2] 民主協商（Coordinadora Democrática，簡稱 CD）是反查維茲黨組成的外圍組織。曾在 2002~2003 年大罷工與 2004 年撤銷總統公投運動中扮演推手。2002 年更參與推翻查維茲政變中在「美洲國家組織」（La Organización de los Estados Americanos, OEA）啟動協商會議的對話代表（Lissidini, 2012: 164）。

　　由此可知，新憲法的立法，在保留「代議制度」之下同時強化了另一軌直接民主的機制，形成「雙元權力（Dual power）」（Southal, 2013: 12）。從憲政層次的角度來看，這儼然是重組了「國家」的概念。尤其是在強化「公民」的政治權力上，經由重構「公民身份」概念，重組了國家權力幾何，同時重構了新的國家與社會關係，形成一個新的「社會契約」。此時，「公民」成為參與國家治理的夥伴。這亦凸顯出這套政治制度因為具備促成政府部分權威「重分配」的可能性，實已構成對於「代議民主」的威脅，因此存在較高的爭議性。

二、參與式民主與社區組織（2001~2006）

　　查維茲的民主觀，倡導的是「制憲權」意義上的「民主」，並以此補充「憲定權」的缺憾。因此，他推動的憲政體制是在原先「代議民主」基礎上，擴充「民主」概念為一個涵蓋「參與式和主角式的民主」之新政治模式。新憲法更將「參與式政府」視為是基本的政治架構。

　　新憲法強調「參與式政府」是根植於「草根性群眾參與」的機制，這指出政府必須是在群眾參與公共事務的基礎上被建立。基於此，查維茲在第一至第二任期之間（1999~2006）推動《玻利瓦替代方案》的政治議程，重心都在「參與式民主」概念下開展。查維茲將其視為是改善「經濟排除」與「社會排除」的重要途徑。2006年更正名為「群眾權力」。

　　誠如本書主張，查維茲的替代發展方案與民主觀，深受政治意識形態的影響。但除上述動機之外，另一個推動「群眾權力」的考量來自查維茲的支持群眾主要源自中下階層，並高度依賴群眾動員。尤其是在2005年以前，由於政府機構權力在某種程度上仍掌握在非查維茲黨的舊官僚手中（Gónzalez, 2019: 43）。因此，創造一個親查維茲的群眾基礎，有助於深化群眾支持。查維茲對於「人民」的「賦權」，不僅可兌現深化實質民主的政治承諾，更有助於鞏固自身的政治支持。

　　然而，「參與式和主角式民主」的示範計畫，並不始於2005年的「社區理事會」與「公民議會」。事實上，它可以回溯到2001年查維茲著手建立與「第五共和運動」（以下簡稱MVR）平行的外圍政治與社會組織。這些外圍組織有部分是曾經參與《任務》方案的草根群眾組織中的積極份子，進而與查維茲政

府合作，協助前者在「社區」層次推動公共服務、同時監管《任務》執行的多重使命。因此，Gónzalez（2019: 43）主張，《任務》對於《玻利瓦替代方案》而言，是查維茲推動「參與式民主」與「主角式民主」的第一步。長期來看，查維茲更期待藉由推動一系列《任務》打造出一個與國家平行的群眾參與機制，並將國家資源經由「分權」與「社區參與」進行「重分配」。

本書將社會與政治組織之設置與其計畫，依據功能別區分出「社會-經濟目的導向」與「政治目的導向」兩種類型。

（一）社會-經濟目的導向組織

社會-經濟目的導向的參與式民主方案，主要目的在改善「經濟納入」與「社會納入」。在查維茲多元示範計畫中，2002年啟動的「地方公共規劃會議」（Los Consejos Locales de Planificación Pública，以下簡稱 CLPPs）、貧民窟產權贈予和登錄的「城市土地委員會」（CTUs），以及 2005~2006 年「社區理事會」等方案都廣受矚目。

首先，CLPPs 的功能，相似於「社區理事會」。不同之處在於，它屬於市鎮層次、而非地方層次的公共事務參與機制。CLPPs 設置目的在尋求創建一個可促進社區團體共同參與地方市鎮發展規劃的機制，以協助識別市鎮層級的發展需求、政策優先排序、預算編列與使用，以及地方相關的投資決策等（Bruce, 2008: 156）。在參與成員與運作機制上，CLPPs 主要由市長、地方層級國會議員、教區代表，以及社區代表等成員組成，並商議與地方發展相關的公共事務。CLPPs 作為一個參與式民主機制，就組成代表比例而言，社區代表與官方代表之間的比例是 51：49。社區代表比例偏高，有助形成更有效的「制衡」機制（Harnecker, 2015: 70）。

然而，CLPPs 在運作上亦遭遇挑戰。究其因，市鎮層次的「參與式民主」由於規模過大，難以落實有效充分討論與直接民主。其次，儘管 CLPPs 具有向市鎮首長提案的權力，但市鎮預算並未明確規範 CLPPs 提案應使用哪一個預算編列項目。相較於巴西愉悅港（Porto Alegro）的「參與式預算」（Participatory Budget, PB）已建立一套明確行政流程與運作規章，並獲得充分授權可參與地方政府決策並使用 100% 市府預算（Bruce, 2008: 157-158）；反之，CLPPs 的運作屬於非常態性舉辦，公民鮮少有機會善用 CLPPs 直接民主機制（Harnecker,

2015: 70）。上述因素都導致 CLPPs 成效不如預期理想。

除此之外，2003 年開始查維茲啟動一系列《任務》。它們不單只是社會福利政策。事實上，《任務》部分方案亦強調培植地方草根組織，來彰顯地方自治，同時達成「經濟納入」與「社會納入」等多重目標。因此，《任務》同時具有「重分配」、「賦權」與社區自治等多重發展目的。這些草根性群眾組織通常都是「技術導向」或「解決民生問題導向」的社區組織。它們設置目的在推動社區的公共事務與服務，同時與政府合作來共同尋求更有效的地方自治與發展策略（López Maya & Panzarelli, 2013: 257）。

上述這些多元化的直接民主機制中，Escobar（2010: 15）主張，最成功的「參與式民主」示範案例，當屬那些解決民生需求與技術導向的參與式機制，例如：「水資源技術圓桌」（Mesa Ténicas de Aguas）、「城市土地委員會」與「能源委員會」等。Lander（2007: 73-74）認為「水資源技術圓桌」得協助社區清理水管、確保社區擁有乾淨飲用水，堪稱最成功範例。除此之外，另一個國際矚目的示範計畫是「社區理事會」（將於下一節探討）。這些參與式民主方案的共同性在於，都是以「社區」為基礎的「直接民主」機制，由社區成員參與、規劃、執行與管理社區發展相關的公共政策。這不僅彰顯出結合「群眾政治參與」和「社區自治」之「分權」與「治理」的概念，更試圖將「社區發展」與「社會福利」相關的多重「社會納入」與「經濟納入」方案，都整合在「社區」的架構下，並形成「政府」與「社區」共同責任來推進地方發展。

（二）政治目的導向組織

查維茲在推動《玻利瓦替代方案》過程中，同時亦積極籌組群眾動員能力，培植自身政治勢力。查維茲創立的「政治目的導向」的「參與式民主」機制中，爭議性較高的當屬那些與 MVR 平行之政治運動組織。

2001 年成立的「玻利瓦圈子」（Círculos Bolivarianos）成為《玻利瓦革命》中最具政治性的組織。其設置目的在捍衛玻利瓦的政治理念與新憲法，並提供政治動員（Fleischman, 2013: 32）。運作上，主要經由「分權」原則，籌組草根性政治團體。設置目的在協助查維茲推動地方性論壇、宣傳並捍衛《玻利瓦革命》的理念，同時協助監管社區相關計畫（López Maya & Panzarelli, 2013:

256）。它作為草根性組織，在追隨查維茲並捍衛《玻利瓦革命》政治意識形態之下，逐漸形成一批源自草根群眾、且追隨查維茲的政治新血。他們不存在傳統上兩大政黨派系與官僚菁英的影響，形成對查維茲的絕對效忠（Gónzalez, 2019: 43-44）。

「波利瓦圈子」職責除了鞏固《玻利瓦革命》進程的政治目的之外，亦須協助管理政府在社區層次推動的一系列《任務》。由此可知，查維茲賦予「波利瓦圈子」甚至高於地方政府權威的特殊權力。當時約有高達 220 萬人自願參與到「波利瓦圈子」計畫中（Hawkins 2010: 36-40; García-Guadilla, 2007）。[3]

「波利瓦圈子」設置目的雖在捍衛《玻利瓦革命》的理念，同時協助查維茲鞏固地方政權，兼顧政治宣導與選舉動員的目的。但「波利瓦圈子」最為人所詬病之處在於，它同時扮演了監控社區的「社會控制」功能。歷史上，「玻利瓦圈子」更曾積極參與推動 1999 年新憲法的公投，並在 2002 年石油大罷工中協助恢復石油生產所需的社會支持。「波利瓦圈子」甚至被指控介入勒索資本家、協助在土地重分配中不法取得產權、介入 2004 年反查維茲總統職位的撤銷公投，以及處理反查維茲的媒體攻擊等。因此，Fleischman（2013）主張，「波利瓦圈子」之於查維茲而言，扮演功能性角色如同是十九世紀法國路易‧波拿巴（LouisBonaparte）王朝的「十二月十日社會」（Society of December 10）[4] 組織，目的在鞏固群眾支持，同時消除異己（Fleischman, 2013: 32-33）。

除此之外，2005 年查維茲更創立「玻利瓦民兵」（La Milicia Bolivariana, MB）與「戰鬥主體」（Cuerpos Combatientes）等。「玻利瓦民兵」為準軍事團體，主要附屬在「玻利瓦國家武裝力量」（Fuerza Armada Nacional Bolivariana，以下簡稱 FANB）。FANB 是由民兵、預備役軍人、前軍人與政府官員幾個主體組成。當時，許多受到查維茲政治意識形態啟蒙的群眾，加入自願性「民兵」。此外，「戰鬥主體」則由一些來自國有企業或私公司勞工組成的團體，並直接聽令於「玻利瓦民兵總司令部」（Comando General de la Milicia Bolivariana）。查維茲仰賴「民兵」發揮類似鄉警與社會控制功能，他們是直接聽命於查維茲（Gónzalez, 2019: 44-45）。

3　「波利瓦圈子」在 2007 年被納入 PSUV。

4　成立於 1849 年法國路易‧波拿巴王朝時期的群眾組織，由路易‧拿破崙（Louis Napoleon）的親密夥伴領導，目的在爭取群眾支持者，並對和政權敵對者進行報復。

上述這些政治目的導向組織，成為捍衛查維茲與《玻利瓦革命》中最堅實的群眾基礎。他們強化了以查維茲為首的垂直權力結構，成就了查維茲的政治個人主義，並成為「查維茲黨」的最堅實核心成員（Gónzalez, 2019: 43-45）。無論如何，此一階段查維茲企圖推動社會組織作為首要政治參與者，並積極創建直接民主機制。這些不同功能的草根社會組織，建構了一個由下而上的參與機制，目的在落實新憲法賦予「公民」參與公共政策的權力，並展現「參與式和主角式民主」（López Maya & Panzarelli, 2013: 263）。

儘管上述參與到社會組織的積極份子，都因認同查維茲理念而傾向自我標榜是「查維茲黨」。他們的共同點在於：都在查維茲領袖魅力號召之下，捍衛替代發展方案。然而，這些社會組織之間亦存在巨大差異，即便是都支持查維茲的意識形態與發展理念，但不是所有人都對加入政治動員抱持熱誠，更多是為了解決民生需求而匯聚。

第二節　群眾權力、公民議會與社區理事會

2005 年查維茲提出《玻利瓦革命》最終目的，在建立一個「二十一世紀社會主義」。2005~2006 年間，他試圖重新定義「民主」，特別是重新概念化「參與式民主」以將它與「群眾權力」的概念相連。2006 年查維茲以 62% 高票再次當選總統（Gonzalez, 2019: 44）。同年 4 月頒布了《社區理事會特別法》（*Ley Especial de Consejos Comunales*，以下簡稱 LCC），企圖推動由下而上的社區自治，並催生「社區理事會」的設置（Canache, 2012: 100）。

「社區理事會」之設置標示著玻利瓦共和國的政治、經濟和行政權力開始自國家壟斷的「憲定權」部分轉移到公民社會的「制憲權」之開端。當時，查維茲在「群眾權力」的概念下，在全國共設立 2 萬個地方層級的「公民議會」，試圖將權力移轉到組織性「社區」，逐步落實「制憲權」意義上的「民主」（Southal, 2013: 6-7）。

究竟，何謂「群眾權力」？2010 年修憲通過後頒布的《群眾權力組織法》（*Ley Orgánica del Poper Popular*）第十條款明文，「群眾權力」是指：「人民在政治、經濟、社會、文化、環境、國際，以及社會發展等所有領域，經由多元組織形式得以充分行使人民主權（Teruggi, 2012: 14）」。此一定義與《二十一世

紀社會主義》作者迪特里希（1996）主張，「二十一世紀社會主義」是一個由下而上的社會主義，強調「公平參與經濟規劃」與「參與式民主」。為達上述目的，仰賴人民在政治、經濟、社會、軍事等四個領域的直接民主。顯然，兩個定義都強調「直接民主」應擴及到社會生活各個領域的實踐中。

　　誠如前述，查維茲倡導的「群眾權力」是一種「制憲權」意義上的民主。它蘊含杜賽爾主張「人民權力」作為一種內在於個人、固有的與自我指涉的根本權力，必須經由「社區」奪取調節與行使權力的制度或工具，來成就其可能的行使，又稱是「制度化社區人民權力」，這才是真正的「委任權」（Foster, 2015: 7）。由於「群眾權力」是以「人民」作為政治主體、由下而上的社會建構過程。此一權力的基本特質是非固定，唯有主體意識到自身的生活、生產與組織結社的各領域需要爭取更大自治權的前提下始能催生。因此，這同時是一個「賦權」途徑與過程，此一過程不是必然產生結果，而是需要不斷地去抗爭才可能發生（Teruggi, 2012: 14）。亦因此，玻利瓦國家宣稱，「群眾權力」需要一個不斷成長的「主角」。對於查維茲而言，這是指：「需從『憲定權』開始，將權力移轉給社會、經濟、行政等領域的『社區權力』（Chávez, 2007: 18）。所謂『社區權力』指的就是『社區理事會』此一組織形式的展現（Teruggi, 2012: 14）。」在上述思考下，2005 年查維茲啟動「社區理事會」作為「直接民主」的示範計畫。這亦凸顯「社區理事會」概念之催生，實際上隱含西蒙·羅德里格斯的「社區政府」與馬里亞特吉的「社區社會主義」等多重影響。

　　基於「社區理事會」作為「參與式民主」的示範計畫與場域，目的在將「民主」的概念轉化成一種基於人民需求、人民為主角的參與形式，以彰顯《玻利瓦革命》內涵的民主進步思想。這對於長期被經濟與政治排除的社會底層而言，無疑是歷史上首次被納入決策過程。因此，「社區理事會」之設置，標示著委內瑞拉民主發展史上前所未有的創新體制。究竟，「社區理事會」的制度、運作與成效如何？

一、「社區理事會」設置目的與運作機制

（一）設置目的與法源

　　2005 年查維茲宣告啟動「社區理事會」。「社區理事會」作為查維茲推

動「參與式民主」的示範計畫，設置目的在落實地方自治、發展與社區相關
的公共服務提供，以創造社區居民參與地方發展、規劃與監督機制。然而，
「社區理事會」啟動之初，仍缺乏一個法源依據。2006 年 4 月玻利瓦政府頒
布《社區理事會特別法》（以下簡稱 LCC），並由 2009 年通過的《社區理事會
組織法》（*Ley Orgánica de los Consejos Comunales* ，以下簡稱：LOCC[5]）取代前
者（Azzellini, 2017: 221）。根據 LOCC ，「社區理事會」的官方定義是：「它作
為參與、連結與整合公民、多元社區組織以及社會群眾運動的範例，允許人民
組織並行使『社區政府』（gobierno comunitario）、管理公共事務，以回應社區需
求、潛力、願望並建構一個基於社會主義平等、公平與正義等理念的新社會主
義模式（LOCC, 2009: 13）。」

　　「社區理事會」目的，根據 LOCC 第 1 條款明文，「社區理事會」是作為
「人民主權」之直接行使的基本法源。第 2 條款指出，在憲法保障「參與式民
主」框架下設置「社區理事會」得連結並整合公民、多元社會組織與公民運
動，讓組織性群眾得直接參與並執行社區「治理」，共同管理與個人需求和社
區發展有關的公共事務。該法賦予「公民」建立以鄰里為單位的理事會，並合
法化其規劃與治理地方公共事務的權力（Canache, 2012: 100-101）。

　　除此之外，LOCC 第 3 條則規範了「社區理事會」的運作原則：「參與、
共同責任、民主、民族認同、自由價值觀與思想辯論；協調、合作、團結、透
明、負責、誠實、共同的、人本主義的、地域性的、集體主義的、效力與效
率、道德、社會責任與社會控制、自由、平等、正義，自願性勞務、社會與性
別平等，以建立社會主義式的新政治、社會、文化與經濟模式（LOCC, 2009:
4）。」誠然，上述運作性原則中，同時併陳「民主」內涵的自由、平等、參與
等多重概念，亦強調正義、團結與集體主義等社會主義原則，並隱含西蒙・羅
德里格斯對於「社區政府」的政治意識與地域主義，以及馬里亞特吉「社區
社會主義」中強調的共同責任、集體勞務與共同福祉等多重思想。基於此，
Azzellini（2017: 214）認為「社區理事會」實際上是整合了「社區社會主義」、
「議會共產主義」（Council Communism）與「自由社會主義」（Libertarian

5　參閱 Ley Orgánica de Los Consejos Comunales (LOCC), 2009. "Ley Orgánica de los Consejos Comunales."
　　La Asamble Nacional de la República Bolivariana de Venezuela.

Socialism）等多元政治思潮與實踐的混合產物。儘管這些冗長且多元並存的規範性原則容易導致失焦，而難以明確指出這套民主機制運作的核心原則，不論如何，「社區理事會」之設置，都標示著《玻利瓦革命》對於落實「制憲權」和「群眾權力」的革命性起點。

「社區理事會」應該如何設置？根據 LCC 與 LOCC，必須經由社會組織的「發言人」（vocero）籌組並申請（Canache, 2012: 100-101）。一經成立，社區成員可組成各種功能的「委員會」，並由委員會自主地向地方政府提案。這將有助於推動公民參與社區事務、執行社區發展計畫，並尋求更有效「社會納入」與「自我發展」（self-development）方案。由於「社區理事會」的成員，多來自中下階層的個體勞動者與非組織性部門，經由參與「社區理事會」得將他們納入社區公共事務的決策過程，並協助個體取得改善自身處境所需的資源與能力（Escobar, 2010: 15）。

基於此，Hellinger（2008）認為，「群眾權力」強調「人民」在公共事務上的角色與重要性，並試圖去「制度化」直接參與機制。這形同重新概念化了「參與式民主」，並將它整合到「內生發展計畫」。除此之外，Canache（2012: 100）則主張應將「群眾權力」理解為是組織性群眾部門的權力行使成為國家的一部分，而非一個自主的社會行為者。由此可知，「社區理事會」重整了國家治理的權力結構，強調權力下放「社區」，經由群眾政治參與的「賦權」途徑，創建一個整合「社區自治」和「政府贊助」的公共服務提供模式，來滿足社區發展需求（López Maya & Panzarelli, 2013: 257; Escobar, 2010: 15）。這代表著將社區群眾納入國家治理的一環，成為地方治理的主體。

2006 年查維茲推動「社區理事會」創建的初期，全國共計設置約 2 萬 6,000 餘個「社區理事會」，涵蓋全國 2/3 的人口。直到 2010 年「社會保護與公社部」（Ministerio para las Comunas y la Protección Social）統計顯示，全國登記在案的「社區理事會」已高達 3 萬 5,000 個，其中有 1/3 都存在推動社區發展的事實（McCarthy, 2012: 126）。後續，更成長至約 7 萬個「社區理事會」（Canache, 2012: 100）。這回應了 Chávez（2011）主張，「社區理事會」作為「二十一世紀社會主義」的第五個驅動引擎，象徵著「社區權力」的爆炸式成長（Escobar, 2010: 15）。

（二）「社區理事會」組織架構與運作機制

「社區理事會」的法源，來自 LCC（2006）基礎上更新並由國會通過的 LOCC（2009）。「社區理事會」作為公民參與地方公共事務的機制，目的在推動社區公民的政治參與，並成立社區層級的立法、行政與司法體系，以達到社區自治，尋求社區發展、促進重分配與經濟納入的手段。

建構一個「社區理事會」需經歷漫長的登記過程。這需要一系列公民集會、選舉和官僚程序。誠如 LOCC（2009）明文規範，在城市地區欲設置一個「社區理事會」至少需集結 150~400 個家庭組成；在鄉村地區，則須至少 20 個家庭組成；在原住民地區，則是 10 個家庭以內（Azzellini, 2017: 221）。

在組織架構上，LOCC 第 19 條款指出「社區理事會」之設置，必須具備五個組成部分（LOCC, 2009; Teruggi, 2012: 50-51）：

1. **公民議會**（Asamblea de Ciudadanos）：「社區理事會」成員是由「公民議會」選出的在地「公民」，任期 2 年，不得重複任職於兩個社區組織。

2. **行政小組**（Unidad Ejecutiva）：依據「公民議會」的決議，來推動執行的單位。通常依據不同任務性質，又劃分出「部門別任務小組」（trabajo sectoral），又稱功能性委員會。例如：健康委員會、土地委員會、住宅委員會、娛樂委員會等。每個「社區理事會」至多可籌組 15 個委員會。

3. **社區財務管理小組**（Unidad Administrativa y Financiera Comunitaria）：管理依據「公民議會」決議而來的投資、信貸、儲蓄，以及與「社區理事會」有關的資金與資源之運用與管理。財務監管上，主要是採取「社會利益」為主的資本積累原則（Teruggi, 2012: 50-51）。

4. **社會審計小組**（Unidad de Contraloría Social）：由「公民議會」選出五名社區成員組成「社會審計長」（Contratoría social）。其職能在負責監督、回報資源使用與社區發展計劃的執行現況。因此，又稱是「反貪腐小組」。

5. **社區集體協調小組**（Colectivo de Coordinación Comunitaria）：成員主要由行政小組、財務管理小組，以及社區監督小組的「發言人」共同組成。主要任務是負責傳播資訊、激勵社區組織與培訓社區成員。

誠如圖 7-1 指出，「社區理事會」作為公民參與地方事務的組織，法源來自 LOCC，目的在推動社區自治與直接民主，並藉此途徑深化實質民主、改善貧窮與社會不均，同時尋求社區發展計畫，來滿足多重發展目標。在組織架構上，「社區理事會」之成立，必須創建上述五個組成部分。其中，「社區理事會」的核心是「公民議會」。在社區參與和直接民主的原則下，成立「公民議會」作為「社區理事會」落實集體決策的最高立法機構。它代表著社區居民作為主體的「直接民主」，並形成與「代議民主」平行的另一軌「直接民主」機制。除此之外，「社區理事會」更促成了將原先由國家控制的部分行政權力，緩步移轉到自治社區。根據 2009 年的 LOCC 第 33 條款，「社區」被定義是社會控制的單位、2010 年頒布的《群眾權力組織法》（*Ley Orgánica del Poder Popular*，以下簡稱 LOPP）第 19 條款，更將社會控制定義是「群眾權力」的行動領域（Neida, 2015: 90-91）。因此，在某種程度上，「社區理事會」確實超越了政府與公民社會之間的分野，形成了「治理者」與「被治理者」的雙重地位（Azzellini, 2017: 221-222）。

「公民」可經由社區召開的「公民議會」選出自治理事代表，並推動社區倡議、頒布《社區憲章》，建立自己社區發展的優先目標（López Maya, 2011: 200-201）。然而，「公民議會」屬於非常態性，通常是有事才召開。其次，每個社區亦設立「行政小組」作為最高行政機構。「社會審計小組」則扮演政策與資源在使用上的監管，以強化地方自治與「問責」。除此之外，「社區理事會」之下可經由直接民主方式，設置多個功能性組織。常見組織包括：「健康委員會」、「水事務委員會」、「土地委員會」、「教育委員會」與「金融委員會」等。當地居民可經由公開直接的選舉，成為「發言人」，並負責上述委員會的行政工作。這在當時成為委內瑞拉公民參與地方公共事務的制度創舉（Ellner, 2013: 73）。

特殊的是，「社區理事會」強調的是地方自治，並賦予創設《社區憲章》、邁向類「社區政府」的方向前進。從功能性來看，這儼然已超越巴西 PB 強調動員公民參與市府決策過程，並決定政策優先序位的「垂直問責」與「社會問責」模式。

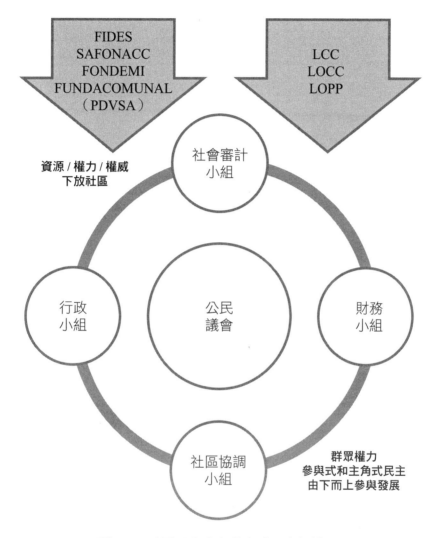

圖 7-1　社區理事會與參與式民主組織圖

資料來源：本研究繪製。

　　然而，「社區理事會」在運作上亦受到社區居民組成的「社會審計小組」進行監管與問責（LOCC, 2009）。所謂的「社會審計」，根據 Campos（2013）定義，是指勞工或公民有權去理解企業或組織的財務、控管企業資源與衍生財富，以及對於後續預算、發展規劃與投資選擇的參與和管控。事實上，「社

會審計小組」的權力與權威係依據 2010 年《國家財政控制與共和國之審計長組織法》(*Ley Orgánica de la Contraloría General de la República y del Sistema Nacional de Control Fiscal*)的授權,將國家監督權力下放到各社區的「社會審計長」。基於此,社區自治組織在資源使用上都應受到「社會審計長」的監管。且在「群眾權力」概念之下,「社區理事會」有權推薦「社會審計小組」的候選人。這意味著「社會審計長」在「社區理事會」運作之權力授予,來自玻利瓦共和國將國家財政控制的一部分權力下放社區,目的在執行「反腐敗」、確保公共投資的透明化,同時維護地方資源的分配與合理使用(Moreno, 2015: 85-89)。因此,就目的而言,「社會審計長」職位的設置,是在制憲原則上,重新定義了「國家」與「公民社會」為推動並解決地方公共管理的「共同責任」(corresponsabilidad)。同時,亦規範了「社區理事會」此一「類社區政府」單位在進行對外採購時所需依循規範,以釐清公部門、公民社會團體與私部門之間的合作關係(Moreno, 2015: 86)。

對於「社區理事會」之成效評估的研究指出,社區提案絕大多數都與在地需求高度相關。例如:社區基礎建設、社會生產計畫、大食堂與土地農作等(Terruggi, 2012: 70; Ellner, 2013; Bruce, 2008)。其中,最迫切提案集中在基礎建設方案,它亦是政府贊助比例最高項目(Bruce, 2008: 163)。此外,「社區理事會」亦導入 2003 年導入一系列《任務》,特別是 MBA、MERCAL 與教育計畫(Ellner, 2013: 73)。

對政府而言,「社區理事會」亦肩負社區發展的目的。查維茲雖欲經由「社區理事會」作為中介組織,來整合並推動中央政府的多項社會經濟政策。「社區理事會」得以將不同的社會經濟方案,整合在社區的地理範疇與平台,以協助推動地方發展。因此,「社區理事會」亦被賦予規劃並提議與社區有關的「內生發展計畫」,並申請中央政府機構的資助(Rhodes-Purdy, 2015: 420)。

舉例來說,「社區理事會」會選擇邊陲地區的都會區,成立小型「社會生產企業」(以下簡稱 EPS),包括:社區生產單位(Unidades de Producción Comunitaria, UPC)或社區服務單位(Unidades de Servicios Comunitarios, USC),並協助推動社區就業、服務與發展等多功能整合型方案(Ellner, 2013: 73)。對於社會經濟部門的說明,將於第八章一併討論。

　　由此可知，「社區理事會」功能亦涵蓋整合與管理在「社會經濟架構」下啟動的一系列《任務》，以及社區和地方發展的相關方案。這主要有賴國家將權力和資源下放「社區」，並由「社區理事會」擔負起「類社區政府」功能，以推動社區居民與政府進入社區發展的協作與共同責任。請參閱圖 7-2。

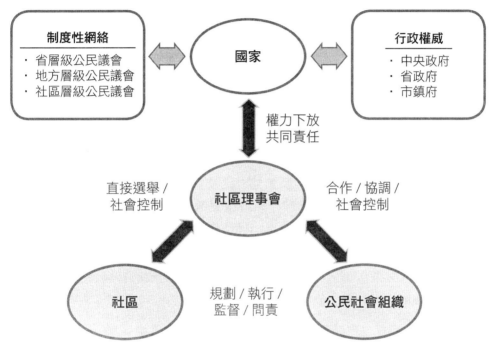

圖 7-2　社區理事會的管理

資料來源：Neida（2015: 94）。制度性網絡部分為本研究增修的部分。

（三）資金申請、運作困境與挑戰

　　「社區理事會」的資金來源，主要可區分為政府補助與自籌部分。根據 LOCC 第 47 條，社區發展計畫所需經費，有一部分補貼源自政府機構；另有一部分源自於社區經濟活動的收益（Teruggi, 2012: 62-63）。

　　事實上，2006 年 LCC 已確立「社區理事會」提案的經費申請機構，主要以「分權政府間基金」（Fondo Intergubernamental para la Descentralización，以下簡稱 FIDES）為主。FIDES 主要法源是依據《礦產和碳氫化合物特別

經濟分配法》(*Ley de Asignaciones Económicas Especiales Derivadas de Minas e Hidrocarburos*，以下簡稱 LAEE)第 20 條明文，國家取自地下資源收益的一部分，應移轉給市鎮層級地方政府，並由地方政府將至少 20% 經費移轉給「社區理事會」。根據此一條款，玻利瓦政府更成立了「社區理事會自治服務國家基金」(El Servicio Autónomo Fondo Nacional de los Consejos Comunales，以下簡稱 SAFONACC)[6]。除此之外，行政部門之下亦存在多個政府機構可供「社區理事會」提案申請經費，例如：衛生健康部等(Lander, 2007: 74-76)。

玻利瓦政府主張，將政府經費直接撥給「社區理事會」，並由後者處理與配置社區發展所需經費使用。這有助於讓「社區理事會」發揮推動地方計畫、建立與地方契約商之間關係，進而強化地方工程品質，達到協助政府監督的功能。此外，「社區理事會」亦可擴大雇用社區居民從事社區工作，協助落實「公共就業計畫」，進而創造地方就業(Ellner, 2013: 74)。特別是「社區理事會」同時被賦予權力管理社區型企業所需的小額信貸，例如 EPS。小額信貸計畫經費主要來自政府的《小額信貸發展基金》(*Fondo de Desarrollo Microfinanciero*，以下簡稱 FONDEMI)機構。統計顯示，自 2006 年「社區理事會」核准設置以來，第一年就有約 10 億美元由政府移轉至社區(López Maya & Lander, 2011: 74)。

「社區理事會」申請政府經費經審查通過以後，就進入執行階段。此時，「社區理事會」將取得由國有銀行開立給「社區理事會」所屬社區銀行(CC's Communal Bank)的支票(McCarthy, 2012: 134-135)。有了經費挹注，「社區理事會」將可依據「公民議會」決議的社區優先發展項目，行使類似(準)地方政府的職責，例如：發放「社區理事會」的採購標案，並決定誰可以取得社區的委外契約，通常涵蓋契約項目內容，主要以協助社區修建道路、建設房舍與處理飲用水等民生事務為主。在社區計畫的執行階段，所有與社區發展議程有關的契約執行與監督事宜，實際上都由「社區理事會」與其輻射之相關社區組織和機制來決定，例如：水資源委員會、電力委員會等。

然而，2010 年國民議會通過一系列立法之後，2011 年玻利瓦政府則將原先「社區理事會」提案的經費申請單位，從地方政府變更為中央政府(Ellner,

---

[6] 之後轉型為「群眾權力國家服務基金」(El Servicio Fondo Nacional del Poder Popular, SAFONAPP)。

2013: 74-75）。自此以後，提案批准單位主要經由兩個中央層級的機構：「社區權力發展和促進基金會」（Fundación para el Desarrollo y Promoción del Poder Comunal，以下簡稱 FUNDACOMUNAL）或「分權政府間基金」（FIDES）（Wilde, 2017）。相較於巴西愉悅港的「參與式預算」，其政府補助款主要來自市政層級政府，「社區理事會」變更為中央政府，這造成 2011 年以後地方政府的權威與功能更形沒落，並強化了查維茲的「再集權」。

2010 年以後，玻利瓦政府亦將「社區理事會」納入政府推動的一系列廣泛活動。舉例來說：協助中央政府強化落實對於基本糧食的「最高售價限制」、2011 年協助選取優先承購社會住宅的《大住宅計畫》（*Gran Misión de Vivienda*）、2011 年 12 月協助推動《銀髮退休任務》（*Pensión Gran Misión en Amor Mayor*）、補貼傢俱之《裝備我的家任務》（*Misión Mi Casa Bien Equipada*），以及單身媽媽與身心障礙兒童的《委內瑞拉子女任務》（*Gran Misión Hijos e Hijas de Venezuela*）等多項社會福利與救助方案（López Maya & Panzarelli, 2013: 267）。若「社區理事會」累積完成幾項政府計畫，且實施效應不錯，後續更可取得優先補貼的權力（Ellner, 2013: 74）。

儘管「社區理事會」的設置，成就了「直接民主」與社區自治的美意。然而，它在現實運作上，亦遭逢許多困難與挑戰。本書將其發展挑戰與困境，歸納為三個部分：預算經費的依賴、「社區理事會」與「社區」之間的內部衝突，以及「社區理事會」與「地方政府」之間的衝突。

第一，預算經費：「社區理事會」看似具備完善的法源與制度規劃，但主要弊病在於「社區」財政來源過於依賴中央政府補助款。誠然，「社區理事會」的財政來源主要涵蓋政府補貼（源自 PDVSA，並經由 LAEE 立法）與自籌經費（社區經濟）兩個部分。然而，社區型的 EPS 與合作社等社區生產組織，經常因為缺乏經濟規模、重視團結與分配更勝於效率，以及難以擴張銷售市場等經營管理與市場面的困境，導致「社區經濟」總體上發展不佳、無法自負盈虧，因此更依賴政府的補助款，而強化了「社區理事會」對於政府的依賴（Bruce, 2008: 146）。

然而，並非所有社區向政府申請經費的過程都非常順利。事實上，社區在申請政府補貼的過程，經常因為行政程序的曠日廢時，或是申請案件的擱置、或是遺失與沒有回應，而無疾而終。儘管「社區理事會」提案可向不同政府單

位申請經費，但都須經 FUNDACOMUNAL。但該單位卻被認為專業性不如衛生部或住宅部（Wilde, 2017: 143-144）。最終，由於不是所有社區都能夠持續申請到經費，因此衝擊到依賴政府補貼作為主要財源的社區。長期下來，亦導致許多社區無法取得足夠經費（Teruggi, 2012: 73-76）。

除此之外，「社區理事會」在申請補貼過程，亦衍生出與政府單位之間的溝通不良與信任障礙。Ellner（2013）研究指出，「社區理事會」在運作初期，由於社區成員與政府官員在交涉過程中經常存在互相不信任的情況，政府對於「社區理事會」是否具備能力去落實計畫，存在疑慮，因此對於是否通過提案格外謹慎。有些「社區理事會」為了討好中央政府以取得計畫經費，逐漸衍生出迎合查維茲政府的行為（Teruggi, 2012: 73-76）。最終，提案過程遭遇的行政阻礙或申請未果，都降低了居民參與「社區理事會」的意願。

基於此，Hellinger（2008）與 Teruggi（2012）研究皆指出，存在因為社區居民無法申請到政府補助款，而放棄參與「社區理事會」的現象。這形同是將「社區理事會」視為一種功能性存在，而非一個直接民主的空間。Bruce（2008: 163）更批評社區對於政府補助款的高度依賴，已讓「人民」作為主體的「參與式民主」淪為政府贊助之小型公共計畫的執行者，並造成「群眾權力」的色彩被淡化。

第二，「社區理事會」與「社區」之間衝突：主要集中在社區居民對於選出的「代表」在決策與經費使用上的不信任。這亦衍生出對於社區代表濫用公款與貪污的指控。結果造成參與社區事務的居民，在理念和實務運作之間體驗到挫折與矛盾（Teruggi, 2012: 62-63）。除此之外，另一個衝突來自於社區存在社區居民與親查維茲黨居民之間的衝突。有部分居民指控「查維茲黨」試圖操縱社區的政策走向，因此衍生出較大衝突（Ellner, 2013: 74-75）。誠然，「社區理事會」作為直接民主的場域，從創立之初即受到政府外圍的草根性政治組織的監控，例如：玻利瓦小圈與民兵（Fleischman, 2013: 32-33）。然而，當時「查維茲黨」的滲透性，仍不如第三任期走向「再集權」之後強大。因此，相對而言，「社區」仍擁有某種自主性與自治權力。即便存在衝突，相對於查維茲第三任期，仍未能全面控制社區民主的運作。

　　第三,「社區理事會」與地方政府之間關係,亦經常出現功能與權責上的矛盾與衝突。Bruce(2008: 152-156)指出,「社區理事會」設置目的在行使社區的「直接民主」。但由於 2005~2006 年設置初期缺乏一個明確法源,且「社區理事會」與地方舊政府亦存在在功能上重疊,因此衍生出合法性的爭議。對此,Lander(2007: 71)認為,原先「社區理事會」設置構想就企圖「略過」(by pass)省政府和市鎮政府層級的監管,並成立一個平行制度來成就查維茲總統與「社區」之間的直接聯繫。不難理解,「社區理事會」在設置初級到 2009~2010 年之前衍生的法源和功能爭議。

　　本書主張,欲對「社區理事會」的執行進行績效評估,存在相當的困難度。究其因,玻利瓦政府對於「社區理事會」的設置與成效評估之統計調查與研究報告,並未有完善評估與建檔,且在政府資訊缺乏透明度之下,都導致欲評估「社區理事會」的總體運作成效,存在較高的困難度。亦因此,本研究只能藉由次級資料與實證研究,逼近對於現實的理解。除此之外,由於「社區理事會」是一個鑲嵌在「地方分權」的「直接民主」機制,因此多達數萬個個案的實際運作成效,勢必存在差異。這仍必須回到各自社區脈絡中來釐清與判斷,很難一概而論。

　　只是,截至 2013 年查維茲逝世以前,委內瑞拉仍未爆發嚴重的經濟與糧食危機。當時,左派對於「社區理事會」作為「直接民主」的示範計畫,依舊存在高度期許。「社區理事會」作為委內瑞拉歷史上首創的「直接民主」機制,儘管運作上不盡如人意,但它代表的是政治理念的具象化、更公平民主的參與機制與制度設計。且它對於社區發展、改善貧窮與就業創造上的實驗,都足以提供二十一世紀推動「參與式民主」一個重要借鏡。

二、「社區理事會」到「公社」的轉型(2006~2013)

　　在 2001~2006 年間,查維茲積極推動「參與式民主」,試圖將政治權力下放「社區」,以強化群眾參與政治的能力與權力,實現「參與式和主角式民主」。當時,查維茲推動的替代性民主方案是在《授權法》之下啟動一系列「賦權」的方案。「社區理事會」作為「直接民主」的關鍵示範計畫,則促成「分權」與「群眾權力」的爆炸式成長,並削弱了政黨政治與代議制度等中介

組織。然而，當時這一系列替代性民主方案由於缺乏一個正式法源，因此主要採取「行政命令」方式處理，並引發合法性的爭議。

2007 年查維茲邁入第三任期開始，8 月查維茲曾試圖推動《2007 憲法改革法案》（*Proyecto de Reforma Constitucional de 2007*），以修改 1999 年憲法的部分條款，並使其符合《二十一世紀社會主義》的精神。當時，查維茲曾提出一個與「群眾權力」有關的 LOCC，這可視為 2006 年 LCC 的 2.0 版本。LOCC 目的在推動「社區理事會」的結構調整，以維持法定地位。然而，當時卻礙於修憲案以 1~2% 微幅差距未能通過，因而中斷政策。與此同時，查維茲亦啟動了社會主義國家轉型。當時，《第一社會主義計畫》（以下簡稱 PPS）的核心議程，更強調應引導經濟結構與產權結構的轉型。這亦造成 2007~2011 年期間查維茲替代發展的政策重心，轉向經濟生產領域，並自原先《玻利瓦革命》偏向重視「社區」的「非組織性勞工」，轉向強化「城市」的「組織性勞工」在經濟結構轉型中的革命性角色。當時，種種跡象都顯示，這段時間「社區理事會」正在走下坡。誠然，自 2007~2011 年之間查維茲推動社會主義國家轉型的議程重心，在改變經濟結構、推動經濟民主化與社會化，並據此啟動大規模的「徵收／國有化」。直到 2008 年末到 2009 年憲法修正案正式通過，且次年國民議會又通過包括 LOCC 與《社區經濟系統組織法》（*Ley de Sistema Económico Comunal*，以下簡稱 LSEC）等一系列立法，試圖賦予「社區理事會」等「直接民主」機制一個制度性角色。自此以後，「社區」又重回替代發展方案的舞台（Ellner, 2013: 73-74）。

根據 2009 年 LOCC 法源，「社區理事會」被要求落實一系列結構調整，又稱「調整」（adecuación）。當時政策目的，一方面在於維持「社區理事會」的法定地位；另一方面，查維茲更企圖集結數個「社區理事會」，並形成更大規模與地理範圍的「公社」，以作為社會主義國家的第四層行政單位，並進一步制度化「群眾權力」。2011 年查維茲正式啟動「公社」計畫，同時更賦予「公社」一個法定地位，並賦予且強化它們執行大型政府計畫的能力。問題是，當時礙於「國民議會」並未對「調整」建立具體的標準流程來引導「社區理事會」轉型，造成許多原在 2006 年成立的「社區理事會」因未能在政府規定的 180 天內重新註冊，而失去法定地位（Ellner, 2013: 74）。

誠如前述,「公社」是建立在「社區理事會」的整併之上。2010 年查維茲頒佈 LOCC 與 LSEC 賦予「公社」作為中央政府、省政府、市鎮層級政府之下第四層政府的行政位階。「公社」將由數個「社區理事會」整併而成。「公社」的組織定位是以「公民議會」作為基礎,發展出「直接民主」與非代議式的地方自我管理與自治模式,最終目的在創造《二十一世紀社會主義》主張的新國家權力幾何。截至 2011 年,全國經由立法創立了 120 個「公社」。實際上,這標示著查維茲對於「參與式民主」與非組織性勞動力的再重視(Ellner, 2013: 74-75)。直到 2015 年 8 月,委內瑞拉已經存在 4 萬 5,000 個「社區理事會」與 1,220 個「公社」(Azzellini, 2017: 221)。

除此之外,LSEC 更明文玻利瓦國家將邁向建構「社區經濟體系」(Sistema Económico Comunal)。所謂「社區經濟體系」是指:商品與服務之生產、分配、交換與消費,以及知識與技術使用等生產的社會關係走向變革,並由「群眾權力」與「公共權力」共同協力完成。根據 LSEC 第 5 條款明文:「社區經濟體系作為建設新社會的基本工具,受到解放者西蒙·玻利瓦,以及社會主義原則和價值觀的啟發:強調參與、領導、集體利益、社會財產、平等、正義、文化多樣性、捍衛人權、共同責任、共同管理、自我管理、團結、透明、普遍性、社會責任、問責制、社會控制等原則……,以及捍衛領土完整和國家主權。[7]」

此一階段,查維茲試圖將許多既有的「社會經濟」方案,銜接並整合到「公社」架構之下,讓「公社」成為社會主義國家中銜接起政府與社會的中介平台,並協助將中央資源下放到地方社區。因此,舉凡是社區生產、糧食安全、住房、通訊、文化、社區交流、社區銀行與司法系統等領域都經由「公社」予以整合與相連。「公社」的「執行委員會」更被賦予更大的經費配置與主導《社區發展計畫》的權力。

由此可知,查維茲試圖將「公社」轉型成為一個社會主義國家的「政治-經濟-文化」的全方位單位。Azzellini(2017)主張,「社區理事會」建構了一個有別於「代議民主」機制的「直接民主」之平行結構,目的在將國家控制的權力,緩步移轉到自治社區。而查維茲在「社區理事會」基礎上整併建立更

7　Ley Orgánica de Sistema Económica Comunal. Disponible en http://www.superior.consejos.usb.ve/sites/default/files/LEY_ORGANICA_SISTEMA_ECONOMICO_COMUNAL_14_12_10.pdf

大的「公社」，這形同將原先由政府控制之絕對「政治 - 行政空間」（political-administrative space）轉換成大衛・哈維（David Harvey）（2006）主張的「關係性」取向之「社會 - 文化 - 經濟空間」（socio-cultural-economic space）（Azzellini, 2017: 222）。這些空間之間雖存在重疊，但在「社區自治」與「直接民主」雙重前提之下，社區居民得依據自身需求規劃社區發展議程，並參與到地方性的經濟與社會決策當中。

本書主張，「社區理事會」與「公社」的功能是高度重疊。不同之處在於兩點：第一，「公社」是「社區理事會」集結而成的更大行政單位，且具備法人資格，並被制度化為第四層「社區政府」的概念；第二，原先政府補貼「社區」的經費，將轉由中央政府直接挹注「公社」，「公社」成為國家權力下放的單位，更肩負起「二十一世紀社會主義」由上而下政策在地方層次的整合、分配與執行。

表 7-2　社區理事會與群眾權力相關法源

法源基礎	條款
玻利瓦共和國憲法（2009~2010 修正案）	5. 主權在民。 51. 請願權。 62. 人民參與公共事務的計畫、執行和控制。 66. 撤銷選舉出的任何職務之權力。 70. 公民參與。 141.公共行政部門的透明度和問責原則。 143.公民的權利與告知權。 184.參與公共工程的評估和監管。
國家財政控制與共和國總審計長組織法（2010）[8]	9. 群眾權力機構應服從於共和國總審計長（Contraloría General）的行動。 75. 協助社會審計所需的管理。 76. 社區理事會與社區可提名審計長候選人。
市府公共權力組織法（2010）[9]	270.社會控制是行使市政公共管理的機制。 271.公民有權組織並行使社會控制權。 272.對於市政的問責權。 275.公民和社區理事會參與及控制市政活動的權力。

---

[8]　2010 Ley Orgánica de la Contraloría General de la República y del Sistema Nacional de Control Fiscal.

[9]　2010 Ley Orgánica del Poder Rúblico Municipal.

表 7-2　社區理事會與群眾權力相關法源（續）

法源基礎	條款
社區理事會組織法（2009 年）[10]	1. 規範與公共權力機構的關係，以執行、控制和評估與社區有關的公共政策和項目。 33. 定義社會控制單位，評估社區運作項目、監管 CCs。 34. 社會控制單位的職能。 35. 與公民權相關機構的協調。
群眾權力組織法（2010）[11]	19. 將社會控制定義是群眾權力的行動領域之一。
公社組織法（2010 年）[12]	44. 公社銀行的設置與控制。 45. 審計委員會是對社區計劃和活動進行監督、評估和社會控制的負責人。 47. 定義公共審計員的職能。 48. 促進群眾權力成員與公共審計員之間的合作。
社區經濟系統組織法（2010）[13]	25. 決定在社會生產結構與單位中創建社會控制機構。 30. 確保監管社會生產單位的過程、計劃與項目功能。
地方公共規劃理事會法（2010）[14]	2. 確保參與市政計劃之規劃、執行、監管與評估。 13. 推動城市發展計劃的規劃、評估與控制。 39. 監管、控制與評估市政投資預算的執行。
礦產和碳氫化合物特別經濟分配法（2010）[15]	國家取自地下資源的一部分收租應移轉給市鎮政府。後者應將不低於 20% 經費移轉給社區理事會。

資料來源：Neida, 2015, pp. 90-91.

2012 年 10 月 7 日查維茲為了挑戰第四任期（2013~2019）總統大選，正式宣告將帶領國家邁向「公社國家」（Estado Comunal），作為創建「二十一世紀社會主義」的一部分。2012 年 10 月 20 日查維茲針對玻利瓦國家官員進行的《掌舵》（*El Golpe de Timón*）演講，更提及應加速推動經濟轉型，並建構一個

---

[10] 2009 Ley Orgánica de los Consejos Comunales, LOCC.

[11] 2010 Ley Orgánica del Poder Popular, LOPP.

[12] 2010 Ley Orgánica de las Comunas, LOC.

[13] 2010 Ley Orgánica del Sistema Económico Comunal/ Organic Law of the Communal Economic System.

[14] 2010 Ley de los Consejos Locales de Planificación Pública.

[15] 2010 Ley de Asignaciones Económicas Especiales Derivadas de Minas e Hidrocarburos, LAEE.

「公社國家」，以將國家權力逐步移轉給由人民，亦即社區群眾組成的「社區理事會」。為達目的，首要之務是加快「公社」登記，以協助「社區理事會」的轉型，來強化「公社國家」的基礎結構。然而，此次大選，查維茲以 55.4% 贏過國會最大反對黨「民主團結圓桌」（Mesa de la Unidad Democrática）候選人 Henrique Capriles Radonski 的 44.5%。在投票率高達 80.52% 之下，查維茲超越對手 11%，但仍已明顯低於 2006 年大選勝幅的 26%。這顯示反查維茲的選民，已有逐漸升高的跡象（López Maya & Panzarelli, 2013: 266）。合理推論，查維茲的替代發展政策之正當性已不如以往。

三、查維茲再集權與查維茲黨進駐社區

在 2001~2006 年查維茲在《授權法》架構下，先後推動一系列與「參與式民主」相關的替代性政治方案，以將政治權力下放「社區」，強化群眾參與政治的能力與權力，實現「參與式和主角式民主」。當時，「社區理事會」的直接民主機制，更促成了「地方分權」和「群眾權力」興起，並削弱了政黨等中介組織。

然而，自 2007 年查維茲邁入第三任期開始，他啟動激進的社會主義國家轉型，並逐步強化對於地方社區的政治控制。首先，2007 年查維茲先是解散 MVR，並重新成立「委內瑞拉統一社會主義黨」（Partido Socialist Unido de Venezuela，以下簡稱 PSUV）作為社會主義國家轉型的革命政黨。此一階段，他亦將原先「玻利瓦小圈」等政治目的群眾組織納入 PSUV 之下。與此同時，更創造了 2,500 個將軍職位，並走向高度依賴軍事結盟作為對內控制機制（Gónzales, 2019: 45）。除此之外，2009 年查維茲推動二次修憲成功。2010 年更由國民議會通過一系列立法，來重組國家政治版圖，並構成發展模式的重大轉向。

如表 7-2 所示，憲法修正案的成功，為查維茲推動的社會經濟方案和「社區理事會」計畫創造了法源與合法性。修憲通過以後，2010 年一系列立法更確立將「社區理事會」整併成立「公社」，並推動「公社」轉型為第四層行政單位，創造「公社」成為政府體制一部分的法理地位，並藉此賦予「群眾權力」一個制度性權力（Ellner, 2013）。

　　然而，這次修憲最大的爭議，來自國家的擴權。更確切地說，修憲案廢除了 1999 年憲法對於總統任期的限制，自此查維茲晉升為「超級總統」。其次，伴隨 2009 年 4 月《都會地區政體組織法》（*Ley sobre la Organización y Régimen del Distrito Capital*）通過，更授權總統得任命「首都區行政首長」（Jéfe de Gobierno del Distrito Capital）職位。該職位不是經由選舉產生的市鎮首長，而是直接由總統自由任命。且總統更可對法官與國會發號司令（Canache, 2012: 263-264）。除此之外，2010 年 12 月國家議會通過的《公社國家權力法》（*Ley El Poder en el Estado Comunal*）明文，「群眾權力部」（El Ministerio del Poder Popular）握有控制「社區理事會」以及否決社區的「公民議會」決議的權力（Neida, 2015）。上述法案的通過，賦予「查維茲黨」控制地方公共事務的權力，這形同讓委內瑞拉的民主開倒車。這對於地方「參與式民主」的衝擊在於，數年累積的實質民主空間，開始受到擠壓，並致使這些草根社會組織產生「質」的改變。

　　由此可知，2009 年修憲案通過以後，查維茲從 2005 年積極推動「地方分權」與「參與式民主」的政策方向，走回「再集權」。在確定「公社」作為第四層行政機構的法理地位，看似鞏固了「分權」，實際上亦同步強化了「國家」對於「社區理事會」的監管，並導致原立基於「參與式和主角式民主」與「群眾權力」的替代性民主機制，逐漸喪失自主性。自此之後，「社區理事會」逐漸從原先高度的自主與自治，轉為受到較多的政治干預與控制。這亦造成「社區」開始浮現「查維茲黨」與其結盟，以及地方利益之間合作與衝突的複雜關係。

　　玻利瓦政府開始以不同以往的方式，向「公社」的基本單位「社區理事會」施壓，並要求「發言人」加入 PSUV，以形成垂直命令體系。同時，「社區理事會」亦出現功能性的調整。這些地方性組織被要求須在總統大選期間，協助爭取親查維茲的地方選票。因此，每逢選舉期間，查維茲黨便啟用「社區理事會」與《任務》等社區層次的資源與途徑，去動員地方的政治支持，形成「侍從主義」的利益交換（López Maya & Panzarelli, 2013: 257-263）。

　　由此可知，修憲成功儼然為查維茲鋪平了走回「再集權」的道路。自此之後，權力集中在總統之手，其他政府分支權威則是相對被削弱。查維茲得經由PSUV強化由上而下的社會主義國家與其政黨路線。可見，修憲成功對於「民主」帶來的衝擊在於，總統行政權的無限擴大並凌駕立法與司法。這不僅衝擊水平問責的制衡機制，亦損及由下而上的「參與式民主」與其建立的垂直與社會問責。最終，查維茲由上而下的再集權（擴權）抑制了由下而上的「群眾權力」。

　　本書主張，這些變化標示著「社區」作為一個地方民主空間與決策場域，它的場域治理邏輯已逐漸由「參與式民主」原則建立的社區自治與賦權途徑，轉向親查維茲黨的「政治邏輯」。結果是，伴隨 2009 年憲法修正案與 2010 年通過的一系列新立法，將國家權力重新集中到總統身上。查維茲更在《哈囉，總統》（Alo President）的政策宣導節目中使用法國路易士十四（Louis XIV）名言：「我是法律、我就是國家」（"I am the law, I am the state"）（Canache, 2012: 263-264）。

　　由此可知，查維茲第三任期的後期，「參與式民主」立基的平等、公平、開放與審議等原則已遭到嚴重侵蝕，淪為必須聽從查維茲黨與武裝部隊效忠的總統，「社區理事會」逐漸成為查維茲黨建立地方「侍從政治」的機制。這形同是「群眾民主」的倒退。

第三節　社區民主空間與權力不均

　　查維茲的民主觀，強調一種以「人民」為主體、「社區」為基礎的「參與式和主角式民主」，並於 2005~2006 年啟動「社區理事會」作為「政治賦權」的主要手段，目的在試圖強化「群眾權力」，並「制度化」群眾參與地方事務的機制。2009~2010 年間的一系列立法更確立「社區理事會」與「公社」的法理地位。

　　誠然，「參與式民主」的政治理念與制度看似美好，但查維茲在兌現對於人民的「賦權」承諾時，亦因鞏固了自身權力而飽受批評。究竟，查維茲推動的「群眾權力」是否為「公民」創造出一個「民主空間」作為修正「代議民

主」制度下人民淪為「乞討者」的弊病？這套替代性民主制度又是如何重組國家治理？以下，本節將就「參與式民主」在實踐層次上遭遇的困境與挑戰進行分析：

一、參與式民主下的權力不均

「社區理事會」作為直接民主的示範計畫，其決策核心是「公民議會」，是一套集體共識決的機制。根據 LOCC，「公民議會」是一個公開討論、平等參與，以及集體決策的機制。「發言人」必須採取輪替，不能由個人壟斷。然而，這些「群眾權力」理念在制度化為「社區理事會」等直接民主機制並落實在社區場域的運作時，卻經常存在正、反的成效。為何如此？

究竟，社區居民參與「社區理事會」的過程，是否有助於落實「直接民主」？一個根本的爭議圍繞在：「社區理事會」是否為群眾創造了一個「人民行使主權的空間」，亦或它充其量只是另一個「政治侍從的空間」？這衍生出「民主空間」或「民粹空間」之間的辯論（García-Guadilla, 2008: 30; Lander, 2007: 73）？

既有實證研究在檢視「社區理事會」的運作成效時，得到不甚一致的結果。Lander（2007: 73-74）研究發現，「社區理事會」的運作成效，呈現高度不均的現象。有些個案顯示，這套直接民主機制淪為「侍從主義」，權力是由少數人獨攬；反之，亦有些個案呈現社區居民之間較為平等的參與和集體決策，顯示公民具備高度參與和決策自主性。特別是與民生需求相關的技術性論壇，例如：水資源技術圓桌，已在某種程度上扭轉前查維茲時期由國有企業、技術官僚與專家社群主導與支配的場域，並轉變成一個公開審議與諮詢，並解決問題導向的對話機制。

除此之外，Wilde（2017: 142-153）[16] 研究發現，「人民」在「社區理事會」的真實經驗顯示，參與的公民之間實際上並不存在人人平等的參與權。部分中高齡婦女因參與公共事務而獲得決策權，成為一個政治主體；但機會不是平均分佈在社區居民之間，且這種「不均參與」，更容易「再生產更多不平等」。

---

16 他在 2009~2010 年間赴委內瑞拉第三大城市瓦倫西亞（Valencia）的卡莫魯科（El Camoruco）貧民窟進行田野，目的在探究勞工階級為主的「社區理事會」在落實直接民主實踐上的成效。

由於權力是不均分佈在參與者之間，更強成他們對於地方資源與權力的角逐。因此，Wilde（2017: 140-143）以「競爭空間」（contested space）的概念，說明社區居民在參與「社區理事會」中的真實感受。McCarthy（2012）亦認同此一觀點。他主張在此一空間中，不同理念、動機的參與者之間是相互角逐結構性位置與資源，以爭取決策與利益的分配權（McCarthy, 2012: 138-139）。

Wilde（2017）亦指出「社區理事會」執行前幾年，由於政府對於其運作和制度落實的監管是相對鬆散的，這造成每個「社區理事會」運作模式落差極大。多數社區居民是依據自己對於「社區理事會」的理解，來推動組織運作。每個「社區理事會」都存在自己特有的社區價值與運作模式，且成員對於何謂「參與式民主」與「社區理事會」應如何運作，存在一套自己的理解。由於參與者對於「參與式民主」的認知與實踐是經由日常政治來建構，有些成員追求個人與團體目標之間的結合，以滿足自己需求又同時造福社區；但有些參與者則希望走向激進的革命社群（Wilde, 2017: 141-153）。

除此之外，Teruggi（2012）針對委內瑞拉三個社區進行的實證研究發現，「庫西達」（Cuicita）與「為真理而戰」（Luchemos por la verdad）等兩個「社區理事會」都呈現居民之間相對較為公平與平等的參與；但另一個「農民探索」（Exploración Campesina）則出現權力集中在寡頭的壟斷現象，且「發言人」更長期掌握在少數人手中，因此並未有民主（Teruggi, 2012: 64-65）。由此可知，不同案例之間在運作上存在各自脈絡與差異性，很難一概而論。

然而，委內瑞拉中央大學教授 Daniel Hellinger（2008: 161）於 2006 年進行的問卷調查，則呈現另一種視野。Hellinger 在 2006 年 8 月針對委內瑞拉三個省[17]的 11 個貧民窟（500 人）與 5 個城市的中產階級（300 人）進行問卷調查。問卷調查時間點正是 2005 年成立「社區理事會」的次年。該問卷論及：「你認為委內瑞拉有民主嗎？」[18]，當時貧民窟有高達 85% 受訪者認為存在民主、受訪城市居民中僅 55% 同意。這指出貧民窟對於查維茲推動的直接民主方案的認同。

---

[17] 分別是 Caracas 省、Bolívar 省以及反對派控制的 Zulia 省。調查費用主要係來自美國 Webster 大學贊助研究經費之下完成。

[18] ¿Crees que en Venezuela hay democracia?

　　然而，同份調查亦顯示，貧民窟居民參與到社區組織的比例，不如預期的高（表 7-3）。事實上，有高達 43.7% 從未參與任何社區組織。此外，參與度最高的社區組織是「健康委員會與社區門診」，占調查母體的 46.6%；相較於前者，參與「社區理事會」只占 18%。此一參與比例甚至低於《定點協議》時期參加反對 AD-COPEI 的草根「鄰里組織」（Asociaciónes de Vecinos, AV）（Hellinger, 163-166）。

表 7-3　貧民窟參與社區組織比例（%）

參與現況	比例（%）
未參與	239（43.7%）
家庭成員有人參與	27（4.9%）
個人參與，未有其他家人參與	126（22.9%）
個人與家庭成員參與	155（28.2%）
全部	547（缺 3 份問卷）
參與成員中，自我標榜是領袖	64/281（22.8%）　占總問卷人口 11.7%
參與健康委員會和社區門診	131（46.6%）　占總問卷人口 27.4%
參與社區理事會	77（18%）　占總問卷人口 17.9%

資料來源：Daniel Hellinger, 2008, p. 165.

　　除此之外，該問卷調查同時論及「人民如何理解主角式民主？」[19]。受訪者需選出他（她）認知到的「主角式民主」。貧民窟的調查結果顯示（表 7-4），「政府確保教育和醫療提供」（25.8%）比例最高、第二高概念是「所有社會部門都被納入並享有同樣權利」（15.6%）、緊接著是「政府回應窮人需求」（15.3%），以及「司法制度平等對待所有公民」（14.5%）；相較於前者，「政黨之間存在自由競爭」僅占 0.5%、鄉村中產階級則是 1%（Hellinger, 2008: 161）。這顯示貧民窟受訪者並不認同新自由主義式的「自由民主」概念。這亦凸顯人民對於何謂「主角式民主」的定義，偏向公平正義與滿足物質需求的層次（Hellinger, 2008: 169-170）。

---

[19]　¿Cómo entiende el pueblo la democracia protagónica?

表 7-4　人民如何理解主角式民主？

在以下各項中被選為最重要功能	貧民窟	城市	全部
政黨之間存在自由競爭	0.5%	1.0%	1.3%
司法制度平等對待所有公民	14.5%	11.0%	13.3%
少數人與多數人一樣有表達意見的權力	4.7%	7.3%	5.6%
媒體享有言論自由	4.9%	16.3%	8.9%
乾淨的選票／投票	8.5%	14.3%	10.6%
有一個安全可靠的選舉系統	9.1%	13.3%	10.6%
政府回應窮人需求	15.3%	6.3%	12.1%
政府確保教育和醫療提供	25.8%	13.3%	21.4%
所有社會部門都被納入並享有同樣權利	15.6%	17.0%	16.1%

資料來源：Daniel Hellinger, 2008, p. 169.

　　分析上述論點，Hellinger（2008: 161）研究指出貧民窟居民高度認同這套「社區理事會」作為參與式民主的制度。但弔詭的是，不論是貧民窟或城市的社區受訪者，他們對於「主角式民主」的理解，主要仍以「滿足需求」為優先，存在工具性與功能性取向。除此之外，Lander（2007: 73）與 Teruggi（2012）研究則顯示，「社區理事會」的運作成效不盡如人意。有些社區呈現「侍從主義」現象、有些則出現高度自主性與參與式民主；對此，Wilde（2017）更定義「社區理事會」在地方層級開啟了「競爭空間」，但不是所有人都有平等的參與權力。

　　本書主張，在實踐層次上，在 2009 年以前查維茲尚未走向「再集權」，且「查維茲黨」亦未高度介入並控制社區政治走向，當時「社區理事會」運作狀況已呈現正、反兩種結果，倘若並非所有社區都運作不良，就難全盤否定這套直接民主方案的失敗。似乎，存在某些尚未發現或充分考量的中介變項影響運作成效。

　　除此之外，誠如 Wilde（2017）研究指出，並非所有人都有機會（或意願）參與決策，因此定義這是一個「競爭空間」。此一研究發現推翻了「社區理事會」設置目的中強調建構一個公平且平等參與地方公共事務的機制，並採取「集體共識決」而非「多數人民主」的原則。由此可知，在現實運作上「社區

理事會」竟弔詭地支持了「多元論」（Pluralism）的民主觀，亦即：多元利益團體角逐、並競爭有限資源。

本書主張，Wilde研究發現將社區居民從「代議制度」之下的「需求乞求者」轉變成為「需求競爭者」。以此來看，這套替代性民主制度，弔詭地呼應了「自由民主」強調的多元團體角逐資源的政治邏輯，形成最大諷刺。差異只是在將國家層次的資源角逐下放到了社區。然而，在「社區理事會」之下，社區居民的處境，相較於「代議民主」下的被動「乞求者」，仍將因為權力下放地方、且將競爭帶入部分社區，因此政治能動性仍然是相對地提升。

誠然，查維茲的《玻利瓦革命》強調一種「制憲權」意義上的「民主」，而「社區理事會」則是作為這套民主觀與「參與式民主」的實踐計畫。所謂的「制憲權」，這是一種集體存在於人類中的合法性能力創造（Azzellini, 2017: 215）。它仰賴「人民」成為政治主體，並從日常生活的民主實踐過程中，形塑政策走向（Negri, 1992）。基於此，本書主張，「制憲權」強調的直接民主，關鍵是人民參與政治過程的權力與形塑政策議程的能力，這並不必然涉及到必須落實「平等主義」與「集體主義」的精神。從這個意義上而言，即便是角逐資源的「競爭空間」，若能兼顧公平參與的形式民主，依舊滿足「參與式和主角式民主」的一部分內涵。然而，不同之處在於，查維茲推動的「社區理事會」在強調人民參與決策過程之外，同時更強調平等、團結與滿足社區需求導向等「社會主義」和「集體主義」的精神與原則，亦即是「社區社會主義」的概念。因此，從這個角度來看，「社區理事會」的成效顯然不如預期。

除此之外，Wilde（2017）提出的「競爭空間」研究發現，以及Hellinger（2008）問卷調查結果之間，卻形成有趣的對照。Hellinger（2008）研究發現指出，貧民窟居民認同「民主」應該定義為「政黨之間存在自由競爭」的比例僅有0.5%；取而代之，居民的主觀認知中，所謂的「主角式民主」應去確保政府服務提供、滿足社會需求。此一觀點與「參與式和主角式民主」試圖建構個人成為政治主體、推動民主作為日常生活實踐的政治理念，存在落差。誠然，「社區理事會」作為直接民主機制，目的雖在藉由這套「賦權」途徑，來推動社區發展議程並達到「重分配」。其邏輯推演之最終目的經常指向確保公共服務提供，並滿足社區基本需求。顯而易見，「參與式和主角式民主」與「公共服務和基本需求滿足」之間雖存在「價值關聯」，亦即：後者是前者所

欲達成的最終目的，但「參與式和主角式民主」作為「賦權」途徑，其精神不只在廣納參與，更在創造一個「援助自助」機制，來培植「人民」參與政治的權力與能力，以讓「人民」成為政治主體，並成就實質意義上的「由人民治理」。但調查卻顯示，貧民窟居民對於「參與式和主角式民主」的主觀認知，卻將直接民主作為一種「工具－目的理性」所欲達到的最終「結果」，變成了「目的」自身。

本書主張，理論上，「參與式和主角式民主」強調創建一個公平參與和實質平等的「社區理事會」。因此，在制度設計上規範了齊頭式平等參與、集體決策與社會審計等制度安排來創建一個由社會控制的機制。然而，在實然面上，雖創造了形式上的平等參與，卻難以成就實質上資源分配的平等主義。在現實生活上，由於權力的本質就是競爭與再生產出更多不平等，即便是強調平等參與和集體決策的直接民主機制，亦難克服人性對於壟斷權力與資源的強大慾望。誠然，創建「社區理事會」的基本原則中，亦內含走向「社區社會主義」的願景。它彰顯的核心價值，並不僅止於「社區」如何有效落實直接民主與集體決策，更是「社區」對於集體勞務與共同福祉的「責任共識」，這是「社會主義」與「集體主義」精神的雙重結合。從這個角度來看，或許提供了另一種「詮釋性理解」（interpretive understanding）來看待為何貧民窟居民認知的「主角式民主」是一種保障共同福祉的概念。

除此之外，另一個關鍵性問題在於，「社區理事會」作為「直接民主」機制是否曾經運作得當？亦或，它充其量只是另一個「政治侍從空間」？本研究的訪談發現，亦呈現正、反兩種觀點。這亦再次證實並強化上述論點。

首先，受訪者 VG-1 指出這些直接民主機制曾經運作得當，但後來因為權力的介入才逐漸變調；另一位反對派的受訪者 VG-4 主張，這些直接民主機制從未能真正落實民主，主因是委內瑞拉的「政治文化」（political culture）使然。以下說明：

> 「……我曾經有三年時間是在『公社』。這是個分權的單位，剛開始運作不錯。但自從查維茲黨進來之後，所有東西都被壟斷，必須聽他們的，很多東西就開始變得不一樣。……我認為三權就可以，根本不需要『群眾權力』。『群眾權力』雖然是一個重要概念，但到目前為止，沒有一個好的制度設計可以真正用來公平的落實公民政治參與。像查維茲這

樣使用，最後就是一堆不念書的權力都變得很大（受訪者 VG-1）。」

「我覺得『群眾權力』是過於理想性的東西。雖然『參與式民主』是建立替代發展模式的重要概念，但問題是我們要怎麼做（cómo?）。……查維茲執政初期，有一段時間做的不錯。後來所有「社區理事會」都有查維茲黨的介入，大家都必須聽他們的，因此就變了（受訪者 VB-1）。」

「分權部分，後期委內瑞拉根本不存在直接民主。制度上有『社區理事會』，但委內瑞拉在政治運作上都很考迪羅（caudillo）的，大家喜歡找一個人來推崇、來崇拜，然後查維茲創造一個個酋長（cacique）。所以很多地方分權的權力結構，都是少數幾個人分到預算，然後貪污、壟斷權力或分給自己的親信，形成『侍從主義』。……這些制度理念講得再美好，也是運作不當。這是政治文化的因素（受訪者 VG-4）。」

「參與式民主曾有一段時間運作不錯，後來就不行了。……對我來說，查維茲黨就是支持查維茲的人，他們都在搶利益。……現在我們國家就是獨裁。我們給了那些沒有受教育的人過大的權力。……（VB-3）。」

由此可知，「社區理事會」旨在創造一個平等、公平參與的「政治賦權」機制，以讓人民經由參與政治與經濟決策過程，進而改善生活，降低經濟與社會排除。儘管在查維茲黨走向「再集權」之前，「社區理事會」的法源與制度設計看似不存在重大缺陷，但政治現實的運作上已是差強人意。究其因，本書歸納出三個影響落實成效的關鍵因素：第一，雙元社會結構與「政治文化」；第二，「社區理事會」的制度設計；第三，查維茲黨進駐「社區」帶來社區權力結構的實質轉變。

針對第一點，委內瑞拉社會長期存在的雙元結構，造成社會階級之間的權力距離較大。且源自殖民時期的「政治文化」，更在某種程度上會去合理化寡頭壟斷權力的正當性，並削弱這套強調平等主義、團結與公平參與的直接民主機制。傳統上，委內瑞拉政治文化中即瀰漫著「家父長制」（Paternalism）與「考迪羅主義」（Caudillism）（Harrison, 1985）。拉美的「家父長制」是指一種社會傾向，它假定存在一種集體文化的傾向，社會中處於弱勢一方的接受者，通常傾向依附特定權位者，並形成依賴文化（Merrien, 2013: 103）。「家父長制」的概念，更標示出社會關係的邊界，同時定義了何謂「參與」

和「社群」。此一文化傾向，致使拉美在轉向新自由主義之後，西方個人主義（Individualism）的「自由」與「民主」等價值體系較難紮根拉美社會。這種政治文化滲透到公共領域所及之處，經常瀰漫著「恩庇 - 侍從主義」，並造成多數人民傾向「推崇」具領袖魅力的人來主導決策（Radcliffe, 2015: 870）。誠如 Harrison（1985: 146）主張，承襲自「西語國家個人主義」（Hispanic Individualism）的拉美政治文化，強調男性優越感、個人尊嚴（dignity）與榮耀（honor）。這種「個人主義」傾向關注男性的個人權力與自我主張，並合理化少數人可從多數人中獲取利益。Harrison（1985）認為拉美政治文化缺乏西方社會強調的平等主義、民主妥協與「廣泛分享權力」的民主精神。但這卻是「民主」得以運作的基石。委內瑞拉如其他拉美國家屬於一個階級社會，並存在一種偏好依附「特殊主義」（particularism）文化。此一文化強調欲滿足個人需求，必須與正確的人建立關係，以取得資源。上述兩者加乘效果，形成一種遵從階層、尊重權威的文化。因此，權力運作主要經由考迪羅與酋長等寡頭在各個領域運作（Harrison, 1985: 142-148）。

然而，本書主張，事實上在查維茲黨進駐社區之前，部分「社區理事會」曾經運作得宜。因此，並不宜過度誇大「政治文化」的恆久不變。誠如巴西 PB 的實證研究已指出，倘若「參與式民主」的制度與機制設計得宜，將會翻轉底層貧窮人口的「恩庇文化」（Cultura do favor），讓底層人民逐漸認知到可以依賴自身力量與制度性管道取得資源來改善生活（Avritzer, 2010: 173）。這亦是「賦權」途徑之替代發展論的初衷。

第二點，「社區理事會」的制度設計。誠然，「參與式民主」相關文獻指出，直接民主的「規模」（scale）攸關這套直接民主機制運作的成敗。通常規模愈小的市鎮，「參與式民主」運作更好，顯然這套制度受到「規模」影響。倘若參與者的數量過大，最終這套制度仍會出現向菁英（寡頭）傾斜，而造成「直接民主」轉向「代議民主」的問題（Avritzer, 2010: 172-173）。此一現象在巴西部分民主預算的示範城市已經出現。那麼部分的「社區理事會」淪為少數人決策，是否亦是向代議傾斜造成的結果？誠然，「社區理事會」在制度設計上，推動的是 200~400 家庭為主的「社區理事會」，因此恐不是「規模」壓縮了直接民主的空間。除此之外，Harnecker（2015: 73-74）主張，一個運作較佳的「參與式民主」，必須去超越「社區」，走向地方層級與全國層次。且這又必然超越

資本階級主導的「代議制度」，走向創造一個真正代表各方權力之委任形式。對此，「社區理事會」在制度設計上，亦存在整合了「直接民主」與「委任」的機制，例如：由社區選出發言人與各任務小組的委員等機制。且在查維茲第三任期後期，他更積極推動「公社國家」，試圖超越「社區」走向地方與全國層次的「參與式民主」的跡象。由此可知，在集體共識決的決策模式之下，社區亦呈現「委任」制度。但制度設計上亦強調任何的「委任」與職位，都必須採取輪替的、可撤銷的，且由社區居民（社會力）經由「公民議會」與「社會審計」進行有效的集體決策與社會控制。弔詭的是，「公民議會」並不存在常態性召開的規範，這亦創造了代理人自由裁量的空間。無論如何，這套直接民主的制度設計，若能有效落實，應不致於創造出持久性權力壟斷。

誠然，任何制度與機制的實踐，都受到脈絡特定（context specific）的影響，且任何行動都無可避免鑲嵌在社會結構、制度、文化思維與權力關係之中。這些結構性的制約，都仍在某種程度上制約著自由限度，因此需要經由行動主體有意識的介入與重塑制度來超越結構框架。但拉美發展過程遭遇的問題，向來都存在錯綜複雜的多元變項所形構。儘管查維茲的替代發展模式，深具左派情懷（兼顧個人政治野心）並試圖經由國家新制度主義推動社會制度創新，以修正「自由民主」與「市場經濟」的弊病。但顯而易見，直接民主的制度設計恐不是衝擊民主運作的主因。癥結仍在於「政治文化」與再集權過程導致在「社區理事會」之上強加的「權力關係」。這亦帶出第三點

第三點：「社區」權力結構轉變：誠然 2010 年《公社組織法》頒布之後，「查維茲黨」陸續進駐地方社區，形成一個垂直命令結構，將社區原先相對扁平的權力關係，逐步拉開權力距離。本書主張，「民主空間」無法只建立在參與者之間的制度平等。制度上平等尚不足以創建一個「民主空間」，更關鍵的是「實質權力」上平等。前述的「政治文化」雖是場域運作的隱性規範，但實質權力關係更形塑了場域運作的「控制思維」（concept of control）（Fligstein, 2007）。

以結果而論，「社區理事會」作為由下而上的參與機制，不必然導向一個更平等參與的結果，亦可能形成新一波地方政治權力的重組。亦即：由草根政治新貴替代掉原先代議民主下的寡頭權貴。且此一現象原已存在，但在「查維茲黨」進駐社區之後，更壓縮到原已「相對」創造出的「民主空間」，而導致「社區理事會」在創立後期更接近「政治侍從的空間」。

本書主張，這意味著「參與式民主」的民主機制，不僅需要一套實質平等的參與機制與制度設計，更需配合一種具備民主妥協與團結的「政治文化」。後者又取決於公民素養，需從公民教育紮根。亦即是，任何倡導「直接民主」的機制，都不應忽略「公民」對於政治的態度、認知上是否存在平等、權力分享與妥協的觀念。這些實質權力與抽象價值理念，都將形成顯性與隱而不顯的規範性障礙。由此可知，社區參與者是否擁有一個平等、公平的政治參與空間，並落實公平的集體決策，除「社區理事會」的制度設計之外，更受到實質權力結構、政治文化、公民素養等多重因素的中介與影響。不論委內瑞拉案例的成敗，都促成二十一世紀拉美國家與開發中國家對於推動「直接民主」作為替代性政治制度的反思與借鏡。

二、「群眾民主」作為一種「賦權」途徑？

查維茲在「群眾權力」的概念下，推動「社區理事會」，試圖重構「公民身份」。其初衷在強化人民參與政治的能力，進而達到對人民在政治與經濟上的「賦權」，以創建一個「援助自助」機制來協助資源近取、創造在地就業，進而改善生活困境，以達到消除貧窮的目的。因此，「社區理事會」作為「參與式民主」機制，亦是一種「賦權」途徑，並有助於達成資源的「重分配」。

從功能角度而言，Escobar（2010: 16）主張學界對於「社區理事會」的功能，存在兩種對立觀點：第一，「技術-侍從」（technical-clientilist）觀點：此派將「社區理事會」定義是去管理政府資源。弔詭的是，支持此一論點者，通常難以否定「社區理事會」不受 PSUV 與政府的影響；第二，「賦權」觀點：將「社區理事會」看做是建構「群眾權力」的工具，這通常又與地方自治和群眾運動等概念相連結。持後一觀點者傾向承認「社區理事會」賦予「群眾」部分自主與自治權力，並經常與政府發生衝突。

然而，Escobar（2010: 16）與 García-Guadilla（2008）兩位學者都傾向認同第一個觀點。他們認為「社區理事會」並無法有效行使人民主權，亦無法建立新的政治主體或發展成為一種替代性民主模式。相較於前兩者的悲觀，Wilde（2017）卻主張「社區理事會」形成的「競爭空間」確實有助於將更多政府資源導入地方，亦必較可能帶動社區自主發展。只是，並非所有「社區理事會」都運作得當，且亦不是每一位「公民」都有公平參與的機會。

　　從制度設計角度來看,「社區理事會」和「公社」雖存在一套看似完善之「直接民主」機制,但現實運作上卻經常與制度設計初衷存在較大落差。誠然,「社區理事會」目的在推動「群眾權力」,並透過由下而上爆炸式政治參與,解構傳統憲政體制之下由國家壟斷的「憲定權」。弔詭的是,自 2010 年《公社權力法》頒布之後,「查維茲黨」陸續進駐地方社區,這些準武裝團體更形成一個垂直的威權命令結構。這在相當程度上已改變了原先相對民主的場域運作邏輯,形成以查維茲黨為主首的統理結構。自此,「社區理事會」民主機制始受到大幅抑制。

　　McCarthy(2012: 138-139)研究指出,自 2006 年「社區理事會」設置以及 2007 年 PSUV 成立之後,兩者之間開始產生互動。有些「社區理事會」的領袖,因為追隨查維茲的政治理念,亦是 PSUV 的地方代表。因此,「社區理事會」作為「直接民主」的空間,就出現了弔詭。舉例來說,社區每週六舉辦「公民會議」作為最高集體決策機制;但周日卻進行 PSUV 政黨的地方會議。此外,玻利瓦政府官僚與地方政黨代理人常經由「社區政府」(Gobierno Parroquial)或 PSUV 主導的「思想戰鬥空間」(Sala de Batalla)來監視社區事務。即便如此,在 2010 年《公社組織法》頒布以前,PSUV 和「社區理事會」之間關係雖時有交錯,但仍偏向雙軌併行,不會彼此過度干擾(McCarthy, 2012: 138-139)。因此,2007~2009 年之間「社區理事會」成員是否加入 PSUV,並不會對民主場域運作產生重大衝擊;反之,若一個社區與政府建立較佳關係,將有助社區提案通過。且中央政府更傾向與政治正確的「社區理事會」發展緊密關係。儘管「社區理事會」提案通過與否掌握在 FUNDACOMUNAL 和「社會保護與公社部」(Ministry of the Communes and Social Protection),但與查維茲黨的關係網絡卻有助取得補貼與合作(McCarthy, 2012: 138-139)。

　　誠然,自 2010~2011 年查維茲黨進駐社區之後,形成一個垂直整合的權威與命令結構,並強化了查維茲黨在地方公共事務的控制權。自此之後,「參與式民主」與「制憲權」亦遭到嚴重侵蝕。社區民主愈來愈像是一種地方「侍從政治」。且「群眾權力部」更握有控制「社區理事會」,以及否決社區的「公民議會」決議的權力。本研究受訪者指出:

「查維茲第二任期提出『社區理事會』，那時候運作得不錯！社區若有發生事情，只要過去找他們，都會幫忙處理。但那時候『社區理事會』不是查維茲黨控制。……後來也不知為什麼，查維茲的意識形態出現重大改變。我想可能是他被『政變』，就開始改變了。（受訪者 VB-5）」

「我曾經有三年時間是在『公社』。這是個分權的單位，剛開始運作不錯。但自從查維茲黨進來之後，所有東西都被壟斷，必須聽他們的，很多東西就開始變得不一樣。……參加這些方案最大好處就是有一份『工作』，除此之外，我也沒覺得有什麼特別好的。沒有因此有比較公平的參與政治，或是有其他更多更好的機會（受訪者 VG-1）。」

由此可知，「參與式民主」的政治理念與制度看似美好，但實踐層次上，這套制度卻存內部矛盾。亦即：查維茲在將權力下放「社區」企圖增強「群眾權力」以兌現對人民承諾之際，同時亦運用經費審核與社區監控等方式，試圖強化政府在社區的影響力。因此，Rhodes-Purdy（2015: 415）認為查維茲在兌現政體對於「社會納入」與「賦權」承諾時，亦強化了國家層次的霸權政治。

那麼，「社區理事會」這套直接民主制度，是否能夠協助社會底層脫離貧窮？本研究受訪者 VB-1 指出：「查維茲在卡拉卡斯外圍的貧民窟建立了一些社會主義城市（ciudad socialista），但其他很多地方還是有很多貧民窟，還是一樣很窮。……而且有些地方變好，是因為政府投入資源所以變好；但除了這些變好的地方之外，其他地方其實是變得更糟。……查維茲執政之後，並不是所有人都可以分到好處（VB-1）。」由此可知，查維茲在創造更多「脫貧」神話之際，也同時創造出更多「貧窮」。

除此之外，受訪者 VB-4 亦指出，資源的分配實際上與對查維茲的「政治認同」有密切關係。

「委內瑞拉自 2006 年就興起反查維茲的社會運動。那時生活中就出現很多政治介入生活各個層面。……許多學生上學就開始被區分為你是『查維茲黨』、你不是『查維茲黨』。所以我們變成了一個很政治分裂的社會。……查維茲執政這些年，委內瑞拉很大變化就是這些所謂『人民權力』（poder del pueblo），就是讓那些社經位階較低的人，獲得了這個國家比較大的權力（VB-4）。」

「……舉例來說，關於產權登錄與授予（titulación de la tierra），其實在 Pérez 執政之前就已經存在。查維茲上任之後繼續推動，但後來他結合愛國卡（carnét de patria），只要你沒投票給他，他就把土地產權收回來。土地產權贈予在他們手上變成一種政治工具（VG-4）。」

「我覺得投資教育與醫療等福利、公平政治參與、社會公平與正義都是重要的。但是，查維茲都把這些當成口號，又讓查維茲黨創造出更多不公平，所以現在很多人聽到替代方案（alternativa）就反感（VB-2）。」

「……查維茲倡導的『二十一世紀社會主義』我認為比古巴的共產主義更糟。他把國家撕成一塊一塊。自己人打自己人，資源與利益全部都被壟斷。……『群眾權力』雖然重要，但只要政府是查維茲，就不可能運作好。（受訪者 VB-5）。」

「『二十一世紀社會主義』是一個政治宣傳，每天在電視放送，說要平等、要我們變得都一樣（todos iguales）……。但提到『社會的』（"lo social"）概念時會有很多不同解讀。有些委內瑞拉人一聽到就反感，因為過去二十年這就像一個修辭（retórico）不斷重複，沒人知道『都一樣』是最後要變怎樣（VB-1）。」

本研究發現，親查維茲黨與認同查維茲意識形態者，可以在此一政治結構與制度中，取得較大的資源與優勢；反之，則形成另一波「社會排除」。因此，查維茲倡導的替代新自由主義發展方案反而形成「更多納入」與「更大排除」的雙重趨勢，結果並不亞於資本主義市場經濟為社會帶來的發展雙面性。基於此，本書指出，此一「援助自助」的「賦權」途徑存在一個前提：對於查維茲黨與意識形態的政治認同。若無法接受查維茲這套政治意識形態或理念，則將淪為被資源剝奪與排擠的對象。因此，當替代發展宣稱會創造一個「社會優先」之更公平正義與平等主義的「二十一世紀社會主義」，以消除階級差異、創造「體面生活」、達到「至高幸福」的目的，實際上是促成新一波權力重組，並形成新的政治中心。新的「侍從主義」是圍繞在「查維茲黨」作為重分配軸心，且不是每個人都有機會取得平等參與和均等資源。

由此可知，這套「群眾民主」的理念與制度設計，明文要將政治權力移轉給「社區」，以建立由下而上的「群眾民主」。但實際上，看似「社區理事會」

與「公民議會」創造了一個公平與平等的參與機制，但除卻制度與形式上的平等，更關鍵的是「權力結構」帶來的不平等，關鍵在於「政治認同」成為了中介因素，並影響了結果。

顯而易見，查維茲的替代性民主制度不必然為每個人都帶來參與政治能力上的「賦權」。實際上，伴隨政治權力下放的過程中，查維茲也操縱了「階級」論述，並撕裂了一個國家的團結。它造成社會階層的重組，並形成另一波「再階層化」。因此，本書主張，查維茲推動的「群眾民主」自 2010 年以後因為查維茲意圖鞏固由上而下的專制力，配合操縱「階級」與「黨派」概念形成的再分化，導致機會是不平均地對人民開放。最終，這種親社會主義的政治意識形態與關係取向的分配機制，諷刺地形構出另一種「社會納入」與「社會排除」機制。

三、國家治理結構的重組

究竟，查維茲這套替代性民主制度，是否促成國家治理權力的重組？Motta（2011:28）認為，查維茲替代發展倡導的民主觀，目的在打造一個超越「自由政治」的「群眾民主」，來補強「代議制度」在拉美運作不佳的問題。誠如前述，此一階段查維茲在保留「代議制度」的前提下，走向分權與參與式民主，形成雙軌結構。對此，Azzellini（2010）認為「社區理事會」作為一種「替代民主方案」，有助於委內瑞拉的公民社會建立起一個「治理的平行結構」。Escobar（2010: 15-16）則主張，查維茲經由「社區理事會」推動國家政治空間的重組，以建立「新的權力幾何」。這有助於將集體公民行動導向管理並解決社區面臨的多重發展問題。除此之外，Mateo & Sánchez（2013: 28-29）認為查維茲走向一個「非國家經濟的計畫模式」。它的特徵是將「群眾權力」與「生產者」整合納入「內生發展」架構，並經由「社區理事會」來廣納群眾參與地方經濟與政治過程。

由此可知，此一直接民主機制，有助於將由下而上之組織性群眾的政治與經濟權力行使，納入到地方公共決策與過程的一部分，形同將「群眾」納入國家治理與權威的一部分。理論上，這種由下而上的「參與式民主」應會強化社

區的自主權，並經由「直接民主」創造「多權力中心」的體制。且查維茲在保留代議制度之下，實際上式形成「雙元權力」，結果形同是重組國家治理的政治幾何（Southal, 2013: 12）。然而，兩軌體系之間，亦存在功能性的衝突與互為替代的效果。

儘管「參與式民主」的政治理念與制度看似美好，但在實踐上卻無法排除查維茲的個人政治野心。現實運作上，查維茲在將權力下放以兌現對於選民的承諾時，同時走向集中自己權力並鞏固政治控制。因此，Gill（2012）認為，這套由下而上的「社區理事會」民主機制，應解讀為查維茲將多元草根團體納入管轄之下，並創建一個由「國家主導的傘狀群眾組織」（state-managed umbrella bodies）。Fung & Wright（2001: 21）更主張應將「社區理事會」的政治意圖，理解為是查維茲將政治和經濟權力下放到「地方行動單位」（local action units），作為拔掉市政政治保守主義的手段。此一由下而上的政治參與，亦銜接查維茲由上而下的總統命令，特別是負責《任務》的軍官扮演的角色。因此，存在高度動員與政治化的張力。這形同是繞過原先地方政府，直接賦予人民自治權力，因此削弱了地方政府權威。

事實上，「社區理事會」作為「參與式民主」機制，對於落實「主權在民」意義上確實重構了「公民身份」並達到參與國家治理權力與重分配的效用。「社區理事會」下的國家與社會之間關係，看似「公民」獲得更多自由與公平的政治參與，卻也存在權力之間衝突與權威的矛盾。Ciccariello-Maher（2013）主張，玻利瓦政府與查維茲黨的地方成員之間關係是一種複雜的辯證。一方面，查維茲利用國家的立法權威，來回應由下而上的壓力，並逐步開放社區自治與自我發展的政治與經濟新空間（Wilde, 2017）；但另一方面，查維茲為了強化對社會控制並鞏固地方群眾支持，修正了傳統上由中央補貼地方的模式，改為直接補助社區（Lavelle, 2016: 141）。結果是一系列社區民主機制，強化了查維茲與群眾的直接溝通機制，進而鞏固了社會支持與執政正當性。但此一分權的民主機制，亦在某種程度上抑制了中介政治組織的發展，從而強化了查維茲個人領導與由下而上的政治支持（López Maya & Panzarelli, 2013: 257）。因此，Rhodes-Purdy（2015: 415）將這套民主機制，稱作是「參與式民粹」（participatory populism）。這是指這種由下而上的基層政治參與和自我

管理，在兌現政體對於「社會納入」與「賦權」的承諾時，亦強化了國家層次的霸權政治。然而，2008~2009 年修憲成功導致的「再集權」則讓方興未艾的「參與式民主」走向民主的倒退。

　　本書主張，對於統治者而言，「群眾民主」是一把雙面刃。在要求將政治權力下放社區之際，統治者亦可能失去對於群眾的控制。舉例來說，2001 年祕魯前總統托雷多（Alejandro Toledo）在推動地方分權與審議式民主的過程中，卻導致所屬政黨選舉失敗。顯而易見，由下而上的「直接民主」存在過多不可控制的因素。因此，不難理解，查維茲在強化由下而上的「群眾民主」之際，他亦意識到存在更人的不確定性與政治風險，因此必須同時啟動由上而下的「威權 - 國家主義」來確保國家滲透力與對「群眾」的控制。最終，查維茲在邁向由下而上的社會主義國家轉型替代方案之際，又矛盾地走向再集權，並走回「威權 - 國家社會主義」的老路。誠然，查維茲黨捍衛《玻利瓦革命》的政治企圖與「再集權」形成的「威權 - 國家主義」，確實與「直接民主」形成深刻矛盾，但卻不必然與「社區」為了改善生活品質、降低社會排除等經濟與社會目標，全然不相容。從實踐層次而言，兩個目標之間亦不必然是全無交集。且這些多元、自治或半自治的草根社會組織，它們對於國家和政黨的立場亦存在正反支持，無法一概而論。

　　總結上述，查維茲的《玻利瓦革命》以「人民」作為主體，試圖將被政治與經濟排除的社會底層、無地農民、失業者與非組織性勞工部門等社會弱勢團體集結，並經由推動「群眾權力」建構一個社區直接民主的機制，以協助提振他們參與政治的能力與權力。這有助於創建一個「資源近取」的「援助自助」機制，讓成員經由參與政治決策過程，促成地方資源的「重分配」。因此，「社區委員會」等直接民主方案，成為達成「賦權」的途徑與工具。

　　誠如 Wampler（2004: 74）主張，「參與式民主」作為替代發展模式的一個環節，有其關鍵性。它不但得以擴張實質參與，建立一個由下而上的「社會納入」與「問責」機制，更重要的是廣納群眾的政治參與過程被替代發展論者視為是一種調節分配的民主協商機制。「參與式民主」的優點在於，可經由將群眾納入地方政策與資源分配過程，強化預算分配過程的透明度與問責，同時促成重分配，以舒緩社會不平等，並依據真實需求來建構地方發展議程。此外，

更由於公民納入決策過程，而改變政府與社會之間的關係，扭轉「委任民主」的弊病。

然而，水可載舟、亦可覆舟。「參與式民主」對於左派政權而言，實際上是一把雙面刃。本研究發現，查維茲推動「群眾民主」儘管理念與意喻良善，微觀層次的制度設計看似無重大瑕疵，但在落實到現實脈絡與實踐過程中，卻存在幾個困境：

首先，如何兼顧「群眾民主」與「個人政治野心與權力存續」兩者之間的弔詭？誠然，查維茲推動群眾由下而上的「爆炸式政治參與」，亦可能顛覆統治者（國家）權威，並促成政治權力重組，而逐漸喪失控制權。因此，不難理解，查維茲在權力下放的過程中，更致力於強化由上而下的專制力，以維繫政權存續。這恐是制度邏輯導致的必然性結果。當時，PSUV 的成立，促使「查維茲黨」在各政府層級與社會領域的滲透和控制。黨派邏輯在各場域無限上綱，形成以「查維茲黨」為中心的「統領結構」與「控制思維」。最終，抑制了「參與式民主」這套制度與理念的初衷，成就了查維茲的專制性。這亦在某種程度上揭示這種強調由下而上直接民主的政治模式，恐不必然適用於一個仍依賴「國家」作為地域疆界與治理單位的當代社會。這指向的是對於未來創建另一個社會制度的遙想，並需要一套有別於當前政經體制的全面改革。

其次，委內瑞拉政治文化中存在的「考迪羅主義」與「侍從 - 恩庇主義」等特性，人民傾向推崇並追隨具領袖魅力的人，這「與參與式民主」和「群眾權力」的立論和初衷，形成相互矛盾。這亦在某種程度上造成即便「參與式民主」的制度設計完善，但現實運作上卻不必然得以創造一個公平與平等參與的民主空間。委內瑞拉案例指出，「參與式民主」潛在危機在於，群眾參與地方政治過程，亦可能開啟與中央過從甚密的關係，形成新的「侍從主義」。誠然，「參與式民主」是否運作得當，受到實質權力結構、公民民主素養等多重因素的影響，尤其是公民對於「民主」的認知是否存在平等、分享權力與妥協等觀念。然而，上述政治文化雖不利發展出一個強調平等參與和妥協的民主精神，但亦不宜誇大政治文化的僵固性。倘若一個社會能夠建構出一套設計良好的民主機制，人民最終亦將意識到可以依賴自身能力來取得資源，並緩步改變政治文化。

再者，對於「參與式民主」作為一種「賦權」途徑對於消除貧窮的成效上，底層人民是否因為參與「社區理事會」，進而改變困頓生活處境？本研究發現，親查維茲黨與認同查維茲意識形態者，可在此一政治結構中，取得較佳資源與優勢；反之，則形成另一波「社會排除」。顯然，由下而上群眾權力對於建構一套「援助自助」的「賦權」機制，仍存在一個基本前提：對於查維茲黨與意識形態的政治認同。本研究發現，事實上「政治認同」成為決定「參與式民主」是否達成「賦權」與消除貧窮的中介變項。它是經由操縱「階級」與「黨派」概念形成社會再分化，並影響了參與決策和資源近取的機會結構。最終，查維茲的替代發展方案形構出更大「社會納入」與更大的「社會排除」的雙元現象，結果是強化了發展的雙元性，其結果並不亞於資本主義社會。

第八章
二十一世紀社會主義與
經濟民主

　　2005 年查維茲拋出《玻利瓦替代方案》最終目的，在尋求建立一個「二十一世紀社會主義」，並於 2007 年邁入第三任期啟動激進的社會主義國家轉型（Robinson, 2008: 322-339）。此一階段，查維茲推動替代發展方案的核心議程，更從 2005 年以前倡導的「參與式民主」轉向了「經濟領域」。關鍵策略是推動「經濟民主化與社會化」，以重組經濟與產權結構，並建立一套親社會主義的生產體系與生產的社會關係。從發展典範的角度來看，這揭示查維茲自 2001 年反新自由主義，2005 年走向「後新自由主義」，並於 2007 年轉向「後資本主義」的發展議程。

　　本章將依序探討：第一節，二十一世紀社會主義與其政經議程；第二節，國有化政策、經濟民主與社會經濟部門；第三節，市場統理治理、經濟治理與運作結果。

第一節　二十一世紀社會主義與其政經議程

　　自 2005 年查維茲拋出《波利瓦革命》的最終目標，在尋求建立一個「二十一世紀社會主義」，並著手重新定義何謂所有產權、民主，同時建立一套親社會主義的發展論述（Ellner, 2013: 63-70）。2006 年查維茲首次公開說明「二十一世紀社會主義」內涵是：「有必要將經濟與生產模式予以『社會化』，以創造一個強調『社會資產』，且重視『勞工』勝過於『資本家』的新經濟模式（Robinson, 2008: 334）。」他主張欲建構一個「二十一世紀社會主義」將

需要一段轉型階段，這無法經由資本主義途徑、亦無法依循中間路線來達成（Wilpert, 2005）。然而，在 2005~2006 年摸索階段，查維茲對於何謂「二十一世紀的社會主義」應有的新經濟模式，仍處於模糊階段；他僅含糊主張：「承諾將領導『玻利瓦革命』走向『社會主義』的道路上做出貢獻。……『二十一世紀社會主義』是建立在團結、博愛、自由與平等基礎上」。當時是使用「人道與團結經濟」（humanistic and solidary economy）攏統稱之。

2006 年 12 月查維茲確認當選下一屆總統之際，宣告將引導國家進入一個嶄新的政治階段。2007 年 1 月 10 日查維茲在就職典禮演講上，宣告將帶領國家走向「二十一世紀社會主義」[1]，並形成《二十一世紀社會主義》替代發展方案。同年，更頒布了《第一個社會主義計畫》（*El Primer Plan Socialista*）（以下簡稱 PPS），並啟動社會主義國家轉型工程。[2] 究竟，查維茲的《二十一世紀社會主義》藍圖，欲將國家帶往何處？其核心議程與替代性政經制度，存在那些特殊性？以下，本節將探討《二十一世紀社會主義》的政治與經濟議程：

一、二十一世紀社會主義與內生發展模式

查維茲版的《二十一世紀社會主義》替代方案之催生，最初受到《二十一世紀社會主義》作者迪特里希的啟蒙，查維茲邀請他擔任國家諮詢顧問，協助推動委內瑞拉自「資本主義社會」轉向「二十一世紀社會主義」。[3] 誠如第二章所言，迪特里希倡導「二十一世紀社會主義」應走向一個更「分權」與「參與式經濟」的計畫模式，這主要奠基於四個支柱，亦即：公平參與經濟規劃、參與式民主、非階級國家，以及人的自我實現。查維茲受到他的著作啟蒙於 2005 年 1 月 30 日出席巴西愉悅港舉辦的《第五屆世界社會論壇》（*El V Foro Social Mundial, FSM*）中，首次公開使用「二十一世紀社會主義」概念。當時，查維茲主張「二十一世紀社會主義」不應去模仿或複製他國經驗，而應從自身紮根的歷史經驗中，在愛、團結與平等社會主義論述中重新創造。因此，在會中查

---

[1] 本章節將使用「二十一世紀社會主義」代表發展典範與模式的專有名詞、《二十一世紀社會主義》代表查維茲替代發展方案。

[2] 此舉，造成查維茲黨內部溫和左派的分離，並興起另一個分支「社會民主運動」（Movimiento Por la Democracia Social），又稱 "Podemos"。

[3] 迪特里希顧問職終止於 2007 年。

維茲表示：「我們必須『再創社會主義』（reinvent Socialism），……這不是蘇聯模式的社會主義，也不是重回國家資本主義，因為這會產生如蘇聯般的『扭曲』（Harnecker, 2015: 59-60）」。自此之後，「二十一世紀社會主義」成為拉美左派政府朗朗上口的新概念。[4]

　　誠然，查維茲對於如何創建一個社會主義國家的圖像，實際上受到多方論述的影響。本書主張，查維茲版的《二十一世紀社會主義》在概念內涵與制度上，存在迪特里希的影子；但在社會主義國家轉型的策略，以及由下而上的社區經濟模式，則在相當程度上取法了梅札羅斯的觀點。梅札羅斯主張資本主義轉向社會主義的成功與否，將取決於多大程度上得以鞏固憲政體制與實質民主，更建議創建一個由下而上的「社區經濟體系」來取代「資本主義生產體系」（Foster, 2015: 6; Chávez, 2011: 85-86）。然而，查維茲亦非全然採納前兩位學者觀點。事實上，查維茲對於尋求一個適用於本土脈絡的發展模式與制度走向之思考，更深受馬里亞特吉與西蒙・羅德里格斯的影響。馬里亞特吉主張，馬克思主義不適用於具半封建色彩的拉丁美洲。拉美欲發展「社會主義」則應取自本土經驗，創造自己的政治與經濟制度，這將是一種「英雄式創造」（Allen, 2018: 2-3）。除此之外，西蒙・羅德里格斯亦主張，西屬美洲是原創的，因此拉美應創造屬於自己的政治制度。其中，群眾政治至為重要（López Maya & Panzarelli, 2013: 247）。這些拉美左派政治意識形態都引導著查維茲在參照西方與本土論點之後，走向創制一套符合委內瑞拉自身脈絡與情境的發展模式。在上述政治理念的啟蒙下，2007年查維茲啟動《二十一世紀社會主義》國家轉型策略，並企圖調整過度依賴石油經濟形成的「食利資本主義」，以將國家導向一種新的經濟與政治模式。查維茲定義這是一種「二十一世紀社會主義」，並側重在推動「內生發展模式」。

　　所謂的「內生發展模式」，在拉美脈絡下可追溯至1950年代由ECLAC學派倡導的「內生發展模式」。但不同於前者，2005年委內瑞拉「群眾權力部」（Ministerio del Poder Popular）部長 Elías Jaua 定義：「『內生發展模式』的目的，是將所有生產環節與銷售都由『合作社』主導（Azzellini, 2009: 186）。」；Valles Caraballo（2004: 23-24）則定義「內生發展」是：「整合被排除人口，並

4　主要被應用在採取激進左派政權，包括：委內瑞拉、玻利維亞、厄瓜多、尼加拉瓜和古巴等。

發展一種自我管理的社會與生產組織。……經由教育和培訓……推動連結生產、消費與分配的生產鏈來促進自然資源轉型（Azzellini, 2017: 225）」。除此之外，委內瑞拉 SUNACOOP 主席 Carlos Luis Rivero 更強調，「內生發展模式」應超越單純強調「內生生產」（endogenous production）、走向「內生分配」（endogenous distribution）。「內生發展模式」目的在推動一種新社會生產關係，以讓經濟生產過程中的附加價值，能夠更公平分配與移轉。為達目的，「國家」將扮演重要角色（Azzellini, 2009: 186）。

綜合上述，本書歸納玻利瓦國家的「內生發展模式」主要強調幾個面向：第一，創造內需市場來超越過度依賴出口導向與全球市場經濟衍生的弊病；第二，強調重組在地的生產與供應鏈，來超越經濟全球化與全球勞動分工導致的生產鏈外移與零碎化，以及其對於第三世界國家就業的衝擊；第三，生產社會關係的改變。

事實上，早在 2007 年啟動激進社會主義國家轉型之前，查維茲即持續地在摸索並建構他的替代發展方案。2006 年 12 月查維茲曾主張，建立「二十一世紀社會主義」首要之務是創建「委內瑞拉統一社會主義黨」（Partido Socialista Unido de Venezuela，以下簡稱 PSUV）作為政治支持，同時逐步推動《授權法》與親社會主義憲法修正案之落實；與此同時，更應伴隨推動「社區理事會」、落實群眾教育培力，最終這將促成國家權力幾何的重組（Lander, 2007: 78-79）。

直到 2007 年 1 月查維茲繼任第三屆總統，他正式提出《第一社會主義計畫》（以下簡稱 PPS），又稱《西蒙玻利瓦國家計畫》。該計畫從屬於國家計畫《2007~2013 國家經濟與社會發展計畫》之下的一個子計畫。2011 年更由玻利瓦政府官方出版查維茲編撰的《二十一世紀社會主義》（*El socialismo del siglo XXI*）一書。該書重申《玻利瓦革命》的自由、民主與解放精神，並指出邁向「二十一世紀社會主義」的國家轉型過程，將是一個「革命民主」（democracia revolucionaria）的過程，這仰賴建構五條社會主義戰線，亦即：道德與倫理、社會平等、群眾權力作為政治模式、社會主義生產模式作為經濟模式，以及土

地空間重組 [5]，來推進國家轉型（Chávez, 2011: 80-94）。上述五條戰略軸線，更延伸出 PPS 七大指導性策略（Chávez, 2011: 25-27）：

（一）**新社會主義倫理**（Nueva Ética Socialista）：「二十一世紀社會主義」倡導創生一個以「人」為本的發展模式。這必須從社會主義的「理念」紮根，從根本上去建立新的國家倫理，又稱「玻利瓦社會主義論理」（ética socialista bolivariana）。此一倫理應根植於先進的「人道社會主義」價值與原則，並與西蒙・玻利瓦的歷史遺產相融合。目的在推動「公民」成為一個具備「社會主義」與「人道主義」等新社會主義倫理，且能超越個人狹隘利益的「新人類」（Hombre Nuevo）。唯有「新人類」降生，社會主義革命才能達到目的（Chávez, 2011: 26）。

（二）**至高社會幸福**（La Suprema Felicidad Social）：「二十一世紀社會主義」追求打造一個公平與平等社會，以創造「至高社會幸福」為最終目的。根據迪特里希（1996: 47-49），這是指每個人都在相同社會條件下生活，每個人都擁有「體面生活」，且沒有人擁有過高權力去剝削他人。此一社會只能經由社會主義才能達成（Chávez, 2011: 26）。

（三）**革命與主角式民主**（Democracia Protagónica Revolucionario）：「人民」作為政治主體，以建構「群眾權力」，這是「主權在民」的終極展現。

（四）**社會主義生產模式**（El Modelo Productivo Socialista）：消除社會分工與社會階層，脫離從屬於「財富積累」與「資本再生產」之經濟生產邏輯，走向「滿足個人需求」為目的之生產模式，以實現有意義的工作。

（五）**新國家地緣政治**（Nueva Geopolítica Nacional）：重組委內瑞拉的土地和政治結構，經由「分權」與區域發展計畫，強化「內生發展模式」的內部連結；整合軸與區域方案，以建立互聯城市體系。最終目的在重組國家權力幾何（Chávez, 2011: 27）。

（六）**世界能源大國**（Potencia Energética Mundial）：強調資源的主權使用，並與區域和全球一體化結合。石油將繼續在獲取外資、創造內部生產性投資、滿足能源需求，以及鞏固社會主義生產模式上，扮演關鍵作用。

5　根據查維茲，此一概念已超出地理範疇，泛指土地應避免壟斷、需尊重土地和環境保護、尊重居住空間等多重概念（Chávez, 2011: 93-94）。

（七） 新國際地緣政治（Nueva Geopolítica Internacional）：建立多極世界體系、促進單極霸權體系的崩解。追求一個更公正、團結與和平的社會，深化與人民之間的對話，發展一個尊重人民自決、自由思想的多極世界。推動委內瑞拉成為一個整合「美洲人民」的推手（Chávez, 2011: 27）。

從 PPS 政策議程來看，推動社會主義國家轉型的首要之務，在促進經濟與政治的結構與制度之轉型。經濟上，強調一種滿足社會需求，而非依循資本邏輯的「社會主義經濟生產體系」；政治上，採取「參與式民主」作為新式民主，查維茲稱之是「群眾權力」。上述改革仍須配合重組國家的經濟地理版圖和國家權力幾何來達成。基於此，查維茲走向倡導經濟領域的「分權」與「直接民主」（Robinson, 2008: 322-339）。

二、轉向社會主義生產模式

2007 年查維茲啟動社會主義國家轉型，強調應推動一種新的經濟模式，以超越「食利資本主義」對委內瑞拉經濟帶來的結構性限制。新經濟模式強調「發展」最終目的應去「滿足社會需求」、消除因分配不均導致的貧窮與不平等。

誠然，長久以來馬克思主義左派主張產權與生產工具等物質基礎，是造成貧富不均的根源。查維茲欲藉由改變獨尊私有產權與自由市場經濟的體制，逐步提高「社會經濟部門」在經濟結構中的比重，以加速將不公義的「資本主義生產體系」轉化為「社會主義生產體系」（Campos, 2013: 13-14）。因此，PPS 的第四點強調轉型階段必須以「社會主義生產體系」取代「資本主義生產體系」，以推動經濟結構的根本轉變。

《二十一世紀社會主義》作為替代發展方案，倡導建構一種「新社會主義式生產體系」。在此一經濟體制中，「公民」可以公平地參與到經濟的規劃、生產與分配的過程中，不因缺乏物質基礎而衝擊到參與經濟活動的能力與權力。因此，《二十一世紀社會主義》強調推動「所有權」、「勞工」和「生產」等三方關係的「民主化」，又稱是一種「經濟民主化」。唯有讓「勞動者」取得所有

產權與經濟參與的權力，他們始能真正脫離資本主義社會下從屬於「財富積累」與「資本再生產」的生產邏輯，走向「滿足社會需求」與尋求更人道經濟關係的生產模式。

事實上，新經濟模式的起始點，可追溯至 2003 年查維茲推動「合作社」作為平衡「經濟」與「社會」之間衝突的策略。但基於當時成效不如預期，2005~2006 年查維茲開始鼓勵國有和私人企業轉型為「聯合管理公司」（empresa de cogestión），以作為後續推動的「經濟民主化」的示範計畫（Azzellini, 2017: 218）。2007 年查維茲正式啟動社會主義國家轉型。直到 2010 年以前，《二十一世紀社會主義》的核心政策議程都集中在推動經濟與產權結構的重組。此一階段，查維茲借鏡了梅札羅斯的轉型策略，主張創造一個「由下而上」的經濟系統，來代替資本主義生產體系。在此基礎上，查維茲逐步將「民主決策」導入「生產領域」，並推動「經濟民主化」與「產權社會化」來打造新經濟模式與生產社會關係。本書將其視為是 2005 年啟動社會經濟體制，並轉向「內生發展模式」的延伸。直到 2011 年開始，查維茲在大抵完成經濟與產權結構調整之後，他又轉回推動社區經濟。

事實上，查維茲版《二十一世紀社會主義》的經濟觀，與古典社會主義存在區別：《二十一世紀社會主義》允許「私有產權」，並走向倡導「多元產權與組織形式」。誠然，2003~2006 年查維茲推動「合作社」作為轉向「內生發展模式」的經濟主體時，MVR 內部辯論已指向應推動經濟與產權結構重組。當時，存在兩個選擇：第一，將私有產權與生產工具導向「國家 - 集體產權」（propiedad colectiva-estatal）模式（Muñoz Jiménez & Zambrano Sequín, 2007: 4-5）；第二，亦或，讓所有產權與生產工具都回歸到「社區」的集體產權或「社會產權」（Chávez, 2011: 88）。本書主張，兩個選項之間的差異在於：是否採取「賦權」途徑，來增強「勞工」的能力與權力。

由此可知，當時幾個社會主義轉型的方案中，已出現國家 - 發展主義、社會重分配與「賦權」途徑之間的選項。不論何種途徑，目的都在修正新自由主義市場經濟體系與掠奪性的生產社會關係，並試圖建立更平等主義與公平分配的新經濟模式。最後，為了推動資本主義社會轉向社會主義社會，查維茲意識到必須建立一個替代性資本主義作為新經濟模式，並啟動激進的社會主義國

家轉型,逐步將所有權與生產工具移轉給「組織性勞工」和「社區」(Chávez, 2011: 88-89)。

如下圖 8-1 指出,《二十一世紀社會主義》倡導的社會主義生產模式,理想上欲推動經濟與產權結構重組為一個混合「國家資本主義」、「私人資本主義」與「社會經濟」的新經濟模式。然而,《二十一世紀社會主義》的經濟議程,雖由社會主義經濟協調原則取得主導性地位,但這並非去廢除「市場」與私有產權,而是讓「市場」成為次要機制。主要策略是去變更產權與經濟結構,並將其交付予社會控制,這亦是「經濟民主化」的展現。然而,查維茲在試圖全面調整經濟與產權結構之下,仍保留了委內瑞拉國有石油企業與石油經濟的出口結構。後者,更被視為是鞏固且促進社會轉型的支柱。由此可知,委內瑞拉的新經濟模式,實際上是形成一種高度混搭的「混合市場經濟」。因此,與其說《二十一世紀社會主義》是一個「反資本主義」的替代發展方案,更精確說法應是去「超越資本主義」的「後資本主義」替代方案。

玻利瓦政府官方出版的《二十一世紀社會主義》政策報告中,凸顯出新經濟模式應奠基在「公平規劃經濟」原則上,並強調所有的生產與服務都應回歸到「滿足社會需求」為目的。除此之外,若欲推動公平參與經濟的生產、分配與消費,則須將經濟領域決策交付「勞工」進行民主決策。這形同是對「勞工」積極「賦權」以壯大「社會力」來控制「經濟力」的策略。此一策略,不僅涉及到「管理權」的下放,同時強調「所有產權」的社會控制。因此,亦是一種「經濟社會化」。

2005 年標示著查維茲替代發展模式的關鍵轉折。當時,他試圖重新定義所有產權、民主與一套親社會主義的論述,並於 2007 年啟動社會主義國家轉型。國家轉型的首要之務在修正 1999 年憲法對於所有產權與市場經濟的條款,以使其符合社會主義精神;與此同時,更積極啟動經濟與產權結構的重組,並將政策聚焦對象從 2006 年以前側重的社區性非組織性勞工與農民,移轉到關注城市區域的組織性勞工。

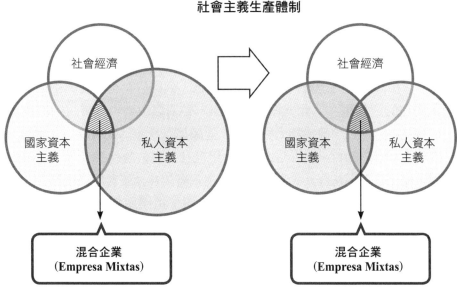

圖 8-1　玻利瓦國家計畫 - 社會主義生產模式

資料來源："El Primer Plan Socialista"，*Proyecto Nacional Simón Bolivar*。

　　由此可知，「二十一世紀社會主義」試圖超越新自由主義與資本主義市場經濟體制下，過度強調「成長中心」、「成本 - 效益」與「資本積累」等經濟理性，以及「股東權益」至上原則，導致資本家可在罔顧勞工與社會利益之下擷取「超額報酬」的弊病。在上述前提上，查維茲倡導建構「勞工」作為經濟主體，並將「管理權」與「所有權」下放勞工，形構由下而上的新經濟模式。因此，2007 年啟動社會主義國家轉型之際，政策議程重心自 2005 年的政治領域，轉向經濟領域，這亦代表替代發展模式正式轉向「後資本主義」方案。

三、全領域的參與式民主

　　《二十一世紀社會主義》強調全領域的「參與式民主」。此一階段，查維茲的「民主觀」走向倡導一個經濟、政治與社會各領域的直接民主，以創造一個由下而上的治理體系。由於它涉及到對於國家地緣政治、權力下放與公民身

份等多面向的重組，因此查維茲稱社會主義國家轉型將是一種「革命民主」的過程。

　　誠如前述，玻利瓦共和國憲法明文的新式民主，強調一種以「人民」作為權力主體的「參與式和主角式民主」。2006 年查維茲改稱為「群眾權力」（Chávez, 2011: 27）。所謂「群眾權力」強調「公民」具有一種與生俱來且源自個人內在的原始權力。此一權力的行使，必須經由參與日常生活的政治過程，從實踐中強化自身政治能力與權力，並建構自身作為國家政治主體的一部分。直到 2007 年查維茲拋出《二十一世紀社會主義》替代發展模式並啟動國家轉型，他更借鏡梅札羅斯的轉型策略，主張轉向社會主義的最後關卡，是將政治權力移轉給「人民」（Foster, 2015: 6）。這是指應創造一個由下而上的治理結構，目的在將國家權力下放社區，並經由平等參與和民主決策，由「社會力」控制「經濟力」與「政治力」。這形同將「群眾」納入國家治理的體制，重組了國家權力結構。

　　在實踐層次上，《二十一世紀社會主義》試圖重新定義何謂「民主」，並積極推動經濟、政治與社會各領域的實質民主。由此可知，《二十一世紀社會主義》主張一種全領域的參與式民主，內涵對於經濟民主、政治民主，社會民主、國家主權等多重民主概念（Uharte Pozas, 2009: 372）。但實際上，採取的仍是「制憲權」意義上的「民主」。

　　誠然，2006 年查維茲提出「群眾權力」概念時，指向目的就在解決人民基本需求等民生問題。2007 年啟動社會主義國家轉型開始，政策議程首重推動「經濟民主化與社會化」，並啟動大規模的「徵收」，目的在推動經濟與產權結構的重組。為達目的，這亦需將「群眾」納入到經濟生產、分配與決策的過程，凸顯出「群眾民主」在「後資本主義」議程中的應用。這亦成就了「主角式民主」在經濟領域的角色。直到 2009 年憲法修正案通過，查維茲才重新重視「社區理事會」，並宣告在其基礎上整併設置「公社」，以讓「公社」成為統籌與分配社區資源、回應社區需求的基本行政單位（Ellner, 2013: 74-75）。2010 年國民議會更通過一系列立法，授予「公社」作為第四層政府的制度性地位（Foster, 2015: 1）。

　　直到 2012 年查維茲推動經濟結構轉型大致完成之後，他進一步宣告帶領國家走向「公社國家」。他在掌舵（El Golpe de Timón）演講中指出：「資本主義是反民主的，它只為少數菁英與大企業創造巨大財富、壟斷與社會排除，並為多數人帶來貧困。……社會主義是民主的，民主是政治、社會與經濟領域的社會主義……。為了讓國家經濟基礎轉型到一個本質上與實質上的民主，我們必須將自己與小生產者聯繫在一起，在整個產業鏈中都植入社會主義精神，從生產芒果、番石榴和草莓的土地、分配到消費系統（Chávez, 2016）。」在同場演講中，查維茲亦引用梅札羅斯對於「社區系統與價值法則」的主張：「社會主義的成就，是指採取的措施和政策，能在多大程度上積極促進憲法，並鞏固實質上的『民主』。後者是指由整體社會控制與自我管理模式（Foster, 2015）。」這是指讓政治、經濟與社會領域都由「社會力」控制的真正民主。這亦體現了「十一世紀社會主義」強調的由下而上的全方位民主。

　　誠如 Escobar（2010: 18-19）主張，《玻利瓦革命》最終目的在建立「二十一世紀社會主義」，這試圖將委內瑞拉帶入一個「後資本主義」的替代方案。然而，查維茲的《二十一世紀社會主義》不只是一種「後資本主義」的經濟方案，在理念上更試圖結合「分權」與「群眾民主」，以將「生產過程」和「民主決策過程」相互整合。因此，實際上更接近 Lander（2007: 31）主張的「後資本主義的民主替代方案」（post-capitalist democratic alternative）。

　　本書主張，查維茲第三任期階段（2007~2012）政策核心議程鎖定在推動經濟結構轉型，企圖將產權與經濟結構導向一種「後資本主義」與「內生發展模式」。為落實社會主義國家轉型，首重在推動產權與經濟結構的民主化與社會化，這仰賴多經濟行為者與提高多元產權占總體經濟結構的比重，並在生產組織層次導入民主決策與聯合管理機制（Campos, 2013: 13-14）。本書主張這是將「群眾民主」與「群眾經濟」兩個概念整合在《十一世紀社會主義》框架下，以重組國家經濟與政治領域的權力幾何。

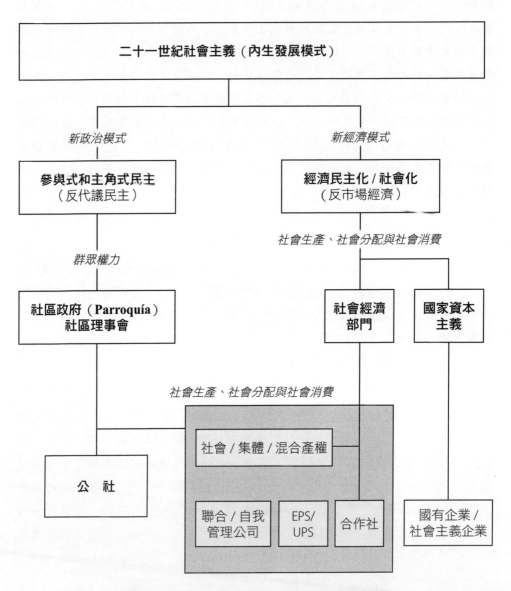

圖 8-2　二十一世紀社會主義的替代發展架構

參閱：本研究繪製。

四、社會主義國家轉型與憲法修正案（2007~2009）

誠如前述，《二十一世紀社會主義》對於經濟的產權與組織形式、國家介入市場與社會的角色定位，都明顯不同於 1999 年《玻利瓦共和國憲法》的立法精神與原則。為了讓該部憲法符合「二十一世紀社會主義」的精神，2007 年查維茲啟動了《2007 委內瑞拉憲法改革法案》（*Proyecto de Reforma Constitucional de 2007 en Venezuela*），意圖修正 1999 年憲法中高達 69 個條款。

然而，當時 2007 年修憲案卻引發資本家與中產階級的反彈，主要爭議集中在對於產權結構、企業組織形式，以及國家職權擴張等幾個面向。特別是憲法第 112~115 條款中「所有產權」原則之變更。這些經濟面向之修正，標示著原 1999 年憲法中尊重市場機制與私有產權的精神，已出現改變（Gutiérrez, 2013: 17-18; Ellner, 2013）。以下說明：

第 112 條： 關於經濟活動：將原憲法中促進私有產權發展的條款，修改為國家應推動私有企業、國有企業、社區經濟，以及混合經濟形式的發展。

第 113 條： 關於「壟斷」：禁止私部門壟斷。自然資源的控制權保留給國家，且關鍵公共服務領域可由國家、混合企業或相關形式企業來提供。

第 115 條： 關於「所有權」形式：定義玻利瓦國家存在五種產權形式，包括：國有產權、社會產權、集體產權、混合產權，以及私有產權。此外，更允許基於「社會利益」或「公共使用」（utilidad pública）目的，採取「徵收」財產的手段。

第 167 條： 關於「各省稅入」：國家年度稅收的 25% 將移轉給地方各省，同時確立各省稅收的 5% 必須移轉給「社區理事會」。

第 307 條： 關於大莊園（El latifundio）：禁止大地主產權制度。允許將閒置土地移轉給其它促進土地生產的實體，同時對閒置土地課稅。

第 321 條： 關於國際儲備：將由玻利瓦共和國總統與委內瑞拉中央銀行協同管理。

上述修憲案引發的爭議，主要集中在兩個部分：第一，所有產權與企業組織形式。上述憲法修正案引發資本家恐慌，主因是資本家意識到憲法修正案對

於土地產權、企業產權與組織形式的激進改革條款，尤其是修正案第 115 條款賦予國家「徵收」的權力，必將嚴重威脅他們的利益。他們更恐懼憲法修正案將把委內瑞拉帶往一個社會主義國家（Ellner, 2013: 68）；第二，國家擴權的爭議。特別是涉及到以下幾項權責歸屬的變更：1. 修憲案明文廢除總統任期的限制；2.《分權組織法》（*The Organic Law for Decentralization*）改革：將原先由地方政府監管的機場與港口之監管機構，從地方政府移轉到中央政府；3.《都會區特別組織法》（*Special Law on the Organization of Capital District*）：賦予總統可在未經直接選舉之下，直接任命行政首長，並創造出一個個「酋長」職位；4. 授予「公社」作為第四層地方政府，形同是賦予「群眾權力」一個制度性的權力（Ellner, 2013: 74-75）。

2007 年查維茲不顧資本家的反對，強行推動憲法修正案。當時，欲舉辦修憲修正案的公投，存在兩種模式：第一，依據憲法第 341 條規定，修憲可經由「選舉委員會」（Comité Nacional Electoral, CNE）登記選民的 15% 門檻；第二，經由「制憲會議」的 30% 成員票（Ordaz, 2009）。於是，2007 年 10 月查維茲召開「制憲會議」的投票，並以 49.29% 通過、51.04% 否決之微幅落差，宣告失敗。當時，棄權票已高達 44.1%（Lissidini, 2012: 164）。

同年 12 月 2 日，查維茲舉辦修憲案的「諮詢公投」（仍然失敗告終（López Maya & Panzarelli, 2013: 263-264）。此一憲法修正案，相較於 1999 年《玻利瓦共和國憲法》公投時獲得的高度民意支持，2007 年修憲案未過已顯示查維茲欲推動的國家轉型方案，並不受到中產階級與資本家階級的歡迎。顯然，查維茲的社會主義修憲修正提案已與社會民意出現落差。

直到 2008 年 12 月查維茲第二次提出憲法修正案。他重新包裹 2007 年修憲修正案的內文，約占 1999 年憲法的 10% 條文，並於 2009 年 2 月 15 日籌組第二次憲法修正案公投（Referéndum constitucional de Venezuela de 2009）。最終以 54% 支持修憲（Sí）、45% 否決（No），通過修正案（Ordaz, 2009）。

修憲案通過，不僅衝擊了土地產權、經濟結構與企業組織形式，更對後續市場經濟與民主發展產生深遠影響。它變更了 1999 年《玻利瓦共和國憲法》中原存在的親市場與私有產權的條款，改為走向推動多元產權與經濟組織形式，並凸顯出對於「國家產權」、「混合產權」與「社會產權」等多元產權的偏

好。除此之外，更賦予「國家」控制自然資源、強制「徵收」私人土地的權力。然而，憲法修正案並未完全消滅「市場」，而是讓「市場」成為經濟協調的次要機制；取而代之，是轉向建立一個混合「國家資本主義」、「社會主義生產模式」與「市場經濟」的「混合市場經濟」。在此一新經濟模式中，社會主義式經濟協調原則成為主導性經濟原則。

除此之外，2009 年修憲案的通過，亦對於國家憲政體制與民主發展產生了深遠的影響。尤其是修正案撤銷了對於玻利瓦共和國總統任期的限制，形同讓查維茲晉升「超級總統」。總統更可在未經「民主選舉」直接指派「酋長」。這不僅是損及「主權在民」的民主原則，更形同是「民主」開倒車。最終，經由憲法修正案，政治權力又重新集中到總統身上（López Maya & Panzarelli, 2013: 263-264）。

事實上，早在 2007 年查維茲進入第三任期開始，他在推動《二十一世紀社會主義》替代方案之際，就同時採取再集權的策略。當時，查維茲先是成立 PSUV，同時讓高階將領進入政府內閣。直到 2009 年修憲案的通過，2010 年的一系列立法，再次鞏固了查維茲的「再集權」策略。與此同時，查維茲更創造了 2,500 個將軍職位，並走向高度依賴軍事結盟作為對內控制機制（Gónzales, 2019: 45）。最終，查維茲的「再集權」強化了國家控制力與個人主導性，亦促成「查維茲黨」在各政府層級與社會領域滲透。

由此可知，此一階段查維茲推動的《二十一世紀社會主義》是雙重鑲嵌在由下而上的「群眾民主」，以及由上而下的一黨專政的「國家 - 社會主義」（或稱「威權 - 社會主義」），並形成兩組理念與邏輯的矛盾與衝突。

第二節　國有化、經濟民主與社會經濟部門

《二十一世紀社會主義》作為一個「後資本主義」的替代發展方案，試圖推動經濟結構自「資本主義生產體系」轉向「社會主義生產體系」。這並非走向二十世紀共產主義的產權公有制，而是打造一個「國有部門」、「私有部門」與「社會經濟部門」三足鼎立的經濟結構。但此一新經濟模式中，親社會主義生產和組織原則占優勢地位。查維茲欲藉由推動社會主義國家轉型，打造一個

讓「勞工」能夠公平與平等參與到經濟生產決策的機制,並創造一個「勞工」優先於「資本」、「社會利益」優先於「個人利益」的新經濟模式。

於是,查維茲從推動經濟結構重組開始,配合重新規劃與定義「所有權」、「勞工」和「生產」等三方關係,規劃逐步將生產工具、所有權與管理權移轉給「勞工」,或是採取「國家」與「勞工」的共同責任方式。最終目的在改變生產的社會關係,以將經濟生產模式予以「人性化與民主化」,作為修正資本主義市場經濟下獨尊「資本積累」與「股東權益」造成的分配不均與不公。查維茲稱之是一種「經濟民主化與社會化」。

基於此,本節將從檢視查維茲的《二十一世紀社會主義》作為一個「後資本主義」替代發展方案出發,釐清它如何訴諸國家強制性「徵收與國有化」策略,來介入市場並建立他所宣稱擁有平等、團結與親社會主義原則的「社會經濟部門」,同時強化「勞工」參與經濟生產與決策的能力,並兌現「經濟賦權」的承諾。以下,首先介紹 2005 年查維茲啟動的「經濟民主」示範計畫,並帶入說明 2007 年開始啟動國家轉型與大規模徵收的過程與挑戰。

一、經濟民主示範計畫與社會經濟部門（2005~）[6]

2005 年查維茲拋出《玻利瓦革命》最終目的在建構一個「二十一世紀社會主義」,並著手重新定義所有產權、民主與親社會主義的論述。當時,對於經濟的思考,主要在創造一個「人道的經濟」。因此,2005 年到 2007 年之間查維茲的社會經濟政策,逐步轉向倡導「經濟民主」方案。

誠然,人類社會自工業革命以來,促成企業在所有產權、生產工具與利潤之分配和運用上,都長期將「勞工」排除在決策之外。1980 年代「股東權益」革命更助長資本主義生產體系與其剝削性達到史無前例的高峰。然而,同一階段,倡導「勞工」參與企業營運管理的「經濟民主」,亦有逐漸提高的趨勢。這是指將「勞工」納入經濟生產與決策領域,或是賦予「勞工」所有權與管理權作為平衡「經濟」與「社會」之間衝突的「賦權」手段。一般

6　包括:EPS、自我管理企業、聯合管理公司等多元組織形式。聯合管理公司和 EPS 都屬於產權的社會化,經常混搭或相互為用。

而言，「勞工」參與「經濟」的「治理」，可依據參與管理程度和產權持有與否，區別出四個類型：第一，勞工合作社[7]；第二，聯合管理公司（empresa de cogestión）；第三，勞工參與到效用分配[8]；第四，自我管理公司（empresa de autocogestión）[9]（Hernández Ramírez, 2015: 1）。

2005 年查維茲選擇了幾間國有企業作為推動「聯合管理公司」與「自我管理公司」等「經濟民主」的示範計畫。2007 年查維茲啟動大規模「徵收／國有化」開始，更將上述示範方案導入「徵收／回收」企業，試圖打造「社會經濟部門」作為調整國家經濟與產權結構的策略。究竟，查維茲倡導的「社會經濟部門」主要採取何種「經濟民主」模式，它們在運作上又是如何展現「平等、公平與團結」的精神？

（一）2005 年示範性「徵收」

2005 年 1 月查維茲啟動示範性「徵收」，主要以國有企業為主。目的在將國有企業轉換成由「國家」與「勞工」聯合管理的示範性企業。當時試辦企業包括：國有壓力閥製造公司（Válvulas Constructora Nacional，以下簡稱 INVEVAL）、國有鋁製公司（Aluminio del Caroní[10]，以下簡稱 ALCASA）等。2005 年 9 月「徵收」更擴及私人企業，包括：屠宰廠 Fribasa、番茄加工廠 Heinz，以及委國食品龍頭波拉食品公司（Empresa Polar）旗下的玉米加工廠 Prombasa（Azzllini, 2009: 175）。

上述被「徵收」企業，產權形式將變更為「合作社」，例如：玉米加工廠 Prombasa 被變更為「馬賽羅革命合作社」（Coop. de Maicero de la Revolución）。「合作社」產權將由原先勞工集體所有，並以「合作社」名義進入與「國家」形成聯合管理的機制，亦即「聯合管理公司」。2005 年 7 月查維茲宣稱已累積「徵收」136 家公司。同時，他更在每週例行性的政策宣導節目《哈囉，總統！》中，揚言已將 1,149 家企業列入「徵收」名單，並要求上述企業的勞工、前勞工與工會去「回收」（recuperar）這些企業，以糾正經濟結構上過度依

---

[7] 通常指勞工亦是生產工具的所有權者。非以入股大小，而是落實一人一票的參與制度。

[8] 勞工除了薪資之外，也被納入雇主的報酬分配機制。

[9] 源自南斯拉夫國有企業為防止勞工串聯罷工，引進部分自我管理機制。

[10] ALCASA 原是位於玻利瓦省（State of Bolivar）的圭亞那市（Ciudad Guayana）。

賴私部門導致的弊病。2005 年 9 月回應查維茲的行動中，又以玻利瓦工會的外圍傘狀組織「國家勞工總會」（Unión Nacional de Trabajadores）之行動最為活躍。該工會組織共計佔領約 800 家私人企業（Azzllini, 2009: 175-176）。然而，由於當時被「徵收」企業占總體企業比例依舊偏低，因此並未引起高度爭議（Mateo y Sánchez, 2013: 28）。此時，委內瑞拉仍舊是一個高度資本主義發達的經濟體系。

（二）社會生產企業（Empresa de producción social, EPS）

2005 年 10 月查維茲轉為推動「社會生產企業」（以下簡稱 EPS），以改變社區的生產與交易模式（Purcell, 2013: 146）。在委內瑞拉脈絡下，EPS 又經常與「聯合管理公司」的名稱混合使用。不論何種組織形式，都標示生產的社會關係出現重大變革。

所謂的「社會生產」，依據梅札羅斯的定義，是指：「個人參與生產與消費的過程，核心概念是將社會生產過程導向社區，讓社區生產的商品與服務可被充分分享、而不因個人因素被浪費（Purcell, 2013: 147）。」EPS 作為一種企業組織形式，並不強調「利潤」與「效率」，而是強調「生產」與「使用」應回歸到滿足「社會目的」的優先性。因此，EPS 組織生產原則是奠基於「團結」、「合作」與「環境保護」等價值原則上（Mateo y Sánchez, 2013: 32-33）。

Alonso（2007: 5-6）定義，EPS 屬於一種「集體產權」的公共利益單位，目的在提供滿足社區需求的生產、交易與服務。因此，主要效用在滿足社區福祉，而非佔有「剩餘價值」。EPS 作為社會經濟部門的特殊性在於，它被要求必須投資「社區」，並引進「聯合管理機制」，同時協助在供應鏈中推動「合作社」（Azzellini, 2017: 219-220; Purcell, 2013）。

更確切地說，EPS 被賦予兩個社會角色：第一，確保社區生產與消費是以「公道價格」進行；第二，將獲利的 10% 回饋社區的社會方案或投資社區基礎建設（Azzellini, 2009: 174; Purcell, 2013: 154; Lavelle, 2016: 150）。因此，Purcell（2013: 154）主張，EPS 是連結「合作社」與「社會經濟」之間的對話者。它強調社區生產與社區消費、「使用價值」優先於「交換價值」，它更被要求應將獲利一部分移轉給「社區」來超越資本主義的剝削性，並創造與社區公共利益相連結的「內生發展模式」。

　　針對上述第二個角色，EPS 被賦予責任應將企業的知識與技術移轉給「合作社」，並將「合作社」納入生產與加工的供應鏈或委包商，以協助政府推動「社會經濟部門」作為邁向「二十一世紀社會主義」所需經濟結構轉型的主要部門。基於此，玻利瓦政府則給予 EPS 廣泛優惠，包括：補貼、優先承接國有企業委託案的權力，例如：PDVSA 委包契約（Azzellini, 2009: 174-175）。這些福利亦誘發部分私企業為了取得政府補助與政府標案，在未符合上述標準或未盡到社區義務之下，依舊登記為 EPS（Azzellini, 2017: 219）。

　　然而，針對 EPS 該有的所有權形式，則存在爭議。Alonso（2007: 5-6）定義 EPS 屬於一種「集體產權」；反之，Purcell（2013: 154）主張 EPS 屬於國家與勞工的「混合產權」。此一所有權結構的初衷在超越私人資本的逐利行為，而將生產、加工與服務轉移到「社區」；Lavelle（2016: 150）認為，EPS 的所有產權屬於政府，但管理權是由勞工和政府聯合管理；除此之外，Azzellini（2009）認為 EPS 並不是依據「所有權形式」的標準來定義，而是依據「企業行為」來區分。因此，所謂 EPS 是指一個企業看重「社會利益」高於「私人利益」，並將生產活動導向「社會需求」，而非追逐市場和利益極大化。基於此，不同產權形式的企業，只要滿足上述行為，皆可稱作是 EPS。Azzellini 論點相似於 Mateo & Sánchez（2013: 32-33），他們都主張 EPS 作為一種經濟組織形式，設置目的在滿足「社會需求」，並經常存在政府或其它資金贊助的情況。由此可知，玻利瓦政府對於何謂 EPS 應有的產權模式，並不存在統一官方定義，僅作出權利義務的規範性定義。亦因此，部會之間經常出現定義略有不同，並產生各司其事的現象。

　　在組織管理上，EPS 決策模式依據「民主」原則並採取「輪替」方式來運作，因此發展出資方與勞方「聯合管理機制」，來強化公平參與經濟決策，形成「經濟民主」的示範（Lavelle, 2016: 150）。EPS 作為「勞工」落實社會與經濟主權的「主角主義」，經常使用「自我管理」或「聯合管理」模式（Alonso, 2007: 5-6）。除此之外，查維茲更鼓勵私人企業經由納入 NUDE 的區域發展計畫，自願轉型為 EPS（Mateo y Sánchez, 2013: 28）。這些強調「平等」與「互惠」的企業組織形式，以及民主決策模式，將確保企業提供較為合理的工作內容、有尊嚴報酬來避免剝削，同時協助勞工增強職業技能。

誠然，EPS 和「聯管公司」兩者之間，依據規範性原則和民主運作程序來看，確實存在重疊之處。然而，「聯管公司」之目的更強調確保「所有權者」在獲取利潤之外，同時兼顧「勞工」權利，因此有了聯合管理與決策的概念。本書主張，根本差異在於，EPS 雖涉及「決策民主」，但更強調「社會需求」導向，而非「營利」目標。這實際上是一種企業價值目標的序列問題，而非互斥的概念，可從規範性定義和指向目的之優先性中釐清。

除此之外，查維茲亦成立「社會生產單位」（Units of Social Production，以下簡稱 UPS）。UPS 可區分為直接與間接兩種模式。直接模式的 UPS 相近於 EPS，屬於一種「聯管公司」；間接模式的 UPS 屬於國有企業的薪資勞工，通常經由成立「勞工理事會」，來負責公司營運管理。基於 EPS 和 UPS 都是走向「聯管公司」，它們成為查維茲推動「社會經濟部門」的執行單位。此外，為確保上述單位與國家上層政策之間存在一致性與連貫性，政府機構會派遣代表入駐重要的 EPS 和 UPS。只是，政府參與者相較於勞工，在決策過程中仍被認為有較高的影響力（Lavelle, 2016: 150）。

（三）聯合管理公司（Empresa de cogestión）

「聯合管理」的精神，可追溯至 1999 年憲法第 70 條中明文，「勞工」在經濟領域有權去組織社區企業、設置以互助與互惠為原則之多元形式的生產組織。且國家應確保「公民」在「平等」的基礎上，採取不同工具和途徑參與到公共利益的場域，並行使對於組織的控制（CRBV, 1999: 14）。除此之外，憲法第 4 項暫時性條款中，更授權「國民議會」去推動《勞動法》改革。玻利瓦憲法明文「聯管公司」有助於將「勞工」納入企業的各個面向，並輻射到整個經濟體系。因此，2005 年查維茲啟動「聯管公司」作為引導社會轉型的先鋒（Azzellini, 2009: 179）。

2005 年推動國有企業轉型為「聯管公司」的實驗中，優先落實企業包括：國有鋁製公司（以下簡稱 ALCASA）、國有電力公司（Companía Anonima de Administración y Fomento Electrónico, CADAFE）、壓力閥製造公司（Constructora Nacioanl de Valvulas, INVEVAL）等多家國有企業。自此以後，

「組織性勞工」的角色開始受到重視。這象徵著勞工階級開始在《玻利瓦革命》中嶄露頭角（Azzellini 2009: 179-180）。

Alonso（2007:7）定義「聯合管理」涉及到創造一個「雇主勞工」（obrero patronal）的身份概念。亦即是，存在「資本」與「工作」、「雇主」與「勞工」之間的雙重承認。這實際上相似於 Carruthers & Uzzi（2000）主張之經濟場域的「身份再重組」（identity bricolage）概念，亦即資方與勞方、生產者與消費者之間身份關係的再組合。誠然，「聯管公司」目的在於確保所有權者擁有利潤，同時兼顧勞工權利。因此，試圖將「經濟民主」導入企業管理中，以修正新自由主義市場經濟下因「股東權益」革命，促成資本家在擷取「超額報酬」之下衍生的勞動剝削與社會不均。

在產權結構上，「聯管公司」存在「國有企業」和「混合企業」（國家與合作社）兩種產權模式。但並非所有國有企業都存在聯合管理機制。舉例來說，PDVSA 作為策略性產業，無法像 ALCASA 發展出 51% 國家持有、49% 勞工持股的聯合管理模式（Azzellini, 2009: 5-6）。「聯管公司」的運作，仰賴企業落實內部的「經濟民主」。這經常需要一些制度配套措施，特別是組織代表勞方利益的「工會」，來強化勞資協商過程中「勞工」的交涉能力。

此外，「聯管公司」本質上是一個「多義」概念。一個「聯管公司」將依據「勞工」涉入內部管理與分配上的程度差異，區分出「諮詢勞方代表」、「董事會勞工代表」到「全面性參與」等不同模式。舉例來說，德國企業設有「工作評議會」（Consejo de trabajo）代表勞工利益組織。但德國模式偏向「部門別的三方協商」模式，不必然存在勞資聯管的制度（Mateo y Sánchez, 2013: 29）。

自 2007 年啟動國有化政策開始，「聯管公司」數量更是快速攀升。事實上，「聯合管理」的概念，亦經常被新自由主義市場經濟支持者倡導與使用。誠如 Azzellini（2017: 218-219）主張，在資本主義市場經濟體制下，「聯合管理」概念經常被視為是一種整合「勞工」參與生產，以增加企業獲利的策略。因此，它並非社會主義獨有的機制與倡議。然而，委內瑞拉的「聯管公司」之特殊性在於，它不僅讓「勞工」取得部分產權，並扮演「雇主勞工」角色，更要求承擔起生產、管理到分配過程中的「共同責任」。

2005 年第一個推動「聯合管理」機制的示範企業是 ALCASA。2005 年在馬克思主義兼前游擊隊員 Carlos Lanz 的建議下，查維茲將 ALCASA 改組為「聯管公司」（Azzellini, 2009: 6）。Lanz（2005）主張，「聯管公司」目的是去改變生產的社會關係，讓「勞工」直接參與到企業的管理和決策中。他更主張推動「聯合管理」的首要之務在發展「勞工意識」（la conciencia de los trabajadores），由「勞工」去質疑資本主義的勞動分工，尋求超越「傳統實踐」，創造由「勞工」自主規劃與控制的管理模式，並據此修改企業組織章程與制度（Campos, 2013: 9-10）。

根據 Lanz（2005, 2009），聯管公司的組織設計應包括幾個組成部分：第一，勞工議會（Asambleas de Trabajadores y Trabajadoras）作為最高決策單位；第二，工廠評議會（Consejos de Fábrica）：將勞工整合納入聯合管理機制，並尋求實踐面應符合政府政策，落實公平正義社會；第三，工作會議（Mesas de Trabajo）：勞工討論空間，以對行政、技術與管理等面向提出建議，同時帶動生產關係的轉型，形成學習型組織；第四，發言人（Voceros）：代表勞工在公司內不同工作崗位的聲音，必須是「民主地」由「勞工議會」選舉產生；第五，社會審計長（Contraloría Social）：勞工有權建立並落實「社會審計」（Campos, 2013）。

基於此，2005 年 4 月玻利瓦政府頒布《馬卡瓜宣言》（Declaración de Macagua），強調「聯管公司」的主體是國家、勞工和社區組成的三方協力，並定義一個「聯管公司」至少須採取以下兩項原則：建立「勞工議會」作為公民參與經濟過程與決策的空間，以及發展「勞工」參與管理，並與「國家」共同重組企業。「勞工」參與則經由設置「工會」來全權代表（Campos, 2013: 13-14）。

基於「聯管公司」目的是讓公司由「勞工」集體控制。為達目的，應從體制面去強化並創建新的管理機制與管理層，因此 ALCASA 走向組織重整，賦予勞工參與決策的權力，並經公開選舉推舉勞工代表來共同管理公司（Lanz, 2009）。在產權結構上，ALCASA 作為聯合管理模式則由國家持股 51%、勞工為 49%（Alonso, 2007: 22）。當時執行董事會的 5 名成員中有 2 位是勞工代表

（Azzellini, 2009: 178-180）。[11] 此外，ALCASA 亦在各個次工作領域設立「工作小組」和「發言人」，規劃工作安排並建立「問責」等監督與制衡機制。管理代表必須根據在職責期間的共識方案，以公開、透明、定期的方式提交帳目（Campos, 2013: 19-20）。在薪資調整上，勞工平均增加 15% 薪資，部門別主管則與勞工同等薪資（Azzellini, 2009: 179）。

除此之外，另一個「聯管公司」範例是國有電力公司（以下簡稱 CADAFE）。Harnecker（2005）指出「聯管公司」的上位理念是「勞工」才是企業主體，並要求所有「勞工」都需參與決策，用自己的生產來維持自己生活。在運作上，CADAFE 每一個工作單位應成立一個「參與委員會」（Comité de Participación），每週召開會議，採自主提案、集體討論，以及共同決策模式。在僱用關係上，勞工有 75% 都是以「工會」的「集體契約」方式聘僱，並受到《勞動法》的保障（Harnecker, 2015: 19）。因此擁有較高就業保障與福利。

然而，在實施成效上，「經濟民主」的示範計畫，不論是 ALCASA 或 CADAFE 都面臨內部勞工與高層主官之間對於如何進行聯合管理上缺乏共識，並衍生內部衝突（Alonso, 2007: 24）。舉例來說，2007 年 Lanz 離開 ALCASA 之後，新任執行長對於延續「聯管模式」缺乏意願，並衍生出 2009 年工會與執行長的衝突（Azzellini, 2009: 7-8）。部分具有高度社會主義意識的勞工，更面臨與上級之間衝突不斷（Sanabria & Moreno, 2006: 1-2）。相較於前者，CADAFE 的內部衝突亦頗為相似。CADAFE 管理階層通常具有企管學或經濟學文憑，並推崇市場經濟的意識形態。他們較難接受需與「勞工」平等地討論財務與決策 [12]，更善於利用「侍從主義」來壓制「勞工」崛起。除此之外，資方更批評「聯管模式」賦予缺乏能力的「勞工」過大權限，並危害到企業營運與獲利（Harnecker, 2015: 17-19）；反之，工會則批評企業高層保有階層主義和官僚主義的舊思維（Campos, 2013: 10）。這顯示國有企業雖導入聯管機制，但卻無力處理並突破勞 - 資雙方對於「經濟民主」與權力分享上的分歧，因此衍生出持續性的內部衝突。

---

[11] 2006 年重組為 7 名代表，其中 4 名是勞工代表、1 名社區代表，其餘來自政府或國有部門。

[12] 參考 Harnecker 研究中與 Ángel Navas 的訪談對話。

2005 年查維茲率先將「聯管機制」導入國有企業，並於 2007 年啟動系統性的「徵收」開始，將「聯管機制」這套經濟民主的運作，擴散到全國範疇的「社會經濟部門」。只是，既有內部衝突在許多案例中依舊是此起彼落。

（四）社會主義企業（Socialist Enterprise）

2007 年 4 月，玻利瓦政府在諮詢國有企業和社區意見之後，決定將「國有企業」轉型為「社會主義企業」。所謂「社會主義企業」，是指產權結構為 100%「社會產權」的自我管理企業。又可區分出兩種形式：「直接社會產權」是經由「社區理事會」與「公社」等「社區」單位直接管理；「間接社會產權」由國家管理（Azzellini, 2009: 188）。

社會主義企業的經典案例是 2005 年 4 月被「徵收」的壓力閥製造公司 INVEVAL。INVEVAL 原先是以國家持股 51%、勞工（合作社）持股 49% 形成的「聯管公司」。在執行董事會成員中，勞工代表占 3 位、2 位政府代表。所有決策將經由「勞工議會」決議；其次，INVEVAL 更設立「勞工評議會」與多個委員會，包括：社會政治事務委員會、金融與管理委員會、會計委員會、技術與服務委員會等。由各委員會定時繳交工作報告與提案給「勞工理事會」。所有工作職位都是「輪替」，可經由選舉「撤銷」。INVEVAL 的特殊性在於，它導入教育與職業培訓相關《任務》，並讓「勞工」於每日下午四點開始落實在職學習。統計指出，INVEVAL 的 63 位勞工中有 37 位在夜間重回大學並取得學士文憑（Azzellini, 2009: 183-184）。

弔詭的是，INVEVAL 多數勞工認為不應該授予勞工集體產權或混合產權，而應將 INVEVAL 轉型為 100% 的「社會主義企業」。2007 年 1 月「勞工議會」決議轉型為「社會主義企業」，並走向自我管理企業模式。[13] INVEVAL 更決議自家產品「不進行市場銷售」，而將依據「社會需求」原則，優先供應「國有企業」和其他社會產權企業，同時對「社區」進行小額回饋（Azzellini, 2009: 184-185）。2007 年配合資源部門「國有化」政策，更將國有企業列入優先轉型名單。截至 2008 年底，全國已成立約 200 個「社會主義企業」（Azzellini, 2009: 188）。

---

[13] 後續，INVEVAL 又與被徵收的金屬製造公司 INAF 合併。

　　簡言之，上述幾個「經濟民主」組織形式都通稱是「社會經濟部門」。但在原則與規範相似下卻存在產權結構、組織原則與目的上的差異。本研究依據設置目的、產權結構、組織性原則與生產關係等面向，歸納它們之間的異同。請參閱下表 8-1。

表 8-1　社會經濟部門與企業組織形式

	合作社	社會生產企業	聯合管理公司	社會主義企業
時間	2003~	2005~		2007~
政策背景	玻利瓦革命：土地重分配與內生發展模式	玻利瓦革命最終目的在建立「二十一世紀社會主義」		二十一世紀社會主義
目的	改變土地產權與農業結構，推動內生發展模式。	改變經濟的生產、交易與分配模式。社會需求優先於個人獲利極大化。	尋求生產社會關係的公平與平等。兼顧利潤與勞工權益。	落實生產工具與生產體系社會化。
產權	集體產權	多元產權	混合產權	社會產權
	合作社成員集體擁有。與私有產權不相牴觸。	可以是國有產權、私有產權或混合產權。	51% 國家持有、49% 勞工持有（合作社集體持有）。	100% 社會產權 區分直接社會產權與間接社會產權。
原則	平等主義 團結與合作	不強調效率。組織原則：強調團結、合作、永續性與環境保護。獲利 10~15% 必須回饋社區。	導入經濟民主於企業管理實踐中。管理模式走向勞方與國家的聯合管理。	產品不依據市場價格販售，而是依據社會需求原則移轉給需要者。奠基於永續交換和滿足社會需求的前提。
決策模式	非依循持股大小，而是一人一票參與機制。	多數亦採取公平參與和民主決策機制	國家與勞工聯合管理。公平參與和民主決策機制。	勞工自我管理。公平參與和民主決策機制。

資料來源：本研究繪製。

　　本書進一步歸納上述三個轉型為「社會經濟部門」的示範計畫，並依據組織類型、產權結構、勞工參與程度、民主決策機制、問責機制，以及契約類型等，區分三個案例的異同（參閱表 8-2）。

表 8-2 經濟民主在組織層次的制度與運作機制

	鋁製生產公司 （ALCASA）	國有電力公司 （CADAFE）	壓力閥製造公司 （INVEVAL）
組織類型	聯合管理公司	聯合管理公司	社會主義企業 自我管理公司
組織目的	兼顧企業獲利與 勞工權益。	兼顧企業獲利與 勞工權益。	滿足社會需求為優先， 不進行市場銷售。
產權結構	國家與勞工（49% 工會） 的混合產權	國家與勞工（49% 合作社） 的混合產權	100% 社會產權
民主決策 機　　制	勞工議會；可經「撤銷投 票」更換職位。	勞工議會；可經「撤銷投 票」更換職位。	勞工議會；可經「撤銷 投票」更換職位。
問責機制	社會審計	社會審計	社會審計
契約類型	集體契約	集體契約	-
培　　訓	-	-	導入員工培訓機制
運作問題	原管理階層與勞工衝突	原管理階層與勞工衝突	-

資料來源：本研究彙整。

　　三個案例都顯示對於「勞工」在所有產權與管理權上的移轉，且對於「勞工」的「賦權」程度，涵蓋自參與經濟生產、經濟決策到盈餘分配的整個經濟過程。不同之處在於，「聯管公司」屬於一種混合產權，因此必須經由籌組「勞工合作社」並建立一個集體產權的「工會」來代表「勞方」進入管理階層；反之，「社會主義企業」因產權結構是 100% 社會產權，不存在此一機制。

　　其次，三個案例在公司的決策上，都存在一個強調齊頭式平等、民主協商機制的「勞工議會」作為集體決策的機制。這在集體產權和社會產權的前提之下，將可免除掉「勞方」因未持有產權，而被排除於決策和協商之外。除此之外，在問責機制上面，這些「經濟民主」方案都須經由公開與透明的「社會審計」方式，落實監管與問責。且所有職位都具「可撤銷性」。

　　上述經濟民主示範中，前兩個案例都強調一種混合產權，以及兼顧市場銷售與勞工權利的混合制度。唯有 INVEVAL 倡導一種基於「社區」與「社會

需求」的「交換經濟」。此一模式不進行市場銷售，而是在互惠基礎上，建立「社區」為基礎的生產與交換關係。誠然，這種社會主義生產模式具前現代社會時期強調的原始交換，以及「社區社會主義」推崇的團結、互惠與交換原則。然而，即便是兼顧市場營利與勞工利益的「聯管公司」，都未必能自付盈虧。「社會主義企業」深具經濟實驗性質，不免遭致批評是過於理想的「烏托邦」（Utopia）。此一模式雖不必然失敗，但從人類進步所需的資源可及性與豐富性的角度而言，實有可能因為欲兼顧社會福祉與充分就業的目標，但卻無法創造成長動能，而陷入物資匱乏的窘境，最終亦將損及「經濟民主」作為「賦權」途徑的成效。

弔詭的是，玻利瓦政府對於「社會經濟部門」並不存在統一官方定義與行政準則。且在監督不周之下，各司其職、各行其事，因此形成多元紊亂現象。這顯示，玻利瓦政府雖在經濟理念、政策與制度超前於區域其他左派國家，但實際上亦凸顯出無力處理內部衝突與監管不足的弊病。

二、2007 年啟動「徵收／國有化」的法源與過程

2007 年 1 月查維茲邁入第三任期（2007~2013），他在就職典禮演講中宣告將帶領委內瑞拉走向「二十一世紀社會主義」，來取代新自由主義與資本主義模式。查維茲主張，邁向建構社會主義國家的轉型過程中，須先推動經濟結構上的根本改變，以取得國有部門、私部門與社會經濟部門三方平衡為目標（Mateo y Sánchez, 2013: 35）。由此可知，此一階段，替代發展核心議程，已從原先 2005~2006 年側重的「參與式民主」與「社區理事會」等政治議程，導向了經濟生產領域。首要之務在推動經濟結構和生產關係重組為「社會主義生產模式」。

2007 年查維茲頒布《第一個社會主義計畫》（PPS）中，已清晰可見經濟政策將導向「基礎工業國有化」。其目的是為了強化生產鏈的垂直整合，帶動「內生發展模式」。因此，2007~2008 年開始，查維茲正式啟動系統性的「徵收／國有化」過程。伴隨「徵收」而來的是推動生產組織層次的變革。

誠然，2007 年以前委內瑞拉並不存在系統性「徵收」企業的現象。直到 2007 年查維茲啟動激進社會主義國家轉型，並訴諸「徵收與國有化」政策，開始在全國範圍大規模推動產權社會化與聯合管理機制（Azzellini, 2017: 228）。

當時，查維茲要求將「徵收」的私有產權，轉換為集體、社會與混合產權等多元產權形式的「社會經濟部門」，同時鼓勵企業自願轉型成為「聯管公司」、EPS 等多元模式，並落實民主決策和聯合管理。玻利瓦政府主張，這將加速將不公義的「資本主義生產體系」轉化為「社會主義生產體系」。最終目的是在推動經濟產權、管理結構與生產組織的「民主化與社會化」，這將強化「勞工」參與經濟的能力與權力，並確保「勞工」被納入經濟生產、決策與分配過程，同時享有合理薪資，重拾「尊嚴工作」。

除此之外，對於「勞工」在經濟場域的「賦權」更有助於強化「勞工階級」在社會主義國家轉型中的革命性角色。這亦凸顯出此一階段查維茲替代發展方案的主體，已從先前訴諸「非組織性邊陲群眾」走向「組織性勞工」。這標示著在委內瑞拉歷史上，「勞工」首次被納入經濟決策與實踐中，並得以為自己謀取福利。但由於國家「徵收」私人企業需支付巨額補貼，政府只好變相削減第一任期的社會福利政策。因此，社會主義國家轉型過程中衝擊最大的是原先在《任務》中受益的非組織性群眾，亦即邊陲人民（Ellner, 2013: 66）。

（一）資源部門的「國有化」（2007~2009）

基於《玻利瓦革命》最終目的在建構一個「二十一世紀社會主義」。在社會主義國家轉型與替代發展的願景上，查維茲啟動「徵收」戰略性資源部門，試圖推動經濟結構轉型，並強化對資源部門的主導性與垂直整合，以轉向「內生發展模式」（Mateo y Sánchez, 2013: 35）。「徵收」主要是依據憲法第 117 條款明文的「回收企業」（empresas recuperadas）。這是指憲法賦予「國家」有權在考量「國家利益」或「社會利益」之下，採取「徵收」手段取得倒閉的工廠、或在銀行破產時接管資產（Azzllini, 2009: 175）。在社會主義國家轉型的框架下，「回收企業」儼然成為查維茲啟動「徵收」的政治語言（retórica）（Sanabria & Moreno, 2006: 1）。

2007 年查維茲進入第三任期開始，立即啟動了大規模「徵收」，並延續長達十年之久。

第一波被「徵收/國有化」的對象，主要是在「回收企業」口號之下，將 1990 年代因落實新自由主義政策而被「私有化」的「資源部門」重新「國有化」；其次，國有化程度第二高的部門是「糧食與食品加工部門」（Mateo y Sánchez, 2013: 35；黃富娟，2020c）。

2007 年第一波「國有化」對象是「策略性產業部門」，特別是「資源相關部門」，包括：電信、電力、石油與鋼鐵等部門的國有化（Ellner 2013: 69; Escobar 2010: 14-15）。「國有化」之目的，主要是將 1990 年代因新自由主義政策被「私有化」的資源部門重新「國有化」，這形同是對於新自由主義模式的再修正。當時，包括委內瑞拉國有電話公司（La Compañía Anónima Nacional de Teléfonos de Venezuela, CANTV）、Sidor 鋼鐵公司，卡拉卡斯電力公司（Electricidad de Caracas）與瓦倫西亞電力公司（Electricidad de Valencia）等企業都相繼在 2007~2008 年間完成國有化（Azzllini, 2009: 175-176）。長達十年的「徵收」過程，導致資本外逃，並逐漸改變委內瑞拉的經濟結構。

除此之外，作為委內瑞拉經濟命脈的石油部門，特別是 1996 年以後投資在奧里諾科河流域的石油公司，亦在 2007 年 5 月 1 日被「徵收」。當時，「徵收」引發許多跨國石油公司的不滿。美資埃克森美孚石油公司（Exxon Mobil）與康菲石油公司（Conoco Phillips）都選擇赴國際仲裁法庭控訴委內瑞拉政府，以尋求最高補償；反之，美國雪佛龍（Chevron）、英國石油（BP）、挪威石油公司（Oruega Statoil）與法國道達爾公司（Francesa Total）則接受玻利瓦政府提議，改以「最小持股」方式來延續在委內瑞拉的營運（Mateo y Sánchez, 2013: 34）。

第一波國有化不僅是針對策略性部門，國家亦進入多個次經濟領域，開始與私人企業競爭，包括：食品加工、物流、銀行等。舉例來說，銀行部門的國有化，由委內瑞拉銀行（El Banco de Venezuela）買下西班牙桑坦德銀行（Banco Santander）（Ellner, 2013: 66）。

2008~2009 年期間，查維茲啟動了第二波國有化，衝擊到許多生產部門，特別是水泥、能源、鋼鐵，以及農漁食品加工業等部門。後者，更引發後續物資短缺的連鎖效應（黃富娟，2020c）。

2009 年第二波國有化主要針對石油與其衍生產品進行「徵收」，以更有效控制石油部門的整個生產鏈。當時，共計有 32 家投資在奧里諾科河油田的公司，以及 76 家在馬拉開波湖沿岸從事石化相關生產的私人企業都被國有化，其中，包括委內瑞拉境內供應煉油與石化公司，以及生產鋼管的「委內瑞拉鋼管企業」（Tubos de Acero de Venezuela, TAVSA）。後續國有化更延伸到 Las Cristinas 金礦區。2009 年政府「徵收」了位在 Zulia 省的 75 個 PDVSA 委包商，以及其它與委內瑞拉圭亞那公司（Corporación Venezolana de Guayana）有

關的契約商。此一階段,查維茲對於啟動「徵收」的說法,是為了抑制私部門委包商的商業行為,同時提供「勞工」更穩定的工作保障(Elner, 2013: 69)。當時徵收部門擴及自銀行、汽車潤滑油、鋁包裝廠與五金店,農業肥料與食品加工和量販店等多個部門(Vera, 2018: 91-92)。根據 Vera(2018: 91-92)研究,2007~2009 年期間查維茲共計挹注 233 億美元在「徵用 / 國有化」。當時,石油經濟榮景促使國家認為可以無止盡干預經濟。在 2007~2009 年總共徵收的 1,167 家公司中,有 256 家為食品部門。

表 8-3　國有化政策:階段與部門

階段	主要部門	目的	說明 / 比例
第一波: 2007~2008	資源部門:電力、電信、石油與鋼鐵等部門。	作為對 1991 年轉向新自由主義之後落實「私有化」的再修正。	「國有化」比例高達百分之百。
第二波: 2008~2009	石油產業鏈、水泥、能源、鋼鐵、食品加工業、銀行等多個部門。	建立國有石油部門,打造完整生產鏈。 回應糧食短缺、打破大企業集團寡占的糧食貿易結構。	食品加工部門被徵收的比率偏高。
第三波: 2009~2012	前兩波國有化的延續:農業相關衝擊部門,包括:稻米加工、冷凍倉儲、肉類加工、乳製品、種子肥料,咖啡產業等。	強化食品加工與食品零售部門國有化。	各部門形成不同比例的混合市場經濟。 農業與食品加工業被徵收比例高達八成。

資料來源:本研究製表。

(二)食品加工與零售部門國有化(2008~2012)

國有化程度第二高的部門,則是「糧食與食品加工部門」。當時啟動糧食部門徵收,存在兩個原因:

第一,糧食領域國有化目的,不僅在於恢復委內瑞拉的糧食生產,更為了打破大企業集團寡占的糧食貿易體系,逐步擴大國有產權與社會經濟部門,並建立起可替代大型企業集團之國家主導的生產與供應體系。

第二，對於 2007~2008 年間再次爆發「短缺」的回應。自 2007~2008 年外部國際政經局勢適逢國際糧食危機（food crisis），委內瑞拉內部更因 2007 年推動憲法修正案，威脅到資本家的土地、產權與經濟利益，並引起反彈而重演 2002~2003 年囤積糧食衍生的「短缺」，並惡化了糧食供應（Howard-Hassmann 2015: 1028; Ordaz, 2009）。當時，查維茲為了回應「短缺」，主張直接「徵收」囤積糧食的企業，以解決市場亂象（Ellner, 2013: 74）。

在社會主義轉型的階段，查維茲則採取更強硬手段直接「國有化」糧食與食品加工部門，以打造國有糧食生產與供應體系來終結「短缺」、破除由大型農業貿易集團壟斷的市場結構。為此，2008 年查維茲以行政命令 6061 號頒布《糧食主權和糧食安全法》（*Ley Orgánica de Seguridad y Soberanía Agroalimentaria*），試圖籌組國有糧食體系，並對糧食的供應、價格與庫存進行監管。《糧食主權和糧食安全法》更明文將糧食相關基礎建設，定義是一種「社會財產」（Schiavoni & Camacaro, 2009: 139-140）。

承上，2008 年第二波國家化延燒到「食品加工部門」，並延續到 2011~2012 年。當時遭到政府「徵收」的次部門眾多，包括：稻米加工、冷凍倉儲、冷藏肉類、乳製品與咖啡產業等無一倖免（Ellner, 2013: 66-69）。許多知名食品企業都難逃政府「徵收」。例如：西班牙肥料公司 Agroisleña、製造與銷售乳製品的 Lácteo Los Andes 公司等（Mateo y Sánchez, 2013: 34）。2010 年開始外資企業亦相繼淪陷。包括：在委內瑞拉 52 年歷史的美國食品企業 Owens-Illinois 與 Cargill 子公司、墨西哥食品企業 Monaca 與 Gruma、義大利 Parmalat 企業等（BMI, 2010: 37-52；黃富娟，2020c: 112-113）。

其中，壟斷國內七成肥料供應的西班牙 Agroisleña 公司在被徵收之後，並與 2009 年政府設立的「社會主義農業商社」（AgroTienda Socialista）結合，形成壟斷上游的國有供應體系，以提供較低於市場價格 40~60% 的種子、化肥與機械等。由 INIA 負責輔導農業生產。此一階段為鞏固糧食主權，查維茲更徵收高達 30 萬公頃土地（Mateo y Sánchez, 2013: 34；黃富娟，2020c: 112-113）。

國有化亦延燒到超市與量販中心等「食品零售業」。2010 年 2 月查維茲「徵收」超市量販龍頭 Éxito 的 6 間超大型量販超市、法資 CADA[14] 的 35 間，

---

[14] 1948 年成立，又稱 Compañía Anónima Distribuidora de Alimentos，是法國資本在委內瑞拉成立的第一個量販超市。共計在 22 個城市共擁有 35 個超市（Felicien, et al., 2018: 4）。

以及荷資 Makro 的量販超市（Howard-Hassmann, 2015: 1036）。在先後「徵收」一系列知名量販龍頭之後，組建了一個龐大的國有超市網絡「兩百周年供應網絡」（La Red de Abastos Bicentenario）（Mateo y Sánchez, 2013: 35）。

查維茲啟動食品加工與零售業的「徵收 / 國有化」政策，企圖建立起一個自初級糧食生產、食品加工到銷售的全國產銷體系（Gutiérrez, 2013: 28-29）。誠然，查維茲對於糧食部門的干預，可追溯到 2003 年啟動的農地重分配和農民合作社。但自 2007 年更擴及食品加工與零售部門，並形成自一個自生產、加工、分配到銷售之國有產銷供應體系，來取代原先由企業集團壟斷的糧食貿易體系。**自此，委內瑞拉糧食生產體系逐漸形成雙軌體系（參閱表 8-4），亦即：一個由國家主導的國有體系（與社會經濟部門的協力），約占八成市場占有率；另一個是私有體系，僅占兩成市占率，主要以私部門食品龍頭——波拉公司為首。**

表 8-4　委內瑞拉糧食生產體系與市場結構 [15]

	上游原料 （種子 / 肥料 / 機械）	中游生產與加工		下游 （零售通路）
		初級糧食	食品加工	
	國有企業	社會經濟部門		國有企業
國有體系 （80%）	Agroileña* AgroTienda Socialista** AgroPatria**	農民合作社	社會生產企業 聯管公司	MERCAL** PDVAL** ABASTO CENTENARIO*
私人體系（20%）：主要以波拉食品公司為主				

*被徵收的企業；** 政府創立國有企業。

資料來源：黃富娟，2020c: 114。

當時，這些私人資本企業在被「徵收 / 回收」之後，依據玻利瓦政府的規定，應將私有產權的企業與廠房，轉換成集體產權、社會產權或混合產權等多種產權形式。除此之外，在管理權上，則應走向由工廠的「勞工」集體控制、或與「國家」進入「聯合管理」模式等選擇。最終，查維茲希望在縮小私部門的基礎上，逐漸擴大符合人道主義與團結經濟原則的「社會經濟部門」。

15　主要摘錄自本書作者另一篇文章，參閱黃富娟（2020c: 95-142）。

然而，查維茲雖「徵收」上百間倒閉或資本外逃的企業與工廠，但並非全部變更成國有企業（後更名為社會主義企業），有些轉由合作社、聯管公司等「社會經濟部門」主導（Purcell, 2014: 210; Mateo & Sánchez, 2013: 32）。這些新創形式的生產組織形式，有著與資本主義市場經濟下的私企業不同的生產邏輯，它們強調人性化的生產社會關係與民主決策。生產目的應去滿足「社會需求」而非「利潤極大化」，強調「使用價值」更甚於「交換價格」，以修正市場經濟下獨尊成長與效率的發展邏輯。

由此可知，2007 年查維茲啟動社會主義國家轉型開始，國家結盟對象已從原先與無地農民、邊陲人民與消費者，轉向了組織性勞工。生產組織形式，亦從農民合作社，擴大到 EPS、聯合管理公司、自我管理公司與社會主義企業等多元產權與組織型式。他們都被賦予所有權與管理權。不論何者，它們都被歸為「社會經濟部門」（Lavelle, 2016: 25）。它們的社會角色是去滿足「社會需求」，強調「使用價值」，而非利潤極大化，以修正市場經濟下獨尊資本積累的發展邏輯。

這亦證實了「二十一世紀社會主義」體制特殊性，它本質上強調的雖是國家對於經濟的干預，實質上卻是在保有石油經濟下，走向一種介於「社會主義生產體制」和「自由市場經濟體制」之間的「混合市場經濟」，其中凸顯出社會產權與集體產權的特殊性，形成高度制度混搭。這些新形式的社會經濟組織與社會生產關係，肩負起國家主導之糧食體系的生產與加工，並在「最高價格限制」下供應國有糧食銷售體系，形成政府嘉惠消費者的廣泛補貼（黃富娟，2020c）。

三、公社國家、社區經濟體系與內生發展模式（2011~）

《二十一世紀社會主義》作為後資本主義的替代發展方案，著重在推動經濟與產權結構重組，以創立新的政治與經濟模式，這將是一種強調由下而上的社會生產與民主決策的體系。

誠如前述，2005 年查維茲宣告《玻利瓦革命》最終目的在建立一個「二十一世紀社會主義」。但 2005 年查維茲替代發展強調的社會轉型策略，主要立基於推動草根性的經濟與政治組織的發展。因此，查維茲致力於推動「社

區理事會」與「公民議會」的發展，政策重心在創建一個由下而上的「參與式民主」，作為「賦權」的途徑。從發展模式角度而言，Azzellini（2017: 214）主張查維茲不只是依循「馬克思主義」論點，更整合了「社區社會主義」，「議會共產主義」，以及美洲原住民的「集體主義」與「社群主義」等多元政治思潮，試圖重組「社區」的自我管理體系。然而，2007 年查維茲推動社會主義國家轉型之後，核心議程轉為側重在推動經濟與產權結構自「資本主義生產體系」轉型到「社會主義生產體系」，並形成一個「後資本主義」替代方案。直到 2011 年查維茲大致完成總體經濟與產權結構的調整，2012 年查維茲公告將帶領國家邁向「公社國家」（Estado Comunal）。因此，在查維茲 2013 年辭世之前，「公社國家」成為他任內未完成的替代發展議程。

查維茲的「公社國家」法源可追溯至 2009 年憲法修正案與當時設置的「公社部」（Ministerio de las Comunas），以及 2010 年「國民議會」通過的一系列立法，包括：《公社組織法》、《社區經濟系統組織法》（Neida, 2015: 90-91）。2011 年查維茲正式宣告啟動「公社」，同年「公社部」明文已著手規劃推動 230 個「公社」的成立（Azzellini, 2017: 223-227）。

受到梅札羅斯的社會主義轉型路徑圖之啟發，查維茲主張邁向「二十一世紀社會主義」的最後一步，應讓政治、經濟與社會領域權力都下放「社區」，以落實由下而上的社會主義，形成由「社會力」控制的實質民主。因此，「公社」作為社會主義國家的第四層政府行政單位，代表著「主權在民」與「制憲權」意義上的「民主」之落實。誠然，「公社」的基礎來自「社區理事會」和「公民議會」。但「公社」不只是一個在「社區理事會」基礎上延伸而來的地方政治單位，它更是一個社會經濟的範疇。「公社」概念內含經濟中心、政治中心與行政中心的多重概念。但決策核心仍是「社區理事會」。

查維茲的「公社」雛形，受到梅札羅斯對於「社區體系」（communal system）的啟蒙。他主張「二十一世紀社會主義」應打造一個由下而上的社區經濟與政治體系。相較於資本主義市場經濟體系的商品與獲利邏輯，社區體系強調「使用價值」與「關係交換」。且所有的生產，都必須來自地方性的生產性組織，且必須依據「滿足社會需求」而非「獲利極大化」原則作為生產邏輯（Azzellini, 2017: 225-226）。

根據 2010 年《公社組織法》,「公社」作為第四層政府旨在創造「社區生產與消費的內生循環體系」,並與「地方議會的政治結構」整合,以形成地方性政經結構。為了創建這個社區體系,必須將「立法決策過程」(社區理事會與公民議會)融入「生產過程」(合作社、EPS、聯管公司等多元組織形式),以讓自我管理的「勞工」經由水平分工建立自地方到中央的參與機制。最終,此一由下而上的全方面「賦權」途徑,有助於推動「勞工」參與生產與分配決策,並創造「民主決策與協商機制」來牽制市場的專斷性。從發展模式而言,這亦將為「玻利瓦共和國」創造新的經濟循環與「內生發展模式」,來超越資本主義市場經濟與「石油經濟」對於國家發展造成的限制。

除此之外,根據 2010 年《社區經濟系統組織法》,查維茲致力於推動「社區經濟」、協助規劃社區發展,並設置為數眾多且形式各異的社區企業或互助協會,包括:社區合作社、EPS 與時間銀行等。根據「公社部」統計,2009 年底截止全國已有 271 個「社區社會產權企業」(Las empresas de propiedad social comunal,以下簡稱 EPSC)設置。這些廣義的社區型社會企業,涵蓋多元組織形式且橫跨多個部門,包括:糖包裝工廠、烘培坊、食品加工業、紡織工廠、社區電台、磚塊工廠和基礎建設等多元經濟領域。不論何種生產組織形式,其目的都強調平等參與經濟規劃、生產與分配,並將協助居民獲取生存權、經濟權與社會權,視為是優先價值目標,因此著重在發展在地的生產與消費、創造地方就業,以帶動國家轉向「內生發展模式」。

舉例來說,2011 年 Vargas 省受到洪災衝擊,於是查維茲介入 Caribia 市鎮,並結合《大住家任務》(*Gran Misión Vivienda*),打造新社區住宅與新經濟模式,並創設出多個「公社」。Caribia 市鎮下的每個「公社」都存在數個合作社、EPS、EPSC 等多元生產組織形式,形成「社區經濟」的示範區,目的在滿足社區生產、分配與消費的需求、創造在地就業。因此,相較於「市場經濟」,「社區經濟」強調「平等」甚於「成長」,「社會優先」更甚於「獲利極大化」。儘管有些社區生產組織,仍兼具某種程度的營利目的,但多數不強調「追求獲利極大化」。從這個意義上來看,這套後資本主義替代方案,改變了生產的社會關係、生產體系與產權結構,並逐步朝向由「社會力」控制「經濟力」的方向轉型。只是,委內瑞拉「公社」中,運作較佳的仍屬少數。

　　誠然，一個自主運作的「公社」，倘若運作得當，將扮演組織與分配地方資源、回應地方需求與解決地方危機的平台與機制。舉例來說，具社會主義革命意識的「2010 蜂窩公社」（El Comunal El Panal 2021）在 2005~2006 年《社區理事會組織法》頒布以前成立。此一公社，在面臨 2014 年以後委內瑞拉爆發的嚴重通貨膨脹與物資短缺之際，轉為發行一種替代性「社區貨幣」（community currency）來滿足基本物資的交換需求。這亦引發其他「公社」的仿效，並促成委內瑞拉各省相繼發行「社區貨幣」作為對抗通膨、滿足危機時期的基本民生需求的過渡性方案。例如：Barlovento 省使用的社區貨幣 Elcimarrón，以及 Sucre 省使用的 El paria 社區貨幣等（Vázquez, 2019）。

　　本書主張，查維茲的「二十一世紀社會主義」自大抵完成總體經濟與產權結構調整之後，轉向了重新重視「社區」，並將「經濟民主」與「群眾民主」兩個替代性政經機制，雙雙導入由下而上的「社區體系」。它們在運作上，同時結合「社會經濟」與「社會主義」精神，又具備「經濟民主」與「直接民主」的決策機制。目的在將生產導向滿足「社會需求」為目標，「交換」是建立於一個「平等」與「價值」（非價格）上進行的。

　　本書主張，這些示範性的「公社」，或稱「社會主義城市」，分布在大都會外圍形成一個個衛星城市，同時透過與首都卡拉卡斯和大都會區之間的流通，形成一個「城市-區域」（City-Region）的概念。因此，委內瑞拉的經濟嚴然形成一個依據地緣經濟空間，將國家經濟重組為多個經濟版圖，形成一個親社會主義原則的「混合市場經濟」。

　　然而，「社區經濟」的致命缺點在於，它們雖然創造了在地就業，但在財政上卻依舊高度仰賴政府補助。多數「公社」仍受到政府機構的補助，主要權責單位是「公社部」。這亦強化了政府經由審查社區提案、控制補貼與政府招標等多重方式，來影響社區自治發展與政治投票傾向的弊病。

　　除此之外，另一個影響運作的因素來自於政治介入。自 2010 年 12 月「國民議會」通過了《公社組織法》。該法加強了「查維茲黨」對於地方公共事務的控制權。自此以後，「群眾力量部」擁有控制「社區理事會」、「社區議會」與「公社」，以及否決地方決議的權力。這象徵著「查維茲黨」的政治控制，已滲透到原先擁有某種相對自治與自主權限的「社區」，並逐漸在全國的政

治、經濟與社會領域，成為主導性力量。自此之後，黨派邏輯開始凌駕原先推動參與式民主的美意。

但查維茲《二十一世紀社會主義》替代方案的根本矛盾在於，此一由下而上的社區自我管理與再生產的體制，其制度的內生邏輯強調發展由下而上的政經秩序，並將自治與決策交付「社會過程」來控制。矛盾的是，「國家」卻控制著資源，並握有創造「社區組織」和「國家」之間權力不對稱的工具。因此，這與《玻利瓦替代方案》與《二十一世紀社會主義》替代方案強調「制憲權」優先性的原則，產生了嚴重牴觸。

只是，查維茲雖自 2011 年開始拋出「公社」概念，但自 2013 年辭世以前，「公社」並未確實設置完成。究其因，Azzellini（2017: 223-224）認為，一旦「公社」設置完成、並開始運作之後，將意味著政府權威與「公社部」的沒落。因此，儘管玻利瓦政府一再宣稱積極推動「公社」，多數「公社」卻一直處於「建構中」，形成最大弔詭。

第三節　市場統理結構、經濟治理與運作結果

2007 年查維茲啟動社會主義國家轉型，查維茲採取大規模的「徵收／國有化政策」，試圖重組經濟與產權結構，並將所有權與管理權移轉給「勞工」，形成經濟的社會控制模式。最終目的在建構一個「勞工」優先於「資本」、「社會需求」優先於「個人利益」的社會主義國家。

然而，在推動經濟民主化與社會化的過程中，儘管查維茲提高了勞工權力，並在經濟場域導入民主協商機制，但看似意喻良好的政策卻是採取強制「徵收」的手段。且這些新興的「社會經濟部門」在現實運作上，亦存在許多困境與挑戰。

本節將從檢視國「徵收／國有化」的過程與機制切入，帶入說明查維茲的「後資本主義」方案如何重組市場的統領結構與制度邏輯，並釐清替代性的經濟政策與制度如何導致委內瑞拉經濟走向災難性後果。

一、「『徵收／國有化』的過程與機制 [16]

2007~2008 年查維茲啟動資源部門的「國有化」，並逐步擴及到其他部門。當時，此一「徵收」過程是鑲嵌在「社會主義國家轉型」的上層政策之下開展，試圖調整「資本主義生產體制」為一個「社會主義生產體制」；同時，糧食與食品加工部門的「徵收」，則是回應企業囤積導致之「短缺」與提振經濟「效益」的一種策略（Raby, 2006: 235）。這波長達十年的國有化過程，不僅建構了國家主導的策略性資源部門、食品供應與加工體系，也造成私部門企業倒閉與資本家外逃。

誠如上述，玻利瓦政府在「回收企業」口號下，啟動數波「徵收」。當時「徵收」目的是為了推動經濟結構重組，並在壓制資本家前提上逐步擴大國有產權與社會經濟部門、縮小私人部門，並建立起可替代大型企業集團的生產供應體系。本研究受訪者提到對於當時「徵收」之「工具－手段」與「機制」的描述（黃富娟，2020c: 116）：

> 「『徵收』過程爭議很多。查維茲經常『指控企業』是資本主義並剝削員工。舉例來說，一家工廠被指控是『資本主義』，因為老闆付員工100 元薪水，但查維茲說這是『剝削』，應該要給 500 元。然後就開了一張很貴的『罰單』（multa），造成企業倒閉。這是一種用稅制（sistema tributaria）來壓迫資本家，給你開一張很貴罰單讓你直接倒閉（te cierra con multa）。」（VB-4）

> 「查維茲『徵收』企業方式是給你選擇：是要被『徵收』、還是被關進監獄？這個『徵收』過程自 2007 年開始，持續有十年之久，是一個漫長且廣泛過程。所有的農業、生產、銀行、不動產、醫院與媒體全都被徵收……自 2007 年開始，很多生產性企業開始陸續關閉……『徵收』過程就像是一場反資本主義的運動。……（VC-1）。」

> 「曾發生一件事情，有位委內瑞拉人去賣咖啡，很辛苦打拼終於創業成功，一路爬上來變成企業家。結果，查維茲就指控他是資本家，把他的

16　以下節錄自黃富娟，2020c，〈委內瑞拉糧食生產體系與短缺之研究〉，《問題與研究季刊》，59(4): 95-142。

公司收掉。這讓個人想努力的誘因都沒了。……現在委內瑞拉有八成公
司都停擺（VG-l）。」

「查維茲的二十一世紀社會主義，一直講要權力移轉（Alternancia de
poder），但實際上，卻比較像是資本主義走向共產主義的階級鬥爭
（VB-4）。」

以「徵收」的工具－手段來看，查維茲慣常「指控」資本家對勞工「剝
削」或「囤積／圖利」，並訴諸「重稅／罰款」方式導致企業倒閉、或以威脅
「入獄」方式迫其就範。這是在操縱「勞－資」對立的論述下，輔以國家強制
力手段進行「徵收」。這亦呼應了既有文獻指出，玻利瓦政府在反資本主義的
修辭下，逐步「徵收」被「指控」從事價格投機、走私與未供應國內市場的企
業（Ellner, 2013: 69; Romero 2007; Livingstone, 2011: 31；黃富娟，2020c: 117）。

舉例來說，2009 年 Agroisleña 公司被政府指控用較高利率貸款給小農、用
央行給予的較佳匯率進口原料並以高價販售圖利，以及銷售給農民的肥料導致
農地損毀等罪名而被「徵收」（Lavelle, 2016: 78）；除此之外，2010 年 5 月查
維茲曾以「投機」之名拘捕 40 位被指控哄抬價格的業者，導致許多牛肉商停
止生產（Howard-Hassmann, 2015, 1037）；另一案例是壟斷全國半數玉米粉生產
的「波拉食品公司」，亦成為政府整肅對象（Felicien, et al., 2018, 6-8）。由此可
知，當時啟動「徵收」的邏輯，主要是鑲嵌在「資本－勞工」對抗的論述下開
展（黃富娟，2020c: 116-117）。

然而，當時薪資是否過低以致於構成「剝削」，或是售價是否過高而形成
「圖利」，事實上是依據勞工舉證或查維茲黨主觀判斷，並不存在一個公正客
觀的基準。且在轉向社會主義國家的階段中，資方相對於勞方的弱勢，更形成
不對等的權力關係。此外，生產者之所以會去「囤積／投機」是與「利潤」空
間有關。這是理性抉擇下的經濟行為，更與制度的「激勵」誘因息息相關（黃
富娟，2020c: 117-118）。

除此之外，依據 PPS 規定，「徵收／回收」之後的企業、土地或廠房，必
須轉型成為「社會經濟部門」，以逐步調整國家資本主義、私部門和社會經濟
部門之間的比重。本研究受訪者指出：

「……查維茲黨每次『徵收』農莊（finca）與糖種植園（hacienda de azúcar）之後，就分給農民。……每徵收一個企業或工廠之後，就成立一個對應的『玻利瓦工會』（sindicatos bolivarianos），讓員工自己來運作當老闆。然後又設置了一個相對應的《任務》（Misión）。……」（受訪者 VB-4）。

由此可知，查維茲在「徵收」一塊土地／企業／工廠，經常會同時成立一個對應的「合作社／工會」，並將原私人企業變更為集體產權、社會產權或混合產權等多元產權與組織管理形式。同時，政府更配合設置一個對應的《玻利瓦任務》，以將前者納入《玻利瓦革命》與社會主義國家轉型的上層政策框架。本研究稱之是一種「徵收（所有權移轉）- 工會（企業組織形式走向社會控制）- 任務（鑲嵌回上位社會主義國家政策）」的三位一體制度化的結構轉型（黃富娟，2020c: 119-121）。

二、市場統領結構與場域運作邏輯

從市場治理的角度來思考為何查維茲推動的「經濟民主」與後資本主義替代方案，在理念與制度設計看似相對完善之下，為何運作不佳？以下，本書主張，這可從幾個面向來理解：

（一）產權與企業組織形式走向社會控制

《二十一世紀社會主義》的核心議程，強調重組國家的經濟與產權結構，因此主張打造一個親社會主義原則的「社會經濟部門」，以將「經濟」交由「社會控制」，並落實「經濟民主」。理論上，「社會經濟部門」必然與資本主義市場經濟下私企業強調「股東權益極大化」與「資本積累」的營運邏輯，存在某種程度的落差，並在轉為多元產權與社會目標之下，衝擊私企業強調的「效率」與「利潤」動機。

弔詭的是，Purcell（2013: 153-156）指出合作社與 EPS 這些強調「平等主義」、「民主決策」、且採取集體或混合產權的「社會經濟部門」，並未發展出社會主義的意識。Lavelle（2016: 59-60）指出，許多「社會經濟部門」的勞工不具有社會經濟強調的平等、團結與連帶等精神，亦不存在協作與集體決策的意

識，形成「沒有合作社主義精神的合作社」的諷刺。Azzellini（2013）更指出，它們多數仍是依循資本邏輯，在尋求利潤的極大化。除此之外，農民對於合作社的態度亦存在曖昧與矛盾。許多中高齡農民傾向擁有自己農地與私人獲利，但又巧妙地善用合作社的身份，來取得政府資源（Lavelle, 2016）。對於某些成員而言，合作社儼然成為一種工具性的存在（黃富娟，2020c: 120）。

誠然，「社會經濟部門」運作不佳，並非新的現象。社會經濟部門根本問題在於，它們在財政過度依賴政府，卻又無法開拓政府網絡以外的市場。究其因，這些合作社與 EPS 等社區性生產組織，多數由於地處偏僻、交通不變，造成在擴大銷售市場上一直存在障礙。除此之外，社會經濟不強調成本 - 效率與技術，這些組織在缺乏經濟規模、又缺少技術更新之下，生產力普遍不佳，只能轉為依賴政府補貼與貸款（Purcell, 2013: 153-156）。

本研究另一位受訪者指出，「社會經濟部門」在組織層次的運作不佳，有部分亦與文化有關。委內瑞拉在 2007 年啟動社會主義國家轉型以前，社會已形成一個高度依賴外部市場的石油經濟結構與消費社會。除此之外，在生產與就業領域，都瀰漫著「家父長制」的「侍從主義」文化。本書主張，殖民歷史形構委內瑞拉成為一個「權力距離」較大的階級社會。這種雙元社會結構，亦建構出普羅大眾對於「資方」與「勞方」社會地位與行事準則的想像。並在走向產權社會化的過程中，影響到運作的效能。本研究受訪者指出：

> 「為何徵收企業之後，生產會下降或歇業？我個人觀察到的現象是，這也存在文化因素。私人產權在『徵收』之後，就變成『集體』或『社會產權』。但委內瑞拉文化是，今天我是『勞工』（empleado）我才需要工作，但當我變成『老闆』（jefe），我就要雇人來做，自己不做事了！就是因為這種文化，所以很多莊園轉為集體產權或聯管公司之後，沒人做事，生產就會跟著下滑。因此需要仰賴進口（VG-4）。……」

誠然，社會經濟的初衷在於創造「雇主勞工」的概念。然而，「身份」的認同，是鑲嵌在社會脈絡中。社會對於特定角色的社會期待，則存在一個長期社會建構的過程。在委內瑞拉脈絡下，「雇主」與「勞工」的社會角色與身份概念，在啟動社會主義國家轉型之際，依舊無法跳脫鑲嵌在社會階層與結構中那種對於何謂「階級」之根深蒂固的刻板印象。本書作者在墨西哥的移地研究

中,亦觀察到類似現象。儘管不宜誇大在「勞工」在轉型成為「資方」的過程中,存在因為「身份轉變」導致主觀階級意識與勞動行為的改變,而衝擊勞動投入與生產力。但本研究主張,我們依舊可以理解到,上述現象在某種程度上與這套「經濟民主」制度運作強調的平等主義、團結、集體責任與協作等社會主義精神與團結經濟原則,存在某種程度上的價值矛盾。這亦指出,查維茲在試圖打造一個社會主義國家體制時,社會主義意識並未真正紮根於社會。

(二)供應鏈的「政治」

從市場統理結構來看,長達十年的國有化過程,是一個逐漸縮小市場經濟、擴大國有部門與社會經濟部門的結構調整過程,最終形成一個「混合市場經濟」。其中,國有化程度最高的是「資源部門」,其次是與民生需求有關的「糧食與食品加工部門」。此一部門對於理解委內瑞拉替代發展模式為何走向經濟與短缺危機,至關重大。

以糧食生產與食品加工體系為例,檢視查維茲引導的市場結構重組與制度轉型的過程中,如何形構出一套新的統領結構與監管機制,並衝擊到在地生產?誠然,自 2008 年開始推動糧食與食品加工部門的國有化。查維茲黨在「徵收」過程中,逐步壟斷全國八成的食品加工原物料的「供應／分銷」,由國家主導並形成「國家」與「社會經濟部門」的結盟,配合對於基本糧食的「價格控制」與「匯率控制」來補貼消費者與進口糧食,形成「官僚價格協調經濟」(黃富娟,2020c: 120)。本研究受訪者 VC-1 指出:

> 「原先的糧食生產企業因為被『徵收』,企業／工廠就倒閉,後來國家內部便成立 MERCALs,壟斷很多原料物資的生產與銷售。……但是,查維茲黨都是差別待遇的。他們先是賣原料賣得很貴給其他資本家,但是給查維茲黨就比較便宜。然後慢慢其他資本家就倒了,但很多國內生產又不夠。於是,查維茲黨就改成進口很多糧食(VC-1)。」

由此可知,查維茲黨在逐步壟斷供應鏈的「分銷」過程中,形成公、私雙軌體系的「混合市場經濟」。由國家主導,並對私企業進行不公平競爭。查維茲黨更經常訴諸「親查維茲黨-非查維茲黨」的兩元分化之政治邏輯,作為經濟領域上是否供應原料(數量與價格)的判準。這種政治控制思維滲透到經濟

領域之後，造成供應上的厚此薄彼，嚴重扭曲了公平競爭的市場機制與價格信號。許多企業不是進料成本提高、就是生產原料短缺，導致產量下降，造成無法在市場競爭或存活而倒閉（黃富娟，2020c: 119）。

　　然而，在國內的「原料供應」受限之下，企業若欲尋求直接進口原料，還受到央行對於美元兌換與「匯率控制」的限制。「匯率控制」源自 2003 年 2 月委內瑞拉中央銀行（Banco Central de Venezuela，以下簡稱 BCV）設置「貨幣管理委員會」（Comisión de Administración de Divisas，以下簡稱 CADIVI），並經由總統第 2.302 號行政命令（El Decreto Presidencial N° 2.302）啟動「匯率控制」，採取固定匯率的策略，以將「玻利瓦幣」兌「美元」維持在一個強勁貨幣，好讓人民有足夠購買力。當時，更限制每人每年至多可取得 500 美元現金。2005 年查維茲更賦予糧食與藥品進口上，可使用 1 美元兌 2.15 玻利瓦幣的優惠匯率（CEIC, 2006-2016）。這變相地形成政府對於糧食與藥品進口的補貼，尤其是賦予 PDVSA 進口糧食較大的權力。由此可知，儘管 2003~2009 年之間委內瑞拉匯率仍維持相對穩定（表 8-5），但由於匯率控制是全面性適用於所有部門，因此對於各經濟部門進口中間原料的衝擊巨大。

表 8-5　2003~2015 委內瑞拉匯率變化（Tipo de Cambio, Bs/USD）

年度	玻利瓦幣兌美元 （Bs/USD）	適用部門
2003	1.60	全部適用
2004	1.92	全部適用
2005	2.15	全部適用
2006	2.15	全部適用
2007	2.15	全部適用
2008	2.15	全部適用
2009	2.15	全部適用
2010	2.60	優先部門
	4.30	其餘部門
	5.30	SITME*

表 8-5　2003~2015 委內瑞拉匯率變化（Tipo de Cambio, Bs/USD）（續）

年度	玻利瓦幣兌美元 （Bs/USD）	適用部門
2011	4.30	全部適用
	5.30	SITME
2012	4.30	全部適用
	5.30	SITME
2013	6.30	全部適用
	11.50	SICAD**
2014	6.30	CENCOEX***
	12.00	SICAD I
	52.10	SICAD II

說明：採取四捨五入，取自小數點第二位。

* 　SITME：外幣產權交易系統（Sistema de Transacciones con Títulos en Moneda Extranjera）。

** 　SICAD：補充貨幣管理系統（El Sistema Complementario de Administración de Divisas）。

*** CENCOEX：國家對外貿易中心（Centro Nacional de Comercio Exterior）。

資料來源：Castillo Paredes, Laura Daniela y Josefa Ramoni-Perazzi. 2017.

　　玻利瓦政府自 2003 年開始採取「匯率控制」。一般業者若欲換取美元來進口原料或中間原料，經常面臨障礙。本書進一步區分出兩類障礙：第一，因為行政流程的效率不彰，兌換美元是曠日廢時，並造成業者無法及時取得美元來進口原料；第二，因為兌換美元存在上限，因此無法取得充足美元來進口原料。亦因此，黑市美元市場逐漸壯大。誠如本研究受訪者 VB-5 指出，匯率控制導致美元取得障礙，也變相促成黑市美元的猖獗。但黑市美元的匯率較差，已造成生產成本日益攀升，並導致供應體系的短缺。

　　「……許多『原料』的供應需要依賴進口，進口就需要『美元』。但政府控制了美元，私部門只好到黑市換『美元』然後再進口。去黑市買美元每個環節都要多付一點。例如：要換一百美元，可能要付雙倍價格才能換到。……因此，私人企業只能維持少量的生產，私人超市也只賣少樣的東西，目的只是為了讓企業存活、不要倒閉。……政府壟斷的體系則是因為固定價格（precio fijo）無法調整，但通膨是每日都在漲。……

最後，很多國有供應體系因為不合成本失去生產誘因，所以政府門市常沒東西可買。」(VB-5)

誠如 Curcio（2017: 29）研究指出，生活必需品中的食品、藥品與家用產品短缺尤其嚴重，並擴及到包括農業在內的本地生產所需的原材料和加工設備等。最終，企業在缺乏「及時」供應，亦無法「隨意」進口短缺原料之下，生產逐漸下滑。此一經濟困境呼應了 Orlando Araujo（2013: 101-102）曾將委內瑞拉企業定義是一種「無法自然再生產」（burguesía estéril）的資本階級。

由此可知，自查維茲啟動《二十一世紀社會主義》國家轉型開始，市場上的原料供應邏輯已逐漸從原先的「市場機制」轉向「關係取向」的政治控制，凸顯出分配機制上的微政治。玻利瓦政府在抑制資本家的前提上，造成私人企業較難獲取足夠的原料、或供料價格較高而導致生產下降。加上國家對於美元匯兌存在管制，私企業在無法取得「充裕」與「及時」原物之下，不是倒閉就是產能下降，造成國內食品加工業生產的下降。

最終，在多數食品供應鏈逐步被國家控制與壟斷之下，形成國家主導的由上而下的分銷體系，由查維茲黨控制經濟供應的「制高點」，並決定「誰」可以取得供應、以及供應的原料價格，同時對基本糧食進行「價格控制」。此時，市場上的原料供應邏輯，也從「市場機制」轉向「關係取向」的政治控制。凸顯出經濟場域的控制思維是政治上兩元分化的敵我意識（黃富娟，2020c: 119-120）。

（三）市場統領結構與非組織性貪污

在長達十年的「徵收」過程中，礙於玻利瓦政府對於市場轉型過程缺乏建立一套明確且有效的監督機制，因此造成「徵收」過程的貪污與舞弊現象層出不窮。

誠然，依據社會主義國家轉型的政策，私部門企業一旦被政府「徵收」，就應當轉型成為社會產權、集體產權或混合產權的合作社、聯管公司、自我管理公司等多種組織形式的「社會經濟部門」。但事實上，由於市場轉型過程冗長且緩慢、且又是多部門多軌的同步執行，因此在此一過程中究竟「回收企業」是否予以適當處置，實際上缺乏一套嚴謹的章法與監管機制，並導致轉型

過程出現投機與混亂現象。本研究受訪者更指出,「徵收」過程中,查維茲黨不時出現違反亂紀與「尋租」(rent-seeking)行為:

> 「查維茲『徵收』了很多生產部門,然後是不動產部門。政府也不付錢給被『徵收』企業。……『徵收』過程中發生很多事情,例如:希爾頓飯店(Hotel de Hilton)被『徵收』方式是軍方假裝度假名義入住,然後直接『入侵』(invadir)飯店;另一個例子是 2009 年是瑪格麗特渡假村(Isla Margarita Resort)。當時,查維茲黨發動了人民假裝觀光客入住,然後就『佔據』它。……另一個案例是,某天軍方(Fuerza Armada)經過一塊土地,就說喜歡(me gusta!),然後打給指揮官(commandante)表示希望『徵收』這塊地。……還有一個案例是,查維茲黨想買一輛 Toyota 汽車。假設進口汽車要價 3,000,但若路邊隨便『徵收』一輛,就只要 30……(VC-1)。」

> 「後期的法律規定『徵收』企業之後必須轉作『社會產權』,但查維茲黨經常沒有照規定在做。他們在『徵收』企業之後,就將原本的私人資產,轉入其中一個人的名義下,然後就變成個人財產。這就是貪污!(VB-5)。」

由此可知,原應變更為社會產權、混合產權或集體產權的「回收企業」,有部份卻在「徵收」之後轉為登記在「查維茲黨」的個人名義之下,形同移轉他人財產為個人所用,並構成實質意義上的「貪污」。由於「徵收」過程經常出現官僚或軍方個人主義凌駕法規制度的紊亂現象,在缺乏組織性貪污之下,個人主義高漲並使用權力去擷取「租金」。這種缺乏監管導致的亂無章法與掠奪性,讓國家干預淪為「掠奪之手」(Grabbing Hand)(Frye & Shleifer, 1997: 354-355)。誠如本研究受訪者指出:「1999 年玻利瓦憲法,大家都覺得憲法制度很美好。但委內瑞拉問題是,我們政治面的運作和憲政層次的落差很大。不論是 1999 年那套共和國憲法、還是『二十分一世紀社會主義』,其實查維茲都沒有確實落實。理論和現實、憲政和政治運作的落差太大(VG-4)。」這亦凸顯出委內瑞拉的社會主義國家轉型過程中,政策面(應然)與實踐面(實然)之間,存在巨幅的落差。

除此之外，由於玻利瓦政府自 2003 年即採取「匯率控制」，並嚴格限制美元兌換。誠然，採取「固定匯率」的目的，主要欲將美元兌玻利瓦幣的比值，維持在一個具購買力的水準，以試圖嘉惠消費者。此外，查維茲賦予 PDVSA 肩負起出口原油、進口糧食的責任，允許 PDVSA 得以使用央行給予的優惠匯率，進口糧食，以讓 PDVSA 在進口糧食上更有購買力。2005 年央行給予優惠匯率是 1 美元兌 2.15 玻利瓦幣。此一固定匯率一直持續至 2010 年 1 月始調整為 1 美元兌 2.6 玻利瓦幣。[17] 儘管「匯率控制」在 2011 年以前是長期穩定，這有利於進口糧食，但亦導致通膨持續攀升。然而，這些政策與制度卻變相地鼓勵了 PDVSA 使用政府賦予的優惠匯率與進口糧食之便，進行多重「套利」，形成強的激勵結構，並導致「尋租」更加氾濫。受訪者指出（黃富娟，2020c: 127-128）：

> 「查維茲黨最擅長的就是『雙倍貪污』（doble corrupto）。例如，石油假如一桶國際市場價格是 145，國內生產又是另一個價格，另外還有政府給的優惠匯率，中間產生的差距，一桶最高時可到 120 美元。這就是查維茲黨的獲利來源。不停在利用『套利』，來中飽私囊。⋯⋯」（VU-1）

> 「馬杜洛時期是由軍人控制國家，由他們決定發美元給誰、然後由軍人去購買進口糧食，用 CLAP 分給大家。⋯⋯現在問題可能已經不是『雙倍貪污』，而是『三倍貪污』（triple corrupto），因為很多軍人家屬會跑去英國或其他國家設立公司，然後賣很貴回來給這些軍人，再分銷到全國。」（VD-1）

由此可知，委內瑞拉替代發展遭遇的困境與挑戰，主要來自制度面（應然）和現實面（實然）之間存在的巨幅落差。這些看似寓意良好的理念、政策和制度設計，在實踐層次卻因為缺乏有效監管而導致貪污大行其道，並讓替代發展方案的正當性備受挑戰，更損及構建一個公平正義社會的願景。誠然，規範性理念驅動的替代發展模式在實踐過程中，必然鑲嵌在一個社會脈絡中，且

---

[17] 2010 年 1 月匯率調整為 1:2.582；2011 年是 1:4.289；2013 年為 1:6.048；2016 年 1：9.257 玻利瓦幣（CEIC, 2006-2016）。參閱 CEIC Data Venezuela Exchange Rate. Retrieved from https://www.ceicdata.com/en/indicator/venezuela/exchange-rate-against-usd (2020/6/30)

任何經濟行動亦涉及到關係網絡。倘若政策與制度在實踐上未能顧及脈絡特定並進行適當監管來制衡過大權力，結果經常只是權力結構更迭與更大混亂。

三、混合市場經濟與其經濟後果

查維茲啟動的《二十一世紀社會主義》國家轉型過程，並非落實全面產權公有制，而是在保留「市場」下，走向擴大國有產權和多元產權的組織形式。因此，實際上是一個逐漸縮小市場經濟、擴大國有部門與社會經濟部門的過程，最後形成一個親社會主義原則的「混合市場經濟」。這亦證實了「二十一世紀社會主義」體制的特殊性在於，它本質上強調的雖是國家對於經濟的干預，實質上卻在保有石油經濟下走向一種「混合市場經濟」，其中凸顯出親社會主義原則與多元產權的特殊性（黃富娟，2020c）。

然而，在現實運作上，各部門結構調整的比例不等，不必然形成 PPS 規範的國有部門、私有部門與社會經濟部門三足鼎立的經濟結構。舉例來說，資源部門幾乎是國家主導；銀行部門存在國有體制、混合與私有體制。特殊的是，糧食部門有高達八成是國有部門與社會經濟部門協力（Mateo y Sánchez, 2013: 35）。

檢視社會主義替代發展模式之成效，自 2007 年查維茲啟動「徵收 / 國有化」政策開始，許多生產性企業逐漸關閉。究其因，這不僅來自強制「徵收 / 國有化」政策導致的企業倒閉與逃亡潮，更受到轉為「社會經濟部門」之「回收企業」經營不善引發的產能過剩、生產下降與投機行為等綜合性問題。

誠如表 8-6 顯示，委內瑞拉工業生產指數（Industrial Production Index，以下簡稱 IPI）的歷年變化顯示，IPI 指數在查維茲啟動大規模徵收與國有化之前，仍是相較較高，例如：2006 年 IPI 值是 10.1%。直到 2007 年正式啟動社會主義國家轉型與「徵收 / 國有化」開始，IPI 自 2006 年的 10.1% 下降至 2007 年的 6.9%。這極可能是「徵收 / 國有化」或資本外逃的綜合性結果。2008 年 IPI 更下滑至 4.8%。且在 2009~2010 年查維茲啟動「徵收 / 國有化」的高峰期，IPI 更跌至 1.0~1.3%。2011 年以後雖出現緩慢回升跡象，但仍回不去啟動社會主義國家轉型之前的資本主義社會時期。

表 8-6　2006~2015 工業生產指數（Industrial Production Index, IPI）

	實質 GDP 成長率（%）	人均 GDP（美元）	工業生產指數（%）
2006	10.3	6,773	10.1
2007	8.4	8,219	6.9
2008	3.2	10,606	4.8
2009	-1.8	13,402	1.0
2010	-2.0	11,865	1.3
2011	1.9	8,541	2.3
2012	2.3	7,105	3.2
2013	2.6	6,374	3.3
2014	3.0	5,946	3.1
2015	2.8	6,153	2.9

資料來源：Business Monitor International, "Venezuela Food & Drink Report Q1, 2011," p. 19.

　　誠然，2014 年開始委內瑞拉因為國際石油價格驟跌，引發流動性資金不足的困境，並衝擊糧食進口能力。當時，馬杜洛政府大量印鈔作為回應，惡化了通貨膨脹與物資短缺，並引發嚴雋的經濟與人道危機。究竟，委內瑞拉替代發展方案為何走向經濟危機？誠如，2014 年委內瑞拉走向經濟崩解的主因在於引發了嚴重的物資短缺與通貨膨脹。這又與糧食部門緊密相連。追根究柢，糧食短缺危機的根本問題，是一系列錯誤經濟政策的交互作用，強化了原先依賴石油出口創匯，以及對於糧食進口依賴的結構。最終，導致農業生產下降、進口激增，並於石油價格崩跌之後，陷入嚴重物資短缺（黃富娟，2020c）。

　　誠然，2003 年以後，玻利瓦政府對於市場的監管，在總體經濟層次只存在「匯率控制」與「價格控制」；但自 2007 年查維茲啟動社會主義國家轉型開始，大政府對於市場的干預、監管與控制則是持續擴張。多數企業難以無法擺脫政府的干預。

　　首先，在「匯率控制」部分，誠如前述，2003 年 BCV 啟動「匯率控制」，將玻利瓦幣兌美元維持在一個強勁貨幣，以讓人民有足夠購買力。2005 年政府允許在進口糧食與藥品上，使用央行賦予的優惠匯率 1 美元兌 2.15（Bs），並限制每人每年至多取得 500 美元現金（CEIC, 2006-2016）。但對於非優先進口產

品的交易使用上，玻利瓦政府遲自 2010 年 6 月才設置「外幣產權交易系統」
（Sistema de Transacciones con Títulos en Moneda Extranjera, SITME）。該系統允
許使用高於 CADIVI 的匯率購買外幣（5.30 玻利瓦幣 / 美元），並提供法人每
月至多 5 萬美元、每年至高 30 萬美元上限。如表 8-5 所示，自 2003~2009 年
底之間匯率仍維持相對穩定。但由於匯率控制是全面性適用於所有部門，且存
在美元兌換的限制，這些都影響了加工原料的供應，因此對各經濟部門發展衝
擊甚大。直到 2013 年玻利瓦政府才意識到問題嚴重性，並隨即成立「補充貨
幣管理系統」（El Sistema Complementario de Administración de Divisas，以下簡稱
SICAD）。然而，SICAD 貨幣價值是通過「拍賣」確立，結果亦不理想。2014 年 1
月 CADIVI 的一部份又轉成立「國家對外貿易中心」（Centro Nacional de Comercio
Exterior, CENCOEX），並形成雙重交易系統[18]（Paredes, Daniela y Ramoni-Perazzi,
2017）。

　　檢視查維茲執政期間「匯率控制」對於委內瑞拉經濟的影響（參閱表
8-7），事實上匯率控制政策已造成幣值扭曲，並導致委內瑞拉通貨膨脹率持續
攀升，且國際儲備亦逐步縮水（Paredes, Daniela y Ramoni-Perazzi, 2017）。

表 8-7　2005~2015 委內瑞拉宏觀經濟統計

	GDP 成長率 (%)	通膨率 (%)	外匯儲備 （百萬）	失業率 (%)	匯率 (%)
2005	10.3	14.3	30,368	11.4	2.15
2006	9.9	16.9	37,440	9.3	2.15
2007	8.8	22.5	34,386	7.5	2.15
2008	5.3	30.9	43,127	6.9	2.15
2009	-3.2	25.1	35,830	8.1	2.15
2010	-1.5	27.2	30,332	8.5	4.30
2011	4.2	27.6	29,892	7.8	4.30
2012	5.6	20.1	29,890	7.4	4.30
2013	1.3	56.2	21,481	7.5	6.30

---

[18] 同年更增修《外匯制度法》（*Ley de Régimen Cambiario*）創建了 SICAD II，其功能與 SICAD I 相
同，但允許自然人與其他經濟部門使用（Paredes, Daniela y Ramoni-Perazzi, 2017）。

表 8-7　2005~2015 委內瑞拉宏觀經濟統計（續）

	GDP 成長率（%）	通膨率（%）	外匯儲備（百萬）	失業率（%）	匯率（%）
2014	-3.9	68.5	22,080	6.7	6.30
2015	-7.1	180.9	16,370	6.7	6.30

匯率單位：Bs/US$。

資料來源：Paredes, Castillo, Laura Daniela y Josefa Ramoni-Perazzi. 2017.

　　另一個導致委內瑞拉陷入糧食危機的問題，來自於查維茲自 2003 年對於基本糧食設置的「最高售價限制」（Gutiérrez, 2013b: 23）。當時，由於委內瑞拉的糧食與食品加工體系存在公、私雙軌體系。因此，國有銷售體系雖受到政府的「價格控制」，但在全國市場卻存在「雙元價格體系」，這亦形成潛在「投機」的激勵結構，讓農民合作社等生產者有利可圖（Ellner, 2013: 68）。

　　誠然，政府對於國有糧食體系實施「最高售價限制」，造成國有糧食體系的銷售價格長期無法反映真實「市場價格」，加上「匯率控制」與累積性通膨，更加深了價格反映上的延滯。長期下來亦逐步拉開「控制價格」與「市場價格」之間差距，並強化了「社會經濟部門」生產者的投機（Mateo y Sánchez 2013: 22）；反之，其他部門私營企業則因為美元控制，導致難以取得中間原料。此一外匯管制，衍生出兌換美元的黑市猖獗，不僅生產成本不斷攀升，更導致替代市場的規模不斷擴大（黃富娟，2020c: 122-124）。

　　BCV 統計指出，委內瑞拉通貨膨脹自 2007 年之後，多維持在年平均 20~30% 之間，但長期下來還存在累積性通膨。可見，國有糧食體系的生產成本，不僅受到價格控制影響，還受到不斷攀升的通膨所苦。國有供應商的「利潤」被持續侵蝕之下，不是降低生產意願、就是強化了「投機」動機。本研究受訪者亦證實此一現象：「委內瑞拉雖然徵收很多企業、土地，但還是有些私人企業。但就算有私人企業，因為政府對經濟的控制很全面，所以還是很難擺脫政府干預。有些企業撐了下來，有很多企業是逃離國家，特別是糧食部門。……合作社糧食生產部分，原本那些農民，有些後來因為價格控制開始不合成本，就休耕了（VD-1）。」

　　受到政府「價格控制」的糧食與食品加工部門，只要農民合作社或 EPS 認為不合成本、或不符合對於「利潤」的期待，就會停止生產或轉向黑市交易。

特別是在「市場價格」與「控制價格」逐漸拉大時,「投機」誘因更強(Ellner, 2013: 67-68)。結果是國有供應體系的物資愈來愈「短缺」,政府在回應「短缺」上又反過來擴大「徵收」(土地與食品加工廠房)與「價格控制」作為因應,並導致更多「短缺」與更大黑市,而陷入惡性循環(黃富娟,2020c: 123-124)。誠如表 8-8 所示,2003~2011 年期間「控制價格」項目自 2003 年的 45 項,擴大到 2011 年的數百項 [19],形成更廣泛的「價格控制」。這主要是肇因於 2007 與 2011 年查維茲面對「短缺」仍持續以擴大「價格控制」和「徵收」私部門作為回應,並引發惡性循環。

表 8-8 基本物資的價格控制、短缺率與通貨膨脹

	2003~	2007~	2011~
農業與糧食相關政策	土地徵收與再分配	社會主義國家轉型:徵收食品加工業與食品零售業	社會主義國家轉型:擴大徵收食品加工業與零食品售業
控制價格的基本物資	最初 45 項產品與 7 項服務。擴大到 87 項。	91 項,並逐步擴大約 100 項基本物資 [20]	數百項
BCV 短缺率	5%	18%	15%

資料來源:歸納自 BMI, 2010a. "Venezuela Agribusiness Report Q4 2010", p. 37; Abadi, Anabella y Carlos García Soto., 2018.

最終,價格控制扭曲了市場機制下的價格信號與「看不見的手」的配置。這顯示出政府推動「價格控制」失敗主因是「官僚定價」無法反映訊息萬變的市場資訊。當持續性通膨與「最高售價限制」造成價格落差持續拉大時,這種價格反應滯後就重擊了在地生產。這亦凸顯出官僚定價趕不上快速變化的市場。結果是,在獲利空間被壓縮之下,生產單位不是放棄生產、就是走向黑市交易(黃富娟,2020c: 124)。

表 8-9 顯示,委內瑞拉長期存在農業生產無法因應國內消費的現象,因此依賴進口糧食。然而,自 2007 年啟動社會主義國家轉型之後,生產與消費之間差額,亦有持續擴大的趨勢。誠如黃富娟(2020c:125)研究指出,委內瑞拉自發現石油之後,已從農業生產國轉為進口國。但糧食短缺率卻在查維茲執政之後持續惡化。根據 BCV 統計,2005 年官方糧食短缺率是 7.95%,但至 2007~2013 年間短缺率已攀升至 15~20%。然而,委內瑞拉農業經濟學者

[19] 2011 年更擴及數百項(Howard-Hassmann, 2015: 1029)。原文引自 Devereux (2012)。
[20] BMI, 2010, "Venezuela Agribusiness Report Q4 2010", p. 37.

Gutiérrez 卻主張官方資料存在誤導。實際上 2007 年糧食市場短缺率恐已達六成，且特定項目短缺率更超越前者（Gutiérrez, 2013a: 47-48）。除此之外，糧食短缺的現象亦可從主導糧食部門的 MINPPAL 之糧食進口統計中得到證實。比較 MINPPAL 在 2005 和 2010 年兩個時期糧食進口比例發現，依賴進口糧食比例已自 2005 年 54% 攀升至 2010 年的 78%（Lavelle, 2016: 84）。這顯示查維茲在抗衡石油經濟帶來之「荷蘭病」導致糧食進口激增下啟動的「糧食主權」政策，不僅無效，更強化了對於石油出口、糧食進口的依賴結構。

表 8-9　2005~2014 委國糧食生產與消費的差額（單位：千公噸）

年度	雞肉	牛肉	糖	玉米	奶粉
2005	-103	-32	-218	-106	-
2006	-124	-54	-144	-152	-
2007	-163	-186	-175	-534	-
2008	-352	-320	-389	-1,103	-
2009	-319	-250	-450	-1,200	-96
2010	-188	-134	-439f	-1,274f	-95f
2011	-234	-215	-414f	-1,229f	-96f
2012	-198	-215	-400f	-1,226	-97f
2013	-335	-290	-392f	-1,222	-98f
2014	-319	-290	-391f	-2,440	-99f
2015	-110	-174	-	-2,300	-
2016	-210	-57	-	-1,940	-
2017	-172e	-24e	-	-1,350	-
2018	-154e	-40e	-	-1,400	-
2019	-171f	-31f	-	-1,697f	-

資料來源：彙整自 Business Monitor International (BMI), 2010~2019.
　　　　　"Venezuela Agribusiness Report Q4." [21]

註 1：2015 年以後該份報告僅針對穀物和肉類短缺做分析，奶粉和糖未有資料。

註 2：四捨五入取自整位數。f 為預測值 (forecast)、e 為推估值 (estimate)，原文資料來自美國農業部（USDA）。

---

[21] 2005~2014 年奶粉、糖、玉米數字取自 BMI,2010. "Venezuela Agribusiness Report Q 4 2010." p. 12-13, 21-39；2017~2019 年玉米、雞肉與牛肉數字取自 "Venezuela Agribusiness Report Q 4 2019." pp. 13, 21；2016 年玉米、雞肉與牛肉數字取自 "Venezuela Agribusiness Report Q 4 2018." pp. 11, 19；2012~2015 年玉米、雞肉與牛肉數字取自 "Venezuela Agribusiness Report Q4 2017." pp. 17, 25, 26；2011 年雞肉與牛肉數字取自 "Venezuela Agribusiness Report Q4 2015." pp. 26, 27。

直到 2014 年委內瑞拉因為國際石油價格重挫，導致依賴糧食進口的委內瑞拉陷入嚴重的物資短缺，並對查維茲《二十一世紀社會主義》替代發展方案形成致命一擊。但此時政府回應已經為時已晚，無法挽回因為長期扭曲價格機制，導致生產與供應的下降。2014 年開始石油價格開始崩跌時，衝擊仰賴石油出口創匯的來源，在流動性資金短缺之下，無法滿足進口需求，但內需生產與供應又因為長期價格扭曲，導致「社會經濟部門」休耕或產能下降。最後，政府只能變相印鈔，並導致嚴重通膨與物資短缺的雙重經濟危機。

對於查維茲社會主義替代發展方案的失敗，Gutiérrez（2016: 8）主張，委內瑞拉農業與食品部門生產不振主因是「價格控制」和「匯率控制」導致的原料短缺、價格補貼與低獲利率，以及私部門因產權和投資不確定性產生規避投資的多重因素之綜合性結果。除此之外，學者 Víctor Alvarez（2009: 232）則認為，查維茲推動的替代發展與新經濟生產模式，企圖改變生產的社會關係，轉為強調人道與非剝削性的勞動關係、集體產權與重分配的社會經濟，因此查維茲自總體經濟政策、制度與定價原則，都是為了嘉惠勞工與消費者。但這產生了政策上的重大偏頗。對此，Alvarez（2012: 168-169）更指出這套經濟模式對於「誘因」重視不足，且過於相信「新人類」足以克服逐利動機，顯示出對於人性缺乏深度理解。

本書主張，查維茲《二十一世紀社會主義》倡導的替代性經濟制度之所以失敗，主因是：第一，經濟政策的錯誤，逐步扭曲了價格與經濟生產配置，並造成災難性後果；第二，新經濟模式對於「市場」的認識不足、對於「誘因」重視不夠，未能理解所有的經濟模式與社會經濟倡議若要永續，仍須處理與外部市場經濟之間的關係，尤其是需導入部分市場機制來補強「誘因」並維持持續成長。誠然，「社會經濟部門」亦存在獲利動機，只是缺乏資金、技術，且過於強調「社區」為範疇的內生發展，易重蹈進口替代工業化時期在高度補貼下卻因內需市場規模受限，導致生產成本偏高、效率偏低，結果是成效不彰。顯然，「內生發展模式」不但未能創造內需生產與消費的循環、重組經濟結構，反而轉為更依賴進口與政府補助。

第三,「內生發展模式」的財政不應過度依賴石油經濟挹注。但這亦衍生出另一個問題,如何在切斷與石油經濟之間強聯繫下,依舊獲得「起碼的成長」?在拉美左派極欲脫離原物料出口的經濟結構制約時,轉向了推動親社會主義生產體系與經濟邏輯的「內生發展模式」尋求解套。但卻過於強調社會邏輯,忽略經濟邏輯亦是建立內部循環的關鍵;第四,查維茲的替代發展方案,在創造社會福祉之下卻忽略了人性存在的貪婪與投機心理。這亦印證右派對於馬克思主義過於理想、不符合人性,以及不切實際的批評。

總結上述,查維茲在「二十一世紀社會主義」的架構下啟動國家轉型。長達十年的國家轉型過程中,查維茲首重經濟與產權結構的調整,致力於推動「資本主義生產體制」轉向「社會主義生產體制」。同時,在組織層次推動經濟民主與產權社會控制,並由國家與社會經濟部門肩負起國內的生產、分配與消費,以改善生產模式與生產的社會關係,並轉向滿足「社會需求」為目的之「內生發展模式」。查維茲強調這不是去消滅「市場」,而是在保留市場運作(成為次要機制)之下,強化「社會經濟部門」的比例,以落實經濟組織結構的調整與國家轉型

誠然,「二十一世紀社會主義」倡導的「經濟民主」與產權社會控制等理念與制度設計,看似寓意良好,亦融合了長期以來左派對於「經濟民主」運作的諸多理念與思考。但現實運作上,這些社會經濟部門,卻遭遇許多挑戰與困境。由於「社會經濟部門」在運作上並不強調利潤,而是「社會需求」。然而,在現實運作上,這些規範性的理念,在無法自負盈虧之下,只能仰賴政府資金挹注。為了申請政府經費,只能變相去迎合政府政策。委內瑞拉經驗指出,玻利瓦政府扮演著提供資金與支持機制的要角,例如,提供廉價信貸、免費土地產權、市場保護、就業機會。這些補貼的資本投入,短期內刺激了社會經濟部門的快速成長,也達到滿足社會需求、就業創造與消除貧窮的期待。

但長期來看,這些社會主義式團結經濟都存在嚴重的「福利依賴」。由於社會重分配取決於國家石油出口創匯的收入,這種「租金」流動模式,維持了內需市場中極其有限的資本積累形式,並讓委內瑞拉的經濟與資本循環,更加受限於對於石油出口的外部結構(Purcell, 2013: 147-148)。除此之外,配合出口創匯帶來的幣值高估,亦將削弱出口、擴大進口。最終,石油經濟結構在過

去十年間被持續強化。這意味著委內瑞拉的「後資本主義」替代方案與「內生發展模式」仍取決於石油出口經濟結構。但後者,卻又受制於國際市場價格與世界經濟景氣循環的制約,因此形成最大弔詭。

第九章
結論與研究發現

　　本書藉由探究查維茲執政期間推動的發展模式與政經實踐，試圖釐清二十一世紀拉美這波「粉紅色浪潮」對於尋求替代新自由主義發展模式的意義與貢獻。本研究的重要性在於，拉美是 1990 年代落實新自由主義最為徹底的區域，同時亦是抵制新自由主義意識與發展模式最為敏銳的區域。這波「粉紅色浪潮」興起並孕育於一個存在高度社會不均、且經常陷入週期性經濟危機的拉丁美洲，而發展出抗衡危機之「調適能力」。拉美國家亦在不斷嘗試與失敗中顛簸前進，因此累積豐厚的替代發展政經實驗經驗。然而，拉美國家多屬於資源大國、存在社經雙元結構以及財政收支不健全的典型特徵。倘若在面對廣大貧窮卻難以給予無止盡社會救助之下，設計一個兼顧「滿足社會需求」與「就業創造」的替代發展機制，將成為舒緩經濟與社會排除的關鍵。亦因此，拉美這波尋求替代發展潮流普遍倡導公平正義、平等主義與分配等價值理念，並認同「發展」之最終目的在促進「人類進步」。其中，以查維茲為首的激進左派，更試圖超越傳統強調社會政策取向的「重分配」模式，走向創造「公平資源近取」與「援助自助」機制，並形成「賦權」途徑的替代發展模式。

　　本書以 1999~2013 年委內瑞拉查維茲總統倡導的替代發展模式作為個案研究對象，試圖探究他在反新自由主義模式的前提下，啟動的《玻利瓦革命》與《二十一世紀社會主義》替代發展方案，如何修正了「市場經濟」與「代議民主」下存在的分配不均，並處理「成長」與「分配」、「經濟」與「社會」之間的矛盾與衝突。誠然，在長達十四年執政期間，查維茲對於替代發展的想像亦出現關鍵轉折，直到第三任期倡導的《二十一世紀社會主義》始匯流成一個更明確的替代發展圖像。因此，本書傾向將長達十四年的替代發展進程，視為一個由幾個核心議程（制度）堆疊形成的巢狀層級嵌入方案（nested project）。

　　儘管委內瑞拉方興未艾的替代發展政經實驗，隨著 2014 年爆發嚴重的通膨與物資短缺的經濟危機，正式宣告失敗。但長達十四年的替代發展實驗對於尋求替代新自由主義發展模式和「新社會契約」的貢獻，仍不容抹滅。特別是委內瑞拉模式向世界展現了它在參照發展理論並融合國際與本土左派思潮之下，走向發展路徑的整合與制度混搭，並創造了前所未有的後資本主義民主實驗。除此之外，它亦試圖回應開發中國家在新自由主義市場經濟模式下無力處理的諸多問題，例如：缺乏實質民主、分配不均、失業與貧窮等。因此，檢視委內瑞拉模式對於推進發展研究，尤其是自由主義和社會主義的修正主義，並尋求解決發展難題上，仍深具啟發性與反思性意義。

　　本書以 1999 年~2013 年查維茲執政時期作為時間架構，擺盪在「自由主義」與「社會主義」兩個發展典範理念型形成的論述空間作為分析框架，並在與發展理論對話的基礎上，進一步採取「制度論」分析途徑，並使用「重分配」、「所有產權」、「參與式民主」與「經濟民主」等四個替代發展議程形構出的一組「制度矩陣」作為本書的分析架構，試圖釐清替代發展方案的「理念/規範」如何轉化成具體「政策與制度」，並探究它們在實踐過程遭遇的困境、挑戰與成效。本書試圖回答下面幾點問題意識：

　　第一，查維茲倡導的替代發展模式與方案對於「發展」的思考存在那些特殊性？相較於兩個發展典範理念型，又是如何處理「成長」與「發展」、「經濟」與「社會」之間的矛盾與衝突？第二，查維茲倡導「參與式民主」與「經濟民主化/社會化」作為替代「自由民主」與「市場經濟」的政經制度，試圖推動「賦權」途徑的替代發展方案，來提高「公民」參與政治與經濟的能力與權力，並重新概念化「公民身份」、找回「社會力」在參與發展中的角色。那麼，這套替代發展方案是如何重組國家治理權力，以及「國家」與「社會」之間關係？第三，替代發展理念在轉換為政策落實過程中，必然需要一套「制度」作為載體，且在實踐過程又受到鑲嵌脈絡所影響。究竟，這套規範性的替代發展方案，在經驗現實運作上成效如何？是否具備經驗現實的妥適性？最終，本研究試圖回應「賦權」途徑的替代發展方案是否有助創造一個「資源近取」與 ASH 機制，以改善社會需求，達到「人類進步」的目標。

誠然，當前委內瑞拉陷入嚴重經濟危機，已宣判長達十餘年替代發展模式的失敗。但本書主張尚有幾個盲點有待釐清：第一，為何查維茲在第一與第二任期的社會滿意度，始終高於第三任期？這是否可單純歸因於 2003 年開始國際石油價格走升促成大規模挹注社會福利成為可能，因此取得較高民意支持度？同一個邏輯，2014 年石油價格開始崩跌因而限制了替代發展的成效。究竟，替代發展模式之成敗能否單純只以石油價格起落作為判斷，而不去討論各個發展階段與模式的執行成效？顯然，這是一種便宜行事的理解。

以下本章將總結研究發現，並依序說明：第一節，委內瑞拉發展模式與典範擺盪；第二節，新社會契約下的國家與社會關係；第三節，賦權策略對於降低貧窮與重分配的效用；第四節，委內瑞拉替代發展模式之成效分析。

第一節　委內瑞拉替代發展模式與典範擺盪

一、發展階段與典範擺盪

本研究發現，查維茲長達十四年的替代發展進程，存在兩個主要階段、一個過渡轉型階段。每個階段的主導性議程，又成為下一個階段發展議程的一部分。最終，在政策議程與制度的層級堆疊之下，匯流成一個更明確的《二十一世紀社會主義》。在三個階段中，查維茲對於「發展」的理念與意識形態產生顯著改變，並引導走向不同的發展模式、議程與制度安排。本書將研究發現歸納如下：

（一）第一階段（2001~2004）：反新自由主義與社會民主

查維茲打著反新自由主義旗幟當選委內瑞拉總統。1999 年他頒布新憲法，改國號為「委內瑞拉玻利瓦共和國」，這是一部結合尊重市場機制與私有產權、同時兼顧「國家 - 發展主義」與「社會民主」思想的憲法。但查維茲在第一任期前幾年（1999~2001）的經濟與社會政策，仍在相當程度上延續新自由主義市場經濟路線。在尊重私有產權與市場機制之下，對於公共服務提供則是依循個人經濟能力與使用者付費的邏輯，僅對於弱勢族群採取「補殘式」的社會政策原則。因此，仍是將「社會」附屬於「經濟」之下的邏輯。

直到 2001 年開始，查維茲提出了反新自由主義的《授權法》，同時更頒布《2001~2007 國家經濟與社會發展計畫》。國發計劃重申憲法明文「國家」在管理「經濟」與「社會」事務中的角色，不僅賦予「國家」壟斷自然資源的所有權，亦強調國家提供社會福利的責任，以確保憲法保障之「社會權」的落實。

誠然，此一階段查維茲的發展觀，仍存在與「發展主義」部分的邏輯，但主要側重在強調「國家」應監管資源與能源部門，保護小農漁業者和微型企業的發展，避免內部市場壟斷（Mateo & Sanchez, 2013: 25-27）。除此之外，國發計畫亦強調「國家」應致力於整合政府資源、協助籌組合作社，推動地方就業創造與發展，以建構一個「社會經濟體系」作為委內瑞拉自「石油經濟」轉向「內生發展模式」的火車頭（Escobar, 2010: 14）。

延伸前者，國發計劃除強調「國家」控制資源部門之外，更主張「國家」對於「經濟」與「社會」的干預。這主要是經由控制石油部門，並引導石油收益的「重分配」，以讓經濟成長果實挹注到提振整體社會福祉。**因此，此一階段查維茲推動替代發展的核心議程，呈現在石油國有化與引導資源挹注社會福利政策，作為「重分配」的手段。2003 年更在上述基礎上，擴及到對於「所有產權」的重組與重分配，尤其是在推動「土地正義」與「糧食主權」的雙重前提之下，走向農地重分配、協助籌組農民合作社、發展農村再生計畫並創造在地就業等，致力於推動一個「社會經濟體制」，作為均衡「經濟」和「社會」、「成長」與「發展」的回應策略。**

在「重分配」政策上，此一階段查維茲的社會經濟政策與目標，倡導的是「社會正義」和「生活品質」，強調回歸到「普世性」與「非排他性」的原則，以提供全民在食、衣、住、行與工作權等基本生活需求的全方面照顧。政策邏輯強調恢復社會服務之「公共性」，以校正新自由主義模式下將教育和醫療等公共服務「私有化」與「商品化」的邏輯，找回「國家」在提供公共財上責無旁貸的角色，同時強化社會投資，引導更合理的社會分配（Uharte Pozas, 2009: 374-375）。

當公共服務提供逐漸被視為是一種基本人權，不再需要仰賴個人在市場中的經濟地位來取得生活所需的基本物資時，這意味國家對於「發展」的思考，

不再獨尊「新自由主義」強調成長、效率與資本積累的邏輯，同時翻轉了歐洲現代性與發展觀中強調的「個人主義」價值。後者，強調個體自由與平等，個人將依據自身稟賦與努力，在自由開放經濟中尋求滿足個人需求並獲取對等經濟報酬。這種新自由主義式邏輯，忽視個人是一種社會存有，且個人行動仍受到結構與關係的制約，並讓「社會」淪為「經濟」的附屬。因此，《玻利瓦革命》走向反新自由主義的發展方向，儼然已超越「成長中心」的想像，出現重新思考「經濟」與「社會」之間關係的再平衡策略，並凸顯對於「滿足社會需求」與「人類進步」價值的重視。

基於此，本研究主張，此一階段查維茲走向反新自由主義的替代發展，並已呈現偏向「社會民主」的思考。主因是查維茲在保有「市場經濟」與「自由民主」的制度下，訴諸「國家」對於「經濟」和「社會」的干預，來實現社會正義與重分配。這可從查維茲在社會經濟架構下推動「平等主義」與「惠貧政策」來理解。因此，此一階段查維茲的《玻利瓦替代方案》在訴諸「社會重分配」與「所有產權」改革之下，逐步建立一個全面性的公共服務體系，並朝向社會福利體制的方向轉型。

誠如本書指出，查維茲推動的多項社會經濟政策中，最傲人成就來自於普及性教育、免費社區門診，以及對於中低收入戶的住房政策等。但這些社會福利政策的財源，主要仰賴 PDVSA 移轉「石油租金」挹注社會福利。

本書主張，此一階段查維茲對於「重分配」的思考，同時混合著「普世性」與「焦點式」的社會政策提供原則。在具體政策上，本研究進一步歸納出「消極性社會補貼政策」與「積極性生產政策」兩個面向：

第一，消極性社會福利政策：自 2003 年查維茲在「社會經濟」框架下啟動一系列名為《玻利瓦方案》，又稱《任務》的社會福利政策。這象徵查維茲對於社會政策之思考產生了「質」的轉變。根據 1999 年憲法明文，公民享有一系列「社會權」，且「國家」應肩負起公共服務提供的角色，並存在不可推卸的責任與義務。此一階段，查維茲在「社會權」概念下啟動一系列社會福利與社會救助政策。前者，包括：非排他性的社區門診、糧食補貼、社會保險與退休金等基本生活，以建構「社會權」作為一種基本人權；後者，如免費教育計畫，雖具非排他性的性質，卻聚焦在特定弱勢身份團體，因此呈現補殘式社會救助的特徵。

　　根據委內瑞拉央行統計，自 2001 年開始查維茲挹注的社會政策支出中，有約四成集中在教育領域、一成在健康保健。從社會政策的成效來看，自 1998~2006 年間委內瑞拉貧窮率已從 59.4% 下降到 30.2%、極度貧窮率則從 21.7% 下降為 9.9%，可謂成效斐然（Gónzales y Lacrus, 2007: 23）。然而，這些社會政策的績效，實際上仍得力於豐沛的政府財政支持。這在國際石油價格自 2003 年開始走升的榮景與樂觀期待之下，確實建構了《玻利瓦革命》的美好願景與社會支持。

　　查維茲打造的《玻利瓦憲政體制》與劃時代的「社會權」觀念，配合高度挹注於「重分配」的社會福利政策，創造了他在中下階層的政治聲望與社會支持，亦造就了快速脫貧的神話。然而，這套福利制度亦存在兩個顯著缺失：首先，針對政策永續性而言，考量「重分配」政策的財源是來自國際石油價格走升的國際經濟環境，凸顯出政策對於外部市場的依賴性與脆弱性；其次，對於福利接收者而言，容易形成「福利依賴」的心理。

　　第二，積極性生產性政策：在 2001~2002 年《土地法》框架下，2003~2004 年查維茲啟動「所有產權」的改革，主要呈現在推動「貧民窟」非法產權的登錄與贈予，以及在「土地正義」與「糧食主權」框架下啟動農地重分配，以將閒置土地重分配給無地農民，並協助籌組小農合作社、提振農業生產、充分就業與農村發展。

　　因此，對於「發展」而言，這存在兩個意義：首先，經由「所有產權」的重分配，協助無地農民取得土地，進而改變階級地位，並達到降低貧窮的目的；其次，土地重分配之後，更籌組合作社與小農生產體系、創造在地就業、活絡農村發展，進而建構一個地方性「社會經濟體系」來解決石油經濟導致的結構性失業與貧窮問題。當時，這些與「所有產權」改革有關的方案，不只是一種旨在消除貧窮的惠貧政策。實際上，「所有產權」的改革與重分配，顯示查維茲致力於超越「食利資本主義」，轉向推動小農合作社與 EPS 為主體的「社會經濟體系」，作為發展模式轉向「內生發展模式」的火車頭。當時查維茲深信，這將為委內瑞拉創造一個兼顧「滿足基本需求」與「充分就業」的替代發展模式。

（二）第二階段（2005~2006）：轉向後新自由主義

2005 年關鍵轉折期，查維茲替代發展模式與政策進入轉型階段。當時，查維茲拋出《玻利瓦革命》最終目的在建構一個「二十一世紀社會主義」。此一時期，查維茲推動的兩項政策，對於發展模式的再校正上深具意義，亦即：「所有產權」與「參與式民主」。前者，是前一個階段的延伸與擴大，並深化了「社會經濟體系」的運作，形成新經濟模式；後者，作為此一階段主導性的核心議程，側重在政治領域。兩者相加，促成「私有產權」和「代議民主」制度的動搖，並為轉向「後新自由主義」揭開序幕。

首先，重新定義何謂「所有產權」與「新經濟模式」？延續 2003 年啟動的公有土地重分配，2005 年查維茲更轉向「徵收」私人農地，並重新定義合法持有土地產權需在不違背「社會公益」前提下成立。這象徵著查維茲打破新自由主義與資本主義市場經濟體制下強調「私有產權」的神聖性與不可撼動性，並在新自由主義式的「絕對產權」原則上，加諸滿足「社會公益」和「國家需求」的價值優先原則，並形成「有條件產權」原則，作為平衡「經濟」與「社會」之間發展目標的衝突。與此同時，「所有產權」的變革更深入到經濟生產組織的層次。查維茲試圖將國有企業重整為「聯合管理公司」，以落實產權的社會控制與經濟決策民主化。這形同修正了新自由主義與「股東權益」革命以降，資本家可在不顧社會與勞工之下擷取「超額報酬」，並導致不均分配惡化的弊病。除此之外，此一階段亦持續深化 2003~2004 年啟動的農地重分配與農村再生等多元發展方案。

其次，重新定義何謂「民主」？根據 2006 年頒布的《新社區秩序法》與《社區理事會法》，在全國建立數萬個自我管理的「社區理事會」與「公民議會」等地方直接民主機制，涵蓋全國 2/3 的人口。目的在擴大群眾參與地方公共事務、解決「社區」對於「發展」的需求，同時培植群眾的政治參與、深化「社區自治」的多重目的。查維茲欲藉由權力下放，建構「社區」為基礎的「參與式民主」機制，讓「公民」自己決定社區發展議程、改善社會服務提供模式，並經由此一「賦權」途徑，來協助底層獲取資源近取，並促進重分配。而「社區理事會」的設置，更象徵經由「社區權力」與群眾政治參與的爆炸式成長，最終目的在強化社區的政治意識與公民政治參與，以深化實質民主。

　　由此可知，自 2001 年查維茲轉向反新自由主義政策開始，雖大規模投資社會福利，但當時政經制度與政策仍在相當程度上延續新自由主義路線，例如：經濟上尊重「市場機制」與「私有產權」；政治上則是延續「代議民主」。直到 2005 年關鍵轉折期，查維茲拋出《玻利瓦革命》最終目的在建構一個「二十一世紀社會主義」。儘管當時查維茲對於何謂「二十一世紀社會主義」該有的替代發展政經議程與制度走向仍不甚明確，但已出現挑戰「私有產權」與「自由民主」等新自由主義式政經治理的趨勢。具體而言，經濟上修正了「私有產權」與「出口導向成長」的發展模式，並轉為推動合作社與「社會經濟體制」，同時倡導內需市場與充分就業，朝向「內生發展模式」的方向轉型。

　　對於發展模式而言，這代表著幾項關鍵突破：經濟上，在保有市場經濟和石油出口結構之下，逐步超越「市場經濟」作為生產與分配的唯一協調機制，並轉向強調「社會經濟體制」作為牽制市場專斷性的策略；政治上，凸顯出倡導「公民」作為政治主體的直接民主機制。新政治模式標示著「國家」不再是壟斷治理權力與資源分配的唯一行為者；「社區」亦從原先作為由上而下政府行政權威的延伸，轉變成為社區自治單位，成就了實質意義上的「社區政府」與「群眾權力」。上述政治與經濟制度的緩步改變，都標示著委內瑞拉發展模式已轉向「後新自由主義」。

（三）第三階段（2007~2013）：二十一世紀社會主義與後資本主義民主方案

　　2007 年查維茲邁入第三任期，宣告將帶領國家邁向「二十一世紀社會主義」；與此同時，更拋出 PPS 計畫，並啟動社會主義國家轉型。誠然，查維茲的社會主義國家轉型主要借鏡梅札羅斯的策略。他主張，自「資本主義社會」轉向「二十一世紀社會主義」必需經由改變「社會再生產秩序」來達成。首要之務在推動政治與經濟權力下放「社區」，並在平等參與和實質民主的基礎上，建立一個「社區經濟」體系，以讓「生產關係」與「決策關係」得以相互強化，並形成由下而上的社會主義。他定義這將形成一種「後資本主義」的社會秩序（Mészáros, 1995: 789）。因此，查維茲自 2007~2011 年推動社會主義國家轉型的核心議程，即在推動「資本主義生產體制」轉向「社會主義生產體制」的結構改革。

　　在總體經濟結構的調整上，由「國家」強制介入「市場」，訴諸「徵收／國有化」策略，逐步「回收」原先由私人資本控制的資源部門和策略性部門。與此同時，在經濟生產組織層次上，查維茲則將「經濟民主」的示範計畫，包括：產權社會控制與經濟民主決策機制，擴大應用到回收企業。基於此，玻利瓦政府在「徵收／回收」土地／企業／廠房之後，將上述私有產權分別轉換成集體／混合／社會產權，並建立起替代私部門的「社會經濟部門」，以與「國家」共同擔負起策略性部門的生產、分配與消費的協作。

　　誠然，《二十一世紀社會主義》作為替代發展模式與方案主張改變資本主義市場經濟體制下的經濟結構、產權形式、生產模式與生產社會關係。查維茲欲藉由提高「社會經濟部門」占總體經濟結構的比例，來落實經濟結構調整。然而，經濟民主化與社會化策略雖得以打破「市場」專斷性與其衍生的不均，但這並非去消滅「市場」，而是在保留市場機制之下，讓「市場」成為經濟協調的次要機制。這在 2012 年還未轉向「公社國家」政策以前，形成了一個親社會主義原則的「混合市場經濟」。

　　由此可知，此一階段查維茲的替代發展方案，逐漸超越資本主義市場經濟，走向承認多元產權與經濟組織形式。他並試圖打破市場經濟強調的「資本積累」與「成本－效率」之經濟邏輯與組織性原則，轉為強調創建一個重視團結、平等、參與經濟的親社會主義經濟組織原則。最終目的在「滿足社會需求」，並讓經濟協調機制不再由「市場機制」單方支配。本書主張，這不僅是一種「後自由主義」模式，實際上它更是一個「後資本主義」方案。

　　誠然，「二十一世紀社會主義」的理念與制度設計，乘載著長久以來革命馬克思主義左派對於超越資本主義市場經濟之野蠻狀態，邁向建立一個講求平等主義、人道主義與團結經濟的社會主義或後資本主義社會的善念。因此，策略上強調推動「公平參與經濟」，並採取「經濟民主決策」作為生產與分配的原則，因此備受國際左派與勞工推崇。

　　然而，查維茲的《二十一世紀社會主義》在運作上，不盡如理想。究其因，這套《二十一世紀社會主義》替代發展方案是源自於高度規範性理念孕育而生的產物。在實踐層次上，查維茲訴諸「徵收／國有化」政策作為推動經濟轉型的策略，但卻因過程中訴諸「勞方－資方對立」作為論述，輔以國家強制

力作為手段，試圖破除經濟中占主導勢力之階級，並推動與新自由主義斷裂。然而，激進手段卻遭致缺乏正當性的批評；反之，「回收企業」或自願性轉型基礎上建立的「社會經濟部門」，則存在成員缺乏社會主義精神與團結意識的問題。加上當時在總體經濟政策上，委內瑞拉存在對於基本物資的「價格控制」與「匯率控制」等一系列錯誤經濟政策，在官僚定價無法回應市場機制、且匯率控制更導致價格扭曲之下，造成「社會經濟部門」生產者因獲利下降，轉而尋求「投機」，並導致供應「短缺」。除此之外，社會主義國家轉型與市場重組的過程中，更伴隨政府監管不周與貪污氾濫，而導致成效不彰。上述多重問題逐步導致經濟生產不振、轉為更依賴進口，並於 2014 年石油價格崩跌之下陷入物資短缺與通貨膨脹的經濟危機，並重創了這套替代發展模式的聲望（黃富娟，2020c）。

由此可知，查維茲的《二十一世紀社會主義》是一個內涵高度社會主義信仰與價值理性的產物。但在推進替代發展方案的實踐過程中，卻因為「應然」與「實然」之間的落差，以及採取的轉型策略在「手段 - 目的」上缺乏「實質理性」（Substantive Rationality）而飽受爭議。更關鍵的是，查維茲自 2009 年修憲成功晉升超級總統並走向「再集權」之後，更衍生出與先前推動的「直接民主」機制之間的矛盾與衝突。上述因素，都減損了替代發展方案的成效。

總結上述，查維茲長達十四年執政期間，他對於替代發展模式與倡議方案的想像，存在《玻利瓦革命》到《二十一世紀社會主義》兩個方案，後者是前者的最終目的，銜接兩者之間又可區隔出一個轉型階段（如圖 9-1 所示）。**本質上，兩個替代發展方案，看似存在不同邏輯也對應出差異性發展模式，但長達十四年期間，替代發展方案的核心議程是以堆疊方式，前者成為建構後者的一個組成部分，逐漸匯流成最終的替代發展模式。基於此，本書傾向將各個發展階段，視為是建構最終發展模式之巢狀嵌入的制度組成。然而，最終模式，並不必然是最佳模式。**

表 9-1　委內瑞拉替代發展模式與替代方案：典範之間

	主流發展模式	查維茲替代發展方案		二十世紀中葉 社會主義的改良主義
		玻利瓦革命 （1999~2005）	二十一世紀社會主義 （2007~2013）	
		轉折期（2005~2006）		
發展 典範	新自由主義	反新自由主義 到後新自由主義	後資本主義 由下而上社會主義與 威權 - 國家主義之間 矛盾與衝突	社會主義
發展 模式	市場經濟 出口導向成長	石油經濟 轉向社會民主	石油經濟 轉向內生發展模式	計畫經濟
發展 論述	市場中心成長 資本積累 成本 - 效率	人民作為發展目的 與主體。 尋求自由、解放、 平等、公平正義與 民主。	民主是政治、經濟與 社會領域的社會主 義。	經由產權公有制與無 產階級專政，來消除 階級差異，打造共產 社會。
世界觀	西方世界觀 歐洲現代性	窮人世界觀 延續西方世界觀	窮人世界觀	窮人世界觀
制度矩陣				
產權 制度	私有產權	有條件私有產權	多元產權 （產權社會控制）	公有產權
政治 制度	自由民主 （代議民主）	代議民主 參與式民主 （制憲權）	參與式民主 （制憲權）	無產階級 一黨專政
經濟 制度	資本主義生產 體制 （市場協調）	資本主義生產 體制 社會經濟體制	經濟民主化／社會化 社會經濟體制 （官僚價格協調）	計畫經濟體制 （官僚協調）
重分配 政策	補殘式 社會政策	一系列任務 社會福利政策	賦權途徑	平均主義

參閱：本研究繪製。

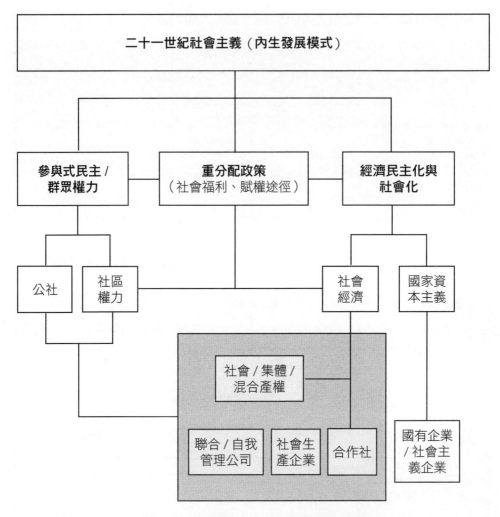

圖 9-1　查維茲的二十一世紀社會主義

　　誠如既有文獻指出，拉美這波「粉紅色浪潮」倡導的替代發展模式，多走向「後新自由主義」模式，側重找回「國家」在「經濟」與「社會」中的雙重角色。前者，強調「國家」對於資源部門的控制，並將「租金」引導到「重分配」。相較於既有研究發現，查維茲的《玻利瓦革命》和《二十一世紀社會主義》替代發展方案與模式，雖亦從「窮人」的世界觀出發，倡導「平等主義」和「人類發展」優先的發展論述，並由「國家」承擔起「滿足社會需求」與公共服務提供者的角色。但在制度安排上，則走向「賦權」途徑的替代發展論，

並致力於建構一套有別於新自由主義式的新政治與經濟模式，以建構新發展與秩序觀來展現「玻利瓦主義」對於「平等」與「分配」價值的追求，更甚於新自由主義強調的「成長」與「效率」。

上述理念落實到現實上，2001~2005 年間查維茲在《玻利瓦革命》論述框架下，致力於推動石油租金移轉到挹注社會福利政策。當時，伴隨國際石油自2003~2004 年開始走升，且自 2005 年突破每桶 50 美元大關，經濟成長榮景強化了「重分配」的意志與能力。從發展典範角度來看，《玻利瓦革命》仍在某種程度上延續新自由主義的市場機制與私有產權等經濟邏輯，只是更強調找回「國家」在「經濟」與「社會」中的雙重角色。這不僅指向「國家」對於資源的管理，更強調「國家」之力移轉「租金」挹注「重分配」。實際上是以「國家」去擴大或強化推動公平正義的分配模式。除此之外，亦呈現擴大「公民」參與發展的跡象。由於此一發展模式在保有市場經濟，且在不嚴重與既有階級利益衝突之下，推動社會福利，因此接近「社會民主」的範例。從發展轉型的角度來看，則接近 Wright（2016）的「間歇轉型」。雖可促成更美好生活與民主平等的實踐，但無法改變資本主義權力關係。

2005 年 ~2006 年的轉折時期，查維茲開始重新定義何謂民主、所有產權，並轉向親社會主義的發展論述。2007 年查維茲提出《二十一世紀社會主義》並啟動社會主義國家型。理念上，這套親社會主義發展模式之最終目的，欲將政治權力與經濟權力移轉給「公民」，以創造政治、經濟與社會全領域的由下而上民主，凸顯「社會力」被納入國家治理權力幾何的關鍵性。因此，在核心議程上，查維茲試圖推動經濟結構自「資本主義生產體系」轉向「社會主義生產體系」，並先後啟動數波國有化政策，加速國家轉型進程。但這並不是走回公有制；取而代之，是採用「經濟民主化與社會化」作為轉型策略，以縮小「私有部門」、擴大「國有部門」與親社會主義與團結經濟原則的「社會經濟部門」，因此形成「後資本主義」方案。但由於採取國家強制力去破除經濟中占主導力量的資本家階級，激進轉型手段構成 Wright（2016: 100-102）定義的「斷裂轉型」。亦因此，創生了一個威權 - 國家主義。

　　由此可知，查維茲兩階段的替代發展方案，在經濟理念上都強調「平等」更甚於「成長」。然而，兩個替代發展訴諸的手段卻不同。前者，強調社會福利取向的「重分配」；後者，從物質基礎的「重分配」轉向「權力下放」與「廣納參與」的策略，試圖為社會底層建構出一個「資源近取」與「援助自助」的參與發展機制，並形成以「社會力」牽制「經濟力」的「賦權」途徑。

　　除此之外，兩個替代方案都強調建構一個替代「市場經濟」的「社會經濟體制」。《玻利瓦革命》階段，查維茲在「糧食主權」和「土地正義」政策下，推動合作社與農村發展，致力打造地方層次的「社會經濟體系」作為推動「內生發展模式」的火車頭；《二十一世紀社會主義》更在前者基礎之上，轉向國家與組織層次的結構重組，並訴諸產權社會化與經濟民主化策略，重組全國性與部門別的經濟結構。實際上，前者的政策對象是地方性邊陲人口、非組織性勞工和農民，並重組了農村經濟結構；後者，政策對象轉為組織性勞工，強調城市經濟與工業體系的結構轉型。

　　長期下來，查維茲確實重組了地方到全國層次的經濟結構與地緣經濟版圖，更依據城市-鄉村地理空間、策略性與非策略性產業，推動不同程度的國有化與社會化策略。這形同是重組經濟治理的空間，並使用「空間尺度」（spatial scale）策略將地理經濟切割出「市場經濟」與「非市場經濟」的空間版圖，亦即：「國家」控制石油等資源部門，並進行出口導向成長；「社會經濟部門」作為推動「內生發展模式」的主要部門，採取社會經濟體制。從發展策略上，這形同是採取「國家」介入地方與社區發展的「空間修補」（spacial fix）策略，將國家資源與市場動能帶入社區與地方發展，以推動國家、市場與社會之間的再平衡。

　　最終，查維茲將國家依據經濟空間，切割成與世界經濟體系相連的「石油經濟」，以及不與世界經濟體系相連的「內生發展區域」。後者，試圖建構一個立基於親社會主義原則的「社會經濟部門」作為推動內部經濟循環，發展內生社會生產、消費與分配的循環體系，以建構出一個不受資本主義全球經濟循環的「緩衝區」來保護弱勢人口。最終目的在推動轉向「內生發展模式」來超越「食利資本主義」為委內瑞拉帶來的弊病。上述模式，亦將配合在地方微觀層

次導入一系列的社會福利政策、人員培訓與再教育方案，來創造人力資本；同時，結合由下而上的政治與經濟領域的「直接民主」機制，將「群眾力量」導入生產與決策場域。

誠然，查維茲十四年執政，經歷不同發展模式。但最終模式，並不必然是最佳模式。本書貢獻在於，指出了查維茲執政期間委內瑞拉發展模式變遷的驅動性理念、制度變遷與成效，並標示出它對於新自由主義的修正和貢獻。實有助於推進開發中國家對於替代發展模式的理解。

二、邁向一個新的發展典範革命？

《二十一世紀社會主義》是否建立了一套有別於新自由主義與二十世紀國家社會主義的發展典範革命？

從發展典範而言，《二十一世紀社會主義》主張創建一種在經濟、政治與社會全面落實由下而上的民主。在經濟領域上，試圖改革資本主義市場經濟體制下，獨尊「成長中心」與「成本 - 效益」等經濟邏輯，並轉為推動一種「公平參與經濟規劃」的「經濟民主」模式。此一新經濟模式強調「平等」與「分配」優先於「成長」、「社會需求」優先於「資本積累」，並賦予勞工參與經濟生產與分配的權力，以將生產的社會關係予以人性化。最終目的在創建「社會經濟體制」來取代「市場經濟」，並轉向「內生發展模式」來替代「食利資本主義」對委內瑞拉社會帶來的衝擊，故接近「後資本主義」方案。

此外，在政治領域，Henger（2008）、Canache（2012）與 Motta（2011）學者主張，委內瑞拉模式對於發展典範的具體貢獻在於，它以「群眾民主」補充了「市場經濟」與「代議民主」的不足。本書研究發現，查維茲的《二十一世紀社會主義》就發展理念與方法論上，它挑戰了新自由主義模式對於發展目的、主體與治理結構的想像。以下說明：

第一，發展目的而言，它跳脫了發展主義強調「量」的成長，走向關注「質」的發展。亦即是超越了「成長中心」的經濟邏輯，走向關注「滿足社會需求」之社會邏輯的優先性。

第二，發展主體而言，它跳脫了發展主義獨尊「國家」作為分析單位，而將單位下放到「社區」，強調「公民」由下而上的參與發展，並形成「公民」為主體的參與發展模式。

第三，發展的治理結構而言，相較於 1970 年代的替代發展，委內瑞拉模式的特殊之處在於：它不僅是一種強調「公民」為主體的參與發展模式，更關鍵的是《二十一世紀社會主義》試圖結合由下而上的「生產過程」（公平參與經濟規劃）和「決策過程」（集體決策機制），來補充國家與市場層次在治理上的弊病。

由此可知，這套替代發展模式，在「發展」的理念與目的、發展的主體、發展的單位等面向，都重組了新自由主義的發展觀、秩序觀、治理結構與空間。除此之外，它訴諸之發展手段，強調的是一種「賦權」取向的能力建構途徑，因此結合了 1970 年代替代發展、人類發展與參與發展等多重發展路徑的整合。基於此，就理論層次（應然）而言，查維茲的《二十一世紀社會主義》確實促成重新省思何謂「發展」的本質與目的，因此涉及到「本體論」與「認識論」上的翻轉。

問題是，拉美左派政府在推動替代發展方案的實踐過程中，卻經常無法回應替代發展的視野。2007 年查維茲對於發展的意識形態逐漸轉向激進馬克思主義路線，並走向「再集權」的道路。且 2009 年查維茲修憲成功更促成國家權力的無限上綱。自此以後，總統挪有指派市鎮首長、控制「社區理事會」與否決「公民議會」決議的權力。結果是強化了由上而下的垂直命令結構，並抑制了由下而上的「群眾民主」發展。因此，委內瑞拉模式雖然明文是一套「後資本主義」的經濟議程，並試圖將由下而上的「群眾權力」與「民主決策」導入所有社會經濟領域。但實際上，這套替代發展方案卻形成由上而下的「威權 - 國家主義」與由下而上的「二十世紀社會主義」之間的巨大矛盾。然而，考量權力之間存在的階層性，因此「再集權」勢必壓倒並抑制「直接民主」的實踐。因此，就實然面而言，這套發展理念與其制度安排並未促成發展典範的移轉。

第二節　新社會契約下的國家與社會關係

從國家轉型角度來看，過去二十年委內瑞拉的發展路徑，相較於 1990 年代後社會主義國家的轉型，如同是一種逆向的「軌跡調整」。查維茲推動《二十一世紀社會主義》替代發展方案，試圖修正並替代新自由主義模式採取的「自由民主」與「市場經濟」這套政經治理理念型，並走向建構一個由下而上的社會主義。這必然涉及到重新概念化「公民身份」、重組國家的權力幾何。究竟，《二十一世紀社會主義》如何重組國家的治理結構、形塑一套「新社會契約」，又「國家」與「社會」之間關係如何定義？

一、政治權力重組及新國家 - 社會關係

《玻利瓦革命》的替代性政治制度，本質上倡導的是由下而上的「參與式民主」，並採取一種「制憲權」意義上的民主，強調將權力下放，並推動「社區自治」模式，以回歸到實質意義上的「主權在民」，形成查維茲所謂的更進步「民主觀」。

誠如 Azzellini（2017: 215）指出，「制憲權」是一種集體存在於人類中的合法創造能力，這是所有民主、革命與國家的合法性基礎。此一概念不是一種短暫的委派權力，而是一種人民強加在「憲定權」之上的持久性力量創造。此一權力的行使，仰賴「人民 / 公民」成為政治主體，並在日常生活實踐中去建構自身能力，並形塑未來政策走向（Negri, 1992: 382）。相較於在「代議民主」與「憲定權」之下拉美形成的「委任式民主」，「參與式民主」與「制憲權」有助於扭轉拉美在國家父權主義之下「人民」淪為「乞討者」的政治現實，並將「人民」納入政治過程中，以在制度內去實踐與滿足社會需求（Harnecker, 2015: 69）。

新政治模式倡導去建立一個由下而上的「參與式政府」。因此，1999 年《玻利瓦共和國憲法》將三權擴大為五權，新增「公民權」和「選舉權」。這可從查維茲訴諸「公投」來鞏固政策的民意基礎，並開放部分政府機構給人民參與上得到印證。除此之外，2005 年開始更創建「公民議會」與「社區理事會」等直接民主機制，以推進「參與式民主」作為新政治模式，並落實「制憲

權」意義上的「民主」在「社區」的應用。**由此可知，查維茲的「參與式和主角式民主」在回應「主權在民」的精神上，實際上兼顧了「制憲權」意義上的「民主」，以及「公眾意志」兩個內涵，並在委內瑞拉脈絡下，形成「代議民主」和「直接民主」的雙軌政治權力模式。**

事實上，自「城市土地委員會」開始就已導入社區直接民主的機制。「社區理事會」則是擴大運用到人民對於社區公共事務的全面性參與，並落實社區自治，形成「社區政府」的概念。目的在將集體公民行動導向管理，並解決社區面臨的多元發展問題。玻利瓦政府更宣稱，「社區理事會」將帶動「社區權力」的「爆炸式成長」。因此，「社區理事會」作為一種「替代性民主方案」實際上形構一個有別於「代議民主」的「平行治理結構」，並經由「直接民主」創造「多權力中心」體制，形同重組國家治理的政治幾何（Azzellini, 2010）。基於此，查維茲替代發展的新政治模式，試圖超越「自由民主」，並以「群眾民主」來補強「代議制度」運作不佳的問題。

誠然，2005 年查維茲宣告《玻利瓦革命》最終目的在建立一個「二十一世紀社會主義」。2007 年查維茲進入第三任期正式啟動《二十一世紀社會主義》替代發展方案。其核心議程雖關注在經濟結構重整，但本質上仍強調在經濟領域導入由下而上的民主。**依據「二十一世紀社會主義」的理論，此一階段國家治理將從原先由國家專制力與行政力向下延伸到地方的「政治-行政」中心，重組為由下而上「社區政府」，並形成「政治-經濟-文化」的多權力中心。由此可知，新國家權力幾何中，權力結構、權力空間與「公民」角色都產生本質上的轉變。**

本書主張，理論上《二十一世紀社會主義》將促成國家權力出現根本改變：第一：民主概念與國家權力幾何的轉變：自原先「代議民主」與「憲定權」，走向承認「參與式民主」與「制憲權」意義上的「民主」，並形成雙軌結構；第二，國家權力的控制與行使主體的轉變：在「代議民主」下「主權在民」意味著受到被統治者的認可。但《二十一世紀社會主義》擘劃的國家權力觀，將「主權在民」概念擴及到「由人民治理」。此時，「民主」將超越「代議制度」，走向一種強調平等與公平參與地方公共事務的治理模式，進而深化「實質民主」。除此之外，「國家」經由將政府資源、權力與權威下放地方的

「分權」策略,由「社區」承接起治理的權力與角色,並經由「公民議會」、「社區理事會」與「社會審計」等直接民主機制,將「公民」納入國家基層治理,因而重組了國家治理的權力結構。

當「公民」的政治權力逐漸超越「委任式民主」,並參與到與自身利益和社區相關的公共決策與分配過程中,這必然形成垂直與社會問責,衝擊到原已存在的政府權威與制衡機制,並帶來國家權力與權威的重組。在這個意義上,新政治模式實已超越被統治者認可的「自由民主」範疇。

除此之外,新政治模式亦形構出一套新的「社會契約」,進而重構了國家與社會的關係。誠然,新政治模式強調找回盧梭在「社會契約」中主張:每個人與自己構成其中一部份的整體訂定契約,並建立共同體,進而形塑「公眾意志」,以及尋求「不可剝奪之人民主權原則」與其委任範疇。這意味著決策應在人民充分授權與共識基礎上開展。且此一立法與決策過程,更不應與「人民」分離。「社區理事會」與「公民議會」等直接民主機制,則鞏固了「人民治理」意義上的民主概念,以及對應的國家-社會關係。誠然,新政治模式中,「主權在民」的實踐,依賴「公民」參與到日常公共事務決策過程中,並經由在不斷的政治參與和實踐中,逐步建構政治能力並形塑政策走向;除此之外,「代議民主」強調的三權分立與制衡機制,則轉由「社會審計」與社會控制,來強化人民對於國家治理上的參與、問責與監管。

弔詭的是,委內瑞拉實際的發展走向,卻與《二十一世紀社會主義》的理論和政策相去甚遠。誠然,由下而上的政治民主對於統治者而言,無疑是一把雙面刃。它在要求將政治權力下放地方之際,統治者亦可能失去對於「群眾」的控制。

誠如 Ellner（2013: 44）主張,查維茲的《二十一世紀社會主義》面臨兩個嚴峻挑戰:第一,由下而上的民主,實際上侵蝕了既有權貴階級的利益,而加劇了反政府的衝突。且無可避免,國家在回應政治衝突上必然走向「再集權」,這又將激化內部政治衝突;第二,相較於二十世紀中葉社會主義改良主義的國家發展模式,查維茲創建的「群眾民主」與由下而上的參與機制,集結了分歧利益的成員,因此相較於「威權-國家主義」更為脆弱。由此可知,統治者將無可避免地陷入一個困境:如何兼顧「群眾民主」與「個人政治野心與

權力存續」兩者之間的弔詭？最終，統治者在意識到更大政治風險與更大政治衝突的現實考量下，極可能重新鞏固自身權威與權力。委內瑞拉案例則證實了此一邏輯。

基於由下而上的「爆炸式政治參與」將顛覆統治者（國家）權威，並促成政治權力重組，而逐漸喪失控制權。因此，不難理解，查維茲在權力下放過程中，亦將伴隨「群眾民主」的催生，同時誘發國家統治者為求生存走向強化國家專制力與社會控制力，以維繫政權存續。這恐是制度邏輯導致的必然性結果。

因此，以結果來看，這套極具規範性的《二十一世紀社會主義》替代發展方案，在經驗現實上恐將導致「自掘墳墓」的困境。對此，Mészáros（2007）主張，由下而上的社會主義，從一開始就將預示著「國家的凋零」。**本書主張，這亦在某種程度上揭示這種強調由下而上全面直接民主的「二十一世紀社會主義」，恐不必然適用於一個仍主張依賴「國家」作為治理主體，以及實質領土疆域概念的當前社會。此一模式的落實，實際上需要一套有別於當前經濟生產體制、政治治理體制，以及集體社會心理等多制度面向的「創造性破壞」**（Creative Destruction）。**然而，查維茲卻誤以為《二十一世紀社會主義》的政經制度重構與「新人類」，能夠全面翻轉既有的制度與文化慣性，並向下紮根社會，卻忽略這種「斷裂式發展」面臨的多重挑戰和困境，甚至引發反政府的「雙向運動」並走回再集權。**

基於此，新政治制度下的國家與社會關係中，「公民」雖在形式上具有參與治理，成為國家權威的一部分的規範。但實際上，並未能有效落實；取而代之，是國家專制力和滲透力的強化。

二、經濟權力重組及新生產的社會關係

《二十一世紀社會主義》倡導的新經濟模式如何重塑經濟結構、經濟權力，以及生產的社會關係？查維茲主張社會主義國家轉型必須先從改變經濟結構與產權結構開始。因此，他致力於推動經濟民主化與社會化，以將「資本主義生產體系」轉換成一種親「社會主義生產體系」。但這並不是走向產權的公有制，新經濟模式強調建立一個混合著「國有部門、私部門和社會經濟部門」的 MMEs；其中，國家資本主義和親社會主義經濟協調原則占主導性作用。因

此，相較於全然的「市場經濟」，此一 MMEs 中「社會主義」所占比重較高，甚至成為經濟結構的核心。但「市場」依舊存在，只是私有產權及對市場依賴程度都明顯低於 LMEs。

為了重組經濟、產權與市場結構，查維茲從調整土地產權、勞工經濟權力與經濟結構等造成財富不均分配的物質基礎出發，試圖建立親社會主義的生產體系。因此，2003~2005 年間查維茲啟動土地改革與重分配，緊接著 2005 年開始推動勞工參與經濟生產與決策的「經濟民主」計畫。2007 年更訴諸國有化、經濟民主化和社會化策略，來重組經濟與產權結構，並將「經濟民主」示範計畫導入「社會經濟部門」。最終目的，查維茲試圖創造一個由國家控制資源部門，並在限縮私部門無限擴張之下，轉為扶植具團結與人道主義精神的「社會經濟部門」與社區經濟發展，來重組經濟與產權結構。

基於此，《二十一世紀社會主義》在宏觀經濟調控層次，形成由國家控制「匯率」與「價格」（糧食等基本物資）等「經濟制高點」的「官僚價格協調經濟」；其次，在總體經濟結構上，則形成國有部門、私部門與社會經濟部門混合的 MMEs。但在不同產業之間則呈現三個部門之間的不等配置。無論如何，它們各自依循不同的經濟協調邏輯，並衍生不同的生產社會關係。以下說明：

第一：國家資本主義：國家持續控制並主導資源部門，包括：石油與石化產業、電力、電信、鋼鐵等。2007 年之後國有企業更相繼轉型成為「社會主義企業」，凸顯出「社會產權」並依循團結與社會邏輯作為生產與分配的原則。但作為委內瑞拉經濟命脈的 PDVSA 依舊採取國有企業的體制，且延續著 1990 年代使用新自由主義式的委外契約和引資策略，並致力於出口石油賺取外匯來進行重分配。因此，石油部門與全球資本主義市場經濟體系是緊密相連。

第二，私部門：不同部門別被國有化或社會化的比例不盡相同。然而，委內瑞拉社會仍存在一部分未被徵收的私有企業，例如：最知名的「波拉食品公司」、私人銀行等。這些私企業依循市場經濟的原則行事，只是它們依舊難以擺脫政府對於美元兌換和匯率控制上的干預。

第三，社會經濟部門：查維茲在經濟組織層次推動「經濟民主化與社會化」，並由國家介入強制「徵收」或鼓勵私企業轉型為具社會主義意識的合作

社、EPS、聯合管理公司等多元產權與組織形式的「社會經濟部門」。此一部門主要目的在改變生產的交易與分配模式，不強調成長、效率和獲利極大化，而是重視勞工權益與滿足社會需求為優先，因此採取團結互惠、民主決策作為經濟協調原則，並轉向一種強調內生社會生產與社會分配的新經濟模式，屬於一種「內生發展模式」，因此不與市場經濟和全球市場相連結。

配合組織層次推動勞工主權、經濟決策民主化與產權社會控制，經由勞工平等參與到經濟決策過程，來改變資本主義生產體系下的資方與勞方關係。首要目的在扭轉資本主義市場經濟體制下重視「資本」更勝於「勞工」的邏輯，並推動「薪資勞工」轉換為「雇主勞工」之身份重組，讓勞工參與並控制經濟的產權、生產、決策與分配的過程，來改變資本主義經濟體制下持續惡化的不均分配。最終，生產的社會關係應轉為強調滿足社會需求、勞工權利優先，更甚於追求獲利、效率與價格，以超越市場經濟的掠奪性。

由此可知，查維茲經由經濟民主化與社會化策略，將「薪資勞工」重構為「雇主勞工」，同時在經濟領域導入一人一票的「民主」原則作為決策模式，以民主地管理經濟。這修正了新自由主義市場經濟下「勞工」淪為一種生產要素與商品的思考。誠然，在市場經濟下「勞工」雖具有在勞動市場自由選擇雇主的權力，但卻因缺乏對於產權與生產工具的控制，而被排除於經濟剩餘的分配之外；反之「經濟民主」策略，扭轉了市場本質上可在不顧及社會成本與勞工權益之下擷取「超額報酬」的弊病，並轉為推動「經濟的民主協調機制」作為「賦權」途徑，以讓「經濟力」從屬於「社會力」來超越市場經濟的獨斷性與掠奪性。

誠然，查維茲希望扭轉委內瑞拉在「比較利益法則」之下形成獨尊石油經濟的「食利資本主義」，因此倡導「社會經濟體制」作為新經濟模式，並致力於轉向「內生發展模式」。其中，「社會經濟部門」作為「內生發展模式」的主體，是建立在「平等主義」與公平參與經濟決策的生產社會關係之上，並強調滿足「就業創造」與「社會優先」的社會經濟目的。然而，此一涵蓋全國都市與社區的「社會經濟部門」，由於不奉行自由市場機制，亦不強調效率和生產力，因此不似「合作社市場經濟」存在大型合作社之間彼此集結並相互提供資金、培訓與支持的模式。且在國家層次更因為存在匯率與價格控制，因此無法

創造一個自由競爭市場環境。它們主要依賴國家提供資金、建立規範，並直接介入經濟的組織與生產中。亦因為「社會經濟部門」高度依賴政府財源，因此更容易出現迎合查維茲黨的現象。

最終，《二十一世紀社會主義》為了超越「自由市場」此一「自然狀態」衍生之剝削與不公，因此倡導對於群眾的經濟「賦權」，並採取「社會審計」與社會調節等制衡策略，來確保公平分配並避免市場暴政。然而，新經濟模式衍生的弊病在於，過度側重在強調「平等」與「分配」的價值，卻忽略應兼顧「成長」的經濟面。特別是，研究指出，不少社會經濟部門成員仍保有市場經濟下理性且自利的經濟人動機，缺乏社會主義強調的團結與合作的倫理精神。除此之外，委內瑞拉的問題在於，任何經濟的治理，都必須在一個有效監管制度之下運作。《二十一世紀社會主義》強調權力下放社區和組織層次，並推動「自我管理」和「社會審計」，但卻衍生出內部衝突或寡頭壟斷。且礙於查維茲在社會主義國家轉型過程將大量權力下放「查維茲黨」作為地方代理人，但卻忽略對他們實施有效的監管，這造成在市場重組過程中創造出更多圖利與貪污的空間，並衍生監守自盜的弊病。這些因素的加總，都直接與間接重創《二十一世紀社會主義》的正當性。

三、國家轉型策略與國家權力幾何

社會主義國家轉型過程，強調找回「公民」在參與發展中的角色，這必然涉及到奪取或參與到國家治理，並重組國家權力幾何。那麼，《二十一世紀社會主義》下的新國家權力幾何如何被定義？其中，又該如何界定國家的「社會力」、「經濟力」與「政治力」之間的從屬關係？

從社會主義國家轉型角度來看，委內瑞拉模式重組了國家權力。這是立基於國家奪取且控制資源，並在壓制資本家前提上強制進行「徵收」並推動經濟結構轉型與「重分配」。目的在壓制「經濟力」的專斷與獨大，並以國家介入推動「賦權」途徑，扶植「社會力」作為牽制「經濟力」獨大的策略，故催生「社會經濟部門」與「國家」在生產領域的協作與共同責任。因此，接近Wright（2016）主張以國家擴大「賦權」來強化「社會力」的「共生轉型」；但由於國家對於私部門奪權與壓制，因此亦存在「斷裂轉型」的特徵。

就國家權力幾何重組上，誠如哈維（2008: 102-105）對於新自由主義的地緣政治與經濟空間描述中主張，新自由主義是一種結合資本的自由地理循環，以及區域／領土之階級結盟（國家與資本家）組成的權力疆域邏輯。相較於前者，查維茲替代發展方案推動之國家權力幾何，走向與農民和勞工階級結盟，並倡導一種「分權」的「後資本主義社會」，以將原先由上而下的國家控制疆域，重組為由下而上的公民控制疆域。因此，國家權力轉型倡導一種社會主義式民主，最終將經由「賦權」途徑將權力移轉人民，並促成「社會力」崛起來制衡國家與市場運作。

此一替代發展方案雖有其理論基礎，但由於由下而上的「民主」之制度邏輯，必然重創「國家」的權威，並走向「國家」的消逝；取而代之，「國家」將訴諸「再集權」策略來鞏固存續，因而導致群眾民主的空間無法充分發展。因此，從實然面檢視新社會契約下的國家與社會關係，研究結果顯示，委內瑞拉模式在發展後期並不存在「社會力」經由民主參與的途徑，來控制並介入國家政策的現象；反之，新的國家權力幾何與關係模式凸顯出「國家力」凌駕「社會力」、「社會力」凌駕「經濟力」的權力序列，並由「國家」與結盟的「社會經濟部門」在生產與分配上形成協力關係。以結果來看，實際上並不存在「由下而上的社會主義」所言，由「社會力」控制「國家力」的現象。

第三節　賦權對於降低貧窮與重分配的效用

查維茲的替代發展方案，興起於反新自由主義與資本主義市場經濟下造成的社會不均與貧窮，因此「重分配」政策一直是「粉紅色浪潮」尋求替代發展模式的核心要素。查維茲對於「重分配」的理解，在 2005 年以前是採取大規模挹注社會福利政策的模式，強制將石油租金移轉到社會投資，因此接近「社會民主」的思考；2005 年以後，查維茲對於「發展」理念逐漸轉向建立一套親社會主義的論述。自此以後，查維茲對於「重分配」的思考，亦從社會福利與社會援助政策，走向倡導「賦權」途徑。

《二十一世紀社會主義》作為一套「後資本主義」的方案，強調「公民」由下而上的參與，並形成「賦權」途徑的替代發展論。策略上，主要經由「參

與式民主」和「經濟民主化／社會化」作為替代性政治與經濟制度，試圖制度化人民參與政治與經濟治理的權力，以協助取得資源並改善生活處境。查維茲的具體政策包括：政治上，推動「社區理事會」與「公民議會」等一系列社區直接民主機制；經濟上，則強調推動群眾公平參與經濟的規劃，形成生產組織層次的決策民主與產權社會控制，來牽制市場與資本的專斷性。那麼「賦權」的成效又如何？

一、「賦權」對於推動「重分配」的影響

　　二十一世紀拉美的貧窮與不均，主要源自 1990 年代轉向新自由主義市場經濟之後，因為市場體系的擴散，導致貧窮在廣度（量）與深度（質）都呈現擴張的現象。然而，所謂的分配不均，從來都不只是「量」的問題。新自由主義與經濟全球化創造了新的貧窮形式，且機會結構的緊縮更導致資源取得的限制。因此，在回應貧窮的手段上，相較於 1950 年代現代化時期可訴諸「城市 -鄉村」之間的社會流動作為階級翻身的手段，1990 年代新自由主義市場經濟下，貧窮處境更從「貧窮的資源」過渡到「資源的貧窮」。這顯示從前貧窮人口喪失的是物質基礎，現在喪失的是改善的機會。貧窮與社會不均已從結果變成一種「社會排除」機制（Gónzalez de la Rocha 2001: 72；黃富娟，2020b: 95-96）。除此之外，由於南美國家獨尊原物料出口的經濟結構，致使國家存在經常性收支失衡的結構性弊病。在國家難以給予無止盡的社會救助之下，走向倡導援助自助的「賦權」途徑，將可協助社會底層取得資源、增強回應困境的「調適能力」（adaptive capacity）（Radcliffe, 2015: 857-859）。此一「援助自助」機制一旦建立，將形成調節勞工受到市場經濟衝擊的緩衝區。

　　那麼，查維茲的「賦權」途徑替代發展模式，是否有助於建構一個「資源近取」機制，讓每位「公民」可經由參與政治與經濟過程來改善生活處境、降低貧窮，重拾「經濟納入」與「社會納入」？

　　本研究發現，《玻利瓦革命》到《二十一世紀社會主義》的替代發展理念與制度設計，本質上對於「重分配」的思考，存在不同邏輯。前者，《玻利瓦革命》採取社會福利與補殘式社會政策，雖然《任務》內含的許多方案已出現「賦權」的意義，例如：城市土地委員會，但核心議程仍是社會政策取向的

「重分配」。在大量挹注社會福利與補貼鄉村發展之下，此一階段「消貧」成效斐然。然而，長期來看，這亦造成受補貼者產生嚴重的「福利依賴」；反之，2005 年查維茲重新導向親社會主義的「發展」論述，走向「分權」並啟動由下而上的政治與經濟「賦權」途徑，作為達成「重分配」與消除貧窮的模式。理論上這將有助於建立「援助自助」機制，增強中下階級改變貧窮處境之能力。

檢視「賦權」途徑對於消除貧窮的成效，本書主張，這須從人民是否因此增強政治與經濟能力，並具有充分的自由、民主與工具去行使此一權力，進而取得資源來解決自身生存問題作為判斷。 從這個角度切入探討「賦權」機制對於取得資源（重分配）、降低經濟排除的效果，本研究發現，這套強調由下而上的「賦權」途徑，在委內瑞拉脈絡的應用上遭遇兩個困境與挑戰：

從應然面檢視「社區理事會」對於達到「賦權」與降低貧窮的影響，本研究發現，這套制度在理念與制度設計上，不僅賦予「社區」自治權力，由「社區」居民經由「公民議會」的共識決，制定社區發展議程，同時賦予「社區」向政府自主提案權力，並經核可之後取得國家自石油收益移轉的社區發展經費；除此之外，「社區理事會」更連結查地方社會經濟體制與 UNDE，要求社區為基礎的生產組織優先回應社區需求，並移轉部分獲利來挹注社區發展。2007 年以後更逐漸走向推動勞工公平參與經濟規劃的「經濟賦權」，並於後續「公社」架構下整合既有生產過程與社區決策機制，並形成社區經濟體制。理論上，一系列政治與經濟的「賦權」途徑，將有助人民經由參與社區公共事務與生產組織，來影響政策與資源配置，進而取得改善生活處境的資源與能力。然而，實際上，這套由下而上的「賦權」途徑，卻受到實質不對等的權力結構、政治文化與公民素養等多重正式與非正式因素的中介，而影響成效。

首先，這套強調「參與」和「審議」的「參與式民主」作為「賦權」途徑，在某種程度上確實較「代議民主」更需要一個民主文化與高度公民素養的社會。但這卻是推動「參與式民主」之南方國家比較欠缺的要素。

研究發現「參與式民主」作為「賦權」的途徑，雖強調平等主義與公平參與治理等原則，但在現實運作上，有些「社區」發展出較為平等參與和共識決的協商機制，進而取得更合理配置的資源來舒緩貧窮；然而，並非所有「社區」都能創造一個平等參與的民主空間。有些案例顯示「社區理事會」成效

受到政治文化的影響。誠然，委內瑞拉政治文化中存在「考迪羅主義」與「侍從－恩庇主義」，人民傾向推崇個人魅力型領袖來領導並追隨。通常，一個社會的政治文化，若較少發展出對於平等主義、民主妥協與權力分享等價值理念，則「參與式民主」的實踐成效亦將相對受到抑制。可見，存在一套民主制度，不必然存在民主的文化。

然而，由於政治文化與民主化是一個動態變遷的過程，亦不需過於武斷認為政治文化必然是恆久不變的。舊文化的「慣習」（habitus）亦將因為新的制度安排，而影響並引導外顯的行為模式。只是這通常是一個緩慢變遷的過程。事實上，巴西與委內瑞拉「參與式民主」的經驗已指出，這套制度雖然經常導致地方政治權力重組，並形成新的「侍從體制」。但亦有案例顯示，它有助於打破拉美政治文化上長期存在的「侍從－恩庇主義」。當社會底層人民逐漸意識到他們可經由另一種制度途徑參與並取得基本生活物資，進而改善生活處境，這亦將逐步打破傳統上拉美社會藉由攀附權貴來取得資源的侍從文化。

其次，《二十一世紀社會主義》替代發展模式強調平等主義、公平正義，並經由權力下放的「賦權」途徑作為「重分配」手段。在檢視「賦權」途徑對於降低貧窮的成效時發現，查維茲這套親社會主義的替代發展理念，理論上雖是立基於「消除階級差異」之上建立的窮人世界觀。但在社會現實上，查維茲推動的「經濟民主」和「參與式民主」機制，都是立基於操縱「階級」的概念，並在壓制傳統政治與經濟菁英的前提之下，輔以國家強制力介入政治與經濟領域，來推動權力移轉給人民。這種訴諸「階級對立與衝突」的手段，重構了政治權力，並促成另一波「再階層化」。結果不僅激化社會階級衝突，更導致社會分裂為「親查維茲－反查維茲」的兩個陣營。

檢視實踐成效時，本研究發現委內瑞拉社會底層，並未因此全部脫離貧窮。查維茲的「賦權」途徑，隱含一個政治前提：認同查維茲的政治意識形態與政策。若無法接受查維茲的政治意識形態與理念，將淪為被資源剝奪與排擠的對象。因此，替代發展在宣稱創造一個「社會優先」的更公平正義、平等主義，以及消除階級差異的「二十一世紀社會主義」之際，實際上是促成新一波權力重組，並形成新的政治中心。新的「侍從主義」是圍繞在「查維茲黨」的裙帶關係作為分配軸心與機制，且不是每個人都有機會取得平等參與和均等資

源。結果非但無法消除整體社會的貧窮，反而是促成另一波「再階層化」。有人變得更好、有人變得更差。這種發展的「雙面性」，其結果不亞於資本主義市場經濟體系下拉美遭逢的發展困境。由此可知，資源重分配是依循黨派邏輯，不是每個人都取得平等權力。

再者，檢視委內瑞拉「賦權」途徑之替代發展模式成敗，亦衍生出另一個關鍵問題可供倡導「賦權」途徑與後資本主義方案的開發中國家借鏡：《二十一世紀社會主義》強調由下而上的全方位民主，此一「賦權」是否失之過當？誠然，任何形式的「賦權」都不能僅從解決底層生活困境的單一面向，無限放大到國家整體轉型策略。《二十一世紀社會主義》在倡導權力全面下放並移轉人民之際，恐形成對於社會底層過大的「賦權」，並危及到國家穩定與發展。

委內瑞拉案例顯示，由下而上的全面賦權之替代發展模式，勢必與「統治者政治野心／權力存續」之間形成矛盾。此一矛盾亦將誘發「再集權」，而損及直接民主與「賦權」的成效。

事實上。查維茲自 2007 年啟動社會主義國家轉型，並推動經濟民主和全方位直接民主，同時亦伴隨修憲並走回「再集權」。2009 年憲法修正案與 2010 年包括《社區理事會組織法》在內的一系列立法的通過，強化了查維茲黨對於「社區理事會」與「公社」等直接民主機制的控制，這不僅促成查維茲晉升超級總統，更可在不經選舉之下指派地方「酋長」。這些政治擴權都讓「查維茲黨」迅速滲透到各級地方政府與社區的運作，並衝擊到原已相對發展出的社區自治和民主空間。即便社區仍保有「直接民主」機制，但場域的權力關係與運作邏輯已經改變。結果是黨派邏輯在各場域無限上綱，形成以查維茲黨為中心的「控制思維」，並在某種程度上侵蝕了社區民主制度，進而減損了「賦權」的成效。

誠然，《二十一世紀社會主義》採取的由下而上民主，實已危及到國家統治者「權威」，進而誘發統治者強化控制力作為回應。由此可知，倡導由下而上的全方位「賦權」時，更須取得社會整體對於走向「國家最小化」的社會共識。這亦顯示，這套制度設計在權力下放之際，也隱含國家權力幾何的重組，因此實需考量受到權力衝擊的作用力與反作用力之間的互動關係，並建立一套與「賦權」程度權責相符的制度和社會共識。基於此，「賦權」途徑作為建

立「援助自助」機制與促進「重分配」手段之關鍵在於：如何建立「適度的賦權」？或許，最為妥適方式是將權力賦予限制在與取得「滿足基本需求」所需之工具 - 手段的範疇，以讓「參與」與「賦權」程度反映社會底層受市場經濟衝擊的程度，同時要求「賦權」必須與「付出」相當，以避免對底層過大「賦權」形成的權責不符與制衡失效。

第四節　委內瑞拉替代發展模式之成效分析

本節將從《玻利瓦革命》與《二十一世紀社會主義》替代發展的理念與制度設計切入，探討規範性理念驅動的替代發展模式與政經制度，在委內瑞拉經驗現實上運作的成敗。基於此，本節將從替代發展的制度設計與邏輯、制度與制度之間互補效應，以及其應用在委內瑞拉社會現實脈絡下衍生的問題與挑戰，來檢視這套替代發展方案的妥適性。為此，本書採取 Hall（1989: 371-376）判斷一個發展政策與典範是否為社會脈絡接受時提出的三個基準，亦即：「行政可行性」（administrative viability）、「政治可行性」（political viability）與「經濟可行性」（economic viability）來回應這個命題。以下說明：

一、替代性政治制度的成效

在政治制度設計上，查維茲的替代發展方案形構的替代性政治制度，存在雙軌制度邏輯之間的衝突。這又存在兩個階段：

自 2005 年查維茲推動「社區理事會」開始，就形成在既有「代議制度」之下，拉出與地方政府與議會平行的「社區理事會」與「公民議會」，並構成某種意義上的「社區政府」。這是在保留「代議民主」制度之下，形成「雙元權力」。

誠然，「社區理事會」作為「直接民主」的表現，採取「制憲權」意義上的「民主」並回應了憲法對於「參與式和主角式民主」的定義，因此相較於市鎮層級政府，更符合「由人民治理」的社會契約原則，並反映「主權在民」的真諦。然而，「社區理事會」的設置，促成了社區居民由下而上參與公共事務，並在全國範圍內形成多權力中心。此舉，強化了「社會問責」，試圖賦予

人民權力參與政治過程，並產生約束性決策，但卻損及「水平問責」機制。

問題是，「社區理事會」自創立之初到 2009~2010 年 LOCC 通過之前，並不存在一個法理上的合法性地位。且它更與地方層級政府之間，存在功能性重疊。因此，反查維茲黨解讀這是為了欲拔擢地方官僚勢力、鞏固查維茲的群眾領導與權威的作法。最終，形成了以查維茲為首的「傘狀權力結構」。這將損及地方政府權威，進而產生雙軌權力之間的競爭或互斥效果。

誠然，在許多案例中，社區與地方政府都存在持續性衝突。然而，「社區理事會」在 2009 年 LOCC 通過之前，充其量只是依據行政命令授權而來的制度，因此衍生出合法性爭議，並導致地方政府與社區之間紛爭不斷。基於此，就「行政可行性」而言，「社區理事會」的成立，不僅引發合法性爭議，更構成與既有地方官僚體系在部分功能上的重疊。

除此之外，「社區理事會」作為由下而上的「參與式民主」機制，並未如預期一般在所有「社區」都創造出一個更公平參與公共事務、解決社區問題的民主空間。儘管「社區理事會」成效不盡如人意，但當時查維茲黨的外圍政治組織，並不擁有全面控制社區的能力。因此，仍相對存在地方自治空間。

直到 2007 年查維茲啟動社會主義國家轉型，並成立 PSUV 作為社會主義先鋒政黨，同時拔擢高階將領進駐政府內閣，試圖強化國家權力。2009 年憲法修正案通過以後，查維茲更可指派地方酋長、深化市民 - 軍事同盟，來鞏固垂直命令結構，從而深化國家對於社會的滲透力與控制力（Gónzalez, 2019: 42-45）。加上 2010 年由國民議會頒布的《公社國家權力法》，賦予了「群眾力量部」有權去控制並否決地方民主自治機構的決策。此舉，強化了查維茲黨對於地方事務的控制權。結果是，查維茲創建的由下而上之「群眾民主」，以及由上而下的「威權 - 國家主義」之間產生衝突與巨大矛盾。因此，就結果而言，與《玻利瓦革命》和《二十一世紀社會主義》中強調的「制憲權」優先的概念，產生了嚴重的牴觸。

本書主張，這種政治制度邏輯之間的衝突，需從權力之間存在的階層序列，來理解哪一個制度將成為主導性作用。誠然，「再集權」促成查維茲黨派勢力滲透到社區的經濟與政治場域。自此以後，黨派邏輯凌駕「社區」原已相對存在的民主自治。本書主張，查維茲的再集權，應可視為是對於反查維茲黨政

治菁英的鎮壓，以及對於由下而上「群眾力量」挑戰國家權威誘發的再平衡策略。

　　那麼，反事實推論在於，倘若剔除查維茲由上而下的「再集權」，這套社區為基礎的替代性民主制度是否仍有可取之處？弔詭的是，由下而上的社會主義雖有助凝聚底層的政治共識、鞏固政治支持，進而強化執政正當性，但從「政治可行性」的角度而言，它創造的多權力中心，亦無可避免地對國家統治者的「權威」構成直接挑戰。此一模式一旦落實，將預示著國家走向衰弱。因此，不難理解為何查維茲最終會訴諸「再集權」來鞏固對內控制與自身權威性。由此可知，這套由下而上的替代性民主的內生邏輯，勢必導致國家危機並促成「再集權」，這恐是制度邏輯導致的必然性。查維茲的再集權，雖不必然回到二十世紀中葉共產主義的專制，卻為二十一世紀版本的霍布斯國家巨靈（Leviathan）鋪平道路，結果是大幅壓縮民主空間，形成適得其反的結果。因此，就「政治可行性」而言，《二十一世紀社會主義》主張將政治與經濟權力全面移轉給「人民」，似乎不具經驗現實的可行性。除非社會整體已對「國家最小化」達成某種共識。這與這波「粉紅色浪潮」主流趨勢中強調的「找回國家」存在本質上衝突。

　　其次，另一個可行性疑慮來自於：倘若「民主」涉及到「制憲權」與「創制權」意義上的「民主」，基本前提是「公民」必須具備一定的知識與教育基礎。誠然，近代社會發展本身就是一個高度知識分工的專業體系。所以在政治、經濟與社會各領域採取由下而上的「直接民主」與「社會審計」制度時，恐由於不是每位「公民」都具有足夠知識與能力去理解並監管各領域專業事務，因此產生向專業技術能力傾斜的「代議制度」。事實上「社區理事會」作為「參與式民主」的核心機制，在制度設計中亦凸顯出選取「委員」的制度。因此，「社區理事會」實際上是在更小地理範疇下採取「直接民主」與「代議制度」的整合。

　　相較於「代議民主」體制下，「公民」只被期待扮演被照顧者與監督者的角色，這通常鮮少涉及「公民」對於立法的創制（儘管已寫入憲法中的基本政治權力）；但若涉及到「制憲權」意義上的「民主」，且是全國性大規模由下而上的落實，除非「賦權」程度只限於日常生活所需，否則「公民」的教育素養

勢必成為牽制「參與式民主」的隱性障礙。誠然,由下而上「參與式民主」強調公民議會與地方自治,並發展出「社會審計」作為制衡機制,因此這更應立基於一個高度公民素養的社會,且公民已具備理性思辨、民主協商與妥協的精神。況且查維茲的「社區理事會」更內涵創建「社區社會主義」的願景,因此亦涉及到如何凝聚並創造團結與集體主義的意識,才能真正建立一個有效「社會問責」的體系。

由此可知,對於在發展道路上步履蹣跚的開發中國家與全球南方國家而言,欲落實由下而上的「二十一世紀社會主義」更應考量它運作的制度前提,包括:實質上的權力平等、政治文化與公民素養。任何一個因素的缺席,都將損及「參與式民主」和「社會審計」的運作與品質。基於此,務實而言,「參與式民主」對於發展未臻的開發中國家而言,應是作為一種局部「賦權」的補充性方案,而非「替代性」方案。

二、替代性經濟制度的成效

本書主張,委內瑞拉模式存在宏觀與微觀制度之間邏輯衝突。誠然,《二十一世紀社會主義》作為一個「後資本主義」方案,其發展目的不在「經濟成長」,而在「滿足社會需求」,並強調在平等主義與社會優先原則,推動公平參與經濟規劃與分配過程,因此查維茲致力於推動自「資本主義生產體系」轉型到親團結經濟原則的「社會主義生產體系」。在國家經濟結構調整過程中,私部門與私有產權占總體經濟結構的比例逐漸下降,並轉由擴大國有部門和「社會經濟部門」比例,來改變生產、分配與經濟協調機制,轉向內生生產與分配的「內生發展模式」。策略上主要藉由徵收與國有化政策、經濟民主化與產權社會化,來改變經濟與產權結構,扭轉資本主義市場經濟下的生產、分配與資本積累模式,進而改變生產的社會關係中存在的市場暴政與勞動剝削,並經由經濟民主決策機制推動符合社會需求的生產與更合理分配。然而,查維茲的經濟政策卻存在制度設計的問題。

首先,這套新經濟模式存在總體經濟層次與中層經濟層次(社會經濟部門)之間的矛盾。更確切地說,「社會經濟部門」作為《二十一世紀社會主

義》的經濟主體，同時更是引導發展模式轉向「內生發展模式」的火車頭。然而，其組織生產與運作邏輯卻與總體經濟政策之間存在矛盾。

誠如上述，查維茲試圖將委內瑞拉的經濟結構，重組為國有部門、私有部門與社會經濟部門，並依據部門屬性與地理經濟空間，將全國經濟版圖切割成與世界經濟體系迴圈相連的石油部門，依循出口導向邏輯；以及不與世界經濟體系相連的「社會經濟部門」。後者，強調建立「社會經濟體制」與「社區經濟」，並轉向「內生發展模式」。目的在切斷與全球市場經濟的連結，並創造出一個緩衝全球經濟波動的內生區域，來保護弱勢群體。

由於「社會經濟部門」在運作上並不強調「成長」，而偏重在「工作創造」與「滿足社會需求」等社會經濟目標。在現實運作上，這些規範性經濟理念因不強調市場面的「成本 - 效率」與「獲利極大化」等經濟理性，經常出現無法自負盈虧的窘境，結果不是產能不振、歇業，就是轉為更仰賴政府的貸款、補貼與資金挹注。長期下來這些「社會經濟部門」，都存在無法自立更生的「福利依賴」現象；而查維茲則樂於扮演資源與資金提供者的角色，來換取政治支持與執政正當性。然而，「重分配」的財源卻來自石油出口收益的移轉。特別是 2009 年憲法修正案第 167 條的通過，更強化石油租金移轉地方的合法性。這種「租金」流動模式，維持了內需市場中有限的資本積累形成，加上「社會經濟部門」運作成效不佳，因而深化了國家經濟與資本循環對於石油出口的依賴，並受制於全球市場的景氣循環。**最終，作為「內生發展模式」主體的「社會經濟部門」與「社區經濟體系」在高度依賴國家補貼下，反形成「內生發展模式」受制於石油出口與國際市場的荒謬。**

因此，委內瑞拉的替代發展模式陷入一個兩難困境：「內生發展模式」非但未能創造一個內部市場來超越石油經濟帶來的發展限制，反而因為「社會經濟部門」運作不佳與福利依賴，深化了石油經濟出口結構。最終，維持石油出口部門儼然成為促進「重分配」的工具理性。因此，反新自由主義的替代發展方案，弔詭地創造了委內瑞拉經濟更深度鑲嵌在資本主義經濟體系。結果是委內瑞拉的替代發展方案如同 Escobar（2010: 11）主張，並無法超越「資本」作為經濟宰制形式。這亦凸顯出替代發展方案實際上無力處理總體經濟政策，以及經濟結構與全球經濟連結的問題。誠然，任何替代發展方案應先創造一個穩定

成長（不必然追求獲利極大化）的總體環境作為充分條件，同時考量與外部經濟結構的關聯性。

其次，查維茲的《二十一世紀社會主義》替代發展模式試圖打造一個強調「民主決策」與「公平參與經濟」的「社會經濟部門」，來修正市場經濟的專斷性與掠奪性，並推動「經濟民主化與社會化」來超越「市場經濟」與「計畫經濟」的兩分法。因此，形成了「參與式經濟」。然而，在總體經濟層次，查維茲自2003年落實「匯率控制」以及對於基本物資的「價格控制」，並形成由官僚主導定價的「價格協調經濟」（Mateo y Sánchez, 2013: 22）。這導致私部門無法自由進口中間原料，且由國家控制著價格與供料的「經濟制高點」。不論是私部門或「社會經濟部門」皆無法擺脫國家在總體經濟層次上加諸的控制。

那麼，反事實推論在於：倘若修正查維茲對於總體經濟層次的控制，以讓市場經濟恢復活力，那麼鑲嵌在市場經濟之下的社會生產部門與社區經濟的方案，是否可能運作得當？亦或，是否就能避開2014年委內瑞拉經濟危機？這雖無法簡單歸因，但理論上至多只是造就一個均貧社會，不致於衍生當前嚴峻的經濟危機。

這亦衍生出兩個問題層面：第一：「社會經濟部門」與「市場經濟」之間的關係；第二，後資本主義方案的「誘因」如何可能。

針對「社會經濟部門」與「市場經濟」之間的關係，「社會經濟部門」作為一個廣納群眾平等參與經濟規劃的「參與式經濟」，其關鍵從不是在「計畫經濟」與「市場經濟」之間做出選擇，而是兩者之間如何進行特定連結（Wright, 2016: 98）。

本書主張，「參與式經濟」應是介於「市場交易」和「類市場交易」之間，並應依據商品類屬以及其對於社會生活的影響，進一步區分出不同商品與服務應當服膺的經濟協調原則與配置，以兼顧「成長」和「分配」的雙重目標。這亦顯示替代性經濟政策的重點，不應是去取消「市場」，而是區隔出「完全市場競爭」（非民生基本需求）與「非完全市場競爭」（民生基本需求）。後者，則可在不強調「獲利極大化」之下，訴諸社會優先、團結連帶與合理獲利等原則，進行生產與分配的監管。

對應到委內瑞拉脈絡下，《二十一世紀社會主義》作為替代性資本主義的一個選項，主張取消自由市場下資本家得罔顧社會整體利益取得「超額報酬」的機制，並轉為強調建構一個強調平等、團結與公平參與經濟規劃之親社會主義式生產協調體系。這意味著社會主義欲訴諸社會制度安排與經濟理念重塑等方式，突破新自由主義模式強調的市場機制與理性自利個人。然而，查維茲的《二十一世紀社會主義》並不採取產權的公有制。而是形成親社會主義原則與國家調節原則的「混合市場經濟」。其中，「社會經濟部門」更擔負起滿足社會需求與內生發展的重責大任。這些「社會經濟部門」並非排斥獲利，而是不追求獲利極大化。尤其是國家對於糧食生產與食品加工部門更採取「最高售價限制」，試圖對消費者進行糧食補貼。這意味著查維茲將糧食生產與食品加工部門劃入「補貼」或「非完全市場競爭」，同時導入「價格控制」並建立起合理獲利不超過三成的「公道價格」，以保留給生產者「誘因」，同時補貼消費者。

相較於許多替代性資本主義之制度設計的根本問題在於，取消了資本主義體制中對於理性自利個人的「誘因」；反之，查維茲在試圖兼顧「市場誘因」與「社會福祉」之間取得平衡，卻仍失敗。這被認為是價格雙軌制導致的問題。然而，價格雙軌制在多數國家已經存在，例如：古巴、德國都對基本糧食進行「價格控制」以滿足社會需求，但卻不致於衍生嚴重的經濟弊病（黃富娟，2020c: 99-100）。

誠如本書指出，委內瑞拉經濟危機的癥結在於：「社會經濟部門」的發展，高度仰賴石油收益重分配，因此形成一個經濟的外部依賴結構；其次，總體經濟政策層次則受到長期僵固的「匯率控制」所影響。加上長期的「控制價格」與「匯率控制」雙重影響之下，「市場價格」逐漸與「控制價格」之間拉大差距，並同時壓縮了「社會經濟部門」的獲利空間，並形成了一個強的「激勵結構」。尤其是對於糧食生產體系而言，農民合作社與 EPS 等「社會經濟部門」不是因為獲利降低而減少生產，就是移轉到另一軌私有體系進行「圖利／投機」，因此導致國有糧食生產體系（與社會經濟部門協作）出現「短缺」；但黑市交易卻日益熱絡。查維茲在因應「短缺」之下，採取「徵收」並擴大「社會經濟部門」作為回應策略。後者卻礙於價格與匯率控制導致的利潤壓縮與偏好逐利的投機心理，造成「短缺」的蔓延。政府回應危機又再擴大「徵收」與「價格控制」，最終形成惡性循環。因此，委內瑞拉逐漸走向更依賴糧食與藥

品等民生必需品的進口，並於石油價格崩跌之後陷入嚴重物資短缺與通膨危機。由此可知，這是長期以來經濟政策與制度之間形成的負面互補效果，逐步惡化了生產與供應所致（黃富娟，2020c: 105-108）。

　　以此來看，委內瑞拉新經濟模式中最致命錯誤，恐不是對於基本物資設立過於僵固的「最高售價限制」，而是在總體經濟層次上對於創造一個「完全競爭市場」上的缺席。究其因，查維茲經濟政策的錯誤，最關鍵的是對於美元採取的兌換限制與「匯率控制」已嚴重扭曲價格機制，並限制市場供貨，因此惡化了原已脆弱的國內經濟生產體制；其次，是對於糧食與食品加工部門的「價格控制」不是採取全國性的控制，而是侷限在公有體系，因此創造出了可移轉至私有體系的「投機」空間，且伴隨累積性通膨形成的「價格扭曲」，更形成投機的強激勵結構。基於此，本書主張，委內瑞拉替代發展模式的失敗，恐不是過多不切實際的福利，或是地方微觀層次制度運作不當等因素可以簡單歸因。因為這只會帶來生產效率不振與內生發展模式的失敗，並不致於釀成嚴重經濟短缺和通膨危機。問題應是一系列錯誤的經濟政策，以及政策與制度形成的負面互補效應導致的結果。

　　除此之外，新經濟生產模式企圖改變生產的社會關係，因此，查維茲的總體經濟政策與制度設計原則，都是為了嘉惠勞工與消費者而存在，包括：價格控制、匯率控制、補貼與社會福利，以及石油收益重分配等（Alvarez, 2009: 232）。這導致「社會經濟部門」的存在，只是為了改善生產的社會關係，卻不願去正視所有企業為求生存必然需面對的市場面因素，例如：生產規模、技術競爭等（Purcell, 2013: 162-163）。誠然，查維茲致力於打造社會經濟體系，設置「社會經濟部門」並將其視為是推動「內生發展模式」的主體。但本書主張，「內生發展模式」作為一套發展模式與策略，若搭配的是強調社會生產與分配的社會邏輯，這代表著活化內需經濟恐不是主要目的，考量更多的是經濟權力與分配的意義。顯而易見，查維茲忽略了任何形式的經濟活動都必然與「市場」和「生產力」之間存在邏輯上的關聯性。這亦重申了二十世紀中葉強調「內生發展模式」之國家在非市場經濟脈絡下的失敗。

　　誠然，歐洲推動「社會經濟」的經驗顯示，這些地方性的社會經濟與社會企業之所以成功，多半源自於偏鄉區域存在「需求」、但缺乏「供給」的創造。

由於地方需求過於零碎或缺乏經濟規模，因此私部門不願進入之下形成的「市場失靈」，反而建構出「社會經濟部門」的空間。這同時意味著這些「社會經濟」本質上相異於「市場經濟」強調的高度競爭、效率與人力資本的成長。實際上，「社會經濟」強調的不追求利潤極大化，對於某些產業而言，或許不存在發展問題；但對於另一些資本密集、技術門檻或追逐全球市場利基的產業，單方強調「平等」與「分配」的社會邏輯更甚於「成長」與「效率」的經濟邏輯，必然造成生產力、技術發展與競爭力的限制。

這亦帶出另一個爭議：是否「社會經濟」只能是一種補充性的存在？顯然，一個強調大型合作社與團結經濟主導的經濟型態，例如：「合作社式市場經濟」仍應是鑲嵌在一個健全的「市場經濟」中運作。

基於此，本研究主張，就「經濟可行性」而言，查維茲新經濟模式的失敗主因是：第一，錯誤的經濟政策逐步扭曲價格與生產配置，並造成災難性後果；第二，新經濟模式缺少對於「市場」的認識、且對「誘因」重視不夠。未能理解所有的經濟模式與「社會經濟」倡議若要永續發展，仍須處理它與「市場經濟」之間關係。即便查維茲的「社會經濟部門」並不排斥存在一部份自由經濟與獲利動機，但自籌經費的問題在於，過度強調「社區」作為經濟範疇，雖有助於創造「充分就業」，但亦容易形成「規模」上的限制。這形同是重蹈進口替代工業化時期受到基礎建設未臻與地理範疇限制，形成的成長限制。此一規模與銷售上的侷限，再搭配強調「平等」與「分配」優先於「效率」的邏輯，以及社區生產組織因缺乏技術與資金形成的制約，都抑制了政策成效，並導致它們更依賴政府補助；**第三，「內生發展模式」的財政，不應依賴石油經濟的挹注**。這又涉及到如何真正活化在地的生產、分配與消費，以創造一個內需市場。顯而易見，內需市場的形成亦將受到人口規模、消費能力與基礎建設等多重因素影響。這又與第二點息息相關；**第四，查維茲的替代發展在創造社會福祉之下，過度相信社會主義意識形態將為多數公民所接受並內化成為核心價值，進而創造「新人類」來超越理性自利個人追逐獲利的動機**。顯而易見，社會主義忽略了人性貪婪與逐利心理，這亦是長久以來右派對於馬克思主義不符合人性的批評。

三、成長與分配之間的權衡

查維茲的替代發展理念，主張發展的最終目的在於「人類發展」與「滿足社會需求」，因而強調「平等」與「分配」更甚於重視「成長」。因此，查維茲推動一系列「重分配」政策，並轉向倡導「賦權」途徑的替代發展論。然而，「賦權」途徑的替代發展論的根本問題在於，經常犧牲了經濟的「效率」，並忽略「成長」對於「分配」的關鍵性。這亦帶出另一個關鍵爭議：「成長」「分配」與之間的關係？究竟，「成長」與「分配」之間如何配置？尤其是對於開發中國家與全球南方國家而言，在經濟成長無法穩定維持之下，強調「社會優先」的替代發展方案是否具備「經濟可行性」？

誠然，《二十一世紀社會主義》作為一個「後資本主義」的民主替代方案，並不強調成長、效率與獲利等經濟理性，而偏向倡導「平等主義」與「分配」的重要性。但即便「後資本主義」試圖超越「資本」作為經濟宰制的唯一形式，亦無法完全忽視「市場」在追求成長、效率與資源配置上的效用。一個強調「社會邏輯」優先性的替代發展方案，若不能兼顧經濟成長動力與效率等「經濟邏輯」，最終必然損及「重分配」能力與經濟永續性。

本書主張，一個替代發展方案若要兼顧經濟與財政永續性，必然需要創造一定程度的經濟成長作為「發展」的前提，本書稱之是一種「起碼的成長」作為發展的「充分條件」。除此之外，更應考量「經濟成長」和「重分配」兩個因素之間的最適配置，以維持財政均衡。「重分配」政策，除了挹注在降低社會不均導致的多重發展落差之外，更應挹注在生產性經濟活動，以有效舒緩財政壓力。可以採取的政策，例如：一部份產出旨在滿足社會需求，因此依循社會邏輯；另一部分則回歸市場機制並依循成本-效益和資本積累的經濟邏輯。基於此，則應重新配置經濟邏輯與社會邏輯占總體經濟的比例，並規劃出各自服膺的經濟協調原則。兩者之間若存在優先序列，則應先打造一個健全的「市場經濟」作為發展「社會經濟」的基礎。

查維茲的替代發展方案因過度強調「平等」與「分配」，忽視了「成長」的重要性。更確切地說，查維茲對於石油經濟榮景抱持過於樂觀的想像，且對於「市場」的認識不足，並誤以為社會主義價值與意識形態得以超越自利動機，從而忽略健全市場機制對於永續發展的關鍵性。這亦回應上述觀點，查維

茲企圖籌組的「社會經濟部門」更應是鑲嵌在一個健全的市場經濟中運作。基於此，查維茲的錯誤在於並未創造一個有效的總體經濟政策。

誠然，「成長」是「重分配」得以落實的物質基礎與「充份條件」，而「重分配」能有效舒緩分配不均，並最終嘉惠經濟成長。事實上，「平等」與「成長」兩個概念，不必然是對立與無法共存的。Pieterse（2010: 129-143）認為，東亞經驗已經指出，兩者可以兼備。後續對於「平等」與「成長」的修正論中，更從原先關注於「人類發展」轉向了「社會發展」（Social Development）途徑。後者，在平衡「平等」與「成長」時，強調採取一種均衡的發展。誠如Midgley（1995: 25）主張應採取有計畫推動社會轉變的過程，並與經濟發展的動態過程相連結。這不只是強調社會政策與生產主義政策雙軌落實的關鍵性，更關鍵的是如何創造友善市場的社會政策，以及對社會友善的成長策略。

最終，本書藉由探究查維茲倡導的替代發展模式，檢視開發中國家與全球南方國家尋求替代新自由主義發展道路的可能性。誠然，多數開發中國家都存在新自由主義模式，以及「自由民主」和「市場經濟」運作不佳的困境。且南方國家在政治上，普遍存在政府治理不彰、公民社會發展未臻，以及制衡與監管不周等共通弊病；在經濟上，則多以原物料出口結構為主，因此存在較高的經濟波動性與依賴性。在此一政經結構之下，尋求反新自由主義和資本主義的替代發展模式，則須充分考量如何將過於理想與規範性的發展理念，轉換成在經驗現實上具備政治、經濟與行政可行性的方案。

儘管查維茲長達十四年的替代發展實驗，最終以失敗告終。但本書主張，委內瑞拉案例對於開發中國家與全球南方國家，仍深具啟發性。委內瑞拉尋求替代發展的政經實驗之學術重要性在於：它展現了過去一個世紀對於新自由主義模式的所有批判與倡議，並涵蓋了開發中國家在經濟全球化時代面臨的所有「發展」困境，包括：失業與就業創造、社會不均與貧窮、社會福利與重分配，以及缺乏實質民主等。因此，研究委內瑞拉案例，尤其是中層與微觀層次的經濟與社會納入方案，依舊可提供開發中國家一個均衡「成長」與「分配」、「經濟」與「社會」之間矛盾與衝突的反思與借鏡。

其次，委內瑞拉替代發展內含對於新社會主義的諸多理念，又採取「賦權」途徑的替代發展論，並試圖走向「後新自由主義」與「後資本主義」的實

踐。這凸顯出委內瑞拉替代發展之政經實驗，存在發展路徑整合與制度混搭的特性。然而，實際上，它亦彰顯出與既有發展理論之間進行相互參照與深刻對話的可能性。因此，即便委內瑞拉模式失敗告終，它對於推進發展研究中如何縮短理論與實務之間落差、釐清發展政策典範在深化實質民主、解決失業、滿足基本需求、推進經濟民主與社會福利等面向，依舊提供了開發中國家一個回應發展困境的思考借鏡。除此之外，委內瑞拉模式亦展現了國家藉由國家新制度主義重組政經結構與制度的可能性，此一再制度化傾向亦為積極尋求經由國家干預政策，例如：國有化政策、重分配與賦權途徑的替代發展模式，提供了政策方向與實踐挑戰的借鏡。

最終，委內瑞拉模式雖然失敗，但對於推進發展研究、探索更適合人類集體社會的制度安排之貢獻，仍不容抹滅。誠然，社會科學是在不斷的「失敗與嘗試」中進步。從這個角度而言，委內瑞拉案例必然在推動發展研究與二十一世紀社會主義的再導向過程中，留下歷史的重量。

參考書目

英文資料

Albert, Michel. 1993. *Capitalism vs. Capitalism: How America's Obsession with Individual Achievement and Short-Term Profit Has Led It to the Brink of Collapse.* NY: Four Walls Eight Windows.

Allen, Nicolas. 2018. "Mariátegui's Heroic Socialism, an Interview with Michael Lowy." *Jacobin Magazine*, December 15. Retrieved from https://www.jacobinmag.com/2018/12/jose-carlos-mariategui-seven-interpretive-essays-peru-marxism-revolutionary-myth (2020/04/21).

Avritzer, Leonardo. 2010. "Living under a Democracy: Participation and Its Impact on the Living Conditions of the Poor." *Latin American Research Review*, 45: 166-185.

Axelrod, Robert. 1984. *The Evolution of Cooperation.* NY: Basic Books.

Azzellini, Dario and Oliver Ressler. 2015. "A Review of the Future: Worker's Control in the Context of a Global Systemic Crisis." In Ines Doujak and Oliver Ressler eds., *Utopia Pulse: Flares in the Darkroom*, pp. 131-145. Pluto Press.

Azzellini, Dario. 2009. "Venezuela's Solidarity Economy: Collective Ownership, Expropriation, and Workers Self-Management." *Journal of Labor and Society*, 12(2): 171-191.

Azzellini, Dario. 2010. "Constituent Power in Motion: Ten Years of Transformation in Venezuela." *Socialism and Democracy*, 24(2): 8-31.

Azzellini, Dario. 2013. "The Communal State: Communal Council, Communes, and Workplace Democracy." June 25. Retrieved from https://nacla.org/article/communal-state-communal-councils-communes-and-workplace-democracy (2019/3/15).

Azzellini, Dario. 2017. Twenty-First Century Socialism? Venezuela's Solidarity, Social, Popular and Communal Economy." In Peter North and Molly Scott Cato eds., *Towards Just and Sustainable Economies*, pp. 213-232. Bristol University Press.

Baiocchi, Gianpaolo. 2001. "Participation, Activism, and Politics: the Porto Alegre Experiment and Deliberative Democratic Theory." *Politics and Society*, 29(1): 43-72.

Barr, Robert. 2003. "The Persistence of Neopopulism in Peru? From Fujimori to Toledo." *Third World Quarterly*, 24(6): 1161-1178.

Barr, Robert. 2017. "Populism in Latin America." In Robert Barr ed., *The Resurgence of Populism in Latin America*, pp. 1-22. Boulder: Lynne Rienner Publishers.

Ben, Ramalingam. 2013. *Aid on the Edge of Chaos: Rethinking International Cooperation in a Complex World.* Oxford: Oxford University Press.

Bernstein, Richard. 1983. *Beyond Objectivism and Relativism: Science, Hermeneutics, and Praxis*. Philadelphia: University of Pennsylvania Press.

Block, Fred. 2003. "Karl Polanyi and the Writing of "The Great Transformation." *Theory and Society*, 32(3): 275-306.

Blofield, Merike. 2011. *The Great Gap: Inequality and the Politics of Redistribution in Latin America.* USA: the Pennsylvania State University Press.

Brenner, Neil, Jamie Peck and Nik Theodore. 2010. "After Neoliberalization?" *Globalization*, 7(3): 327-345.

Bresser-Pereira, Luiz Carlos. 2011. "From Old to New Developmentalism in Latin America." In José Antonio Ocampo and Jaime Ros eds., *Latin American Economics*, pp. 108-129. NY: Oxford University Press.

Bruce, Iain. 2008. *Real Venezuela: Making Socialism in the 21ˢᵗ Century*. London: Pluto Press.

Burawoy, Michael. 1985. *Politics of Production: Factory Regimes under Capitalism and Socialism*. London: Routledge Press.

Burki, ShahidJaved and Guillermo E. Perry. 1997. *Long March: Latin America and Caribbean, the Reform Agenda of the Next Decade*, pp. 1-134. Washington, D.C: The World Bank. Retrieved from http://documents.worldbank.org/curated/en/504391468239370090/pdf/multi-page.pdf (2020/06/05).

Burron, Neil. 2012. "Ollanta Humala and the Peruvian Conjuncture: Democratic Expansion or 'Inclusive' Neoliberal Redux?" *Latin American Perspectives*, 39(1): 133-139.

Business Monitor International (BMI). 2010a. *Venezuela Agribusiness Report Q4 2010: Includes 5 Year Forecasts to 2014*. London: Business Monitor International Ltd.

Business Monitor International (BMI). 2010b. *Venezuela Food & Drink Report Q1 2011*. London:Business Monitor International Ltd.

Business Monitor International (BMI). 2015-2019. *Venezuela Agribusiness Report Q 4 2015-2019*. London: Business Monitor International Ltd.

Buxton, Julia. 2005. "Venezuela's Contemporary Political Crisis in Historical Context." *Bulletin of Latin American Research*, 24(3): 328-347.

Cameron, Maxwell. 2009. "Latin America's Left Turns: Beyond Good and Bad." *Third World Quarterly*, 30(2): 331-347.

Campodónico, Humberto, Gilles Carbonnier and Sergio TezanosVázquez. 2017. "Alternative Development Narratives, Policies and Outcomes in the Andean Region." In Gilles Carbonnier ed., *Alternative Pathways to Sustainable Development: Lessons from Latin America*, pp. 3-15. Leiden: Brill Publisher.

Canache, Damarys. 2012. "The Meanings of Democracy in Venezuela: Citizen Perceptions and Structural Change." *Latin American Politics and Society*, 54(3): 95-122.

Cannon, Barry. 2016. *The Right in Latin America: Elite Power, Hegemony and the Struggle for the State*. NY: Routledge Press.

Cardoso, Fernando Henrique. 2009. "New Paths: Globalization in Historical Perspectives." *Studies in Comparative International Development*, 44: 296-317.

Carruthers, Bruce and Brian Uzzi. 2000. "Economic Sociology in the New Millennium." *Contemporary Sociology*, 29(3): 486-494.

Castañeda, Jorge. 2006. "Latin America's Left Turn." *Foreign Affair*, 85(3): 28-43.

Castelao Caruana, Maria Eugenia and Cynthia Cecilia Srnec. 2013. "Public Policies Addressed to the Social and Solidarity Economy in South America: Toward a New Model?" *Voluntas, International Journal of Voluntary and Nonprofit Organizations*, 24(3): 713-732.

Centeno, Miguel Angel and Maxfield Sylvia. 1992. "The Marriage of Finance and Order: Changes in Mexican Political Elite." *Journal of Latin American Studies*, 24(1): 57-85.

Centeno, Miguel, and Joseph Cohen. 2012. "The Arc of Neoliberalism." *Annual Reviews of Sociology*, 38: 317-340.

Centeno, Miguel. 1993. "The New Leviathan: The Dynamic and Limited of Technocracy." *Theory and Society*, 22(307): 307-335.

Central Intelligence Agency (CIA). 1999~2013. "World FactBook-Venezuela." Retrieved from https://www.cia.gov/library/publications/the-world-factbook/geos/ve.html (2020/02/14).

Central Intelligence Agency (CIA). 2014~2018. *The World FactBook- Country Venezuela*. Retrieved from https://www.cia.gov/library/publications/the-world-factbook/geos/ve.html (2019/11/29).

Chávez, Hugo, Jamie Weiss trans. 2015. "Strike at the Helm." *MonthlyReview*. April, 1, 2015. Retrieved from https://monthlyreview.org/commentary/strike-at-the-helm/ (2018/11/02).

Chávez, Hugo. 2016. "Socialism in Venezuela Cannot be Implemented by Decree-A Speech by Hugo Chavez." *Defend Democracy Press*, April 2. Retrieved from https://www.globalresearch.ca/socialism-in-venezuela-cannot-be-implemented-by-decree-a-speech-by-hugo-chavez/5518269 (2019/01/08).

Chwieroth, Jeffrey. 2007. "Neoliberal Economists and Capital Account Liberalization in Emerging Markets." *International Organization*, 61(2): 443-463.

Ciccariello-Maher, George. 2013. *We Created Chávez: A People's History of the Venezuelan Revolution*. NC: Duke University Press.

Clark, Barry. 2016. "State-Centered Economic System." In *The Evolution of Economic Systems: Varieties of Capitalism in the Global Economy: Variety of Capitalism in Global Economy,* pp. 65-91. NY: Oxford University Press.

Constitución de la República Bolivariana de Venezuela (CRBV). 1999, 2009. "Venezuela (Bolivarian Republic of)'s Constitution of 1999 with Amendments through 2009." *ConstituteProject.org*. Retrieved from https://www.constituteproject.org/constitution/Venezuela_2009.pdf?lang=en (2018/12/01).

Corden, Warner Max. 1984. "Booming Sector and Dutch Disease Economics: Survey and Consolidation." *Oxford Economic Papers*, 36(3): 359-380.

Corrales, Javier. 2011. "Latin America: A Setback for Chávez." *Journal of Democracy*, 22(1): 122-136.

Crabtree, John and Francisco Durand. 2017. *Peru: Elite Power and Political Capture.* UK: Zed Book.

Crist, Raymond. 1942. "Land Tenure Problems in Venezuela." *American Journal of Economics and Sociology*, 1(2): 143-154.

Curcio, PasqualinaCurcio. 2017. *The Visible Hand of the Market: Economic Warfare in Venezuela.* Caracas: EdicionesMinCI.

Dahl, Robert. 1985. *A Preface to Economic Democracy.* Berkeley: University of California Press.

De La Pedraja, René. 2016. "Initial Attempts at Transformation." In René de la Pedraja ed., *Free Trade and Social Conflict in Colombia, Peru and Venezuela-Confronting U.S. Capitalism, 2000-2016*, pp. 60-76. North Carolina: McFarland & Company Publisher.

De la Torre, Carlos. 2010. *Populist Seduction in Latin America.* Athens: Ohio University Press.

DeLong, Seth. 2005. "Venezuela's Agrarian Land Reform: More like Lincoln than Lenin." Retrieved from https://venezuelanalysis.com/analysis/963 (2019/01/12).

Devereux, Charlie. 2012. "Venezuelan Inflation Slows Further as Chavez Eyes Votes." *Bloomberg News,* September 4. Retrieved from https://www.bloomberg.com/news/articles/2012-09-04/venezuela-inflation-slows-for-9th-month-as-chavez-eyes-votes-2- (2020/09/20).

Dietz, James. 1995. *Latin America's Economic Development: Confronting Crisis.* Colorado: Lynne Rienner Publishers.

DiJohn, Jonathan. 2009. *From Windfall to Curse? Oil and Industrialization in Venezuela, 1920 to the Present.* Pennsylvania: The Pennsylvania State University Press.

Dosman, Edgar, ed. 2006. *Raúl Prebisch: Power, Principles and the Ethics of Development.* Buenos Aires: Inter-American Development Bank (IDB)-Integration and Regional Programe Development.

Dosman, Edgar, ed. 2012. *Raúl Prebisch and the XXI century Development Challenge.* Santiago de Chile: ECLAC.

Du, Jane, and King Cheng. 2018. "Unravelling China's Food Security Puzzle, 1979-2008." *The China Quarterly*, 235: 804-827.

Dussel, Enrique. 2008. *Twenty Theses on Politics.* Durham: Duke University Press. Retrieved from https://enriquedussel.com/txt/Textos_Libros/56.Twenty_theses_on_politics.pdf (2018/09/20).

Economic Commission for Latin America and the Caribbean (ECLAC). 2000. *Growth, Employment and Equity: The Impact of the Economic Reforms in Latin America and Caribbean.* Santiago de Chile: United Nations ECLAC.

Economic Commission for Latin America and the Caribbean (ECLAC). 2014. *Compacts for Equality: Toward a Sustainable Future.* Santiago de Chile: United Nation ECLAC.

Economic Commission for Latin America and the Caribbean (ECLAC). 2018. *Inefficiency of Inequality.* Santiago de Chile: United Nation ECLAC.

Ellner, Steve and Miguel Tinker Salasm, eds. 2007. *Venezuela: Hugo Chávez and the Decline of an Exceptional Democracy.* UK: Rowman& Littlefield Publishers.

Ellner, Steve. 2003. "The Contrasting Variants of the Populism of Hugo Chávez and Alberto Fujimori." *Journal of Latin American Studies*, 35(1): 139-162.

Ellner, Steve. 2010. "Hugo Chávez's First Decade in Office: Breakthroughs and Shortcomings." *Latin American Perspectives*, 37(1): 77-96.

Ellner, Steve. 2010. "The Perennial Debate Over Socialist Goals Played Out in Venezuela." *Science and Society*, 74(1): 63-84.

Ellner, Steve. 2011. "Venezuela's Social-Based Democratic Model: Innovations and Limitations." *Journal of Latin American Studies*, 43(3): 421-449.

Ellner, Steve. 2013. "Social and Political Diversity and the Democratic Road to Change in Venezuela." *Latin American Perspectives*, 40(3): 63-82.

Ellner, Steven. 2014. *Latin America's Radical Left: Challenges and Complexities of Political Power.* UK: Rowman & Little Field.

Emerson, Guy. 2011. "A Bolivarian People: Identity Politics in Hugo Chávez's Venezuela." *Humanities Research*, 17(1): 87-107.

Epstein, Gerald and Herbert Gintis. 1992. "International Capital Markets and Limits of National Economic Policies." In Tariq Banuri and Juliet Schor, eds., *Financial Openess and National Autonomy.* Oxford: Clarendon Press.

Escobar, Arturo. 2010. "Latin America at a Crossroads: Alternative Modernizations, Post-liberalism, or Post-development?" *Cultural Studies*, 24(1): 1-65.

Fairbrother, Malcolm. 2014. "Economists, Capitalists, and the Making of Globalization: North American Free Trade in Comparative-Historical Perspective." *American Journal of Sociology*, 119(5): 1324-1379.

Falco, Enzo, Jesús Zambrano-Verratti and Reinout Kleinhans. 2019. "Web-based Participatory Mapping in Informal Settlements: The Slums of Caracas, Venezuela." *Habitat International*, vol., 94(Dec.): 1-10. Rctricvcd from https://doi.org/10.1016/j.habitatint.2019.102038 (2020/08/29).

Felicien, Ana, Christina M. Schiavoni, and Liccia Romero. 2018. "The Politics of Food in Venezuela." *Monthly Review*, (June): 1-19.

Fernandes, Sujatha. 2013. "Culture and Neoliberal Rationalities in Postneoliberal Venezuela." In Mark Goodale and Nancy Postero, eds., *Neoliberalism, Interrupted: Social Change and Contested Governance in Contemporary Latin America*, pp. 53-72. California: Stanford University Press.

Fleischman, Luis. 2013. "The Origins of the Chávez Bolivarian Revolution." In *The Security Threat to the United States*, pp. 18-49. University of Nebraska Press.

Fligstein, Neil. 2001. *The Architecture of Markets: An Economic Sociology of Twenty-First Century Capitalist Societies*. UK: Princeton University Press.

Fligstein, Neil. 2005. "The Political and Economic Sociology of International Economic Arrangements." In Neil Smelser and R. Swedberg, eds., *The Handbook of Economic Sociology*, pp. 183-204. NY: Russel Sage.

Flores-Macías, Gustavo. 2012. *After Neoliberalism? The Left and Economic Reforms in Latin America*. NY:Oxford University Press.

Foster, John Bellamy. 2015. "Chávez and the Communal State: On the Transition to Socialism in Venezuela." *Monthly Review*, 66(11). Retrieved from https://monthlyreview. org/2015/04/01/chavez-and-the-communal-state/ (2018/10/04).

Foucault, Michel. 1972. *Power/Knowledge: Selected Interviews and Other Writing 1972-1977*. NY: Pantheon Books.

Fourcade, Marion. 2006. "The Construction of a Global Profession: The Transnationalization of Economics." *American Journal of Sociology*, 112(1): 145-194.

Fourcade-Gourinchas, Marion and Sarah Babb. 2002. "The Rebirth of the Liberal Creed: Paths to Neoliberalism in Four Countries." *American Journal of Sociology*, 108(3): 533-579.

François-Xavier, Merrien. 2013. "Social Protection as Development Policy: A New International Agenda for Action." *International Development Policy*, 5(1): 89-106.

Frankel, Jeffery. 2011. "The National Resource Curse: A Survey." In Shaffer, Brenda and TalehZiyadov, eds., *Beyond the Resource Curse*, pp.17-57. US: University of Pennsylvanian Press.

Friedland, Roger and Robert Alford. 1991. Bringing Society Back in: Symbols, Practices, and Institutional Contradictions. In Walter Powell and Paul DiMaggio eds., *The New Institutionalism in Organizational Analysis*, pp. 232-266. Chicago: University of Chicago Press.

Frye, Timothy, and Andrei Shleifer. 1997. "The Invisible Hand and the Grabbing Hand." *The American Economic Review*, 87(2): 354-358.

Fukuda-Parr, Sakiko. 2011. "Theory and Policy in International Development: Human Development and Capability Approach and the Millennium Development Goals." *International Studies Review*, 13(1):122-132.

Fukuyama, Francis. 2011. *Falling Behind: Explaining the Development Gap Between Latin America and the United States*. Oxford University Press.

Fung, Archon and Erik Olin Wright. 2001. "Deepening Democracy: Innovations in Empowered Participatory Governance." *Politics and Society*, 29 (1): 5-41.

Gallegos, Raúl. 2016. "Oil for the People." In *Crude Nation: How Oil Riches Ruined Venezuela*, pp. 133-157. University of Nebraska Press, Potomac Books.

García-Guadilla, MaríaPilar. 2007. "Social Movements in a Polarized Setting: Myths of Venezuelan Civil Society." In *Venezuela: Hugo Chávez and the Decline of an Exceptional Democracy*, pp. 140-154. Maryland: Rowman& Littlefield Publishers.

Gianpaolo, Baiocchi. 2001. "Participation, Activism, and Politics: the Porto Alegre Experiment and Deliberative Democratic Theory." *Politics and Society*, 29(1): 43-72.

Gilbert, Alan. 2004. "The Urban Revolution." In Robert Gwynne and Cristóbal Kay eds., *Latin America Transformed: Globalization and Modernity*, pp. 93-116. London: Edward Arnold Press.

Gill, Adam. 2012. "State-managed Participatory Democracy in Venezuela: The Case of the Communal Councils." Ph.D. diss., University of Liverpool.

Goldfrank, Benjamin. 2008. "The Left and Participatory Democracy: Scaling Upor Scaling Back?" paper presented at the conference *Latin America's Left Turn: Causes and Implications*, Harvard University, April 4-5, 2008.

Gónzalez de la Rocha, Mercedez. 2001. "From the Resources of Poverty to the Poverty of Resources? The Erosion of a Survival Mode." *Latin American Perspectives*, 28(4): 72-100.

González, Mike. 2019. *The Ebb of the Pink Tide: The Decline of the Left in Latin America*. London: Pluto Press.

Gott, Richard. 2011. *Hugo Chávez and the Bolivarian Revolution*. NY: Verso Publisher.

Grimson, Alejandro and Gabriel Kessler. 2005. *On Argentina and the Southern Cone: Neoliberalism and National Imaginations*. NY: Routledge Publisher.

Grugel, Jean and Pia Piggirozzi. 2009. *Governance after Neoliberalism in Latin America*. NY: Palgrave MacMillan.

Grugel, Jean and Pía Riggirozzi. 2012. "Post-neoliberalism in Latin America: Rebuilding and Reclaiming the State after Crisis." *Development and Change*, 43 (1): 1-21.

Gutberlet, Jutta. 2009. "Solidarity Economy and Recycling Co-ops in São Paulo: Micro-Credit to Alleviate Poverty." *Development in Practice*, 19(6): 737-751.

Gwynne, Robert and Cristóbal Kay. 2004. "Latin America Transformed: Globalization and Neoliberalism." In Robert Gwynne and Cristóbal Kay eds., *Latin America Transformed: Globalization and Modernity*, pp. 3-21. London: Edward Arnold.

Haas, Peter. 1992. "Introduction: Epistemic Communities and International Polity Coordination." *International Organization*, 46(1): 1-35.

Hahnel, Robin. 2016. "The Case for Participatory Economics." In Robin Hahnel and Erik Olin Wright eds., *Alternatives to Capitalism: Proposals for a Democratic Economy*, pp. 7-16. NY: Verso Press.

Hall, Peter and David Soskice. 2001. "Introduction to Varieties of Capitalism." In *Varieties of Capitalism: The Institutional Foundation of Comparative Advantage*, pp. 1-70. NY: Oxford University Press.

Hall, Peter, and Michele Lamont. 2013. "Neoliberalism: Policy Regimes, International Regimes, and Social Effects." In *Social Resilience in the Neoliberal Era*, pp. 35-68. NY: Cambridge University Press.

Hall, Peter. 1989. "Conclusion: The Politics of Keynesian Ideas." In Peter Hall, ed., *The Political Power of Economic Ideas: Keynesianism across Nations*, pp. 360-391. Princeton: Princeton University Press.

Hardt, Michael and Antonio Negri. 2000. *Empire*. Cambridge, Mass: Harvard University.

Harnecker, Marta. 2004. *Venezuela: A Sui Generis Revolution*. España: Editorial El Viejo Topo.

Harnecker, Marta. 2015. "Left Governments Facing More Objective Limitations." In *A World to Build: New Paths toward Twenty-First Century Socialism*, pp. 49-55. NY: Monthly Review Press.

Harrison, Lawrence. 1985. *Under-Development is a State of Mind-The Latin American Case*. Maryland: Madison Books.

Harvey, David. 2005. *A Brief History of Neoliberalism*. NY: Oxford University Press.

Harvey, David. 2006. *Spaces of Global Capitalism: A Theory of Uneven Geographical Development*. Verso Publisher.

Hathazy, Paul. 2013. "(Re) Shaping the Neoliberal Leviathans: the Politics of Penalty and Welfare in Argentina, Chile and Peru." *European Review of Latin American and Caribbean Studies*, 95: 5-25.

Hawkins, Kirk. 2010. "Who Mobilizes? Participatory Democracy in Chávez's Bolivarian Revolution." *Latin American Politics and Society*, 52(3): 31-66.

Held, David. 2006. *Models of Democracy*. Stanford: Stanford University Press.

Hellinger, Daniel. 2007. "When No Means Yes to Revolution: Electoral Politics in Bolivarian Venezuela." In Steve Ellner and Miguel Tinker Salas eds., *Venezuela Hugo Chávez and the Decline of an Exceptional Democracy*, pp. 157-184. Maryland: Rowman & Littlefield Publishers.

Henaff, Marcel. 2009. "The Aporia of Pure Giving and the Aim of Reciprocity: On Derrida's Given Time." In Pheng Cheah and Suzanne Guerlac, eds., *Derrida and the Time of the Political*. Duke University Press.

Henisz, Witold, Bennet Zelner and Mauro Guillén. 2005. "The World Wide Diffusion of Market-Oriented Infrastructure Reforms, 1977-1999." *Sociological Review*, 70(6): 871-897.

Hirschman, Albert. 1977. "A Generalized Linkage Approach to Development, with Special Reference to Staples." *Economic Development and Cultural Change*, (25): 67-98.

Holland, Alex. 2006. "Venezuela's Urban Land Committees and Participatory Democracy." *Venezuelanalysis.com*, February 11, 2006. Retrieved from https://venezuelanalysis.com/analysis/1611 Accessed 2018/9/3. (2019/10/23).

Hollender, Rebecca. 2015. "Post-Growth in the Global South: The Emergence of Alternatives to Development in Latin America." *Socialism and Democracy*, 29 (1): 73-101.

Howard-Hassmann, Rhoda E., 2015. "The Right to Food under Hugo Chávez." *Human Right Quarterly*, 37: 1024-1035.

Howard-Hassmann, Rhoda E., 2016. *State Food Crimes*. UK: Cambridge University Press. Retrieved from http://www.derechos.org.ve/publicaciones/infanual/index.htm (2019/08/20).

International Monetary Fund (IMF). 2006. "Rising Inequality and Polarization in Asia: Trends, Causes and Potential Responses." *Regional Economic Outlook*, IMF.

James, Ian. 2010. "Farmer-Turned-Hunger Striker Dies in Venezuela." *The Santiago Union Tribune*. Aug. 31, 2010. Retrieved from https://www.sandiegouniontribune.com/sdut-farmer-turned-hunger-striker-dies-in-venezuela-2010aug31-story.html (2018/12/11).

Keck, Margaret and Rebecca Nevera. 2006. "Civil Society and State Building in Latin America." *LASA Forum* XXXVII (1): 30-32. Retrieved from https://baierle.files.word-press.com/2011/03/abers_and_keck_lasa2006winter.pdf (2020/09/15).

Kingstone, Peter. 2011. "The Two Lefts and the Return of the State." pp. 91-126, In *The Political Economy of Latin America: Reflections on Neoliberalism and Development.* NY: Routledge Press.

Kirdina, Svetlana. 2012. "From Marxian School of Economic Thought to System Paradigm in Economic Studies: The Institutional Matrices." *Theory Montenegrin Journal of Economics*, 8(2): 53-71.

Kornai, János. 1998. "The System Paradigm." Working Paper Number 278. Retrieved from https://deepblue.lib.umich.edu/bitstream/handle/2027.42/39662/wp278.pdf;jsessionid=-9F0AB782E64EA3F4FA091E88A0ED5988?sequence=3 (2020/08/14).

Kornai, János. 2000. "What the Change of System from Socialism to Capitalism Does and Does Not Mean?" *The Journal of Economic Perspective*, 14(1): 27-42.

Kornai, János. 2017. "The System Paradigm Revisited: Clarification and Additions in the Light of Experiences in the Post-Socialist Region." *Revue d'études comparatives Est-Ouest 2017/1-2* (48): 239-296. Retrieved from https://www.cairn.info/journal-revue-d-etudes-comparatives-est-ouest1-2017-1-page-239.htm# (2020/08/02).

Krippner, Greta and Anthony Alvarez. 2007. "Embeddedness and the Intellectual Projects of Economic Sociology." *Annual Review of Sociology*, 33:219-240.

Lander, Edgardo. 2007. "Venezuelan Social Conflict in a Global Context." In Steve Ellner and Miguel Tinker Salas eds., *Venezuela: Hugo Chávez and the Decline of an Exceptional Democracy*, pp. 16-32. Maryland: Rowman & Littlefield Publisher.

Lander, Edgardo. 2008. "Venezuela: Populism and the Left: Alternative to Neoliberalism." In Patrick Barrett, Daniel Chávez and César Rodríguez Garavito eds., *The New Latin America Left: Utopia Reborn*, pp. 69-98. London: Pluto Press.

Larrabure, Manuel. 2019. "Chile's Democratic Road to Authoritarianism." *European Review of Latin American and Caribbean Studies*, 108: 221-243.

Lavelle, Daniel Brian. 2016. *Petro-Socialism and Agrarianism: Agrarian Reform, Food and Oil in Chavista Venezuela.* Ph. D.Dissertation. California: Graduate Division of the University of California.

Lebowitz, Michael. 2009. *The Path to Development: Capitalism or Socialism?* Toronto: Socialist Project.

Levitsky, Steven, Kenneth Roberts. 2011. "Introduction: Latin America's "Left Turn": A Framework for Analysis." In Steven Levitsky and Kenneth M. Roberts eds., *The Resurgence of the Latin American Left*, pp. 1-30. Baltmore: The Johns Hopkins University Press.

Lissidini, Alicia. 2012. "Direct Democracy in Uruguay and Venezuela: New Voices, Old Practices." In Maxwell A Cameron, Eric Hershberg and Kenneth E. Shapre eds., *New Institutions for Participatory Democracy in Latin America:Voices and Conseguences*, pp. 149-180. NY: Palgrave Machillan.

López Maya, Margarita López and Alexandra Panzarelli. 2013. "Populism, Rentierism, and Socialism in the Twenty-First Century: The Case of Venezuela." In Carlos de la Torre and Cynthia Arnson, eds., *Latin American Populism in the Twenty-First Century*, pp. 239-268. Maryland: Johns Hopkins University Press.

López Maya, Margarita López and Luis Edgardo Lander. 2011 "Participatory Democracy in Venezuela: Origins, Ideas, and Implementation." In David Smilde and Daniel Hellinger, eds., *Venezuela's Bolivarian Democracy: Participation, Politics, and Culture under Chávez*, pp. 58-79. Durham: Duke University Press.

López Maya, Margarita López. 2008. "Caracas: The State, Popular Participation and How to Make Things Work." Paper presented at the Yale Conference *The Popular Sectors and the State in Chávez's Venezuela*. New Haven, March 6-8.

Lupu, Noam. 2010. "Who Votes for Chavismo? Class Voting in Hugo Chávez's Venezuela." *Latin American Research Review*, 45 (1): 7-32.

Margheritis, Ana, and Anthony Pereira. 2007. "The Neoliberal Turn in Latin America: The Cycle of Ideas and the Search for an Alternative." *Latin American Perspectives*, 34(3): 25-48.

Márquez, Humberto. 2005. "Venezuela: Chávez Land Reform Targets Large Ranches." *Global Information Network*, March 2005.

Márquez, Humberto. 2006. "Venezuela: Land Reform Tripped Up by Red Tape, Lack of Planning." *Inter Press Service*, Mar 6. Retrieved from http://www.ipsnews.net/2006/03/venezuela-land-reform-tripped-up-by-red-tape-lack-of-planning/ (2019/02/03).

Marx, Benjamin, Thomas Stoker and TavneetSuri. 2013. "The Economics of Slums in the Developing World." *The Journal of Economic Perspectives*, 27(4): 187-210.

McCarthy, Michael. 2012. "The Possibilities and Limits of Politicized Participation: Community Councils, Coproduction and Poder Popular in Chávez's Venezuela." In Maxwell A Cameron, Eric Hershberg and Kenneth Shapre eds., *New Institutions for Participatory Democracy in Latin America:Voices and Conseguences*, pp. 123-148. NY: Palgrave Machillan.

McClintock, Cynthia. 2013. "Populism in Peru: From APRA to OllantaHumala." In Carlos de la Torre and Cynthia Arnson eds., *Latin American Populism in the Twenty-First Century*, pp. 203-237. Baltimore: The Johns Hopkins University Press.

Merino, Roger. 2016. "An Alternative to Alternative Development? BuenVivir and Human Development in Andean Countries." *Oxford Development Studies*, 44(3): 271-286.

Mészáros, István. 1995. *Beyond Capital: Toward a Theory of Transition*. NY: Monthly Review Press.

Mészáros, István. 2007. "Bolívar and Chávez: The Spirit of Radical Determination." *Monthly Review*, July 1. Retrieved from https://monthlyreview.org/2007/07/01/boliivar-and-chaavez-the-spirit-of-radical-determination/ (2019/12/25).

Mészáros, István. 2008. "The Communal System and Principle of Self-Critique." *Monthly Review, March 1*. Retrieved from https://monthlyreview.org/2008/03/01/the-communal-system-and-the-principle-of-self-critique/ (2019/12/26).

Meyer, John, John Boli, George Thomas and Francisco Ramirez. 1997. "World Society and the Nation-State." *American Journal of Sociology*, 103(1): 144-181.

Mielnik, Andy. 2008. "Hugo Chgavez: Venezuela's New Bandito or Zorro." *Law and Business Review of the Americas*, (14): 591-619.

Midgley, James. 1995. *Social Development: the Developmental Perspective in Social Welfare*. London: Sage publisher.

Monaldi, Francisco, Igor Hernández y José La Rosa. 2020. *The Role of Foreign Direct Investment in Resource-Rich Regions The Collapse of the Venezuelan Oil Industry: The Role of Above-Ground Risks Limiting FDI*. Rice University's Baker Institute for Public Policy. Retrieved from https://www.bakerinstitute.org/media/files/files/231d0e08/fdi-medlock-miller-executive-summary.pdf (2020/04/15).

Montecinos, Veronica and John Markoff. 2001. "From the Power of Economic Ideas to the Power of Economists." In Miguel Centeno and Fernando López-Alves, eds., *The Other Mirror: Grand Theory through the Lens of Latin America*, pp. 105-150. NJ: Princeton University Press.

Motta, Sara. 2011. "Populism's Achilles' Heel: Popular Democracy beyond the Liberal State and the Market Economy in Venezuela." *Latin American Perspectives*, 38(1): 28-64.

Muntaner, Carles, Joan Benach, María Páez Victor, Edwin Ng and Haejoo Chung. 2013. "Egalitarian Policies and Social Determinants of Health in Bolivarian Venezuela." *International Journal of Health Services*, 43(3): 537-549.

Muntaner, Carles, René M. Guerra Salazar, Joan Benach and Francisco Armada. 2006. "Venezuela's Barrio Adentro: An Alternative to Neoliberalism in Health Care." *International Journal of Health Services*, 36(4): 803-811.

Myrdal, Gunner. 1974. "What is Development?" *Journal of Economic Issues*, 8(4): 729-36.

Natalia Dinello, Lyn Squire. 2005. *Globalization and Equity-Perspective from the Developing World*. UK: Edward Elgar Publishing.

Nee, Victor and Paul Ingram. 1998. "Embeddedness and Beyond: Instiuttions Exchange and Social Structure." In Mary Brinton and Victor Nee, eds, *The New Institutionalism in Sociology*, pp. 19-45. NY: Russel Sage Foundation.

Negri, Antonio. 1999. "Constituent Power: The Concept of a Crisis." In *Insurgencies: Constituent Power and the Modern State*. University of Minnesota Press.

Nunnenkamp, Peter. 1990. "Book Review: Latin American Adjustment, John Williamson (ed): Washington, Institute for International Economics." *Weltwirtschaftliches Archiv, Mohr, Tübingen*, 127(2): 421-423.

Ong, Aihwa. 2006. *Neoliberalism as Exception: Mutations in Citizenship and Sovereignty.* Durham: Duke University Press.

Parker, Dick. 2007. "Chávez and the Search for an Alternative to Neoliberalism." In Steven Ellner and Miguel Tinkel Salas, eds., *Venezuela Hugo Chávez and the Decline of an 'Exceptional Democracy'*, pp. 60-74. Maryland: Bowman & Littlefield Publisher.

Pateman, Carole. 1970. "Rousseau, John Stuart Mill, G.D.H. Cole: A Participatory Theory of Democracy." In *Participation and Democratic Theory*, pp. 22-44. Cambridge: Cambridge University Press.

Payne, Anthony and Nicola Phillips. 2010. *Development.* UK: Polity Press.

Petras, James and Henry Veltmeyer. 2003. "Participatory Local Development." In *Cardoso's Brasil*, pp. 59-68. Rawman & Littlefield Publishers.

Pieterse, Jan Nederveen. 2010. *Development Theory: Deconstructions/ Reconstructions.* California: Sage Publications Ltd.

Piñera, Harnecker. 2010. "Venezuelan Cooperatives: Practices and Challenges." Paper presented at 28th Interscholastic League Press Conference (ILPC), 15-17, March. NJ. Rutgers University.

Pollock, David. 2006. "Raúl Prebisch: the Essence of Leadership." In Edgar Dosman, ed., *Raúl Prebisch: Power, Principles and the Ethics of Development*, pp. 11-20. Buenos Aires: Inter-American Development Bank(IDB) -Integration and Regional Programe Development.

Porsser, Tony. 2006. "Regulation and Social Solidarity." *Journal of Law and Society*, 33(3): 364-387.

Portes, Alejandro, and Douglas Kincaid. 1989. "Sociology and Development in the 1990s: Critical Challenges and Empirical Trends." *Sociology Forum*, 4: 479-503.

Portes, Alejandro. 1997. "Neoliberalism and the Sociology of Development: Emerging Trends and Unanticipated Facts." *Population and Development Review*, 23(2): 229-259.

Portes, Alejandro. 2006. "Sociology in the Hemisphere: Past Convergencies and a New Middle-Range Agenda." In Charles Wood and Bryan Roberts, eds., *Rethinking Development in Latin America*, pp. 27-52. Pennsylvania: Pennsylvania State University Press.

Postero, Nancy. 2007. *Now We Are Citizen: Indigenous Politics in Postmulticultural Bolivia.* Standford University Press.

Prahalad, Coimbatore Krishnarao and Stuart L. Hart. 2002. "The Fortune at the Bottom of the Pyramid." *Estratégia e Negócios, Florianópolis*, 1(2): 1-23. Retrieved from file:///C:/Users/Florencia/Downloads/The_Fortune_at_the_Bottom_of_the_Pyramid%20(1).pdf (2018/12/13).

Purcell, Thomas Francis. 2013. "The Political Economy of Social Production Companies in Venezuela." *Latin American Perspectives*, 40(3): 146-168.

Purcell, Thomas Francis. 2014. "The Political Economy of Social Production Companies in Venezuela." In Steve Ellner ed., *Latin America's Radical Left: Challenges and Complexities of Political Power*, pp. 203-226. UK: Rowman& Little Field.

Radcliffe, Sarah. 2015. "Debate: Development Alternatives." *Development and Change*, 46(4): 855-874.

Ramírez, Cristóbal Valencia. 2005. "Venezuela's Bolivarian Revolution: Who Are the Chavistas?" *Latin American Perspectives*, 32(3): 79-97.

Rhodes-Purdy, Matthew. 2015. "Participatory Populism: Theory and Evidence from Bolivarian Venezuela." *Political Research Quarterly*, 68(3): 415-427.

Roberts, Bryan and Charles Wood. 2006. "Introduction: Rethinking Development in Latin America." In Charles Wood and Bryan Robert eds., *Rethinking Development in Latin America*, pp. 1-23. Pennsylvania: Pennsylvania State University Press.

Roberts, Timmons Roberts, Amy Bellone Hite and NitsanChorev, eds. 2007. *The Globalization and Development: Perspectives on Development and Social Change*. USA: Wiley-Blackwell Publishing.

Robinson, William. 1999. "Latin America in the Age of Inequality: Confronting the New Utopia." *International Studies Review*, 1(3): 41-67.

Robinson, William. 2005. "Global Capitalism: The New Transnationalism and the Folly of Conventional Thinking." *Science & Society*, 69: 316-328.

Robinson, William. 2006. "Promoting Polarchy in Latin America: The Oxymoron of "Market Democracy." In Eric Hershberg and Fred Rosen eds, *Latin America After Neoliberalism: Turning the Tide in the 21st Century?* pp. 96-119. NY: The New Press.

Robinson, William. 2008. "The Antinomies of Global Capitalism and the Twilight of Neoliberalism." In *Latin America and Global Capitalism: A Critical Globalization Perspective*, pp. 226-286. Baltimore: The Johns Hopkins University Press.

Rojas, Gerardo. 2018. "Where is Socialism in Maduro's Economic Recovery Plan?" *Venezuela Analysis*. Oct 3, 2018. Retrieved from https://venezuelanalysis.com/print/14082 (2018/10/07).

Romero, Simon. 2007. "Chávez Threatens to Jail Price Control Violators." *New York Times*. Feb. 17. Retrieved from https://www.nytimes.com/2007/02/17/world/americas/17venezuela.html (2019/06/11).

Ruckert, Arne. 2006. "Toward an Inclusive-Neoliberal Regime of Development: From the Washington to the Post-Washington Consensus." *TRAVAIL, Capital et Société*, 39(1): 34-67.

Saad-Filho, Alfredo. 2010. "Growth, Poverty and Inequality: From Washington Consensus to Inclusive Growth." *UN/Department of Economic and Social Affairs, UN/ESA Working Paper*, No. 100.

Sabatini, Christopher. 2008. "Labor Reform: Undercompetitive Economies and Unprotected Workfare." In Jerry Harr and John Price eds., *Can Latin America Compete? Confronting Challenges of Globalization*, pp. 239-252. NY: Palgrave MacMillan.

Sachs, Jeffrey. 2005. *The End of Poverty: Economic Possibilities for Our Times*. USA: Penguin Press.

Schiavoni, Christina, and William Camacaro. 2009. "The Venezuelan Effort to Build a New Food and Agriculture System." *Monthly Review*, 61(3): 129-141.

Schmidt, Vivien. 2003. "French Capitalism Transformed, Yet Still a Third Variety of Capitalism." *Economy and Society*, 32(4): 526-554.

Schneider, Ben Ross. 2009. "Hierarchical Market Economies and Varieties of Capitalism in Latin America." *Journal of Latin American Studies*, 41(3): 553-575.

Schneider, Ben Ross. 2013. *Hierarchical Capitalism in Latin America: Business, Labour, Challenges of Equitable Development.* UK: Cambridge University Press.

Schwegler, Tara. 2008. "Take it from the Top Down? Rethinking Neoliberalism and political hierarchy in Mexico." *American Ethnologist*, 35(4): 682-700.

Scott, Richard. 2008. "Approaching Adulthood: The Maturing of Institutional Theory." *Theory and Society*, 37(5): 427-442.

Sen, Amartya. 1976. "An Ordinal Approach to Measurement." *Econometrica*, 44(2): 219-231.

Sen, Amartya. 1999. *Development as Freedom.* USA: Anchor Book.

Seth, DeLong. 2005. "Venezuela's Agrarian Land Reform: More Like Lincoln than Lenin." *Venezuelanalysis.com.* Retrieved from https://venezuelanalysis.com/analysis/963 (2019/1/12).

Shaw, D. John. 2007. *World Food Security: A History Since 1945.* London, UK: Palgrave Macmillan.

Skidmore, Thomas and Peter Smith. 2010. *Modern Latin America.* Oxford University Press.

SNV-WBCSD. 2011. "Inclusive Business: Creating Value in Latin America." SNV-WBCSD Alliance for Inclusive Business, *World Bank Council for Sustainable Development.* Retrieved from http://docs.wbcsd.org/2011/05/InclusiveBusinessCreatingValueLatinAmerica.pdf (2019/02/18).

Somers, Margaret and Fred Block. 2005. "From Poverty to Perversity: Ideas, Markets, and Institutions over 2000 Years of Welfare Debate." *American Sociological Review*, 70: 260-287.

Southal, Nick. 2013. "Toni Negri in Venezuela: 'Socialism of the 21st Century." Retrieved from https://revoltsnow.wordpress.com/2013/03/07/toni-negri-in-venezuela-socialism-of-the-21st-century/ (2018/08/05).

Stallings, Barbara and Wilson Peres. 2000. *Growth, Employment and Equity: The Impact of the Economic Reforms in Latin America and Caribbean.* Washington, D.C.: Brooking Institution Press and ECLAC.

Statistics. 2019. "Average Annual OPEC Crude Oil Price from 1960 to 2019." Retrieved from https://www.statista.com/statistics/262858/change-in-opec-crude-oil-prices-since-1960/ (2019/03/10).

Streeten, Paul, Javed Burkhi, Mahbub ul Haq, Norman Hicks, and Frances Stewart. 1982. *First Things First: Meeting Basic Needs in the Developing Countries.* NY: Oxford University Press.

Sumner, Andrew. 2006. "In Search of the Post-Washington (Dis) Consensus: The 'Missing' Content of PRSPs." *Third World Quarterly*, 27(8): 1401-1412.

Svampa, Maristella. 2012. "Resource Extractivism and Alternatives: Latin American Perspectives on Development." In Miriam Lang and D. Mokrani, eds., *Beyond Development: Alternative Visions from Latin America*, pp. 117-144. Quito: Transnational Institute/Rosa Luxemburg Foundation.

The Economist. 2001. "Venezuela, Back to the Soil." *The Economist*, April 26. Retrieved from https://www.economist.com/the-americas/2001/04/26/back-to-the-soil (2020/06/07).

The Organization for Economic Co-operation and Development (OECD). 2013. "Job Creation through Social Economy and Social Entrepreneurship." *The Organization for Economic Co-operation and Development*. Retrieved from https://www.oecd.org/cfe/leed/130228_Job%20Creation%20throught%20the%20Social%20Economy%20and%20Social%20Entrepreneurship_RC_FINALBIS.pdf (2020/06/07).

Thornton, Patricia and William Ocasio. 2008. "Institutional Logics." In Royston Greenwood, Christine Oliver, Kerstin Sahlin and Roy Suddaby, eds., *Handbook of Organizational Institutionalism*. CA: Sage.

Trigilia, Carlo. 1998. "From Classical Economics to Economic Sociology." In *Economic Sociology: State, Market and Society in Modern Capitalism*, pp. 17-35. Oxford: Blackwell Publishing.

Trigilia, Carlo. 1998. "The Great Depression and the Decline of Liberal Capitalism: Polanyi and Schumpter." In *Economic Sociology: State, Market and Society in Modern Capitalism*, pp. 96-116. Oxford: Blackwell Publishing.

Turner, John and Robert Fichter. 1972. *Freedom to Build Dweller Control of the Housing Process*. NY: Collier- Macmillan.

United Nations Development Programme (UNDP). 2014. "The Role of the Private Sector in Inclusive Development: Barriers and Opportunities at the Base of the Pyramid." UN: United Nations Development Program.

Vanden, Henry and Marc Becker. 2011. *José Carlos Mariátegui: An Anthology*. NY: Monthly Review Press.

Vásquez-León, Marcela. 2010. "Free Market and Fair Trade. Collective Livelihood Struggles, and the Cooperative Model: Two Case Studies from Paraguay." *Latin American Perspectives*, 37(6): 53-73.

Villalba, Unai. 2013. "Buen Vivir vs. Development: a Paradigm Shift in the Andes." *Third World Quarterly*, 34(8): 1427-1442.

Walder, Andrew. 1995. "China's Transnaitonal Economy: Interpreting Its Significance." *The China Quarterly*, 144: 963-979.

Wampler, Brian. 2004. "Expanding Accountability through Participatory Institutions: Mayors, Citizens, and Budgetingin Three Brazilian Municipalities." *Latin American Politics and Society*, 46(2): 73-99.

Webber, Jeffery. 2015. "The Indigenous Community as "Living Organism": José Carlos Mariátegui, Romantic Marxism, and Extractive Capitalism in the Andes." *Theory and Society*, 44(6): 575-598.

Weisbrot, Mark and Jake Johnton. 2012. "Venezuela's Economic Recovery: Is It Sustainable?" *Center for Economic and Policy Research 21(2012)*. Retrieved from https://venezuelanalysis.com/analysis/7313 (02/15/ 2020).

Weyland Kurt. 1996. "Risk Taking in Latin American Economic Restructuring: Lesson from Prospect Theory." *International Studies Quarterly*, 40: 185-208.

Weyland, Kurt, Wendy Hunter and Raúl Madrid. 2010. "The Politics and Performances of the Contestatory and Moderate Left" In Kurt Weyland ed., *Leftist Governments in Latin America: Successes and Shortcomings*, pp. 140-180. NY: Cambridge University Press.

Weyland, Kurt. 2002. "The Puzzle of Risky Reforms in Unstable Democracy." In *The Politics of Market Reform in Fragile Democracies: Argentina, Brasil, Peru and Venezuela*, pp. 1-17. NY: Princeton University Press.

Wilde, Matt. 2017. "Contested Spaces: The Communal Councils and Participatory Democracy in Chávez's Venezuela." *Latin American Perspectives*, 44(1): 140-158.

Williamson, Oliver. 1981. "The Economics of Organization: The Transaction Cost Approach." *American Journal of Sociology*, 87: 548-577.

Wilpert, Gregory. 2005. "Chávez Affirms Venezuela Is Heading Towards Socialism of 21st Century." *Venezuelanalysis*, May 2. Retrieved from https://venezuelanalysis.com/news/1099 (2019/12/02).

Wilpert, Gregory. 2006. "Land for People not for Profit in Venezuela." In Peter Roset, Raj Patel and Michael Courville, eds., *Promised Land: Competing Visions of Agarian Reform*, pp. 249-264. California: Institute for Food and Development Policy.

Wood, Charles and Bryan Roberts. 2006. "Introduction: Rethinking Development in Latin America." In *Charles Wood and Bryan Roberts eds., Rethinking Development in Latin América*, pp. 1-23. NY: Pennsylvania State University Press.

Wood, Ellen Meiksins. 1995. *Democracy against Capitalism: Renewing Historical Materialism*. UK: Cambridge University Press.

World Bank. 1998~2017. *Open Data-GINI Index*. Retrieved from https://data.worldbank.org/indicator/SI.POV.GINI (2019/8/28).

World Bank. 1999~2014. *GDP Growth Rate Venezuela*. Retrieved from https://data.worldbank.org/indicator/NY.GDP.MKTP.KD.ZG?end=2014&locations=VE&start=1999&view=chart (2019/8/10).

World Bank. 2006~2016. *Global Economic Data-Venezuela*, 2006-2016, CEICDATA. Retrieved from https://www.ceicdata.com/en/venezuela/exchange-rates-and-real-effective-exchange-rates/ve-official-exchange-rate-average-per-usd (2019/3/15).

World Bank. 2009. "What is Inclusive Growth?" Retrieved from http://siteresources.worldbank.org/INTDEBTDEPT/Resources/468980-1218567884549/WhatIsInclusiveGrowth20081230.pdf (2018/08/10).

World Bank. 2014~2017. *Open Data- GDP per capita*. Retrieved from https://data.worldbank.org/country/venezuela-rb?view=chart (2020/9/20).

Wright, Eric Ollin. 2010. *Envisioning Real Utopia*. London: Verso.

Wright, Erik Olin. 2016. "Socialism and Real Utopias." In Robin Hahnel and Erik Olin Wright, eds., *Alternatives to Capitalism: Proposals for a Democratic Economy*, pp. 75-105. NY: Verso.

西文資料

Abadi, Anabella y Carlos García Soto. 2018. "15 añosdel actual control de precios en Venezuela: un balance." Disponible en https://prodavinci.com/15-anos-del-actual-control-de-precios-en-venezuela-un-balance/ (2019/01/12).

Allen, Nicolas. 2018. "El socialismo heroico de Mariátegui-Entrevista a Michael Löwy." *Viento Sur*, pp. 1-8. Diciembre 27. Disponible en file:///C:/Users/Florencia/Desktop/El-socialismo-heroico-de-Mari-tegui_a14467.pdf (2020/02/13).

Alonso, Osvaldo. 2007. "Nuevas formas de propiedad y de gestión de las organizaciones en la transición hacia el socialismo del siglo XXI." Instituto Latinoamericano de investigaciones sociales. Disponible en https://library.fes.de/pdf-files/bueros/caracas/05537.pdf (2020/07/10).

Álvarez, Víctor. 2009. Venezuela: *¿Hacia dónde va el modelo productivo?* Caracas: Centro Internacional Miranda. Disponible en http://biblioteca.clacso.edu.ar/Venezuela/cim/20170102045053/pdf_199.pdf (2020/09/27).

Álvarez, Víctor. 2012. "Venezuela ¿Hacia dónde va el modelo productivo?" *Cuadernos de Cendes*, 29(80): 165-171.

Andino, Cristian. 2012. "Notas en torno a la política de la liberación de Enrique Dussel. En: Apóstasis." *Revista de filosofía social y política.* No, 2/3. Asunción.

Aniyar, Daniel Castro. 2013. "La seguridad alimentaria en Venezuela. Una evaluación de los sub-objetivos suficiencia, acceso, disponibilidad y estabilidad. Período 1999-2012." *Revista Venezolana de Ciencia y Tecnología de Alimentos*, 4(1): 63-100.

APORREA. 2018. "Listado de precio en medio de la espiral inflacionaria." *Aporrea.org*. Disponible en https://www.aporrea.org/economia/n322795.html (2019/3/4).

Araujo, Orlando. 2013. *Venezuela violenta*. Caracas: Banco Central de Venezuela. Disponible en https://es.slideshare.net/rafael311048/venezuela-violenta-orlando-bearaujo (2019/03/23).

Banco Central de Venezuela (BCV). 2010. "El índice nacional de precios al consumidor de Venezuela." Disponible en http://bcv.org.ve/# (2020/02/12).

Banco Central de Venezuela (BCV). 2015. "Información estadística." Disponible en http://www.bcv.org.ve/c2/indicadores.asp (2019/03/01).

Bárcera, Alicia. 2014. *La Trilogía de la Igualdad*. Santiado de Chile: CEPAL. Santiago 22 de Agosto. Disponible en https://www.cepal.org/noticias/paginas/8/33638/140822_Alicia-Barcena_La_Trilogia_de_la_Igualdad_AcademiaDiplomaticaChile.pdf (2020/8/1).

Bengoa, José María. 1995. *Nutrición. Base del desarrollo. Plan de alimentación y nutrición en Venezuela*. Caracas: Editorial CAVENDES.

Blanco, Carlos. 2002. *Revolución y desilusión: La Venezuela de Hugo Chávez.* Madrid: La Librería La Catarata.

Boué, Juan Carlos. 2002. "El programa de internacionalización de PDVSA: ¿triunfo estratégico o desastre fiscal?" *Revista Venezolana de Economía y Ciencias Sociales*, 8(2): 237-282.

Caballero, Manuel. 2000. *La gestación de Hugo Chávez. 40 años de luces y sombras en la democracia venezolana.* Madrid: La Librería La Catarata.

Cabezas, Luis Francisco y Yolanda D'Elia. 2008. "La política social en Venezuela." Caracas: Instituto Latinoamericano de Investigacion social (ILDIS), Venezuela.

Campos, Teodoro. 2013. "La cogestión revolucionaria en CVG-Alcasa como parte del nuevo modelo de desarrollo." *Temas de Coyuntura*, (66): 43-65.

Chávez Ramírez, Zulay y Ana María Correia de Celli. 2014. "Ley Orgánica de Precios Justos y su incidencia en la gestión gerencial de las PYMES." *ANUARIO*, 37: 168-184. Disponible en http://servicio.bc.uc.edu.ve/derecho/revista/idc37/art07.pdf (2020/04/23).

Chávez, Hugo Frías. 2013. *El libro azul.* Caracas: Ediciones Correo del Orinoco. Disponible en http://www.consulvenevigo.es/subido/LIBRO%20AZUL%20DESCARGA.pdf (2020/05/01).

Chávez, Hugo. 2011. *El Socialismo del Siglo XXI.* Caracas: La República Bolivariana de Venezuela.

Clemente, Antonio, Miguel Bellorín, Francisco Martínez, Antonio Palomo, Saíd Raydan y Ramón Tinedo. 2004. "Comentarios sobre la Ley Orgánica de Seguridad Social." *Gaceta Médica de Caracas*, 112(2). Disponible en http://ve.scielo.org/scielo.php?script=sci_arttext&pid=S0367-47622004000200011 (2020/04/24).

Comisión Económica para América Latina y el Caribe (CEPAL). 2003. *Balance preliminary de las economía de América Latina y el Caribe 2002.* No. 26, Santiago de Chile: CEPAL.

Comisión Económica para América Latina y el Caribe (CEPAL). 2010. *Estudio económico de América Latina y el Caribe 2009-2010.* Santiado de Chile: CEPAL.

Contreras, Angie. 2011. "Gobierno paga más por café extranjero que por nacional". Disponible en https://www.reportero24.com/2011/04/04/gobierno-paga-mas-por-cafe-extranjero-que-por-el-nacional/ (2019/03/10).

Contreras, Angie. 2012. "Alza de precios detendrá caída productiva en cereales." Disponible en http://www.eluniversal.com/economia/120412/alza-de-precios-detendra-caida-productiva-en-cereales (2019/02/17).

Contreras, Angie. 2016. "La Inflación en Venezuela se aceleró 4.804% tras 13 años." *Diario Las América*, 22 de Febrero de 2016. Disponible en https://www.diariolasamericas.com/la-inflacion-venezuela-se-acelero-4804-13-anos-controles-n3641515 (2020/06/06).

Cortazar, José Miguel. 2000. "Políticas educativas de ayer y de hoy." *En el Simposio Políticas, proyectos y gestión educativa*, pp. 35-46. Caracas: OPSU-Universidad Central de Venezuela.

De Soto, Hernando. 2000. *El misterio del capital: por qué el capitalismo triunfa en occidente y fracasa en el resto del mundo.* Editoral El Comercio.

Déniz, José. 2013. "La experiencia venezolana como un caso de desarrollo alternative." En Gregorio Vidal, Arturo Guillén y José Déniz, coords., *América Latina:¿Cómo Construir el Desarrollo Hoy?* pp. 267-290. Madrid: Fondo de Cultura Económica de España.

Dieterich, Heinz Steffan. 1996. *El Socialismo del Siglo XXI.* Disponible en https://www.rebelion.org/docs/121968.pdf (2018/10/08).

Dieterich, Heinz Steffan. 2002. "El neosocialismo substituye al neoliberalismo." *Rebelión*, 23 de noviembre. Disponible en https://www.rebelion.org/hemeroteca/dieterich/dieterich231102.htm Accessed 2018/9/12 (2018/10/16).

Dorta, César. 2007. *Manual de los consejos comunales: Alma y columna vertebral del socialismo del siglo XXI.* Guarenas, Miranda: Infopresco.

Dussel, Enrique. 1977. *Filosofía de Liberación.* Disponible en http://biblioteca.clacso.edu.ar/clacso/otros/20120227024607/filosofia.pdf (2018/10/25).

El Nacional. 2016. "En 13 año de control de precios, 9 ha sido de escacez de productos básicos." *El Nacional*, April 14. Disponible en http://www.el-nacional.com/noticias/economia/anos-control-precios-han-sido-escasez-productos-basicos_25823 (2019/01/20)

Ellner, Steve. 2003. "Introducción: en la búsqueda de explicaciones." En Steve Ellner coord., *La política venezolana en la época de Chávez: Clases, polarización y conflicto.* Caracas: Nueva Sociedad.

Emmerij, Louis and José Núñez del Arco, coord. 1998. *El desarrollo económico y social en los umbrales del siglo XXI.* Washington, D.C.: Banco Latinoamericano de Desarrollo.

Emmerij, Louis. 1998. "Teoría y prática del desarrollo: ensayo introductorio y conclusiones de política." En Louis Emmerij y José Núñez del Arco coord., *El Desarrollo económico y social en los umbrales del siglo XXI*, pp. 3-42. Washington, D.C.:Banco Latinoamericano de Desarrollo.

Ferández Colón, Gustavo. 2006. ¿Verticalismo burocrático o protagonismo popular? *APORREA.com*, 17 de diciembre. Disponible en https://www.aporrea.org/ideologia/a28479.html (2020/07/19).

García-Guadilla, María Pilar. 2007. "Ciudadanía y autonomía en las organizaciones sociales bolivarianas: los Comités de Tierra Urbana como movimientos sociales." *Cuadernos del CENDES*, 24(3): 47-73.

García-Guadilla, María Pilar. 2008. "La praxis de los consejos comunales en Venezuela: ¿Poder popular o instancia clientelar?" *Revista Venezolana de Economía y Ciencias Sociales*, 14(1): 125-151.

Giacalone, Rita and Sadcidi Zerpa de Hurtado. 2013. "Los actores del Sistema Alimentario Venezolano (SAV): Su importancia e interrelaciones." En Alejandro Gutiérrez. coord., *El Sistema Alimentario Venezolano a comienzos del Siglo XXI. Evolución, balance y desafíos*, pp. 321-366. Mérida: Facultad de Ciencias Económicas y Sociales-Consejo de Publicaciones de la ULA. Serie Mayor, vol. 1.

Gónzales, Lissette y Titl Lacrus. 2007. "Política social de Venezuela." Retrieved from http://biblioteca2.ucab.edu.ve/iies/bases/iies/texto/GONZALES_Y_LACRUZ_2007.PDF (2019/07/10).

Gudynas, Eduardo y Alberto Acosta. 2012. "La renovación de la crítica al desarrollo y el buen vivir como alternativa." Disponible en http://www.jsedimensions.org/wordpress/content/la-renovacion-de-la-critica-al-desarrollo-y-el-buen-vivir-como-alternativa_2012_03/ (2019/08/26).

Gumilla, Centro. 2006. *Una mirada sobre Venezuela: reflexiones para construir una visión compartida*. Fundación Centro Gumilla. Caracas: Universidad Católica Andrés Bello.

Gutiérrez, Alejandro. 2013a. "Venezuela: una sistema alimentario en el contexto del capitalismo rentístico." En Alejandro Gutiérrez, coord., *El Sistema Alimentario Venezolano a comienzos del siglo XXI. Evolución, balance y desafíos*, pp. 1-59. Mérida(Venezuela): Facultad de Ciencias Económicas y Sociales-Consejo de Publicaciones, Universidad de los Andes.

Gutiérrez, Alejandro. 2013b. "El Sistema Alimentario Venezolano (SAV) a comienzos del siglo XXI". En Alejandro Gutiérrez S., coord., *El Sistema Alimentario Venezolano a comienzos del siglo XXI. Evolución, balance y desafíos*, pp. 1-71. Mérida(Venezuela): Facultad de Ciencias Económicas y Sociales-Consejo de Publicaciones, Universidad de los Andes.

Gutiérrez, Alejandro. 2016. "Venezuela y su crisis agroalimentaria." pp. 1-15. *Documento de Trabajo No 1*, Centro de Investigaciones Agroalimentarias Edgar Abreu Olivo. Universidad de los Andes. Disponible en http://www.saber.ula.ve/bitstream/handle/123456789/41608/2016_gutierrez_1_br.pdf?sequence=2&isAllowed=y (2020/06/27).

Gutiérrez, Alejandro. 2016. "Venezuela y su crisis agroalimentaria: ¿estamos en emergencia?" Disponible en http://historico.prodavinci.com/2016/01/11/actualidad/venezuela-y-su-crisis-agroalimentaria-estamos-en-una-emergencia-alimentaria-por-alejandro-gutierrez-s/ (2019/02/24).

Harnecker, Marta. 2005. "Los desafíios de la congestión: las experiencias de CATAFE y CADELA." *Colección Testimonio Nº 2*. Instituto Municipal de Publicaciones. Caracas: El editorial La Burbuja. Disponible en http://www.rebelion.org/docs/97075.pdf Accessed 2018/9/4 (2019/08/01).

Hellinger, Daniel. 2008. "¿Cómo entiende el pueblo la democracia protagónica? Resultado de una encuesta." *Revista Venezolana de Economía y Ciencias Sociales*, 14: 153-181.

Herández Solís, Aldo Fabián. 2015. "El concepto 'pueblo' en la obra de Enrique Dussel." *Analéctica*, 1 (8): 1-3.

Hernández Ramírez, José Pablo. 2015. "La Cogestión de las Empresas: Una Forma de Participación de los Trabajadores en las Empresas." *Comunidad para la investigación y el estudio laboral y ocupacional* (CIELO). Disponible en http://adapt.it/boletine-spanol/wp/wp-content/uploads/2015/02/Jos%C3%A9-Pablo-Hern%C3%A1ndez-Ram%C3%ADrez-.pdf (2018/09/04).

Hidalgo Trenado, Manuel. 2002. "Liderazgo, reforma económica y cambio político en Venezuela, 1989-1998." En Ramos Jiménez, Alfredo coord., *La transición venezolana. Aproximación al fenómeno Chávez*. Mérida:Universidad de Los Andes.

Instituto de Alto Estudio de Pensamiento del Comandante Supremo Hugo Rafael Chávez Frías. 2005. "Encuetro Nacional de Comité de las Tierras Urbanas Construyendo el poder popular." Agosto 30. Disponible en http://www.todochavez.gob.ve/todo-chavez/3186-encuentro-nacional-de-comites-de-tierras-urbanas-construyendo-el-poder-popular (2020/8/28)

Instituto Nacional de Estadística (INE). "De enero 1999 a enero 2013, la Tasa de Desocupación descendió de 16,6% a 9,4%." Disponible en http://www.ine.gob.ve/index.php?option=com_content&view=article&id=507%3Ade-enero-de-1999-a-enero-2013-la-tasa-de-desocupacion-descendio-de-166-a-94&catid=120%3Afuerza-de-trabajo&Itemid=7 (2019/07/15).

Jiménez, Rafael Muñoz y Luis Zambreano Sequín. 2007. *Evolución Político-Institucional y la Política Anti-Inflacionaria en Venezuela: 1999-2007.* Venezuela: Universidad de Andrés Bello Catholic.

Korzeniewicz, Roberto Patricio y William Smith. 2000. "Pobreza, desigualdad y crecimiento en América Latina: en búsqueda del camino superior a la globalización." *Desarrollo Económico,* 40 (159): 387-424.

Lander, Edgardo. 2006. "Venezuela: Creación del partido único, se aborta el debate sobre el Socialismo del Siglo XXI?" Disponible en http://democraciasur.com/2006/12/25/creacion-del-partido-unico-en-venezuela-aborta-el-debate-sobre-el-socialismo-del-siglo-xxi/ (2019/07/19).

Lander, Edgardo. 2007. "El estado y las tensiones de la participación popular en Venezuela." *OSAL*, Año VIII, 22: 65-86. Buenos Aires: Red de Bibliotecas MVirtuales de Ciencias Sociales de America Latina y el Caribe de la Red CLACSO.

Lanz, Carlos. 2004. "El Desarrollo Endógeno y la Misión Vuelvan Caras." *Aporrea.org*, April 7. Disponible en https://www.aporrea.org/endogeno/a7708.html (2019/05/05).

Lanz, Carlos. 2005. "A los trabajadores y la comunidad alsaciana." Oct. 3. Disponible en www.aporrea.org/trabajadores/a12554.html (2020/06/01).

Lanz, Carlos. 2009. "Dossier sobre la CVG y las empresas del aluminio CVG y las Empresas del Aluminio." Sep. 3. Disponible en https://www.aporrea.org/ideologia/a74173.html (2020/06/01).

Lechner, Norbert. 1995. "La reforma del Estado y el problema de la conducción del Estado." *Perfiles Latinoamericanos,* 4(7): 149-179. Disponible en https://perfilesla.flacso.edu.mx/index.php/perfilesla/article/view/436/389 (2020/06/20).

Ley Orgánica de Los Consejos Comunales (LOCC). 2009. "Ley Orgánica de los Consejos Comunales." *La Asamble Nacional de la República Bolivariana de Venezuela*. Disponible en https://www.mpcomunas.gob.ve/wp-content/uploads/2017/02/ley_organica_de_los_consejos_comunales.pdf (2020/08/01).

Ley Orgánica del Sistema de Seguridad Social (LOSSS). 2002. ILO-Venezuela. Disponible en http://www.ilo.org/dyn/natlex/docs/ELECTRONIC/64820/61576/F228917071/VEN64820.pdf. (2019/01/12).

López Maya, Margarita López. 2008. "Innovaciones participativas en la Caracas bolivariana: la MTA de La Pedrera y la OCA del barrio Unión-Carpintero." *Revista Venezolana de Economía y Ciencias Sociales*, 14(1): 65-93.

López Maya, Margarita y Luis Edgardo Lander. 2000. "Ajustes, costos sociales, y agenda de los pobres en Venezuela: 1984-1998." *Revista Venezolana de Economía y Ciencias Sociales*, 6(3): 231-254.

López Maya, Margarita. 2011. "Los consejos comunales en Caracas visto por sus participantes: una exploración." *Política y Sociedaded*, 10(18): 187-222.

López, Freddy. 2005. "Misión Mercal." *1er Foro de Alimentación y Nutrición: Retos y Compromisos*. La Fundación Bengoa para Alimentación y Nutrición. Disponible en https://www.fundacionbengoa.org/i_foro_alimentacion_nutricion_informacion/mision_mercal.asp (2020/02/12).

López, Leopordo. 2919. "97% de la carne se vende en MERCAL y PDVAL es importada" Disponible en https://www.leopoldolopez.com/97-de-la-carne-que-venden-en-mercal-y-pdval-es-importada/ (2019/03/05).

Madera, Héctor. 2010. "Los comités de tierras urbanas de Caracas en Venezuela." Disponible en http://base.d-p-h.info/es/fiches/dph/fiche-dph-8505.html (2020/08/28).

Maneiro, Alfredo y Marta Harnecker. 2007. *Idas Políticas para el debate actual*. Fundación Editorial El Perro y la Rana. Caracas: Ministerio del Poder Popular para la Cultura.

Mariátegui, José Carlos. 1928. *Siete Ensayos de Interpretación de la Realidad Peruana*. Disponible en https://www.lahaine.org/amauta/b2-img/Mariategui%20Siete%20Ensayos.pdf (2020/03/12).

Mateo Tomé, Juan Pablo y Educardo Sánchez Iglesias. 2013. "Economía política de Venezuela: entre la reforma y el socialismo del siglo XXI." En Luis Buendía García, et al., coords., *Alternativas al Neoliberalismo en América Latina: Las políticas económicas en Venezuela, Brasil, Uruguay, Bolivia y Ecuador*, pp. 21-70. Ciudad de México: Fondo de Cultura Económica.

Mignolo, Walter. 2006. "Evo Morales en Bolivia: ¿giro a la izquierda o giro descolonial?" En J. da Cruz y Montevideo, coord., *Democracias en Desconfianza. Ensayos en sociedad civil y política en América Latina*, pp. 93-106. Editorial Coscoroba.

Molina, Luisa Elena. 2013. "Reflexiones sobre la evolución reciente del componente primario del Sistema Alimentario Venezolano (SAV) (1998-2011)." En Alejandro Gutiérrez, coord., *El Sistema Alimentario Venezolano a comienzos del Siglo XXI: Evolución, balance y desafíos*, pp. 417-476. Mérida (Venezuela): Facultad de Ciencias Económicas y Sociales-Consejo de Publicaciones, Universidad de los Andes.

Morales Espinoza, Agustín. 2007. "Una interpretación del fenómeno Mercal desde la perspectiva teórica de la economía neoinstitucional." *Agroalim*, 12(25), Mérida. Disponible en http://ve.scielo.org/scielo.php?pid=S1316-03542007000200004&script=sci_arttext&tlng=e (2020/02/12).

Muñoz Jiménez, Rafael y Luis Zambrano Sequín. 2007. *Evolución político- institucional y la política antiinflacionaria en Venezuela 1999-2007*. Instituto Latinoamericanos de Investigaciones Sociales (ILIS), Caracas.

Narvaja de Arnoux, Elvira. 2008. *El Discurso Latinoamericanista del Hugo Chávez*. Buenos Aires: El Editorial Biblos.

Negri, Antonio. 1992. *El poder costituyente: Ensayo sobre las alternativas de la modernidad*. Madrid: Tranficante del Sueño. Disponible en https://www.traficantes.net/sites/default/files/pdfs/El%20poder%20constituyente%20-%20Traficantes%20de%20Sue%C3%-Blos.pdf (2019/01/04).

Neida, Moreno. 2015. "El proceso de control social en los consejos comunales en Venezuela." *Evaluación e Investigación*, 1(11): 83-98. Disponible en http://www.saber.ula.ve/bitstream/handle/123456789/42342/articulo4.pdf?sequence=1&isAllowed=y (2020/09/19).

Ordaz, Pablo. 2009. "Chávez consigue vía libre a la reelección." *El País*, 16-02-2009. Disponible en https://elpais.com/internacional/2009/02/16/actualidad/1234738801_850215.html (2018/08/29).

Organización Panamericana De La Salud (OPS/OMS). 2006. *Barrio Adentro: derecho a la salud e inclusión social en Venezuela*. Caracas: Organización Panamericana De La Salud (OPS/OMS).

Paredes, Castillo, Laura Daniela y Josefa Ramoni-Perazzi. 2017. "La volatilidad del tipo de cambio paralelo en Venezuela 2005-2015." *Apuntes del Cenes*, 36(63). Disponible en https://www.redalyc.org/jatsRepo/4795/479553173005/html/index.html (2020/05/13).

Parodi Trece, Carlos. 2017. *Perú 1995-2012 Cambios y Continuidades*. Lima: Universidad del Pacífico.

Parramón, Josep María. 2015. "Introducción." pp. 17-20. En *Una alternativa al Capitalismo Neoliberal*. Alicante: Editorial Club Universitario.

Partido Socialista Unido de Venezuela (PSUV). 2010. "El presidente Hugo Chávez entregó el premio Libertador al pensamiento crítico a filósofo Enrique Dussel." Disponible en http://aristobulo.psuv.org.ve/2010/11/15/%C2%A1uh-%C2%A1ah-chavez-no-se-va/presidente-chavez-entrego-premio-libertador-al-pensamiento-critico-a-filosofo-enrique-dussel/#.W8gUT9czaUk (2018/10/18).

Persaud, Bishnodat.1998. "Comendario sobre el trabajo de John Williamson-Revisión del consenso de Washington." En Louis Emmerij, José Núñez del Arco *coord, El Desarrollo económico y social en los umbrales del siglo XXI*, pp. 75-85. Washington, D.C.:Banco Latinoamericano de Desarrollo.

Prensa Bolivariana. 2016. "En 1996, Chávez concreta la Agenda Bolivariana por el sueño posible." *Prensa Bolivariana*, Julio 22 de 2016. Disponible en https://prensabolivariana.com/2016/07/22/en-1996-chavez-concreta-la-agenda-alternativa-bolivariana-por-el-sueno-posible/(2018/08/14).

Programa Venezolana de Educación-Acción de Derechos Humanos (PROVEA). 1997~2004. *Informes Anuales 1997-2004*. Caracas: Programa Venezolana de Educación-Acción de Derechos Humanos. Disponible en https://www.derechos.org.ve/informes-anuales (2019/03/01).

Programa Venezolana de Educación-Acción de Derechos Humanos (PROVEA). 2004. "Derecho a la seguridad social." *Informe Annual*, Octubre 2003-septiembre 2004, pp. 69-82. Caracas:Programa Venezolana de Educación-Acción de Derechos Humanos.Disponible en https://www.derechos.org.ve/web/wp-content/uploads/005_derecho_a_la_seguridad_social.pdf (2020/04/24).

Programa Venezolano de Educación-Acción en Derechos Humanos (PROVEA). 2012. "Derecho a la Tierra." *En Informe Annual, Octobre 2010-Septiembre 2011*. Disponible en: http://www.derechos.org.ve/pw/wp-content/uploads/11Tierras2.pdf (2019/01/10).

Quintero, María Liliana, Ligia Nathalie García Lobo y Maritza Rosales. 2013. "Los principales cambios institucionales en el Sistema Alimentario Venezolano (1999-2012)." En Alejandro Gutiérrez, coord, *El Sistema Alimentario Venezolano a comienzos del siglo XXI. Evolución, balance y desafíos*, pp. 275-319. Mérida (Venezuela): Facultad de Ciencias Económicasy Sociales-Consejo de Publicaciones, Universidad de los Andes.

Raby, Diana. 2006. *Democracia y revolución: América Latina y el socialismo hoy*. Caracas: Monte Avila Editores.

Ranis, Gustav. 1998. "Exito y fracasos de la experiencia de desarrollo desde los años ochenta." En *El desarrollo económico y social en los umbrales del siglo XXI*, coords por Louis Emmerij y José Núñez del Arco, pp. 87-107. Washington, D. C.: Banco Interamericano de Desarrollo.

Rauber, Isabel. 2006. *América Latina. Poder y socialism en el siglo XXI*. Caracas: Vadell Hermanos Editores.

Rey, Ramón y Leonardo Rey. 2015. "Ley Orgánica de Precios Justos: un análisis económico y político." *El Centro de Divulgación del Conocimiento Económico, CEDICE*. Disponible en http://paisdepropietarios.org/propietariosve/wp-content/uploads/2015/08/Precios-justos-RyL-Rey.pdf (2019/03/23).

Riguey Valladares, Andrés Rojas, Elba Mora y Luis Sandia. 2018. "Panorama socioeconómico de la minería en Venezuela (1970-2014) y comparaciones entre periodos gubernamentales." *Revista Geográfica Venezolana*, 59(2): 2018. Disponible en https://www.redalyc.org/jatsRepo/3477/347760473013/html/index.html (2020/04/19).

Rodríguez, Luis Salas. 2016. "El Mito de Chávez y el Petróleo a 100." Disponible en http://questiondigital.com/el-mito-de-chavez-y-el-petroleo-a-100/ (2019/02/14).

Rondón, Andrea. 2017. *Ley de regularización de la propiedad de la tierra urbana y urbanización de los barrios populares*. El Centro de Divulgación del Conocimiento Económico (CEDICE), Observatorio Economico-Legislativo. Disponible en https://cedice.org.ve/observatoriolegislativo/wp-content/uploads/2017/02/ACB-Ley-de-Barrio-AR-Marzo-2017.pdf (2020/08/28).

Rumazo González, Alfonso. 2005. *Simón Rodríguez, Maestro de América*. Caracas: Biblioteca Ayacucho.

Salamanca, Luis. 1997. *Crisis de la modernización y crisis de la democracia en Venezuela*. Caracas: Instituto Latinoamericano de Investigaciones Sociales-Universidad Central de Venezuela (ILDIS-UCV).

Sanabria, William y Yonie Moreno. 2006. "Empresas en cogestión y ocupadas en Venezuela: la lucha por el control obrero y el socialismo." *Rebelión,* Mayo 14, 2006. Disponible en https://rebelion.org/las-empresas-en-cogestion-y-ocupadas-en-venezuela-la-lucha-por-el-control-obrero-y-el-socialismo/ (2020/12/05).

Sesto, Farrico. 2006. *¿Por qué soy Chavista? Razones de una revolución.* Bogotá: Ocean Press y Ocean Sur.

Solimano, Andrés. 2015. "Democracia económica: concepto, experiencias y áreas e aplicación." En *elites económicas, crisis y el capitalismo del siglo XXI: La alternativa de la democracia económica*, pp.181-201. Ciudad de México: Fondo de Cultura Económica.

Telemetro. 2009. "Venezuela: aumentan áreas de cultivo, pero disminuye producción." *Telemetro.com-Economía*, 23 de Mayo. Disponible en https://www.telemetro.com/economia/2009/05/23/venezuela-aumentan-cultivo-disminuye-produccion/2084293.html (2020/06/07).

Teruggi, Marco Augusto. 2012. *Los consejos comunales en Venezuela (2006-2010): Análisis de una experiencia de organización y participación impulsada por el Estado, desde la perspectiva del poder popular.* Departamento de Sociología. Argentina: Universidad Nacional de la Plata.

Uharte Pozas, Luis Miguel. 2009. "Política social en Venezuela. Un nueva paradigma?" Facultad de Ciencia Política y Social. Universidad Compultense de Madrid. Disponible en https://eprints.ucm.es/8234/1/T30386.pdf (2019/07/11).

Valladares, Riguey, Andrés Rojas, Elba Mora y Luis Sandia. 2018. "Panorama socioeconómico de la minería en Venezuela (1970-2014) y comparaciones entre periodos gubernamentales." *Revista Geográfica Venezolana*, 59(2): 2018. Disponible en https://www.redalyc.org/jatsRepo/3477/347760473013/html/index.html (2020/04/19).

Valles Caraballo, Christhina Helena. 2004. *Para crecer desde dentro: Venezuela y el desarrollo engénero.* Caracas: Consejo Nacional de la Cultura.

Vásquez, Betty. 2019. "El trueque y las monedas comunales." *Moneda de Venezuela.* Disponible en http://www.monedasdevenezuela.com/articulos/el-trueque-y-las-monedas-comunales/ (2020/05/02).

Vásquez, Fidel Ernesto. 2010. "Presidente Chávez entregó Premio Libertador al Pensamiento Crítico a filósofo Enrique Dussel." Disponible en http://aristobulo.psuv.org.ve/2010/11/15/%C2%A1uh-%C2%A1ah-chavez-no-se-va/presidente-chavez-entrego-premio-libertador-al-pensamiento-critico-a-filosofo-enrique-dussel/#.Xd-KAOgzY2w (2019/11/28).

Vera, Leonardo. 2018. "¿Cómo explicar la catástrofe económica venezolana?" *Nueva Sociedad*, 274: 83-96.

Vidal-Molina,Paula, Manuel Ansaldo-Roloff y Juan Carlos Cea-Madrid, 2018. "Hugo Chávez y los principios del Socialismo del Siglo XXI: una indagación discursiva (2005-2013)." *Izquierdas*, 42: 224-250. Santiago. Disponible en https://scielo.conicyt.cl/scielo.php?script=sci_arttext&pid=S0718-50492018000500224 (2020/10/11).

中文資料

Daniel Bell ，1919。《後工業社會的來臨》。台北：桂冠出版。

ECLAC 著、江時學譯，2002。《經濟增長、就業與公正》（*Growth, Employment and Equity: The Impact of the Economic Reforms in Latin America and Caribbean*）。北京：中國社會科學出版社。

Hubert Dreyfus and Paul Rabinow 著、錢俊譯，2005。《傅柯 - 超越結構主義與詮釋學》。台北：桂冠出版。

János Kornai 著、張曉光譯，1986。《短缺經濟學》。北京：經濟科學出版社。

Neil Fligstein 著、鄭力軒譯，2007。《市場的構造：21 世紀資本主義社會的經濟社會學》。台北：群學出版。

Peter Winch 著、張君玫譯，1995。《社會科學的理念》。台北：巨流出版。

大衛•哈維（David Harvey）著、王志弘譯，2008。《新自由主義化空間：邁向不均地理發展理論》（*Spaces of Neoliberalization: Towardss a Theory of Uneven Geographical Development*）。台北：群學出版。

威廉•羅賓遜（William Robinson），2009。《全球資本主義論：跨國世界中的生產、階級與國家》。北京：社會科學文獻出版。

安德魯•韋伯斯特（Andrew Webster），1990。《發展社會學》。台北：桂冠出版。

徐世澄，2014。〈拉丁美洲政治、經濟社會與對外關係的發展〉，《西南科技大學學報：哲學社會科學版》，31(1): 1-6。

格奧爾格•伽達默（Hans-Georg Gadamer），2007〔1960〕。《詮釋學：真理與方法》。台北：商務印書館。

湯瑪斯•孔恩（Kuhn, Thomas）著，程樹德譯，1994。《科學革命的結構》。台北：遠流出版。

焦震衡，2015。《委內瑞拉》。北京：社會科學文獻出版社。

王帥，2014。〈淺談查維茲時期的社會政策〉。《拉丁美洲研究》，36(5): 53-59。

路易•杜蒙（Louis Dumont）著、黃柏棋譯，2003。《個人主義論集》（*Essays on Individualism*）。台北：聯經出版。

鄧中堅，2015。《拉丁美洲左翼政府對民主政治的影響》。科技部專題研究計畫成果報告，102 年 8 月 1 日至 104 年 7 月 31 日（MOST102-2410-H -004-227-MY2）。

雅諾什•科爾奈（János Kornai）著、張曉光譯，1986。《短缺經濟學》。北京：經濟科學出版社。

雅諾什•柯爾奈（János Kornai）著、肖夢譯，2011。《後社會主義軌跡的思索》（*Reflections on Post-Socialist Transition*）。吉林人民出版社。

馬克・格蘭諾維特（Granovetter Mark），2007。《鑲嵌：社會網絡與經濟行動》。北京：社會科學文獻出版社。

黃富娟，2005。〈第三部門之理念探討──就業與區域發展〉，《台經月刊》，頁87-91。台北：台灣經濟研究院。

黃富娟，2018。〈社會全球化：經濟社會的多面向重構〉，收錄於王高成、卓忠宏主編《全球化的挑戰與發展》，頁194-219。台北：淡江大學出版社。

黃富娟，2020a。〈安地斯國家替代發展之研究：祕魯、委內瑞拉與厄瓜多的比較〉，《問題與研究季刊》，59(1): 1-54。

黃富娟，2020b。〈新自由主義與市場驅動的拉美社經結構變遷，1980~2010〉，收錄於向駿、陳敬忠主編《橫議拉丁美洲》，頁69-103。台北：政大出版社。

黃富娟，2020c。〈委內瑞拉糧食生產體系與短缺之研究：過程與機制〉，《問題與研究季刊》，59(4): 95-142。

附錄一：
名詞對照表（中西英譯）

二十一世紀社會主義 Socialismo del Siglo XXI/Socialism of 21st Century

人民權力 Poder del pueblo/people's power

人類發展 Human Development

土地與農業部 Ministerio de Agricultura y Tierras (MAT)

土地與農業群眾權力部 El Ministerio del Poder Popular para la Agricultura y Tierras (MP-PAT)

大住房任務 Gran Misión Vivienda

大衛•哈維 David Harvey

小額信貸發展基金 Fondo de Desarrollo Microfinanciero (FONDEMI)

內生發展核心 Núcleos de Desarrollo Endógeno (UNDE)

內生發展模式 Desarrollo endógeno

公民議會 Asamblea Ciudadana

公社 Las Comunas

公社法 Ley Orgánica de las Comunas (LOC)

公社國家 Estado Comunal

公社部 Ministerio de las Comunas

分權政府間基金 Fondo Intergubernamental para la Decentralización (FIDES)

切•格瓦拉 Che Guevarra

王權產權 Regalia Title

代議民主 Representative Democracy

卡斯楚 Fidel Catro

民主行動黨 El Partido Socialdemócrata Acción Democrática (AD)

瓦里斯任務 Misión Ribas

合作社 Las cooperatives

地方公共規劃會議 Los Consejos Locales de Planificación Pública (CLPPs)

考迪羅主義 Caudillismo

自由產權 Allodial Title

至高有條件產權 Supreme Conditional Ownership

至高社會幸福 Suprema Felicidad Social

西蒙‧波利瓦 Simón Bolívar

西蒙‧波利瓦國家計畫 Proyecto Nacional de Simón Bolívar

西蒙‧羅德里格斯 Simón Rodriguez

住房任務 Misión Vivienda

改頭換面 Misión Vuelvan Caras

杜賽爾 Enrique Dussel

居住和住房部 Ministerio para la Vivienda y el Hábitat

侍從主義 Clientism

典範移轉 Paradigm Shift

制度矩陣 Institutional Matrices

制憲會議 Asamblea Constitucional/ Constitutional Assembly

制憲權 Constituent power

奈格里 Antonio Negri

委內瑞拉人權行動與教育計畫 Programa Venezolana de Educación-Acción de Derechos Humanos (PROVEA)

委內瑞拉中央銀行 Banco Central De Venezuela (BCV)

委內瑞拉石油公司 Petróleos de Venezuela, S.A. (PDVSA)

委內瑞拉社會保險機構 Instituto Venezolano de Seguros Sociales (IVSS)

委內瑞拉社會指標整合系統 Sistema Integrado de Indicadores Sociales para Venezuela (SISOV)

委內瑞拉玻利瓦共和國憲法 La Constitución de la República Bolivariana de Venezuela (CRBV)

委內瑞拉合作社國家監管機構 Superintendencia Nacional de Cooperativas de Venezuela (SUNACOOP)

委內瑞拉統一社會主義黨 Partido Socialista Unido de Venezuela (PSUV)

委內瑞拉糧食公司 Corporación Venezolana de Alimentos (CVAL)

委內瑞拉糧食生產與分銷體系 La Productora y Distribuidora Venezolana de Alimentos (PDVAL)

委任式民主 Delegative Democracy

定點協議 El Pacto de Punto Fijo

居住任務 Misión Habitat

所有產權 Property Right

波拉食品公司 Empresa Polar

社區門診 Misón Barrio Adentro (MBA)

社區政府 Toparquía

社區理事會 Consejos Comunales/ Communal Councils (CCs)

社區理事會自治服務國家基金 El Servicio Autónomo Fondo Nacional de los Consejos Comunales (SAFONACC)

社區理事會特別法 Ley Especial de Consejos Comunales (LCC)

社區理事會組織法 Ley Orgánica de los Consejos Comunales (LOCC)

社區權力發展和促進基金會 Fundación para el Desarrollo y Promoción del Poder Comunal (FUNDACOMUNAL)

社區經濟系統組織法 Ley Orgánica del Sistema Económico Comunal (LSEC)

社區經濟群眾權力部 Ministry of Popular Power for Comunal Economy (MINEC)

社會代謝再生產 Social Metabolic Reproduction

社會生產企業 Empresa de Producción Social (EPS)

社會生產單位 Unidad de Produción Social (UPS)

社會保護與參與群眾權力部 Ministerio del Poder Popular para la Participación y Protección Social

社會契約 Social Contract

社會發展與衛生部 Ministerio de Salud y Desarrollo Social (MSDS)

社會經濟 Social Economy

社會審計長 Contraloría Social

社會權 Derechos Sociales

返回農村任務 Misión Vuelta al Campo

城市土地委員會 Comités de las Tierras Urbanas (CTUs)

後華盛頓共識 Post-Washington Consensus (PWC)

後新自由主義 Post-Neoliberalism

後資本主義 Post-Capitalism

查維茲 Hugo Chávez

查維茲黨 Las Chavistas

玻利瓦民兵 Bolivarian Milicia

玻利瓦任務 Las Misiones Bolivarianas/ The Bolivarian Missions

玻利瓦革命 Revolución Bolivariana/ The Bolivarian Revolution

玻利瓦革命運動 200 El Movimiento Bolivariano Revolucionario 200 (MBR 200)

玻利瓦圈子 Círculo Bolivariana/ Bolivarian Circle

玻利瓦替代方案 Agenda Alternativa Bolivariana (AAB)

迪特里希 Heinz Dieterich Steffan

重分配 Redistribution

粉紅色浪潮 Pink Tide/ Marea Rosa

耕者有其田 A quien la quiera trabajar

起碼生活水準 Adequate Standard of Living

馬里亞特吉 José Carlos Mariátegui

馬拉開波湖 Lake Maracaíbo

參與式民主 Democracia Participativa/ Participatory Democracy

參與式政府 Gobierno Participativo/ Participatory Government

參與式預算 Participatory Budgeting (PB)

問責 Accountability

國家土地研究院 Instituto Nacional de Tierras (INTI)/ The National Land Institution

國家財政控制與共和國總審計長組織法 Ley Orgánica de la Contraloría General de la República y del Sistema Nacional de Control Fiscal

國家統計局 Instituto Nacional de Estadística (INE)

國家勞工總會 Unión Nacional de Trabajadores

國家農村發展研究院 Instituto Nacional de Desarrollo Rural (INDER)

國家農業研究院 Instituto Nacional de Investigaciones Agrícolas (INIA)

基督民主黨 El Comité de Organización Política Electoral Independiente (COPEI)

貨幣管理委員會 Comisión de Administración de Divisas (CADIVI)

授權法 Ley de Las Habilidades

控制思維 Concept of Control

梅札羅斯 István Mészáros

第一社會主義計畫 El Primer Plan Socialista (PPS)

第五共和運動 El Movimiento V República (MVP)

統領結構 Governance Structure

勞爾•普利畢許 Raúl Prebisch

援助自助 Aided-Self Help (ASH)

替代發展 Alternative Development

發展典範 Development Paradigm

華盛頓共識 Washington Consensus (WC)

鄉村土地委員會 Comités de las Tierras Rurales (CTRs)

奧里諾科河流域 Orinoco River

新自由主義 Neoliberalism

新勞動法 Ley Orgánica del Trabajo, los Trabajadores y las Trabajadoras (LOTTT)

溫和左派 Moderate Left

經濟民主化 Economic Democratization

群眾經濟部 Ministerio para la Economía Popular

群眾權力 Poder Popular/ Popular Power

群眾權力組織法 Ley Orgánica del Poder Popular (LOPP)

群眾權力部 Ministerio del Poder Popular

團結經濟 Solidarity Economy

賦權 Empowerment

憲定權 Constituted power

激進左派 Radical Left

聯合國拉丁美洲暨加勒比海經濟委員會 The Economic Commission for Latin America and the Caribbean (ECLAC)/ Comisión Económica para América Latina y el Caribe (CEPAL)

聯合管理公司 Empresa de Cogestión

預防醫療 Preventative Healthcare

價值理性 Value Rationality

衛生部 Ministerio de Salud

糧食主權 Food Sovereignty

糧食市場計畫 Misión del Mercado de Alimtntos (MERCAL)

糧食群眾力量部 Ministerio de Poder Popular para la Alimentación (MINPPAL)

薩莫拉 Ezequiel Zamora

薩莫拉任務 Misión Zamora

薩摩拉農場 Fundos Zamoranos

礦業和碳氫化合物特別經濟分配法 Ley de Asignación Económicas Especiales Derivadas de Minas y Hidrocarburos (LAEE)

羅賓森任務 Misión Robinson

蘇克雷任務 Misión Sucre

鐘擺效應 Pendulum Effect